Cette edition est publiée par les Publications Régionales de Mésoamérique, Église du Nazaréen

discipleship@mesoameriaregion.org

© Copyright 2017
® Tout dwa rezève yo

Dizay, fòma ak redaksyon José Pacheco,
Editè Piblikasyon Espay
Rejyon ISA / Kanada Legliz Nazareyen an

Fèy kouvèti: Photo, Jaden nan Jetsemane, Jerizalèm, Izrayèl la. Otè, José Pacheco

ISBN: 978-1-63580-006-7
Tout pasaj biblik yo soti nan Bib Jerizalèm vèsyon 1992, Sosyete Biblik Ini, sèlman kote yo endike lòt vèsyon.

Traductè – Dezama Jeudi

Pèsonn pa gen dwa fè kopi liv saa, sou kèlkeswa fòm nan, san otorizasyon editè yo.

Enprime nan peyi United States
Printed in United States

Kontni

Prezantasyon	4
Rekòmandasyon	5

PREMYE SESYON: FANMI AN — 8

Inite 1: Fondman Pou Yon Fanmi Dapre Kè Bondye — 8

Leson 1 Yon Fanmi Ki Mete Konfyans Li Nan Yon Sèl Seyè — 9
Leson 2 Yon Fanmi Yon Sèl Liv — 13
Leson 3 Yon Fanmi Ki Pale Ak Bondye -Lapriyè — 17
Leson 4 Yon Fanmi Ki Plen Ak Pouvwa Sentespri A — 20

Inite 2: Fòs Espirityèl Ki Detwi Fanmi Kretyen An — 23

Leson 5 Vyolans Domestik La: Kisa Legliz La Di? — 23
Leson 6 Kalite Oswa Fòm Vyolans Nan Domestik — 27
Leson 7 Konsekans Vyolans Domestik La — 31

Inite 3: Lòd Bondye Pou Yon Fanmi Dapre Kè Bondye — 35

Leson 8 Responsablite Mari A — 35
Leson 9 Responsablite Madanm Nan — 39
Leson 10 Enstwi Timoun Nan Chemen Li — 43
Leson 11 Onè Ak Obeyisans Anvè Paran Yo — 47
Leson 12 Pitit Nou Yo Ak Fo Pwofèt Yo — 51
Leson 13 Mesaj Pou Papa Oswa Manman Ki Sèl Oswa Selibatè Yo — 55

DEZYÈM SESYON: WOMEN — 59

Leson 14 Poukisa Peche Se Lanmò? — 60
Leson 15 Kouman Bondye W La Ye? — 63
Leson 16 Kijan Nou Ka Jwenn Padon Bondye A? — 67
Leson 17 Nan Ki Fason Ke Kris La Se Lavi A? — 71
Leson 18 Kisa Pratik Lafwa A Gen Ladan Li? — 75
Leson 19 Èske Pitit Bondye Yo Se Pou Sèvi Li? — 78
Leson 20 Èske Yo Vivan Epi Viktorye? — 82
Leson 21 Èske Misyon Nou An Inivèsèl? — 86
Leson 22 Konbye Sali A Koute? — 89
Leson 23 Èske Tout Bagay Soti Nan Bondye? — 93
Leson 24 Èske Gen Inite Nan Divèsite? — 97
Leson 25 Èske Se Temwayaj Kretyen? — 101
Leson 26 Èske Gen Konfli, Konviksyon Ak Posiblite? — 105

Twazyèm Sesyon: Antrènman Disip — 108

Leson 27 Levanjil Yo Ak Antrènman Disip — 108
Leson 28 Ki Moun Sa A Yo Ki Te Disip Yo? — 113
Leson 29 Disip Yo — 117
Leson 30 Antrènman Disip: Lanmou Ak Sèvis — 122
Leson 31 Disip Ki Sanble Avèk Kris — 126
Leson 32 Disip Yo Ak Lapriyè — 130
Leson 33 Apèl Kris Pou Fè Disip — 134
Leson 34 Rezon Apèl Pou Fè Disip La — 138
Leson 35 Disip Yo Ak Lavi Nan Tèt Ansanm — 142
Leson 36 Bondye Nan Lavi Disip Yo — 145
Leson 37 Misyon Disip Yo — 149
Leson 38 Sentete Disip La — 153
Leson 39 Disip Yo Ak Sentespri A — 156

Katriyèm Sesyon: Wa Ebre Yo — 160

Leson 40 Izrayèl Rejte Bondye — 160
Leson 41 Viv Wa A! — 164
Leson 42 Echèk Wa Sayil — 168
Leson 43 Kouwònman David — 171
Leson 44 Pi Bon Desizyon An: Repantans — 175
Leson 45 Saj Ak Fou Nan Menm Tan? — 178
Leson 46 Idolatri Jewoboram Nan — 182
Leson 47 Avaris San Mezi Akab La — 186
Leson 48 Fidelite Ak Obeyisans Jozafa — 190
Leson 49 Ezekyas Ankouraje Yon Revèy — 194
Leson 50 Manase: Imilye, Pini Ak Padone — 198
Leson 51 Jozyas Renouvle Kontra Epi Refòme Nasyon An — 202
Leson 52 Jou Seyè A — 206

Prezantasyon

Deja plizye ane, Kay Piblikasyon Nazareyen e gentan koumanse pibliye chemen verite a pou, antrenè ak elèv, ak yon lòt sistèm ki gen de branch nan ane a ant "tematik" ak "biblik". Sa ki vle di, de sesyon etid biblik ki baze sou yon tèm ak de nan etid la nan yon liv espesifik oswa plis. Tankou ane sa:

- Fanmi an (tematik)
- Women (etid sou lèt sa a)
- Antrènman disip (tematik)
- Wa Ebre yo (etid nan 1 ak 2 Samyèl ak 1 ak 2 Wa)

Nou gen yon dezi pouse nou ofri pa sèlman yon etid pa sekans nan liv yo ki nan Ansyen ak Nouvo Testaman, men tou, touche tèm enpòtan ki gen rapò ak kilti pèp nou yo ki pale kreyòl.

Nou koumanse ane a ak yon etid ki pa pase mòd, prezan nan tout laj nan ras imen an pou dè milye ane, men patikilyèman nan moman sa yo kote ke fwaye yo nan anpil soufrans, se pa sèlman nan yon peyi espesifik, men se tout kote. Fanmi nan tan jodi a yo tonbe nan degraba piplis chak jou. Te gen yon ogmantasyon ki fò bòkote papa ak manman ki sèl yo. Nou espere nou kapab kontribye pou amelyorasyon fanmi an anjeneral.

Lèt la ekri pou Women yo te toujou youn nan etid biblik ki pi pwofon, pa vle di nan sijè kontwovèsyal ke apot Pòl te prezante bay kwayan nan lavil Wòm yo. Otè twazyèm sesyon la prezante anba a yon seri de penetrasyon pa mwayen kesyon.

Ansèyman disip la se yon lòt tèm ki trè aktyèl. Tout moun pale jodi a de "antrènman disip", men chak moun konprann li nan fason pa yo. Nou espere ke avèk sesyon sa a nou klarifye vrè siyifikasyon an ak enpòtans tèm sa a.

Nou fèmen ane a pandan n ap fè yon etid sou peryòd espesyal nan istwa pèp Ebre a : peryòd wa yo. Istwa lidè pèp la ki ilistre nati imen wo ak ba yo. Nou espere ke elèv la konprann ke menmsi n ap sèvi Moun ki gen Tout pouvwa a, se pa poutèt sa nou sispann rete anba feblès e ke se sèlman mizèrikòd ak lanmou li ki soutni nou tout tan.

—José Pacheco
Editè Piblikasyon Espay,

Rekòmandasyon

NAN TOUT MOUN LA TOUT MOUN ENPÒTAN, tout gen karakteristik pèsonèl ki diferansye yo. Lòt ki posede kèk karakteristik an komen ak kèk lòt, sa ki kapab detèmine pa mwayen laj yo oswa etap nan devlopman, degre yo nan konesans Pawòl Bondye a, pou lidèchip yo, pou eta sivil yo, sèks yo, oswa nenpòt lòt karakteristik ki ini yon gwoup an patikilye.

Nan edikasyon kretyen an, pou w rive jwenn chak elèv selon karakteristik pèsonèl ak jeneral yo, yo mande pou ke chak leson adapte, klasifye pou diferan gwoup, selon bezwen debaz yo nan gwoup la an jeneral ak nan chak manm an patikilye.

Travay ak jèn ki avance nan laj oswa granmoun, se toujou rete ap veye pou w gen kontwòl diferan sikonstans yo avèk sitiyasyon ke jèn ki avance nan laj la oswa granmoun nan ap viv, gen kèk bagay se lakòz de kèk rezilta de kèk move desizyon moun nan te pran nan jenès li, oswa rezilta mank de oryantasyon oswa pou mank de konesans. Jèn ki koumanse nan laj yo oswa granmoun yo, ap afwonte sikonstans diferan nan lavi yo chak jou epi ap pran desizyon ke yo bezwen prepare pou yo. Se poutèt sa li enpòtan ke tout etid nan Bib la mennen yon nan refleksyon ak kontèks prezantasyon nan prensip yo ak ansèyman biblik la.

Pran defi sa a, lapriyè Seyè a epi pwepare w nan fason ki pi bon pou anseye ak pataje sa Bondye te pare pou chak elèv yo. Lage tout bagay nan men Bondye pou w ka wè kisa Bondye vle fè nan lavi yo pa mwayen ministè w ak Pawòl Bondye a.

Konsèy Pou Prepare Ak Prezante Leson An

1. Koumanse lapriyè nan pye Seyè a pou bon konprann ak disènman, yon fason pou w kapab konprann pasaj etid biblik yo epi aplike yo anpremye nan lavi w. Lapriyè pou elèv ou yo pou yo ka byen reseptif a ansèyman Pawòl Bondye a.

2. Pou w prepare leson an, chèche yon kote ki pa gen distraksyon pou w etidye. Li enpòtan pou w genyen kèk zouti tankou fèy papye, plim, kreyon, gonm, elatriye.

3. Pou limit posiblite w yo, apre Chemen verite a, se pou w chèche yon diksyonè espanyòl biblik ak kèk bon kòmantè biblik.

4. Li leson Chemen verite a kantite fwa ki nesesè yo nan koumansman semèn nan. Pratik sa a pral ede w prepare materyèl sa yo pou klas la ka prete atansyon ak tout nouvèl ak lòt enfòmasyon ki te kapab enkli nan leson an w ap prepare a.

5. Gade nan Bib la epi li chak pasaj ki endike yo.

6. Li objektif leson an pou w konnen kote pou dirije elèv yo.

7. Tape non leson an nan yon fèy, pwen ki gen pou devlope yo, apre sa a, tape tit premye pwen an epi li pandan w ap devlope pwòp rezime li konfòm ak etid leson an. Ekri epi mete aksan sou tèks biblik ki gen pou li nan klas la.

8. Note siyifikasyon vokabilè w pa konnen yo, se konsa w va konprann leson an pi byen epi esplike moun ki pral poze w kesyon kèk moman.

9. Li sesyon "Resous yo" kote w ap jwenn èd divès kalite. Enfòmasyon sa a pa ta dwe nesesèman pataje avèk klas la, men yo ka sèvi pou konesans yo ak konpreyansyon yo sou leson an. Nan aktivite manyèl elèv la jwenn kesyonè kout ke elèv ou yo dwe reponn. Familiyarize w ak materyèl la ki va ede w reponn kesyon yo.

10. Prepare leson an pi dinamik ak patisipatif jan sa posib. Sa a se yon tan byen pliske nan sa a, pandan w ap pataje eksperyans sa yo pral ede anrichi pwosesis aprantisaj la. Nan fason sa a moun yo pral plis enterese nan klas la epi y ap sonje pi plis kote yo te patisipe oswa te fè ansanm ak apresye sa ke yo te tande ak patisipe.

11. Ou dwe rive bonè nan klas la. Li enpòtan pou premye moun ki rive a jwenn ou nan klas la.

12. Chanjman pozisyon chèz yo (semi-sèk, sèk, gwoup, elatriye). Sa a pral fè gwoup la santi l pi konfòtab pou patisipe.

13. Akeyi elèv yo anvan ou koumanse leson an. Sa a pral kreye yon anviwònman aprantisaj ki bèl. Se pou w enterese ak moun yo, lapriyè pou moun pale de bezwen yo.

14. Kòmanse klas ak yon lapriyè, mande Seyè a pou pèmèt yo konprann Pawòl epi ba yo volonte pou yo obeyi.

15. Ekri sou tablo a: Tit leson an epi memorize tèks la. Li tèks pou memorize a plizyè fwa avèk elèv ou yo.

16. Kenbe lòd nan devlopman tèm nan. Ekri tit premye pwen an epi koumanse eksplike li. Sèvi ak tablo a kòm yon resous didaktik pou note mo kle yo, repons a kesyon nan fèy aktivite a, elatriye. Lè w fini premye pwen an, ekri tit pwen II a epi se youn apre lòt.

17. Dapre jan yo eksplike chak pwen, ou kapab gide elèv ou yo nan aktivite yo. Pèmèt yo bay repons epi eksprime dout yo.

18. Ou kapab konstwi gwoup de travay pou w reyalize aktivite yo, konsa pou diskite kèk pwen sou doktrin. Sa pral pèmèt ke yo tout patisipe. Pa fòse pèsonn patisipe, men asire w ke yo tout konnen ak vle epi apresye entèvansyon yo chak. Lòt bagay ankò, ou pa dwe kite yon sèl moun domine tout sesyon an. Nan yon fason ki emad, dirije klas la pou w koute opinyon lòt moun yo.

19. Mete kèk minit apa pou w kòmante kouman yo pral aplike verite biblik yo nan lavi yo.

20. Li konklizyon an epi motive elèv ou yo pou yo etidye tèks biblik leson yo lakay yo pandan semèn k ap vini an. Envite yo vin asiste pwochen reyinyon an. Ankouraje yo pou yo envite lòt moun. Fini klas la ak yon lapriyè.

Lòt Konsèy Pratik Nan Moman Ekspozisyon Leson An

1. Konnen kilè pou mande èd yon lòt moun ki pou ede. Yon antrenè avèk atitid ganyan konnen sentòm fatig yo. Majorite antrenè ki pwisan rann yo kont de sa ki rele fatig la, deja dedikasyon an diminye, epi gwo atansyon ak angajman. Pran tan pou w repoze lè w santi w negatif oswa kritik osijè de elèv ou yo.

Jezi te etabli yon bon egzanp pou nou lè l te deplase pou l t al mete tèt li apa pou l te pale ak Bondye. Lè l te priye ak medite sou montay la, li te voye akote tout prewokipasyon chak jou yo epi mande Bondye yon pouvwa ki tounèf pou l viv. Tan repo sa te renouvle lespri li epi ba l kapasite pou l reyalize ministè li. Pou antrenè lekòl dominikal la ki santi li dekouraje, yon lòt antrenè ranplasan kapab ba li yon ti kout men pandan plizyè dimanch pou l resevwa klas, repo epi rekipere li. Sa a se kapab solisyon pwoblèm nan.

2. Toujou konsidere metòd antrènman w yo nòmalman. Èske jeneralman ou toujou jwe yon wòl aktif epi elèv ou yo pasif? Si se konsa, sèvi ak yon metòd ki gen entèraksyon ak dyalòg.

3. Èke w plis fè presyon pou w jwenn yon repons kòrèk pase pou w jwenn yon panse ki kòrèk? Pa enkyete w pou w fini ak yon leson si elèv ou yo gentan ap tire konklizyon pou pwòp tèt pa yo. Li toujou bon pou pèmèt ke elèv yo jwenn konklizyon an nan yomenm menm (menm si pwosesis la lan) olye ke antrenè yo avanse byen vit pou rive nan "repons ki kòrèk la".

4. Konstwi yon bon relasyon avèk elèv ou yo, ou dwe enb epi moutre yo pwòp anvi w pou aprann. Sa ap ankouraje epi reyafime yo ke nou aprann pi byen lè n aprann ansanm.

5. Fè remak ke anpil kesyon diskisyon yo genyen repons ki bay pou ede w fè diskisyon an pi fasil. Kesyon sa a yo ki pa gen repons pou yo nan konsèy yo pèmèt oumenm ak elèv ou yo chèche pwòp repons nou.

6. Sonje ke sesyon sa a yo fèt pou fè entèraksyon; piga w tonbe nan pyèj nan sèlman li pifò materyèl ki enprime nan liv ou a bay elèv ou yo.

YON MO AVÈTISMAN:

Ane sa a, n ap ofri w yon resous ki baze sou zafè entènèt, pou sesyon an nan kèk ka ak nan lòt ak kèk leson. Nou mande w pou w analize yo anvan ou prezante klas ou a, yon fason pou w abitye ak konti w lan. Nan kèk ka, nou sigjere videyo kout ki kapab itilize nan pwojeksyon nan klas la. Si non, fòk ou dispoze ekip teknik pou sal klas la, ou kapab dechaje ak pwojekte yo nan pwòp ekran pa w depi nan konpmpitè oswa òdinatè w avèk yon pwojektè. Oswa bay elèv yo tit la pou yo chèche yo nan selilè entelijan, tablèt oswa IPad. Rezo entènèt la vin tounen yon zouti endispansab pou moun k ap viv nan tan kounye a. Nou itilize li nan tout branch travay nou chak jou. Legliz la pa t kapab rete san fè efò pou l pa ta sèvi ak mwayen kominikasyon itil sa.

Menm jan ak tout lòt mwayen kominikasyon popilè, entènèt la gen danje pa l tou. Nan ka legliz kretyen yo, nou limen yon limyè avètisman, deja pou twòp anvi nou genyen poun dechaje materyèl gratis pa mwayen sa a, nou klike sou "desann" oswa "dechaje" san analize kèlkeswa tit la, materyèl avèk ki gen abandon lafwa oswa kontrè a doktrin legliz nou an ki sen anpatikilye. Avan w dechaje, itilize ak distribye, li enpòtan pou w konsilte egzòtasyon Pòl la lè l di: Analize tout bagay byen, pran sa ki bon"...

— Redaksyon

Premye Sesyon

Yon Fanmi Ki Selon Kè Bondye

Leson yo: 1, 2, 3, 4, 5, 6 ak 7, otè: Eduardo Aparicio, Raytown, Missouri, E.U.A.

Leson yo: 8, 9, 10, 11, 12 y 13, otè: Redaksyon an

Konsèy:

Sesyon sa a fè kwazman avèk koumansman ane a, lè nan anpil peyi moun yo etabli pwòp "rezolisyon yo" ki ta dwe reyalize pandan ane ki gen pou vini an. Yon bon rezolisyon oswa objektif ta dwe amelyore relasyon familyal yo. Nan tèt kole ak pastè w la, se pou nou òganize aktivite nan legliz nou an k ape de nou akonpli rezolisyon sa a : Dine oswa soupe nan kolaborasyon kote ke chak fanmi ap pote kèk plat manje yo pi renmen pou pataje (kèk kote yo rele l manje "pote"...m pote tiplat sa a oswa lòt sa a).

Mete fen ak sesyon an pandan w ap selebre yon sentsèn anfanmi, kote tèt la (papa a, manman an, gran papa ak granny o, elatriye.) chak fanmi separe repa a yo bay chak manm fanmi pa yo pandan pastè a ap dirije sakreman.

Inite 1: Fondman Pou Yon Fanmi Dapre Kè Bondye

Leson 1:   Yon Fanmi Ki Mete Konfyans Li Nan Yon Sèl Seyè
Leson 2:   Yon Fanmi Yon Sèl Liv
Leson 3:   Yon Fanmi Ki Pale Ak Bondye - Lapriyè
Leson 4:   Yon Fanmi Ki Plen Ak Pouvwa Sentespri A

Leson 1
Yon Fanmi Ki Mete Konfyans Li Nan Yon Sèl Seyè

Pou aprann: "...Si ou deklare ak bouch ou devan tout moun Jezi se Seyè a, si ou kwè tout bon nan kè ou Bondye te fè l' leve soti vivan pami mò yo, wa sove." (Women 10:9).

Objektif: Pou genyen fanmi yo ansante, li nesesè pou yo kwè ke Kris se Sovè ak Seyè yo epi y ap viv nan obeyisans Pawòl ak volonte li.

Entwodiksyon

Li trè komen pou n tande temwayaj sou renmen, mizèrikòd ak padon Bondye, pa mwayen Jezikri ak travay Sali a sou kwa nan mòn kalvè a. Epi tout temwayaj sa yo otantik paske nou wè transfòmasyon mirak Seyè a nan lavi yo chak.

Noumenm k'ap li leson sa a epi prezan klas la, èske nou ta ka temwen chanjman sa a ke Jezi te fè nan lavi nou depi nou te aksepte l kòm Seyè ak Sovè?

Anbrèf, kisa temwayaj sa ta ye? _____
_____
_____

Youn nan premye temwayaj ke m te tande ki gen relasyon ak lavi tounèf nan Kris la se te nan yon rankont evanjelistik nan peyi Kosta Rika. Predikatè a te rakonte istwa sa a pou l ilistre mesaj ki moutre ke nan Kris la nou vin yon lòt moun. Istwa sa a te fè m sezi anpil, li te make diferans nan lavi mwen. Predikatè a te koumanse rakonte ilistrasyon l lan nan fason sa a: "Epifanio ki te toujou ap maltrete madanm li ak pitit li yo tou ki te tou piti. Madanm li ki te kretyen avèk tout fanmi l yo tou, te kwè ke pou konpòtman lavi ke Epifanio t ap mennen an se paske li pa t gen krentif pou Bondye, se te deja yon ka pèdi epi ki pa ta aksepte Kris kòm Sovè li.

Yo pat konnen ke lè Epifanio te piti li te koute mesaj levanjil la pa mwayen yon manm nan fanmi li. Pita, lè l te nan etap adolesan li, li te tande menm mesaj sa pa mwayen yon pwogram nan radyo; sa vle di, Bondye, pa mwayen sèvitè l yo ak lòt mwayen kominikasyon, li te gentan simen semans mesaj wayòm Bondye a. Semans sa, nenpòt jan sa ye, li te gentan nan kè Epifanio ak lespri li.

"Malgre opòtinite sa yo, EPIFANIO te toujou ap rejte mesaj li te konn tande a. Eskiz la se te pou l pa t viv dapre volonte Bondye se te sa a: Apre sa mwen pral gen tan pou m viv jan Bondye vle m viv la".

"Yon jou Epifanio te nan mitan yon sitiyasyon moral ak espirityèl byen konplike. Li te tèlman tonbe ba, li pa t konnen ki kote pou l te ale ni kisa pou l te fè. Nan jou avan an, li te bwè tèlman, epi sou, li pa t menm ka rive lakay li pou sware a paske l te pase nwit la dòmi nan lari. Moun pat kapab sipòte sant kò li: Epifanio te konplike.

Nan demen, lè fòs kleren an te koumanse pase, li te tande menm mesaj la nan bouch yon vwazen bò lakay li a ke l te koute lè l te piti ak adolesan, se te mesaj Sali a pou ale nan wayòm Bondye a.

-Eseye, vwazen—zanmi l lan te di li ---. Kouman bagay yo ap mache nan lavi w si w repanti epi resevwa Kris la kòm Seyè ak Sovè, lavi l ap chanje.

"Pou fè istwa a pi kout, Epifanio te koute konsèy vwazen an, li te andoze mesaj Sali a, li te konfese ke l t ap viv nan peche, li te mande padon epi aksepte Kris la kòm Seyè ak Sovè li. "Depi lè sa a lavi Epifanio te chanje konplètman; madanm li ak timoun yo te premye moun ki remake chanjman an. Relasyon maryaj ak fanmi yo te koumanse ranfòse kòm li pa t janm ye anvan; se klè, travay li a tou yo te note chanjman an. Malerezman olye pou yo felisite li, yo joure l chak jou.

"Yon maten youn nan kanmarad li yo mande l: ou reyèlman kwè ke Kris w ap pale de li a toujou ka chanje dlo nan diven?", An referans a istwa a nan maryaj la nan Kana nan Galile (Jan 2: 1-12). Repons li yo: "Mwen pa konnen si li toujou chanje dlo an diven.

Tout sa mwen konnen se ke Kris la Seyè mwen an: chanje byè ak kleren an lèt pou pitit mwen yo. "Sa k ap pase lè nou rekonèt ke nou ap viv byen lwen Bondye epi konfese peche nou, mande padon ak aksepte Kris kò Seyè ak Sovè nou. Gras ak etap lafwa sa a nou genyen vizyon tounèf ak objektif.

Kisa pasaj biblik sa yo di sou li?

Jan 3:16 _____
_____

2 Korentyen 5:17 _____
_____

I. Kijan Nou Konnen Ke Kris Se Seyè Ak Sovè Nou? – Jan 3:16

Kisa w ta reponn si yon moun ta mande w: Kijan w fè konnen si Kris se Seyè ak Sovè w?
_____
_____

Yon repons ke anpil moun te bay se te sa a: "premyeman, mwen konnen ke Kris se Sovè mwen. Dezyèmman, mwen se kretyen depi anpil ane epi mwen fidèl ap mache nan legliz sa".

Ki kote pwoblèm nan ye, depi yon pwendevi biblik, nan repons sa a? _____
_____

Lòt kesyon nou ta kapab poze tèt nou se ta sa a: Konbyen moun nan kongregasyon an ki panse menm bagay la ak moun ki te reponn kesyon anlè a? Nou pa ta konnen pou nou di, omwens ke nou ta poze kesyon pèsonèlman.

Li posib pou anpil manm nan kongregasyon sa a panse menm bagay la, Se poutèt sa, nou ta renmen poze de kesyon debaz sa yo pou fè dyagnostik espirityèl.

REMAK: Sa a fason pou prezante levanjil la nou te aprann li nan Sanntyago peyi Chili nan youn nan seminè yo nan "Evanjelizasyon Eksplozyon".

Ou va di, kisa sa ye?

Pa egzanp, lè nou ale kay yon doktè premye bagay asistan doktè a fè, se konnen konbyen liv oswa kilo nou peze, lè sa a egzaminen siy vital nou yo, pran tanperati a ak batman kè, mezire tansyon epi finalman ak estestwokopi pou koute fonksyònman kè nou ak poumon nou. Gras avèk siy vital sa yo doktè a wè nan ki kondisyon sante nou ye.

Menm jan an tou, li ta bon pou nou konnen kondisyon espirityèl nou devan Bondye ak legliz li a.

A. De kesyon pou fè dyagnostik espirityèl la

Eske li nesesè pou poze ak reponn kesyon dyagnostik espirityèl la ? Wi, paske repons nou pou de kesyon yo ap moutre nou kouman siy vital lavi nou ye nan Kris. Si yo revele ke tout bagay byen nan lavi nou kòm pitit Bondye, n ap di Bondye mèsi epi kontinye pran swen relasyon nou avèk Li. Men, si nou rann nou kont ke gen bagay ki pa byen epi nou pa asire nou de ke Kris la se Seyè nou, ebyen nou pap kapab asire nou nonplis de ke nou gen lavi ki pap janm fini an nan non li. Konsa, li lè li tan pou nou konnen kouman nou ye espirityèlman.

Nan non Seyè a n ap kontinye pou pi devan. Nou dwe sonje ke sijè leson sa a se yon fanmi dapre kè Bondye, "Yon fanmi ki genyen Kris kòm Seyè ak Sovè li".

Èske nou se fanmi sa a kote Kris se Seyè fwaye nou?

Premye kesyon dyagnostik espirityèl la: Eske w kwè ke nan lavi espirityèl w ap mennen pou kounye a, si w ta mouri la, ou t ap ale nan prezans Bondye oswa nan syèl la ?

WI—NON (Fèmen repons ou a nan yon wonn).

Si repons ou a se Wi, di Seyè a mèsi. Nou pa kapab bay Bondye manti. Li konnen nou jan nou ye a, menm panse ak kè nou tou. Si repons ou a se Non, ebyen annou panse ak…

Dezyèm kesyon dyagnostik espirityèl la: Ann konsidere w ta mouri kounye a epi ou devan Bondye, si Li ta mande w: Poukisa pou m kite w antre nan syèl la oswa nan wayòm mwen? Ki repons ou t ap ba li? _____
_____

Si repons ou a se: Ou dwe kite m antre nan wayòm ou an paske m toujou al legliz, mwen mete anpratik don avèk ministè ou te banmwen yo. Mwen pran swen fanmi mwen epi mwen toujou peye ladim ak ofrann.

Si sa a se repons ou ta bay devan Bondye, ebyen li nesesè pou nou kontinye pou pi devan pou n eksplike w plan Sali a ke Bondye genyen pou ou epi pou nou tout.

B. Prezantasyon levanjil Sali a

1 Bondye Renmen Nou.

Li Jan 3:16 byen fò: "Bondye te tèlman renmen nou, li bay yon sèl Pitit li a vin mouri pou nou, tout moun ki mete konfyans yo nan li pap janm peri, men, li va gen lavi ki pap janm fini an". Se sa a ki mesaj Sali a, "…tout moun ki mete konfyans yo nan li", genyen lavi ki pap janm fini an. Se konsa li ye, byen senp. Men li bon pou nou konprann ke mete konfyans nou nan Kris la se pa sèlman yon egzèsis entèlektyèl.

Kisa Jak 2:19 di sou sa? _____
_____

Wi, se vre, demon yo kwè nan Kris tou epi tranble, men yo pa rive pi lwen. Yo pa pran etap sa. Piga menm bagay la pase nou. Anpil fwa nou panse paske nou soti nan yon fanmi kretyen oswa vin kretyen depi lontan, nou genyen lavi ki pap fini an, men Bib la pa anseye sa.

2. Lòm Se Pechè

Youn nan rezon ki anpeche nou genyen lanmou sa ak relasyon entim avèk Bondye ak lavi ki pap janm fini an, se paske nou se pechè.

Kisa Women 3:23 di sou sa? _____
_____

Lè Bib la pale de peche, li pa al gade sèlman nan fòm lavi ke n ap mennen; pa egzanp, move tretman nou bay mari oswa madanm nou yo ak pitit nou yo. Defo tankou alkolis, lage nan dwòg, pònografi, enfidelite marital ak vis. Tout mal sa yo, se efè segondè nan lavi nou lwen Bondye.

Viv nan peche, se viv dozado ak Bondye, tankou si li pa t egziste. Se viv lwen volonte l ak dezobeyisans kòmandman li yo.

Sa se peche, lòt move lavi k ap vini yo se konsekans lavi byen lwen Bondye.

Si nou di nou se kretyen paske n ap akonpli koze seremoni relijyon yo, bagay sa a y opa fè nou vin pitit Bondye. Relijye Wi, men se pa pitit Bondye. Kisa Women 6:23 di? Ekri rezilta yon lavis an Bondye ak lavi avèk li pa mwayen Kris la: _____
_____

3. Sa Jezi Kris Fè Pou Nou An.

Women 5:8 ede noumenm kretyen yo konnen kilès Bondye ye ak sa l te fè pou nou pa mwayen Pitit li a.

Nan kèk ti mo, Ki mesaj ki nan Women 5:8? _____
_____

Sa ta bon pou nou ta aprann vèsè sa pakè pou nou kapab kapte li non sèlman nan kè nou, men nan lespri nou tou. Nan fason sa a, nou pap janm bliye sa Bondye te fè pou nou pa mwayen Pitit li a.

4. Delivrans lan se yon kado Bondye pa mwayen Kris la.

Ann li byen fò Efezyen 2:8-9. Pasaj biblik sa a yo genyen de verite ladan yo ke nou dwe mete aksan.

Premyeman, nou gen Sali a pa mwayen lafwa no unan Kris la. Sa a se gratis, se yon kado oswa don Bondye.

Dezyèmman, moun pa kapab jwenn li pa mwayen bon zèv, ni pou tèlman nou bon oswa bon gagay nou fè. Kredi Sali nou an se Kris la ki te mouri pou nou.

5. Pou nou gen lavi ki pap janm fini an nou dwe resevwa Kris la kòm Sovè. Jan Batis di nan Levanjil selon Jan an: "Men, sa ki te resevwa l' yo, sa ki te kwè nan li yo, li ba yo pouvwa tounen pitit Bondye" (Jan 1:12).

Nou dwe resevwa Kris la kòm Sovè nou epi, lè nou fè sa, Bondye pral ban nou pouvwa pou nou vin pitit li. Nan tan avan an, nou pa t pitit Bondye, men kounye a nan Kris la, nou se pitit li. Kris sove nou anba pouvwa peche pou nou viv epi mache avèk li.

6. Nou dwe rekonèt Kris la kòm Seyè nou.

Pafwa nou konn byen dispoze pou nou di ke Kris la se Sovè nou, men se pa anpil fwa nou konfese pou n di li se Seyè nou. Pou nou wè jan mo sa a serye, nou dwe eksplike byen vit sa k te pase nan epòk Nouvo Testaman an ak moun sa a yo ki te kwè nan Kris la.

Nan epòk Lanpi Women an, Seza a se te yon "Seyè". Pa t gen lòt tankou li. Li te jwenn anpil onè ak respè epi devan li tout moun te koube. Relijyon Seza a te piwo pase tout lòt relijyon yo. Limenm, kòm seyè, li te gen pouvwa pase tout lòt seyè yo. Lè Kris la te vini nan mond sa a epi kretyen yo t ap bay temwayaj pou di ke Jezi se Seyè ak Sovè a, yo te soufri yon pèsekisyon ak lanmò ki te di anpil. Men yo te prefere soufri olye yo nye lafwa yo nan Jezikris. Pòl te di kretyen legliz primitiv yo konsa: Si ou deklare ak bouch ou devan tout moun Jezi se Seyè a, si ou kwè tout bon nan kè ou Bondye te fè l' leve soti vivan pami mò yo, wa sove (Women 10:9).

Jeneralman nou wè Kris sèlman tankou Sovè nou, men se pa menm jan ak Seyè tout seyè yo ki dirije lavi nou, moun ki marye ak fanmi.

II. Kounye A, Kisa N Ap Fè

1. Pou kèk moun nan mitan nou leson sa a se tankou yon rapèl sou mesaj Sali a ke nou koute ak repons nou te bay mesaj sa a. Pou lòt moun, li pwobab pou se yon mesaj Sali ki tounèf.

Kisa n ap fè ak mesaj sa a? N ap aksepte oswa refize li? Eske n ap mete li anpratik?

2. Si ou vle aksepte Kris kòm sovè, repete fraz sa a:

"Mèsi Bondye dèske w te voye Pitit ou Jezi pou mouri pou peche m yo, pou m te ka gen Sali, kominyon avèk ou pa mwayen limenm. Kounye a, mwen rekonèt ke mwen t ap mache lwen ou, mwen te nan peche, men kounye a mwen reyalize ke mwen ke mwen genyen lavi ki pap janm fini an nan Jezi ke ou ofri m. Mwen mande padon pou tout peche m epi resevwa w kòm Sovè m ak Seyè a. Amèn. "

3. Si yon fwa ankò nou poze kesyon dyagnostik espirityèl la, kisa repons ou a t ap ye pou premyen kesyon an? (Ekri repons ou a)_____

Epi, Kisa respons ou a t ap ye pou dezyèm kesyon an ? _____
_____

Konklizyon

Si nou bay temwayaj de ke Kris se Seyè ak Sovè nou, sa a se yon temwayaj lafwa fondamantal pou vin yon fanmi dapre kè Bondye. Poukisa?

1. Yon fanmi ki dapre kè Bondye se sa a ki pa gen lòt bondye, men se sèl Seyè a, Bondye Abraram, Bondye Izarak ak Jakòb la. Poutèt sa a Moyiz te toujou ap fè pèp Izrayèl la sonje kimoun Seyè a te ye: "Koute byen, nou menm pep Izrayèl! Seyè a, Bondye nou an, se li ki sèl mèt. Se pou nou renmen Seyè a, Bondye nou an, avèk tout kè nou, avèk tout nanm nou, avèk tout fòs kouraj nou" (Detewonòm 6 :4-5).

2. Yon fanmi dapre kè Bondye pa sèlman genyen Kris kòm Seyè ak Sovè, men tou li konfese ak bouch li epi lavi li ke li se Seyè l, menm jan ak lavi li tankou madanm ak mari epi fanmi li.

Yon fanmi selon kè Bondye fè pati legliz la, ki se fanmi Bondye a. La a li mete anpratik don ak ministè yo ke Bondye te bali pou ke legliz la kontinye grandi nan Bondye.

Leson 2

Yon Fanmi Yon Sèl Li

Pou aprann: "Lòm pa viv sèlman avèk pen, men se tout pawòl ki soti nan bouch Bondye" (Lik 4:4).

Objektif: Ankouraje chak fanmi kretyen pou yo nouri yo avèk Pawòl Bondye a pou rekonfò espirityèl yo epi nan fason sa a y'ap vin yon fanmi "yon sèl liv".

Entwodiksyon

Jan Wesley te di konsa: "Mwen konprann ke mwen se yon kreyati pasajè ki genyen yon sèl jou. M ap pase nan lavi sa a tankou yon flèch k ap vole anlè a. Mwen se yon espri ki soti nan Bondye epi ki genyen pou l retounen al jwenn Bondye. Mwen sispann pou yon moman epi mwen sou yon gwo mòn, konsa nan yon ti moman toukout ou pap wè mwen. M ap tonbe anndan letènite a. Yon bagay ke mwen vle konnen: Chemen pou ale nan syèl yo epi kouman m kapab rive sove pou m kote ki gen kè kontan sa. Bonde menm anchaje l pou l te moutre m chemen an. Poutèt sa, limenm menm desann soti nan syèl yo epi ekri chemen an nan yon liv.

O, se pou yo ban m liv sa a! Nen nenpòt pri l ye a, se pou yo banm liv Bondye a. Mwen genyen li epi mwen jwenn konesans ki ase ladan li. **"Kite m moun yon sèl liv."** La a mwen twouvem nan chemen difisil lèzòm. M santi m poukont mwen; se sèl Bondye ki avèk mwen. Mwen louvri liv la nan prezans li, mwen li l epi, sa a, se avèk sèl objektif poum jwenn chemen syèl yo. Èske m gen kèk dout osijè de sa mwen li a? Èske gen kèk bagay ki nwa oswa difisil pou m konprann? Mwen pote kèm bay papa limyè yo. Seyè a, kòmsi se pa oumenm ki te di si yon moun manke bon konprann pou l te mande w epi t ap bali ankantite san repwòch?" Ou te di ke moun ki vle fè volonte w, ta rekonèt li. "Mwen menm, wi, mwen vle fè volonte w; kite m konnen li."

Apre w fin li sa Jan Wesley te ekri a, reponn kesyon sa a yo:

Kouman Wesley te konsidere tèt li? _____

Kisa w te vle konnen ? _____

Kouman w ta rankontre chemen syèl yo? ___

Kisa w te plis vle genyen ? _____

Ki leson Wesley bay nou chak avèk chak fanmi? _____

I. "Kite M Moun Yon Sèl Liv"

Sa a se te dezi Jan Wesley, fondatè Mouvman Metodis la. Se te kenzyèm nan 19 pitit epi, ansanm avèk frè li Chal, yo te yon enstriman de benediksyon nan men Bondye pou yonm revèy espirityèl nan peyi Angletè.

Poukisa Jan Wesley te tèlman vle moun yon sèl liv? Li posib se pou sa Pòl te di Timote a.

Ki mesaj Pòl te bay Timote nan 2 Timote 3:16?

_____

Menm si Pyè di menm bagay la nan lòt pasaj. Li 2 Pyè 1:19-21. Kisa li di ki gen pou wè ak Sentespri a ak Pawòl Bondye a? _____

_____

Men nou dwe rekonèt ke tout bagay la koumanse avèk paran yo. Si pou noumenm ki se paran yo, Pawòl Bondye se pa yon priyorite nan lavi nou, li pap janm konsa pou timoun yo ni rès fanmi an nonplis.

A. Paran Jan Wesley Yo

Papa Jan Wesley se te predikatè epi, Sizàn, manman li, yon notab ki te konn leve epi gide pitit li yo nan konesans Pawòl Bondye a. 19 pitit li yo te byen abitye ak istwa biblik yo. Sizàn te toujou cho pou l jwenn yon chans nan jounen an pou l li Bib la pou pitit li yo.

Pa egzanp, lè tout fanmi Wesley te rasanble bò kote tab la nan lajounen oswa nan nwit ki fè fredi nan peyi Angletè, Sizàn te wè sa kòm youn nan pi bon moman pou l te li epi pataje kèk istwa biblik pou timoun li yo ak yon vokabilè kote timoun yo te kapab konprann.

Kretyen an ki priye ki lit kont lènmi an nan Bondye pa goumen ak zam imen, men ak zam espirityèl ki Seyè a te ban nou. Menm jan tou, yon fanmi ki priye sèvi ak pouvwa a nan Bondye yo desi- fèm manecer nan Seyè a, simonte nenpòt atak yo ki vle detwi maryaj ak kidonk fanmi an.

Si sa l te fè avan pa t ase, li te konn antre nan chanm timoun li yo pou pale yo de Bondye ak relasyon ke li vle genyen avèk nou. Li posib pou nou di ke Sizàn te gen tan ase pou l te anseye piti li yo Pawòl Bondye. Si nou sonje ke li te genyen 19 fwa plis tout responsablite pase menm kay la, ki kote l te jwenn tan pou l te anseye timoun li yo Pawòl Bondye a?

Li ta bon pou tout paran yo nou tas anti nou grangou konsa pou Pawòl la. Nou ta gen kapasite ak pouvwa ak otorite pou dirije fanmi nou nan chemen Bondye yo.

B. Kontèks Sosyal Fanmi Wesley

Nan epòk Wesley Angletè t ap viv moman byen difisil nan kontèks sosyal, ekonomik, moral ak espirityèl.

1. Sosyal ak ekonomikman. Nan peyi Angletè te gen anpil enjistis. Yo te rete nan de bout: pi rich la oswa sa ki gen yon bon ekonomik avèk sa ki pi pòv yo. Pa te gen okenn klas mwayèn. Povrete tou dousman t ap ranje kò l nan popilasyon Wayòm Ini an. Istoryen di nou ke nan lari yo te gen anpil timoun ki t ap viv ak òfelen yo konplètman abandone epi endijan. Sitiyasyon sa a te fè pati lavi peyi sa a.

2. Moralman. Pwoblèm ekonomik yo te mete ansanm avèk pwoblèm moral yo. Angletè t ap viv yon atmosfè nan pwomiskwite total, ansanm ak maladi ak soufrans lapès.

3. Espirityèlman. Li te sanble ke moun ki gen plis resous ekonomik yo se te sèlman moun Bondye te beni yo, se pa konsa dapre anpil moun, pòv ki abandone yo se moun Bondye bliye yo ye. Omwens sa a se te pèsepsyon ke moun yo te genyen nan sosyete sa a.

Yo imajine, nan yon anviwònman ki tankou youn nou dekri, ki jan yon fanmi ki te gen 19 timoun te viv ak revni ba Wesley? Sepandan, poutèt lafwa yo nan Seyè a epi pou jan Pawòl la te byen chita lakay yo, yo te kapab reyisi. Papa Wesley te yon predikatè; Sizàn se te yon madanm ki te gen krentif pou Bondye epi timoun li yo te kapab vi vane aprè ane, sa ki te yon priyorite nan lavi paran yo. Pou rezon sa a yo te mache nan krent ak obeyisans devan Bondye, gras ak lekti biblik chak jou yo.

Jan Wesley te youn nan gwo predikatè yo nan tout tan tout tan ak Charles Wesley, frè l la, se te youn nan pi gwo adoratè Bondye, ki te ekri dè milye de kantik ki la jouk kounye a pou itilize nan fè lwanj pou Bondye.

Nou ta kapab di ke fanmi Wesley te yon fanmi dapre kè Bondye tou senpleman paske yo te yon fanmi ki gen yon sèl liv.

II. Grangou Pou Pawòl Bondye A

Semèn sa a, konbyen nan nou ki te sispann manje pandan twa jou? Nou pap pale de fè jèn pèsonèl ke noumenm kèk disip pratike kòm yon disiplin espirityèl; men yo te tèlman okipe epi ranpli ak lòt responsablite, nou tou senpleman bliye oswa pa gen tan manje.

Èske nou panse ke sa ka rive? Eske li posib ke yon moun sispann manje paske li bliye oswa li twò okipe? Repons lan se: NON!

Ebyen se konsa, yon lòt kesyon parèt: Poukisa nou pa gen tan pou nou ranpli nou ak Pawòl Bondye a? Poukisa nou bliye li l ?

A. Ansèyman Kris La

Levanjil selon Jan pale nou de dyalòg Jezi a avèk fanm Samariten an (4:7- 38). La a Seyè a te touche twa kesyon enpòtan sa ki aplike nan lavi pèsonèl nou, trimonyal, fanmi ak legliz:

1. Jezikri se dlo vivan an, epi moun ki bwè dlo sa a, li p'ap janm swaf ankò, paske dlo li ban nou se pou lavi ki pap janm fini an (vv. 10, 14).

2. Atravè Jezikri nou aprann ke vrè adoratè yo ap adore Papa a nan lespri ak verite a. Moun sa yo se adoratè k'ap chèche Papa a (vv. 20-24).

3. Jezikri anseye nou ke vre manje a se fè volonte Papa a. Li te di: "manje mwen se fè volonte moun ki te voye m nan epi fini travay li a" (v 34).

Ki kote nou te wè oswa li ke Jezikri se dlo ki bay lavi a? _____

Nan ki liv nou wè egzanp sou ki sa ki adore nan lespri ak nan verite a? _____

Ki kote nou kijan pou nou fè volonte Bondye ? _____

Nan Lik 4:4 "Jezikri te di satan konsa: Lòm pa viv ak pen sèlman, men de tout pawòl ki soti nan bouch Bondye".

Ebyen si li enposib pou nou sispann manje pandan twa jou pandan yon semèn sèlman nou bliye fè li oswa paske nou okipe nan lòt responsablite, poukisa nou bliye ranpli nou avèk Pawòl Bondye pandan ke nou konnen ke pa mwayen limenm n ap pase grangou ak swaf espirityèl yo ?

B. Sondaj

Yo te poze kesyon sa yo pou 250,000 kretyen nan 1,000 legliz te reponn:

Premye kesyon: Ki sa ki se fason ki pi bon pou yon moun grandi ak pran fòs nan lavi kretyen an?

Repons: Lapriyè avèk lekti Pawòl la.

Dezyèm kesyon: Kisa ki se factè vital pou kwasans espirityèl yon moun, maryaj ak fanmi?

Repons: Etidye Bib la epi aplike li nan lavi nou.

Twazyèm kesyon: èske w lapriyè, li, estidye Bib la?

Repons: Prèske pifò di yo pa t konn fè sa.

Si yo ta mande nou, noumenm ki konn ale nan lekòl dominikal oswa legliz nan kongregasyon kote yo ta poze nou kesyon sa a, kisa repons nou an t ap ye? Nou dwe sensè devan Bondye pou chak repons nou bay. Nou konnen ke nou pa kapab anganyan li ni bali manti.

III. Li Lè Li Tan Pou Nou Tout Vin Fanmi Kretyen Ki Genyen Yon Sèl Liv.

A. Bib La Se Lanp Ak Limyè (Sòm 119:105)

Gen yon moun ki te di ke katye a, bouk, lavil oswa peyi kote fanmi kretyen yo ap viv se tankou "forè fènwa ki plen ak mechanste". Jezikri t ap fè referans ak mond sa lè l te di ke l nan fènwa epi moun yo san yo pa rann yo kont, y ap mache nan mitan fènwa ak bwen ; men, la a se mesaj esperans lan, se li ki limyè a. Jezi reponn li: "Se mwen menm ki limyè mond lan; Moun ki swiv mwen pap janm mache nan fènwa, men li va gen limyè ki bay lavi a "(Jan 8:12).

B. Nan Bib La Nou Jwenn Pawòl Ki Bay Lavi Ki P'ap Janm Fini An (Jan 6:68)

Jezi te koumanse ministè predikasyon l lan nan preche sou wayòm Bondye a ak lavi ki pap janm fini an " Jezikri te konn di, Tounen vin jwenn Bondye, paske wayòm Bondye a touprè ". Gras avèk mesaj esperans sa a ak Sali a anpil moun te swiv Jezi; Men, lè yo te tande kondisyon Jezi te pase pou moun ki te vle swiv chemen wayòm Bondye a, "anpil nan disip yo wete kò yo, yo pa mache avè l ankò." Yo reponn li: "Pawòl sa a yo twò di, ki moun ka koute yo?" (Jan 6:60, 66).

Lè Seyè a te wè ke anpil disip te vire do yo, li te mande douz lòt disip yo, "Èske nou vle ale tou?" (Jan 6:67).

C. Pawòl Bondye A Gen Lavi, (Ebre 4: 12-13)

Otè liv Ebre a di ke Pawòl Bondye a se pa sèlman yon koleksyon liv ki kominike kèk ide nan relasyon ak yon Bondye Kreyatè, men se yon liv ki chanje lavi moun nan, transfòme epi fè l vin yon moun nouvo nan Kris la.

Bib la se tankou "yon bistouri nan men yon chirijyen, Bondye, ki pa fè Ensizyon a montre nou ki jan lavi nou pa bon epi si nou pèmèt li, retire li pou ke nou kapab genyen relasyon entim avè l '. Pawòl Bondye a revele tout sa k ap fè nou mal epi fè nou ale lwen Seyè ak Sovè nou an. Se poutèt sa, kòm yon bistouri byen fen li retire tout bagay mal, pou nou kapab genyen yon lavi ki an sante epi santach ".

D. Bondye devwale tèt li pa mwayen Pawòl Li (Sòm 19: 7-11)

Lè nou tande pale de lalwa, imedyatman nou panse ak lalwa sou trafik, lalwa sou lavil oswa lalwa leta a, oswa peyi kote n ap viv la. Isit la salmis la pale sou lalwa a nan relasyon ak Pawòl oswa volonte Bondye pou nou. Pawòl sa a pafè epi rezilta moun ki obeyi li yo se sa yo:

1. Konvèti nanm (v. 7). Sa vle di, moun ki swiv oswa nouri nan Pawòl Bondye a, vin tounen yon moun nouvo, maryaj oswa fanmi an.

2. Fè moun ki gen bon konprann nan vin senp (v. 7). Nan ansèyman yo nan Pawòl Bondye a nou jwenn bon konprann pou nou oryante lavi nou ak pa pitit nou yo nan verite Kris la.

3. Fè kè moun kontan epi louvri je yo (v.8). Li bay kè kontan lè nou swiv volonte Bondye, paske li dirije nou nan chemen ki dwat la epi fè nou wè pi klè kote nou prale.

4. Jijman Seyè a yo se verite epi yo tout jis- (v. 9). Bondye fè sa ki dwat ak bon. Poutèt sa, nou konfye nou ke l ap toujou fè sa ki pi bon an pou nou.

5. Li dezirab tankou lò epi dous pase siwo myèl (v. 10). Men se veite, li fè referans ak Pawòl Bondye a. Anmezi nou li ak etidye l pi plis, se lè sa a nou pi plis anvi l tou toujou.

Konklizyon

Poukisa chak fanmi kretyen ta dwe yon fanmi ki gen yon liv?, Tou senpleman paske nan Bib la nou jwenn sa ki pi bon pou maryaj nou yo ak fanmi nou.

Premyèman, nou jwenn transfòmasyon pa mwayen Pawòl Li ak pouvwa nan Sentespri a (2 Timote 3: 16-17).

Dezyèmman, nou resevwa fòmasyon ak ekipe pou sèvis li a. Bondye mete yon ministè nan chak moun pou l kapab akonpli l. Tout sa nou dwe fè se jwenn li pa mwayen Bib epi sèvi nan legliz li a.

Twazyèmman, Seyè a pa t 'rele nou ou sove pou nou te kapab rete trankil, men se pou nou rive pote mesaj pawòl li bay tout moun ak donnen an kantite.

Leson 3

Yon Fanmi Ki Pale Ak Bondye--Lapriyè

Pou aprann: "Rele m', m'a reponn ou. M'a fè ou konnen yon bann gwo bagay, yon bann mèvèy ou pa t' janm konnen". (Jeremmi 33:3)

Objektif: Konprann ke lapriyè se mwayen ke Bondye ban nou pou nou pale avèk li.

Entwodiksyon

Kretyen k ap priye a konprann ke batay kont lènmi Bondye pap goumen ak zam lachè, men ak zam espirityèl ke Seyè a te ban nou. Menm jan tou, yon fanmi k ap priye sèvi ak pouvwa Bondye pou yo kanpe fèm nan Seyè a, pou simonte nenpòt atak ki vle detwi maryaj ak fanmi an.

Lapriyè se youn nan mwayen ke Bondye ban nou pou nou kominike avèk li. Nou wè nan Ansyen Testaman an sèvitè avèk pwofèt Bondye yo te konn pran rekou nan lapriyè pou pale avèk Papa a epi nan fason sa a yo te konnen volonte li. Men tou, yo te konn priye Bondye pou ranfòse lafwa yo epi mete konfyans yo nan pwomès li yo.

Nou moutre kèk vèsè kòm egzanp pou ranfòse deklarasyon ki pi wo a. Li epi byen brèf di sa ki te rezon lapriyè sa.

Egzòd 32: 11-14 _____
1 Samyèl 1:9-17 _____
Neyemi 1:4-1 _____
Jeremi 33:1-3 _____
Mak 11:21-26 _____

Jezi te konn al kote Papa li byen souvan nan lapriyè pou bal fòs nan misyon li te dwe akonpli a. San dout li te konn mande disèneman pou pran desizyon tou epi lapriyè mande Bondye pou disip li yo epi pou nou tou. Jan 17 se egzanp ki konfime sa nou sot di a. San lavi lapriyè Jezi ki se Kris la, nou kwè ke li pa t ap kapab akonpli ministè Sali a.

Pa mwayen lapriyè nou gen libète pou n ale devan twòn lagras Bondye a pou pale avèk li chak jou, sa ki vin posib gras ak lanmò Jezi ki se Kris la sou bwa kalvè a.

I. Kisa Lapriyè Ye?

Sa a se youn nan kesyon yo poze souvan Kretyen yo ak moun ki pa kretyen yo. Pandan m t ap redije leson sa a, mwen te oblije fè yon ti sispann pou m te ale nan yon dezyèm sesyon konsèy pastoral. Reyinyon an se te avèk yon manman ak pi gran pitit li a. Pou nou konprann sa m ap di nou la a, li nesesè pou nou wè kontèks sitiyasyon an.

Mwen te resevwa yon apèl telefòn epi dam nan te di m 'ke li ak fanmi l te bezwen konsèy, epi konsa, yo te vle pran randevou avèk mwen. Mwen te di l se trèbyen epi kilè l te deside rankontre avèk mwen. Jou ak orè li te mande pou l te rankontre avèk mwen an te lib nan ajanda mwen. Apre sa li te mande m pou m te ba li adrès dispansè mwen.

Mwen te dil ke m pa gen dispansè, men m pa t gen okenn pwoblèm pou l te pale avèk mwen nan biwo mwen, nan moman sa a m santi ke madanm nan te nan konfizyon epi, apre yon ti poz, li te mande mwen: "èske w se sikològ?" Repons mwen an te negatif epi mwen te di l ke m se paste, epi li te reponn: "Eskize, noumenm nou bezwen yon yon sikològ". Pou m fè istwa pikout, li retounen rele ankò epi lè sa a mwen mande li: "menm si mwen pa sikològ, menm si se ta randevou a?" Repons lan te pozitif.

Nan premye reyinyon an, mwen te fè remak ke fanmi an te relijye anpil epi yo te di mwen ke se sèlman yon mirak ki kapab chanje sitiyasyon yo t ap andire a. Mwen te ba yo yon devwa pou yo te akonpli pandan semèn nan anvan dezyèm reyinyon an oswa randevou a.

Prèske nan fen dezyèm sesyon-an dam nan di li te lapriyè devan plizyè sen pou yo te kapab reponn pwomès li yo: Li te di konsa, kounye a, mwen wè, yon limyè k'ap klere anndan tinèl la.

Anvan nou di orevwa mwen te di yo konsa: "Pwomès ek: Mwen ta vle lapriyè mande Bondye pou nou nan lapriyè, epi mande li pou l kontinye moutre plan li genyen pou lavi ak vi matrimonyal nou an".

Dam nan di: "Lapriyè?", "Wi," Mwen te reponn li. "Priye Bondye".

Epi li mande mwen: "Kisa ki lapriyè a?" repons m te ba li a se te sa: "Se pale, kominike, fè dyalòg avèk Bondye, Papa nou ki nan syèl la. Se mwayen Bondye kreye pou nou pale avèk li nan non Pitit li a Jezikri, limenm ki te mouri sou bwa kalvè a pou mwen epi pou nou". Yo te rete pi plis toujou paske yo te vle konn plis bagay sou lapriyè ak Jezikri Seyè nou an. Lapriyè a dwe pou nou tankou yon dyalòg avèk yon zanmi. Si nou konsève kominikasyon dirèk sa ak Bondye pa mwayen lapriyè, n ap konnen li pi plis chak jou a k fanmi nou tankou se pale ak Bondye chak joe pi nan fason sa a, relasyon nou avèk li ap plis pèsonèl.

Pastè Vilmar Casals, ke mwen te rankontre nan Ajantin, te di: "Lapriyè se pou lespri nou kòm lè n'ap respire pou kò nou". Sa vle di lapriyè a pa dwe manke pou yon lavi kretyen ansante.

A. Kòmandman Ak Pwomès Sou Lapriyè

Se Pastè Humberto Lay, Perou ki te ekri materyèl sa a. Mwen te wè sa ki nan ansèyman yo aplike nan sijèn ap trete nan inite sa a; se klè, nou te fè adaptasyon nan sitiyasyon ak kontèks nou yo.

Li pasaj biblik sa a yo epi ekri kòmandman ak pwomès Bondye ke w jwenn yo nan espas vid yo.

Jeremi 33:3
Kòmandman:_____
Pwomès:_____

Matye 11:28
Kòmandman:_____
Pwomès:_____

Lik 11:9-10
Kòmandman:_____
Pwomès:_____

Jan 16:24
Kòmandman:_____
Pwomès:_____

Anrezime, èske w ta kapab eksplike kisa ki kòmandman ak pwomès Bondye yo nan pasaj nou sot li yo? _____

B. Ki Jan Nou Dwe Priye?

Kisa pasaj biblik sa a yo di nou sou sa ?
Matye 21:22 _____
Mak 11:25 _____
Jan 14:13-14 _____
Efezyen 6:18 _____
Jak 1:6-7 _____
Jan 5:14 _____

C. Kisa Lapriyè Nou Dwe Gen Ladan Li?

Anjeneral nou konfonn lapriyè a avèk dyalòg devan Bondye ak yon lis demann. Gen plas pou demann yo; sepandan, lapriyè a dwe fèt nan moman kote n ap eksprime nou. Li vèsè sa a yo epi ekri sa ki dwe nan yon lapriyè devan Bondye.

Sòm 95:2, 6; 145:1-3 _____
1 Tesalonisyen 5:18 _____
1 Jan 1:9 _____
Matye 7:7-11 _____

Lapiyè nou oswa dyalòg nou ak Bondye dwe genyen lwanj ladan li, adorasyon ak remèsiman pou tout benediksyon yo ke nou toujou resevwa ki soti nan men li. Sa gen konfesyon peche nou yo tou epi padone pwochen nou yo nan non Jezi ki se Kris la. Nan dyalòg nou ak Bondye, gen kote pou nou prezante demann nou yo epi mande pou lòt moun.

Konfòm avèk pasaj biblik sa a yo, Kisa Pawòl Bondye a di sou sa?
Matye 9:37-38 _____
Efezyen 6:18-20 _____
Jak 1:6-7 _____
2 Tesalonisyen 3:1-2 _____
1 Timote 2:1-4 _____

II. Kisa Ki Pou Anpeche Repons Yon Lapriyè?

Trè souvan nou tande: "Mwen pa konnen poukisa Seyè a pa reponn lapriyè mwen an." Oswa: "Sa fè lontan ke mwen lapriyè e pa gen anyen ki mache".

Nan levanjil dapre Jan an, gen anpil vèsè ki moutre nou kote Seyè a pwomèt l ap reponn lapriyè nou. Pa egzanp, kisa vèsè sa a yo di nou?
Jan 14:13 _____
Jan 15:16 _____
Jan 16:24 _____

Li enpòtan pou nou mete aksan kote nou dwe ranpli kèk kondisyon pou Seyè a reponn lapriyè nou yo. Nou pa kapab bliye ke Bondye souveren, toupwisan epi nan relasyon li avèk nou, li toujou gen yon ansèyman li vle ban nou.

Ebyen, ki kèk nan kondisyon sa a yo ke nou dwe ranpli pou ke Li reponn lapriyè nou yo?

Sòm 66:18 _____

Matye 6:5 _____

Matye 6:14-15 _____

Jak 1:6-7 _____

Jak 4:3 _____

1 Pyè 3:7 _____

III. Lapriyè Ak Tan Devosyon An Fanmi

Lè m 'te rankontre Seyè a mwen te genyen 17 ane. Kote ke lè sa a mwen te tande avèk anpil ensistans kote antrenè lekòl dominikal, pastè ak papa nan fanmi t ap anseye sou enpòtans lotèl fanmi an genyen, sa vle, tan an lè tout fanmi an selebre ansanm moman lekti biblik, refleksyon ak lapriyè. Se yon rankont avèk Bondye Papa a nan Jezikri.

Malerezman nou pèdi disiplin pou nou ale fè kont ak Bondye avèk fanmi an pou pale ak li, pou fè lekti Pawòl la. Nan seksyon sa a nou moutre enpòtans ki genyen nan "lotèl fanmi" epi ankouraje chak fanmi kretyen pou yo selebre tan sa a ak Bondye.

A. Poukisa Li Enpòtan Pou Selebre "Lotèl Fanmi An?"

1. Paske se sèl fason nou kapab jwi yon relasyon pèsonèl avèk Seyè epi Bondye nou an. Nou tande moun ki poze kesyon sa a byen souvan: Ki jan pou mwen konnen volonte Bondye? Repons lan senp: Nou konnen volonte Bondye se nan li Pawòl Li ak lapriyè oswa dyalòg ke nou genyen avèk li.

Si nou vle konnen zanmi nou an, nou dwe toujou rete an kontak ak li. N'ap pran tan pou n ale vizite li oswa limenm li vini pou zanmitay la ka mare. Se menm bagay la pou Bondye, nou dwe rete an kontak avèk li chak jou.

2. Relasyon sa a avèk li ape de nou grandi epi pran fòs nan lavi kretyen nou. Sa pral fè lafwa ak relasyon pèsonèl nou avèk li vin byen fèm.

B. Konsèy Pratik Pou Etabli Yon Lotèl Fanmi Oswa Tan Devosyonèl.

1. Chwazi lè ak kote ki bon pou sa. Lè nou pale de tan, sa vle di yon lè ki byen defini pa egzanp, Madi a 7:00 pm oswa nan yon kote tout fanmi an kapab la. Anplis de tan an, nou bezwen chwazi yon kote ki apwopriye tou. Li kapab sal kote moun manje a, sal pou fanmi an, oswa nenpòt lòt kote toudepan de jan kay la ye.

Ki kote Jezi te konn eksperimante rankont sa a ak Papa li? Kisa Mak 1:35 di nou _____

2. Etidye Pawòl la, se pa pou w resevwa enfòmasyon, men se pou konnen volonte Bondye pou lavi nou e pou lavi fanmi nou. Kouman nou kapab fè sa?

--Koumanse ak yon lapriyè pou mande Bondye pou l dirije w pa mwayen Sentespri a.

--Chwazi pasaj biblik la oswa yon liv nan Bib la, apre sa, poze kesyon sa a yo:

Kisa ki mesaj prensipal pasaj sa a oswa chapit sa a?

Kisa li anseye m sou Papa a, Pitit ak Sentespri a?

Èske pasaj sa a gen yon ansèyman ke mwen konnen? Si se konsa...

Kouman n ap aplike ansèyman sa a?

Èske gen yon ansèyman nouvo Kijan m ka mete li anpratik?

--Nou konseye ke Papa a oswa manman an ekri verite biblik sa yo nan yon kaye.

3. Obsève yon tan pou adorasyon ak lapriyè.

Kisa Jak 1:22-25 di? _____

Konklizyon

Piga nou janm bliye enpòtans aprantisaj pasaj biblik yo genyen ni pou nou, ni pou pitit nou yo.

Ann aprann vèsè biblik sa a yo:

Jeremi 33 : 3

"Rele m', m'a reponn ou. M'a fè ou konnen yon bann gwo bagay, yon bann mèvèy ou pa t' janm konnen".

Mak 11:24

"Se pou sa mwen di nou: Tou sa n'ap mande lè n'ap lapriyè, si nou gen fèm konviksyon nou resevwa l' deja, n'a wè sa rive vre".

Ann fini klas la pandan n ap repete Papa nou ki nan syèl la ansanm.

Leson 4
Yon Fanmi Ki Plen Ak Pouvwa Sentespi A

Pou aprann: "Chèche viv ak kè poze ak tout moun. Mennen yon lavi apa pou Bondye. Si se pa sa, pa gen moun k'ap wè Seyè a." (Ebre 12:14).

Objektif: Konprann ke Sentespri a se yon moun ki panse, santi, genyen volonte, pakonsekan, li posib pou konnen li epi jwi kominyon avèk li.

Entwodiksyon

Anjeneral nou pale de Sentespri a, twazyèm moun nan Trinite a ak ministè ke li genyen, ki sèlman aplike nan legliz la; pou gwoup moun ki kwè ak pitit Bondye ki rasanble nan yon tanp, yon kay oubyen yon lòt kote; san pwopoze, nou te bay enpresyon ke Sentespri a sèlman manifeste la. Se youn nan rezon ki fè anpil moun kwè yo ka ranpli ak Sentespri a ak resevwa don ak ministè nan plas sa a ki apa pou adorasyon, ansèyman ak predikasyon.

Lajman noumenm pastè, antrenè lekòl dominikal, sèvitè, ak lidè ki genyen yon ministè nan legliz la, nou responsab pou manm legliz yo gen fason sa a nan panse sou ministè twazyèm moun nan Trinite a.

Pa egzanp, n ap preche epi anseye don, fwi ak tout bagay ki gen rapò ak sa epi travay Sentespri a pou mete l anpratik nan kontèks legliz la oswa kongregasyon kote nou rankontre yo. Malerezman nan mete limit nan ministè Sentespri a nan mitan kat mi yo nan plas kote nou reyini ansanm yo, nou vire do nou bay plan Bondye a. Li vle pou prezans li klè ak reyèl, se pa sèlman nan legliz yo, men tou andeyò li, nan ka sa a, nan maryaj nou yo ak fanmi an; prezans Sentespri a tou dwe reyèl kote n ap viv la.

Pou sa ki te di anlè a, nou wè avèk tristès ke anpil kwayan jodi a yo "ranpli avèk Sentespri a" sèlman pou moman yo reyini pou adorasyon ak predikasyon, men lè nou rive lakay, ta sanble nou kite Sentespri a nan legliz la kote nou te rasanble a.

Si nou ta vle wè pouvwa Bondye anndan fwaye manm k ap asiste nan yon kongregasyon, nou ta rive konkli pou nou di ke pouvwa twazyèm pèsòn nan Trinite a limite nan rete nan mitan kat mi kote nou rasanble yo.

Sa pa ta dwe konsa. Bib la anseye nou ke pouvwa a, otorite, don sa yo ak ministè nan Sentespri a yo se pou aplike yo tout kote Seyè a te mete nou! Nan maryaj nou, fanmi nou, nan lekòl la, nan travay ak nan mitan zanmi nou ki pa konnen mesaj Sali a.

Se sa a ki te pase nan fèt Lapannkòt la. Sentespri a Sentespri a te desann sou gwo kay kote disip yo te rasanble nan lapriyè a, men yo pa t'kite l la, men yo soti anba pouvwa Sentespri a pou yo t al anonse bay pèp la mesaj levanjil ki bay lavi ki pap janm fini an.

Seyè a vle vide Sentespri li jodi a epi prepare legliz li a pou bay temwayaj mesaj Sali ke Bondye bay la ak retou li ki pa lwen. Li lè li tan pou gen yon ranplisaj Sentespri a ak renesans lan koumanse anpremye nan lavi nou, nan maryaj nou yo ak fanmi nou. L'ap enposib viv anviktwa epi genyen yon fanmi ki ansante nan Seyè a si sèlman nou konte sou pwòp fòs nou. Mèsi pou Bondye ki ban nou lanmou ak mizèrikòd li, nan pouvwa Sentespri a.

I. Kimoun Sentespri A Ye?

Nan yon dyalòg Jezi ak Nikodèm, yon prèt jwif, li te di li ke Sentespri a se tankou van an, nou pa wè li, men nous anti li pou efè li fè (Jan 3:7-8).

Annnou li Jan 3: 7-8 epi reponn kesyon sa a yo:

Kisa ki sijè dyalòg Jezikris la ak Nikodèm nan Jan 3:7? _____

Kouman moun ki fèt nan Sentespri a ye dapre Jan 3:7-8? _____

Gen kèk moun ki kwè e menm anseye ke Sentespri a se yon espès de fòs elektrik oswa enèjetik ki pa yon verite.

Sentespri a se Twazyèm pèsòn nan Trinite a ; sa vle di, se Bondye. Chak fwa Jezikri te fè referans avèk Sentespri a li te vle pale de yon bagay tankou "li", yon moun se pa janm tankou "sa a" oswa yon objè.

Sentespri a gen yon intelijans, emosyon, li gen volonte, koute, pale, chita oswa tris; poukisa, paske li se yon moun epi se pa yon objè, nou kapab rekonèt li, resevwa epi antre nan kominikasyon avèk li.

Li vèsè biblik ki annaprè yo epi ekri yo nan espas ki vid yo kèk karakteristik pèsonèl ke w ajoute pou li.

Jan 15:26 _____
Travay 8:29 _____
Travay 16:6-7 _____
Efezyen 4:30 _____
Revelasyon 2:7 _____

Sentespri a pa sèlman genyen karakteristik pèsonèl, men tou atribi ki nan Bondye yo. Li vèsè sa a yo epi ekri kisa ki atribi sa a yo nan espas vid yo:

Sòm 139:7 _____
Travay 5:3-4 _____
1 Korentyen 2:10-11 _____
Ebre 9:14 _____

Trinite ki soti nan Bondye a se youn nan doctrin diferan oswa patikilye nan krisyanis la: Bondye Papa a, Bondye Pitit la ak Bondye Sentespri a. Yon sl Bondye ki divize an twa pèsòn. Se yon ministè ke nou aksepte palafwa. Memwa nou tèlman gen limit li sa fè nou pa rive konprann panse Bondye yo, paske yo pi wo pase pan ou yo, ni cheme l yo pi wo pase pa nou yo tou (Ezayi 55:9).

Sa ki rete pou nou fè se bay Bondye remèsiman pou don ak ministè nan Sentespri a nan lavi nou, nan maryaj ak fanmi nou.

II. Sentepri A Nan Fanmi An

Nan moman kote nou aksepte Kris la kòm Seyè ak Sovè nou an, jan Bib la di a, nou vin gen yon lavi ki tounèf. Bib la rele sa nouvèl nesans: fèt nan Lespri (Jan 3: 5). Se konsa mirak nouvèl nesans espirityèl nan nou se pa sèlman travay Papa a ak Pitit la, men se travay Sentespri a tou.

Petèt ou kapab sonje moman sa a lè w kwè nan Seyè Jezi Kris epi resevwa kòm Seyè ak Sovè. . Se depi nan moman sa a Bondye te koumanse ap viv nan ou epi li te fè sa pa mwayen Sentespri a. Sa ki pi bèl la se k esa Bondye te koumanse nan lavi w la se pou maryaj ou ak fanmi w tou.

Se pou nou menm nou gade sa Pawòl Bondye di. Li kesyon sa a yo ki baze sou vèsè biblik sa a yo ke n ap ba ou, chèche repons pou yo.

Èske yon moun, yon koup oswa fanmi kapab kretyen san li pa gen Sentespri a? (Women 8:9)_____

Nan moman kote w te kwè nan Kris la, kisa kòw te vin tounen? (1 Korentyen 6:19-20 _____

Kisa Bondye te mete nan kè w? (2 Korentyen 1:22) _____

A. Ministè Sentespri A

Tout sa Bondye te fè pou nou e l ap kontinye fè, li baze sou travay lavi ki pap janm fini an nan Pitit li Jezi ki se Kris la. Konsa, tout sa Bondye vle fè nan maryaj ou ak fanmi ou, l ap fè li pandan l ap baze sou sa Kris te fè sou bwa kalvè a ak sa li pral kontinye fè pa mwayen Sentespri a.

Li vèsè sa a yo epi wè avan sa Bondye vle fè avèk lavi w, epi di Seyè a mèsi pou lanmou ak mizèrikòd li.

Pa egzanp, nan Jan 14:26 Jezi di nou ke Konsolatè a, sa vle di, Sentespri a, va moutre nou tout bagay e l ap fè nou sonje tout sa nou li nan Pawòl li a.

Li vèsè sa a yo epi reponn sa yo di ak ki jan ou ka aplike yo non sèlman nan lavi w, men tou fanmi w.

Jan 15:26 _____
Jan 16:13 _____
Travay 13:2 _____
Women 8:11 _____
Women 8:16 _____
Women 8:26 _____
Women 15:13 _____
Women 15:19 _____

Nou pral repete sa nou te di anvan an, tout sa Bondye fè nan nou, nan maryaj ak fanmi nou, se akoz de sa Kris la te fè pou nou sou kwa a e l ap kontinye fè pa mwayen Sentespri a.

B. Sentete Oswa Batèm Nan Sentespri A

Youn nan ministè Sentespri a se transfòme nou pou nou vin sen. Bondye vle pou noumenm pitit li yo vin sen paske limenm li sen. Se pa yon konsèy men se yon kòmandman, se yon lòd, yon enperatif ki soti nan Bondye sèlman pou pitit Bondye yo ki te rekonèt peche yo, yo konfese li, yo repanti, yo te mande padon epi resevwa Kris la kòm Seyè ak Sovè.

Èske ou reyalize kisa sa vle di? Li vle pou nou chak vin tankou l, men se nan menm fason an li vle pou maryaj nou ak fanmi nou ye tou menm jan avèk li. Nan lòt mo li vle pou nou sen menm jan ak Papa a ak Pitit la.

Kisa vèsè sa a yo di sou li?
Levitik 19:12 _____
1 Pyè 1:15 _____
1 Pyè 1:16 _____

Anvan nou kontinye pou pi devan, nou dwe sonje ke lanmò Kris la sou kwa kalvè a se pa t sèlman pou Sali nou, se te pou sanntifikasyon ak glorifikasyon nou tou.

1 Sali a nan Kris la netwaye nou de peche nou yo epi jistifye nou devan Bondye Papa a epi, nan tout sa, Sentespri jwe yon wòl enpòtan. Kisa Jan 16:7-8 di? _____
_____

2 Sali a nan Kris la se premye pa pou sanntifikasyon an, pa mwayen batèm avèk Sentespri a, ke nou mande ak resevwa palafwa epi, konsa, aprann mache nan sentete. Kisa vèsè sa a yo di sou sa?
Galat 5:16-25 _____
Ebre 12:14 _____

3 Sali nan Kris la te vin posib nan glorifikasyon nou an; sa vle di, ke lè nou mouri epi nou devan Bondye n ap sanble avèk li.
Kisa Filipyen 3:20-21 di? _____
_____

C. Fwi Sentespri A

Ann li Galat 5: 22-23, epi, avèk èd Sentespri a, an nou wè ki jan pou nou aplike, Lespri Bondye a nan maryaj nou oswa fanmi an.

Renmen: _____
Kè kontan: _____
Kè poze: _____
Pasyans: _____
Bon kè: _____
Seryezite: _____
Lafwa: _____
Bon jan: _____
Dousè: _____

Konklizyon

1 Jan 1:5-9 di: "Men nouvèl nou te tande nan bouch Jezikri a, nouvèl m'ap fè nou konnen an: Bondye se limyè. Pa gen fènwa nan Bondye. Si nou di n'ap viv ansanm ak li, pou anmenmtan n'ap viv nan fènwa, n'ap bay manti ni nan sa n'ap di, ni nan sa n'ap fè. Men, si n'ap viv nan limyè menm jan li menm Bondye li nan limyè, lè sa a se tout bon n'ap viv ansanm yonn ak lòt. Jezi, Pitit Bondye a, va netwaye nou ak san li anba tout peche nou yo.

Si nou di nou pa gen peche, se tèt nou n'ap twonpe. Verite a pa nan nou.

Men, si nou rekonèt devan Bondye nou fè peche, nou mèt gen konfyans nan li. Paske l'ap fè sak gen pou fèt la: la padonnen tout peche nou yo, la netwaye nou anba tou sa ki mal".

Si nou obeyisan ak Pawòl Bondye a epi nou mache dapre Lespri, n ap yon maryaj, yon fanmi ak manm fanmi sa a ki ranpli ak Sentespri a. Sa a se pwomès Bondye (Jan 14:26; Jak 4: 5).

Pouvwa Sentespri a

NAN MOMAN SA A MWEN VLE MANDE ATANSYON w sou gran nesesite ki pou yon manifestasyon Sentespri a nan yon fason ki kontinyèl nan legliz Bondye a, si pa mwayen limenm moun yo ta dwe kolekte pa mwayen Seyè Jezi. Mwen pa t 'konnen ki jan pou m te fè li pi byen ke moutre anpremye ke Lespri Bondye a nesesè pou kwasans entèn nan gras la nan legliz Bondye a. Pakonsekan tèks mwen an nan vèsè trèz la: "Se pou Bondye ki bay espwa a ak tout kè kontan ak kè poze ak konfyans, pou nou kapab gen anpil espwa nan Bondye pa pouvwa Sentespri a," nan sa ke li te klè pou apot la te atribye nan Sentespri a lòd pou ranpli avèk kè kontan ak kè poze ak konfyans ak pouvwa pou plen avèk esperans. Men, lè sa mwen menm mwen te vle moutre pouvwa legliz la sou deyò, se avèk pouvwa sa a li dwe vin agresif epi travay nan mond lan pou ranmase moun Bondye chwazi yo pami lèzòm, se menm enèji Sentespri a tou. Pakonsekan li te pran Women 15:19, kòm apot la di, sa Bondye te fè pa mwayen lavi li, "pou obeyisans moun lòt nasyon yo, avèk pawòl la ak aksyon, ak sinyal vivan ak bèl bagay ak pouvwa Lespri Bondye a".

— *Bezwen Sentespri a Ijan*
Predikasyon ki preche jou Dimanch, 7 Janvye 1877,
pa Charles H. Spurgeon nan Tabènak Metwopoliten, newington, Lond.
http://www.spurgeongems.org/schs1332.pdf

Inite 2: Fòs Espirityèl Ki Detwi Fanmi Kretyen An

Leson 5: Vyolans Domestik La: Kisa Legliz La Di?
Leson 6: Kalite Oswa Fòm Vyolans Nan Domestik
Leson 7: Konsekans Vyolans Domestik La

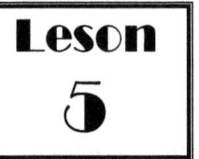

Vyolans Domestik La: Kisa Legliz La Di?

Pou apann: "Lavi m' nan men ou. Delivre m'anba lènmi m' yo, anba moun k'ap pèsekite m' yo" (Sòm 31:15).

Objektif: Kreye konsyans pou ke legliz pa sèlman pale kont sa men tou se pou li denonse abi domestik la.

Entwodiksyon

Malgre ke n ap konsantre sou vyolans kont fanm, li pa vle di nan nenpòt fason ke vyolans kont moun, granmoun aje yo ak tout moun ki poko fèt jouskapezan yo, sa se pi grav. Vrèman vre, jan Bib la wè li, vyolans lan kontrè ak mesaj levanjil Jezi a. Li te ban nou yon manda ki di: "Se pou nou renmen youn lòt jan mwen renmen nou an".

Si vyolans kont fanm tolere oswa nou pa ba li enpòtans, n ap komèt yon peche ki rele peche omisyon. Vyolans domestik gen enplikasyon ki grav; pa egzanp si objè vyolans lan se manman an, timoun yo soufri move egzanp sa, paske n ap pèmèt move kondwit sa pase de jenerasyon anjenerasyon. Si granpapa a te vyolan, pitit li ap vyolan tou paske se sa l te wè ak aprann epi, si move egzanp sa pa koupe, pitit pitit yo gen pou repete menm bagay la tou paske se sa y ap wè ak aprann nan kay la.

Lè legliz la ki fòme pa mwayen moun sa a yo ki konfese ke Jezi kòm Seyè ak Sovè li, keseswa granmoun, jèn, tifi yo, adolesan oswa timoun, gason oswa fanm, dwe pran konsyans epi pale sou pwoblèm sa a. Se pa sèlman yon mal sosyal, men tou se peche kont Bondye.

Nou wè ke nan Nouvo Testaman kote ke legliz la te genyen yon vwa pwofetik kont mal sosyal yo nan tan li a, nan menm fason sa a tou sosyete gen pou koute vwa pwofetik legliz nan tan jodi a kont valè moral ak espirityèl nan mond sa a. Youn nan konsèy Pòl te bay nan legliz ki nan lavil Wòm nan se te sa a: "Pa fè menm bagay ak sa moun ap fè sou latè. Men, kite Bondye chanje lavi nou nèt lè la fin chanje tout lide ki nan tèt nou. Lè sa a, n'a ka konprann sa Bondye vle, n'a konnen sa ki byen, sa ki fè l' plezi, sa ki bon nèt ale."(Women 12: 2).

Koutim oswa diferan estil monden nan tan kounye a pa diferan de koutim oswa estil lavi nan tan apot Pòl la. Nan 1 Korentyen li eksplike plis sou sijè sa a.

Li 1 Korentyen 6: 9-11 epi di kimoun sa a yo ki pap eritye wayòm Bondye a: _____
_____

Se poutèt sa legliz la, ki se noumenm ki soti anba peche gras ak Jeziki, si n ap preche ak anseye sou vis tankou tafyatè, enfidelite nan maryaj, dejwe nan dwòg, elatriye, li se yon peche kont Bondye, lè sa a, nou dwe pa neglije vyolans domestik ki se youn nan peche ak move zak k'ap detwi maryaj ak fanmi kretyen an tou.

Nan leson sa a ak de sa k ap vini yo, nou pral pale piplis sou peche sa a ki souvan rive nan kay ki pa konnen Kris la kòm Seyè ak Sovè; men tou, epi sa pi tris la, se de pli zan pli nou jwenn sa nan maryaj ak fanmi ki k ap rasanble de oswa twa fwa nan yon semèn pou adore Seyè a ki delivre nou an. N ap fè referans a fanmi kretyen yo.

I. Mesaj Ki Nan Bib La Ak Vyolans Domestik

La tanpri, li Jenèz 6: 11-13; Sòm 11: 4-7; Malachi 3:13

Nan plizyè okazyon yo mande mwen si Labib anseye sou sijè vyolans domestik la. Mwen li epi fè rechèch pou m bay repons epi mwen te jwenn ke Bondye, nan Pawòl Li, li kondane ak tout fòs li bagay ki rele vyolans lan, paske konpòtman sa a se karakteristik moun ki pa konnen Kris la.

Ann analize pasaj biblik sa a yo nan okazyon sa a.

A. "Latè Te Vin Pèvès Devan Bondye" (Jenèz 6 :11-12)

Si nou li Jenèz chapit 6 la n ap jwenn sa a:

1. Kisa chapit 6 :5 lan di? _____
_____

Se pa sèlman mechanste lèzòm ki te anpil sou latè, men tou, panse ak kè yo te toujou ap riminen sa ki mal. Apre sa Jenèz 1 :31 di nou ke apre Bondye te fin kreye syèl yo, latè a ak lòm, "li te wè tout bagay te byen bon", men anmezi tan t ap pase, koumanse ak Adan avèk Èv, lòm te koumanse prale lwen lanmou ak vlonte Kreyatè nou an pou pratike mal chak jou.

2. Annou li Jenèz 6 :11, kisa li di? _____
_____

Latè te ple ak vyolans ak mechanste. "Tout moun nan te lage kòyo nan mechanste sou latè" (Jenèz 6 :12). Vyoalans ke Bib la ap pale nou la a te nan tout nivo nan sosyete a nan epòk sa a. Fas ak reyalite sa a li te di Noye ke l t ap detwi latè (Jenèz 6 :13). Gras ak pasaj sa a yo nou wè ke Bib la gen yon pasaj kont tout kalite vyolans, ki gen ladan li domestik oswa fanmilyal.

B. Letènèl Rayi Moun Ki Renmen Vyolans (Sòm 11:4-7)

Li Sòm 11:4-7 epi reponn kesyon sa a yo:

1. Ki kote Letènèl ye epi kisa je li wè? _____
_____ 11 :4).

2. Kimoun Letènèl rayi ? _____
_____ (11:5).

3. Kisa Letènèl pral fè kont mechan ak vyolan yo? _____
_____ (11:6).

4. Pou kisa Letènèl rayi moun ki renmen vyolans? _____
_____ (11 :7).

Mesaj la se ke vyolans lan, nan ka vyolans familyal oswa domestik la, se youn nan mal ki nan fwaye ak fanmi nan tan jodi a ke Letènèl pa fèmen je l sou sitiyasyon sa.

C. "Pawòl Nou Yo Kont Mwen Yo Te Vyolan Anpil" (Malachi 3:13)

Izrayèl te pale kont Seyè a pawòl piman bouk epi vyolan, petèt yo te fè sa san konnen jan yo te tèlman ensansib ak lanmou epi epi volonte Bondye a, yo pa t' rann yo konte de sa yo t ap fè oswa di. Pawòl ki soti nan bouch pèp la bay Seyè a te vyolan anpil, plen ak mechanste.

Èske se pa menm bagay la k ap pase kounye jodi a?

Fas ak akizasyon Seyè a, kisa ki te kesyon pèp la? (Malachi 3:13) _____
_____

Kisa w panse de sa? _____
_____

Rezime

Ebyen, èske Bib la gen yon mesaj kont vyolans domestik? Kisa w di nan sa? _____
_____

II. Li Lè Li Tan Pou Legliz Denonse Vyolans Domestik La

Nan tan lontan se pa t anpil moun ki te reyalize ke anmezi legliz te rasanble pou adore Bondye, plizyè santèn ak plizyè milye fanmi nan peyi Etazini, Kanada ak nan mond lan, kache yon reyalite ki fèmal, ansekrè epi pa t 'vle pale sou sa akoz de wont ak krent. Sa ki pi tris la se ke menm pastè ak lidè legliz t ap pratike vyolans sa yo epi, manm legliz yo konnen sa, men yo pa di anyen, yo rete trankil epi se konsa tou nou vin konplis nan peche a.

A. "Bondye Te Wè Tout Bagay Te Bon" (Jenèz 1:13)

Maryaj ak fanmi se lide Bondye. Lè li te kreye linivè a, tè a ak nonm nan, li te kreye maryaj tou se poutèt sa, li te di: "Sa pa bon pou nonm nan rete pou kont li; M'ap fè yon lòt moun sanble avèk li pou ede l "(Jenèz 2:18).

Lè li te kreye gason ak fi, Seyè a di yo, "Fè pitit, epi anpil anpil pitit (fè anpil) pitit mete sou tè a" (Jenèz 1:28); sa vle di, Bondye te kreye fanmi an pou viv nan kominyon youn ak lòt epi pou kominyon sa a tou egziste ant yo ak kreyatè yo a. Pou sa, vyolans domestik oswa familyal la pa t janm yon pati nan plan Bondye a, men se pito travay satan ke depi nan kreyasyon an li te kontrè ak plan Seyè a. Li te kreye kondisyon sa yo pou kraze amoni Adan ak Èv te genyen ak Bondye, Kreyatè yo a.

Se pou nou pa bliye ke plan an oswa ministè Satan an se pou fè lòm ale lwen kreyatè li, mete anpèchman pou pa gen kominyon avèk li, epi sitou, li pral fè tout sa ki posib pou nou pa konfese ke Seyè a se Seyè ak Sovè nou an.

B. Estatistik Enpresyonan

Dapre done ki sòti nan jounal nan Asosyasyon Medikal Ameriken an, nou jwenn estatistik sa a yo ki enpresyonan, se sèlman Etazini, kote ki gen lalwa ki byen sevè kont vyolans domestik. Jounal la di konsa :

1. Plis oswa mwens pase 3 a 4 milyon fanm nan peyi Etazini yo jwenn move tretman anba men mari oswa patnè yo chak ane.

2. Apeprè 37 pousan nan pasyan obstetrik nan nenpòt ki ras, klas ak kalite edikasyon, bay rapò sou move tretman fizik yo sibi lè yo ansent.

3. Plis pase 50 pousan fanm nan Etazini mouri anba men patnè yo oswa ansyen patnè yo.

C. Konsèy Pratik Pou Fè Fas Ak Pwoblèm Sa A

1. Pou fi ki soufri vyolans:

— Konprann ke ou pa poukont ou. Anpil fanm mande asistans epi yo jwenn wout pou yon lavi ki tounèf pou tèt yo ak pou pitit yo.

— Pale Sou pwoblèm nan ak yon moun ou fè konfyans: yon manm fanmi, yon zanmi, ak pastè a osinon yon sè nan kongregasyon an. Li fasil pou pale sou pwoblèm fanmi entim, sepandan, ou dwe fè sa ak moun ou fè konfyans.

— Si ou gen pou rete nan sitiyasyon an, omwen pou moman sa a, trase yon plan sekirite ke ou ka itilize nan ka ta gen yon lòt espektak ki gen abi ladan li.

Paj jòn anyè telefòn lan gen yon lis pou abri fanm ki resevwa move tretman nan sektè l la. 911 lan se nimewo inivèsèl pou rele lapolis.

2. Gason ki lakòz vyolans:

— Gade Onètman konpòtman yo nan kay la epi espesyalman ak madanm li.

— Pa chèche eskiz pou jistifye abi yo. Petèt w ap lakòz nan ki kalite konpòtman ak eskize li devan madanm li ak timoun yo, men retounen nan menm bagay la. Li se tan yo rekonèt ke w bezwen èd, pi wo a tout bezwen Kris la jan Seyè yo ak Sovè. Ki pral gen yon bon pwen depa pou chanjman nan karaktè ak gen yon fanmi salupozib. Kalite konpòtman sa a epi te mande madanm ou avèk pitit ou yo padon, men ou te retounen fè menm bagay la. Li lè li tan pou w rekonèt ke w bezwen moun ki pou ede w, avan tout bagay ou bezwen genyen Jezi kòm Seyè ak Sovè w. Sa a se yon bon pwen koumansman pou yon chanjman karaktè epi genyen yon fanmi ansante.

— Gen lòt gason ki pase pa menm move konpòtman sa a, men lè yo te rann tèt yo bay Seyè a, tipatipa yo rive genyen laviktwa sou pwoblèm nan epi kounye a yo genyen yon fwaye ak fanmi ki gen respè ladan li epi k ap viv nan tèt ansanm.

— Chèche mari sa a yo epi mande yo pou yo ede w restore lavi w, fwaye ak fanmi w.

3. Yon sèvitè-pastè ak lidè legliz:

— Se pou legliz kote w asiste a tounen yon plas ki gen sekirite pou fanm k ap soufri vyolans yo, se menm jan pou moun k ap fè abi yo jwenn yon plas kote yo ka jwenn restorasyon.

— Chèche enfòmasyon sou vyolans domestik. Rete alèt pou detekte nenpòt siy ki gen abi domestik, pa sèlman madanm lan, men tou, timoun yo.

— Annou anseye sou sijè vyolans domestik la. Si fanm yo pa tande legliz la k ap anseye kont peche sa a. Y ap panse ke pa gen moun ki enterese ak pwoblèm sa a ke y ap fè fas chak jou nan lavi yo.

— Si nou sispèk ke gen vyolans sou fanm kèk kote, poze kesyon ki nesesè yo avèk anpil bon konprann. Gen anpil fanm ki pa deside pale de sijè sa a pou yo kapab pa ofanse mari yo; malgre sa, li enpòtan pou w la lè yo bezwen èd.

— Lè w pale ak yon moun k'ap soufri vyolans domestik, se pou w gen bon konprann pou w bay konsèy ki kapab transfòme lavi moun nan, pa janm di anyen ki kapab apiye kwayans ou ki moutre ke li gen tò epi li dwe chanje konpòtman li. Moun ki fè abi a dwe responsab pou konpòtman li.

D. Anplis De Madanm Nan, Ki Lòt Moun Ki Viktim Vyolans Domestik?

Selon estatistik jeneral la nou jwenn ke mari a se agresè a epi madanm nan se aviktim nan. Sepandan, reyalite a kapab plis konplite:

1. Fanm yo ka jwenn move tretman ni nan men patnè yo kòm nan men timoun yo ki adolesan yo.

2. Timoun yo kapab viktim abi fizik anba men granmoun yo.

3. Granmoun aje yo kapab abandone, eksplwate ekonomikman, piye byen yo, pa byen manje, itilize tankou si yo te moun k'ap sèvi, oswa bat yo ak timoun vyolan oswa pitit pitit.

4. Pafwa gason an kapab jwenn move tretman fizik anba men madanm li. Lè yon fanm

frape mari l, li prèske pa janm chèche fè l mal fizikman men imilye l.

E. Mit Yo

Gen anpil mit ki fè referans ak vyolans domestik. Li yo epi ekri opinyon w nan espas blanch lan:

Premyeman: "Sa pa kapab pase m mwenmenm". _____
_____

Dezyèmman: "Fanm nan chèche abi a, se poutèt sa, se limenm ki responsab". _____
_____
_____

Twazyèmman: "Nan pwoblèm mari a ak madanm li, pèsonn moun pa dwe foure kò yo".
_____
_____

Konklizyon

Vyolans domestik la se yon peche ki fè timoun nou ale lwen Bondye; li kraze pèsonalite moun k ap soufri vyolans lan. Se pou nou anseye legliz la nan predikasyon ak etid biblik sa Pawòl Bondye a di sou li, nan fason sa a nou pral konsyan de ke kalite konpòtman sa ale kont volonte Kreyatè a. Bondye nou kwè nan li a epi ki ba nou lavi, li rele nou pou nou konbat vyolans domestik la.

Sòm yo pran dimansyon nan pwofondè ak limit nan kè sere moun epi ban nou espwa ak konfyans ke nan Bondye nou jwenn sekou! pa egzanp, Sòm 31 se te yon lapriyè ki vize a moun ki te fè eksperyans sitiyasyon nan abi. Sa a se yon bon opòtinite pou nou li kèk vèsè nan sòm sa a ansanm.

"Mwen pase tout lavi m'ap soufri, se tout tan m'ap plenn. Mwen santi m'ap febli paske mwen fè twòp move bagay. Tout zo nan kò m' ap fè m' mal. Tout lènmi m' yo ap pase m' nan rizib. Vwazen m' yo ap pase

m' nan betiz. Tout moun ki konnen m' yo pè m'. Lè yo wè m' nan lari, yo kouri pou mwen. Tout moun gen tan bliye m', tankou si m' te mouri deja. Mwen tankou yon vye bagay yo voye jete. Mwen tande jan anpil moun ap pale m' mal. Kote m' pase mwen pè. Yo mete tèt yo ansanm sou do m', y'ap fè konplo pou yo touye m'. Men, Seyè, se nan ou mwen mete tou konfyans mwen. Se ou ki Bondye mwen. Lavi m' nan men ou. Delivre m anba lènmi m' yo, anba moun k'ap pèsekite m' yo". Sòm 31: 10-15.

Leson 6 — Kalite Oswa Fòm Vyolans Nan Domestik

Pou aprann: "Mwen te mete tout espwa m' nan Seyè a. Li te panche zòrèy li bò kote m', li te tande m' lè m' t'ap rele." (Sòm 40:1).

Objektif: Konnen diferan kalite vyolans domestik, yon fason pou idantifye ak elimine yo oswa bay yo solisyon.

Entwodiksyon

Pa gen moun ki konnen nou fason nou konnen pwòp tèt nou. Li posib pou zanmi nou yo di nou se bon oswa move moun; konsidere oswa pa konsidere; pasyan oswa enkonsyan. Yon svl moun ki konnen nou jan nou ye a epi no upa kapab kache anyen devan li se Bondye, Papa nou. Anplis de sa, li konnen konbye pye cheve nou genyen nan tèt nou (Matye 10:30). Nou kapab di ke li konnen nou plis pase noumenm nou konnen tèt nou.

Gen yon bagay anplis, li konnen tou kè kontan, fistrasyon ak soufrans nou yo tou; li santi sa nou santi lè nou poukont nou. Li konnen lè nou kriye epi plenn se pa paske yon moun te rakonte li men se paske li te pwomèt rete bò kote nou epi santi sa nou santi.

Anmezi n ap etidye leson sa a epi touche tèm kalite vyolans nan fanmi, pou fanm k ap soufri enjistis sa a, n ap di li ke Bondye ansanm avèk yo epi pral ba yo jistis. Sa a se mesaj ke Salmis la prezante.

Kisa Sòm 40:1-3 di? _____

I. Vyolans Domestik Pa Konn Fwontyè

Paul Hegstrom te ekri yon liv ki pote tit **Gason violan ak viktim li yo nan fwaye a** (KPN). Li konnen sijè a epi konnen kijan pou soti ak laviktwa sou peche ak mal sosyal sa. Depi nan koumansman nan fwaye w ou te konn fè fas ak pwoblèm ak fistrasyon epi sèl fason w te konn fè li: "Se avèk koutpwen ak kòlè".

Nan leson sa a ak lòt ki gen pou vini an, nou pral rezime ansèyman li yo, k ap ede nou konprann menm anplis pwoblèm sa sou vyolans domestik la, konsekans negatif li yo ak laviktwa ke Bondye genyen tou prepare non sèlman pou moun ki sibi abi a, men tou sa k ap plede komèt abi ak enjistis sa a. Nou konseye w li liv sa; ou kapab jwenn li nan Kay Piblikasyon Nazareyen yo.

A. Vyolans Domestik La Se Yon Pwoblèm Sante Nimewo En Nan Peyi Etazini

Sa a se te deklarasyon Dr.C.Everett Coop, ansíen sirijyen general nan Etazini. Anplis de sa li di: "Fanmi an avèk fwaye a petèt kapab pi violan pase nenpòt lòt enstitisyon nan peyi Etazini".

Ann gade estatistik sa a yo ke Paul Hegstrom:

1. Move tretman domestik la se Krim kip lis pa denonse nan peyi Etazini; se sèlman 10 pousan ki rapòte nan ka yo.

2. Dapre rapò ke madam Babara Boxer jou ki te 2 Septanm 1993, nan 9 sou chak 10 ka vyolans familyal, yo pa janm kondane mèt Krim yo; 1/3 nan ka yo ki ta konsidere kòm krim grav si yon moun yo pa konnen ta komèt li, yo swiv sa kòm yon ti bagay lejè.

3. Vyolans domestik la se prensipal koz doulè medam yo soti nan laj 15 pou rive 44 ane, pi komen pase yon aksidan total otomobil, vòl, vyolasyon seksyèl ak lanmò kansè.

4. Chak nèf segond, gen yon fanm ki pran baton. Nan 24 a 30 pousan nan fwaye yo, vyolans lan rive byen souvan, chak tan.

5. Anviwon 95 pousan nan viktim vyolans domestik yo se fanm yo ye. Dapre rapò ki bay nan ane 1987 nan òganizasyon Nasyonal Fanm yo, chak jou gen yon kantite de 10 fanm ki jwenn lanmò yo anba men moun k ap maltrete yo.

6. Menm yon 50 pousan fanm ak timoun kip a genyen kay epi viv nan lari Etazini nan kouri anba vyolans domestik.

B. Vyolans Domestik Ak Timoun Yo K'ap Soufri

Etid Pòl Hegstrom te fè sou konsekans vyolans domestik fè nan timoun yo se:

1. Pami timoun ki temwen vyolans kont manman yo, 40 pousan soufri enkyetid, 48 pousan soufri depresyon, 53 pousan koumanse rebati kont paran yo epi 60 pousan ap fè rebèl ak frè yo.

2. Kalkil ki fenk fèt konsènan vyolans fanmi nan Etazini yo endike ke twa nan senk timoun nan chak sal klas kapab temwen vyolans nan kay yo.

3. Si tigason yo temwen vyolans domestik kont granmoun sou granmoun, chans pou granmoun ke yo te maltrete kenbe patnè yo se 700 fwa pi plis. Si pitit yo te viktim abi fizikman, pwobabilite a se 1,000 fwa pi plis.

Nou pral aprann plis sou tèm sa a nan Leson 7 la.

C. Pri Ekonomik Vyolans Domestik La

Baze sou rapò nan " Kowalisyon kont Vyolans Domestik la" nan lavil Denver (1991) ak Asosyasyon Doktè Ameriken an (1991), nou wè bagay sa yo:

1. Depans medikal pou vyolans domestik la ogmante pou pipiti 3,000 a 5,000 milyon dola nan yon ane. Pou pipiti 100 milyon dola dwe ajoute pou antrepriz pa mwayen lajan ki gate, konje maladi, mank de pwodiktivite ak absans (Porter, 1984).

2. Chak ane vyolans domestik bay yon rezilta ki genyen 100,000 jou pou moun ki entène lopital, 301.000 vizit nan sal dijans ak prèske 40,000 vizit nan doktè.

Nou pa t 'kapab jwenn estatistik aktyèl sou maladi a; sepandan, pa gen dout ke pwoblèm nan ap ogmante.

II. Kisa Vyolans Oswa Move Tretman An Ye?

Anjeneral lè yon koup ap fè fas ak konfli, yo kòmanse diskite ak leve vwa yo, yo rele ak joure, pa chèche oswa dakò pou jwenn pwoblèm sa a ki ta lakòz konfli sa yo, yo tèlman avèg akoz fachman epi kòlè ki fè yo atake youn lòt.

Poukisa? Premye bagay ke yo chak ap chèche se defann dwa yo kòm yon mari oswa madanm, epi, nan fè sa, y ap kouri dèyè pouvwa ak kontwòl ke yo chak vle genyen kont lòt la. Moun nan vyolan an ki vle pran kontwòl sou patnè l oswa fanmi li a, sèvi ak youn nan mwayen sa yo.

A. Abi Fizik

Mwen gen de bon zanmi. Yo pi wo pase m, ak yon bèl pòtrè fizik. Chak fwa mwen wè yo m fè tout bagay ki posib pou m salye yo delwen. Men, yo pa panse kinan mwenmenm epi pou yo se pa sèlman ba yo yon lanmen byen solid, men yon bèl akolad. Pwoblèm nan se ke lè yo anbwase mwen yo pa mezire fòs yo epi apre sa mwen santi kòm fèm mal, apre yon kèk minit mwen santim byen.

Èske ou ka imajine sa k ap pase ak madanm nan lè mari a ki vyolan mete men l 'sou madanm li? Fachman fè l avèg ak kòlè, yo pa mezire fòs yo epi domaj yo grav anpil, tankou fizik ak emosyonèl.

Abi fizik la kapab manifeste sou anpil fòm, ki gen ladan l frape, mòde, peze, fèmen yon kote ak fòs, kout pye, pichkannen, rale cheve, pouse, anpeche mouvman, grafouyen, souke, chatouyèt twòp, tòde ponyèt, itilize zam, kale ak toufe.

Tankou nou te di anlè a, kèk gason pa reyalize entansite doulè ak blese yo paske yo pa mezire fòs yo. Èske w poko janm wè yon fanm ki gen yon ponyèt ki anfle? Li komen pou jwenn moun vyolan yo kenbe patnè yo byen sere nan ponyèt pou jwenn atansyon yo epi, kòm kò ou pwodui plis adrenalin, tranble ak pale fò: "Koute m! Koute m non!

B. Anvi Pouvwa Ak Kontwòl

Kalite abi sa a kriyèl menm jan ak sa nou sot wè anlè a. Si abi fizik la kite mak sou kò viktim nan oswa madanm nan, anvi pouvwa ak kontwòl la tou kite mak li yo, men se nan sistèm emosyonèl ak espirityèl la. Pa egzanp kalite vyolans sa a rive:

1. Lè mari a refize satisfè bezwen ki pi fondamantal yo nan madanm li, tankou manje oswa repo. Li kapab anpeche l genyen yon lavi prive tou.

2. Lè rive kontwole lavi madanm nan konplètman. Petèt li kapab menm rive mete kontwòl sou menm kantite lajan ak dlo ki pou itilize pou benyen. Li panse li gen dwa pou li anseye l 'yon leson, pandan l ap egzèse pouvwa li lè li di yon bagay tankou: "Li te konpòte l tankou yon timoun, konsa mwen te pini l".

C. Abi Emosyonèl

"Abi emosyonèl la pase lè gason an ap plede kritike fanm nan epi fè li yon konsèp ki pòv sou pwòp tèt li, Joure. Petèt eseye fè l 'panse li fou. Eseye konfonn. Estrateji yo finalman kontwole lavi li, petèt nan limit pa ka gen zanmi "(Gason vyolan yo... p 32.).

Nan koumansman kontwòl la ta kapab parèt bèl. Pa egzanp, jènjan an rele mennaj li nan travay la plizyè fwa nan yon jounen epi lè sa a li santi l gen yon moun pou premye fwa ki reyèlman renmen li. Pa gen okenn dout ke li pa toujou resevwa atansyon fanmi li oswa te grandi nan yon anviwònman ki diferan; Se poutèt sa, atansyon mennaj la ba li a, li entèprete l kòm lanmou ki bon an.

Men, kisa ki pase lè yo fin marye? "Kondwit li chanje. Sa k te mennen li nan relasyon sa a te sanble ak lanmou, men li vin tounen yon madichon ke li antre epi pa kapab chape poul li. Li trete li tankou yon objè, li bay afeksyon sèlman nan sèten kondisyon. Li pa ba li bezwen fizik yo, tankou manje ak tout repo, nonplis pèmèt li devlope idantite l ak libète li. Li egzije pou madanm nan satisfè tout bezwen ak fantezi li yo"(Gason vyolan yo... 33 p.).

D. Abi Espirityèl

Yon nonm ki maltrete madanm li espirityèlman karakterize pa lè l sèvi avèk mo tankou kenbe, obeyi, ak lòt tèm espirityèl, menm jan ak pasaj biblik yo itilize san konteks yo. Li pwobab pou yo konsidere sistèm patriyakal la epi di, pa egzanp: "Bondye ki ban m 'dwa fè sa. Se mwen menm ki tèt fanmi an. Mwen gen tout dwa nan mond lan epi ou pa gen anyen menm".

Pòl Hegstrom rakonte istwa sa a: "Yon fwa mwen te rankontre yon nonm ki te tèlman vyolan, epi te genyen yon espirityalite tèlman tèrib, literalman li te konn bat madanm li ak Bib li.

"Li te kite kay la epi resevwa yon lòd nan tribinal ki pou entèdi mari a pwoche bò kote l. Men, li te antre ak fòs anndan kote li te ye a, li pran yon gwo Bib yo te dedye pou fanmi an, frape nan tèt madanm nan pandan li t ap di konsa: "pastè a te di ke fanmi sa a ta rete ansanm si ou obeyi nan tout bagay jan Bib la di l la". Apre li fin kase de zo nan kolòn vètebral li, dam nan te oblije al entène lopital---li te site pasaj biblik yo.

"Sa a se abi espirityèl. Pastè a, petèt enkonsyaman, te otorize mari a fè abi espirityèl ak fizik epi li maltrete madanm lan. Anpil fanm, apre yo fin soufri abi sa yo, yo konn panse ke Bondye renmen sèl gason yo epi yo pa gen okenn valè nan mond lan".

"Pòl Hegstrom di, madanm mwen Judy tou te fè vye eksperyans nan relasyon li ak Bondye, akoz de abi fizik ak espirityèl ke mwen te koze. Pafwa mwen bat li epi trant minit pi ta, mwen kanpe dèyè yon chè pou m preche.

"Pandan moman li te nan pi gwo bezwen yo, li te vle resevwa konsèy nan legliz kote l te asiste a, men yo pa t janm ba l chans pou l pale ak pastè a oswa konseye kretyen an. Pastè a pa t 'vle fè fas ak li paske li te yon moun ki divòse. Konseye kretyen an pa t vle ba li atansyon paske l pa t gen lajan".

"Ki sa n ap fè kòm kò Kris la pou ede fanm k ap soufri yo?" (Gason vyolan yo... pp 39-40.).

E. Privilèj Gason An

Pòl Hegstrom di: "Gason ki trete madanm li kòm yon domestik, ki pran tout desizyon enpòtan yo epi aji kòm Seyè nan chato, li komèt move tretman ki pote non privilèj gason".

"Èske lakay ou gen yon chèz apa pou mari a, kote li pase pi fò nan tan li yo? Ki moun ki sèvi ak remont kontwòl televizyon an? Privilèj sa a li genyen epi pa pataje li ak pèsonn lòt moun".

Youn nan direktè ministè Pòl Hegstrom, yon veteran nan polis la ki te nan sèvis la pou 24 ane, te anseye nan yon atelye epi li pale sou privilèj gason. Youn nan polisye yo ankò te retounen nan demen maten, li di konsa:

"Mwen vle di nou yon bagay. Lakay mwen gen yon chèz dodin kote mwen pase pi fò nan tan m yo ap gade televizyon. Yè swa mwen te retounen lakay mwen epi mande madanm mwen pou li boule li, oswa chanje tapi sou li epi fè moun kado li, pou yo chita oswa sote sou li paske mwen pral chanje. Mwen pral pase plis tan ak fanmi mwen.

"Woutin mwen te genyen ladan li rive lakay apre travay byen fatige, chita sou kanape a, mete m alèz, ouvè televizyon an, mande timoun mwen yo pote yon bagay banmwen pou m bwè epi rete tan pou madanm mwen pote manje ban mwen. Anjeneral dòmi toujou pran mwen sou kanape a, mwen leve pou m ale nan kabann mwen apre tout moun te fin kouche, epi sa te pase chak swa".

"Yè swa m te manje ak pitit mwen yo ak madanm mwen. Mwen te nan kwizin nan. Mwen te di madanm mwen li te kapab fè tou sa mwen te vle ak chèz la. Nou te jwi yon tan fantastik. Pwoblèm nan sèlman se ke mwen gen de gwo chen Alman yo epi pandan sèt ane ki sot pase yo, yo chak te konn chita bò kot chèz la pandan mwen te la. Yè swa mwen pa t 'chita sou kanape a epi chen yo te dekontwole.

"Si menm chen mwen yo te afekte pa mwayen koze woutin mwen an, kisa fanmi mwen te konn santi okoz de koze privilèj gason sa a?"

Konklizyon

Si nou vle aprann plis sou sijè sa a epi kòm pitit Bondye pou nou ede moun k ap bat tankou moun k ap soufri abi sa yo dapre yon limyè biblik, li liv Pòl Hegstrom, gason vyolan yo avèk viktim li yo nan fwaye a (KPN).

Nan liv yo mansyone a nou pral wè ke gen plis kalite oswa fòm vyolans; pa egzanp, gen menas, presyon lajan, entimidasyon, bouch boude, sèvis timoun yo kont manman an, abi seksyèl ak siveyans. Tout abi fizik fè mal epi mande tan pou yo geri. Youn nan fason ki pi efikas pou rezoud konfli nan fanmi an, se dekouvri sa ki pwoblèm lan epi atake l olye pou yo atake youn lòt.

Leson 7

Konsekans Vyolans Domestik La

Pou aprann: "Seyè a pa ka sipòte jan mechan yo ap viv la. Men, li renmen moun k'ap fè sa ki dwat devan Li." (Sòm 15:9)

Objektif: Konnen etap oswa faz vyolans domestik la, karakteristik moun k ap komèt abi yo ak konsekans fizik, emosyonèl ak espiityèl kont madanm nan oswa timoun yo.

Entwodiksyon

Seyè a te poze pèp li a yon kesyon pa mwayen pwofèt Amòs: èske nou de ap mache ansanm si nou pa mete tèt nou ansanm? (Amòs 3:2) Kisa ki te objektif kesyon sa a ?

Avan tout bagay nou kapab di ke pèp Izrayèl la se yon pèp ki te gen anpil privilèj paske se te yon pèp Bondye te chwazi epi, kontra oswa pwomès ke l te fè pèp li a, se te pou l beni, pran swen epi pwoteje li.

Dezyèmmam, privilèj pou l te pèp Bondye te fè li gen responsablite li, youn nan yo se ke Izrayèl te genyen pou l te bay temwayaj ke Bondye se sèl Seyè. Moyiz te fè pèp Izrayèl la sonje verite sa nan fason sa a: "Koute byen, nou menm pèp Izrayèl! Seyè a, Bondye nou an, se li ki sèl mèt. Se pou nou renmen Seyè a, Bondye nou an, avèk tout kè nou, avèk tout nanm nou, avèk tout fòs kouraj nou" (Det 6 :4-5).

Twazyèmman, li te antrene pèp Izrayèl la pou l te vin enstriman benediksyon ak limyè pou lòt nasyon yo. Sa vle di ke pèp Izrayèl te te dwe yon pèp misyonè, pakse depi lè li te soti kite peyi Lejip, li te dwe pase nan mitan yon bann nasyon ak pèp, kote l te dwe fè konnen kilès Jewova ye.

Malerezman pèp Izrayèl la pa t reponn ak responsablite l yo paske yo te vire do bay Bondye epi rejte kontra kont li. Li te vle privilèj, men li pa t vle responsablite ke Bondye te bay yo, pa konsekan pa t gen tèt ansanm ant pèp Izrayèl ak Bondye ; konsa, kesyon Bondye te poze pa mwayen pwofèt Amòs la se te: èske nou de ap mache ansanm si nou pa mete tèt nou ansanm?

Se menm bagay la kip ase nan koup ak fwaye a, espesyalman lè moun ki marye yo pa kapab "chita pale" paske, menm jan sikològ yo di a, genyen yon relasyon toksit nan mitan yo ki fè yo pa kapab mete tèt yo ansanm.

Sa a rive la pa gen krent pou Bondye epi se sa konsekans kalite lavi doulè sa a. Youn nan konsekans sa a yo se vyolans domestik la ki kite gwo blese nan madanm oswa timoun yo.

Ann gade avan tout bagay etap avèk faz vyolans domestik la, apre sa nou pral konnen karakteristik moun k ap komèt abi a, ki nan ka sa a, byen souvan se madanm ak timoun yo.

I. Faz Vyolans Domestik La

Yon koup koumanse ak yon zanmitay, apre yon tan, kout oswa long, vini etap renmen an kote yo chak ap moutre sa ki pi bon nan yo. Mennaj gason an jeneralman toujou prè, edike, gen respè pou dam nan epi sitou pou paran dam nan. Nan etap sa a li pa fasil pou gen vyolans nan etap sa, si sa ta rive, fi a t ap pran sa kòm yon bagay ki pap janm tounen fèt fwaye.

Nou rekòmande w wè move ka abi pandan moman renmen kòm gwo limyè wouj, paske yo se sinyal ki moutre nou byen klè ke limyè wouj vyolans ak abi domestik la.

Si sa a se ka, n ap rekòmande moun ki enmen yo chèche èd ak konsèy, espesyalman pou fi a pa pran desizyon yo poukont li nan etap sa avèk kè li sèlman men tou avèk tèt li. Kesyon ke Bondye te poze pèp la pa mwayen pwofèt Amòs te bèl: "èske nou de ap mache ansanm si nou pa mete tèt nou ansanm?" Repons lan se NON. Li pi bon pou ke fi a mete fen ak relasyon sa. Li posib pou l soufri pou yon titan ki pa twò long, men se pap pou tout ane maryaj la.

A. Premye Faz

1 Anmezi lavi nan maryaj la ap kontinye pou pi devan, nan yon titan ki byen kout nou ka remake yon konpòtman agresif nan mari oswa madanm nan k ap devlope anjeneral sou objè yo ki nan kay la; pa egzanp, bay kout pye, frape bayay nan mi an, kraze objè espesyalman nan kwizin nan.

2 Apre yon sèten tan, vyolans lan se pa sou objè yo ankò men se kont madanm oswa mari

a. Premyeman sa koumanse pa mwayen abi vèbal epi abi fizik la kontinye. Apre, madanm yo byen espesyalman, vle evite pou koze sa a yo kontinye repete epi eseye fè tout sa ki posib pou modifye konpòtman li; pa egzanp, yo fè efò pou yo fè kay la toujou pwòp; apre yon jou travay byen di, yo eseye rive bonè nan kay la ; yo mande timoun yo pou yo rete trankil lè papa a oswa manman antre nan kay la, elatriye...

3. Malgre tout bagay sa a yo, kout bouch ak abi fizik la kontinye ogmante. Yon kote madanm nan koumanse santi ke se limenm ki responsab move tretman an, yon lòt kote, mari a vin jalou anpil epi eseye kontwole madanm oswa mari li ; pa egzanp, kontwole menm kouman l ap abiye, kote li prale, avèk kimoun li ye epi akilè li dwe nan kay la.

4. Sitiyasyon an vin pi mal paske gason vyolan an eseye mete madanm li deyò fanmi an ak zanmitay yo. Mari sa a yo, pou yo jistifye konpòtman sa a, yo di madanm yo konsa: "Si w renmen mwen, ou pa bezwen pèsonn lòt moun ankò". Faz sa a varye avèk kantite tan, li kapab pou semèn, mwa oswa ane.

B. Dezyèm Faz

Nan dezyèm faz sa a vyolans lan koumanse ap ogmante.

1. Anmezi tan ap pase relasyon koup la vin toksit, angrave epi tansyon emosyonèl la vin sanble. Dapre etid yo, nan faz sa a, moun vyolan an mete tan avèk plas disponib pou babye kont madanm oswa mari li ak timoun yo tansyon li te genyen rasanble yo. Epi nan plis pase ka yo, li fè yon cwa avèk pwòp konsyans li sou kouman pou l bat viktim li an epi nan ki kote nan kò li.

2. Yon fwa li fin rive akonpli objektif li yo, tansyon emosyonèl soti nan li. Nan ka kote lapolis ta mete pye nan koze a, moun k ap fè abi a ap rete trankil, epi bay parèy li a responsab briganday la. Fas ak sitiyasyon sa a, moun ki viktim nan ap santi li konfonn paske otorite yo pa defann li epi rive nan yon pwen kote li pa konnen kisa pou l fè akoz vyolans ak enjistis ke l toujou ap sibi.

C. Twazyèm Faz

Jeneralman nan etap sa a moun ki komèt vyolans ak abi a repanti, mande padon epi pwomèt ke l pap janm tounen fè l ankò.

1. Nan faz sa a koup la oswa fanmi an jwi yon moman trankil. Yo demoutre lanmou ak karès ki sensè ant yo, ta sanble y ap viv yon moman lindemyèl. Youn nan rezon moman trankil sa a se ke moun ki te komèt abi a te rekonèt responsablite li; anplis de sa, pwomès ak esperans yon chanjman fè ke rèv yon kou ak fanmi ki ansante vin reyalite. Tout bagay mache tankou si pa t gen anyen ki te pase. Yo pwomèt chèche èd epi pa retounen nan vyolans avan yo. Si koup oswa fanmi an pa resevwa èd apwopriye, sikològ yo di ke gen gwo posiblite pou vyolans lan tounen ogmante ankò.

2. Ape moman relatif tankil sa a, y'ap retounen ankò al swiv vye konpòtman oswa kalite lavi emosyonèl ki nan premye faz la epi konsa etap vyolans domestik la ap kontinye menm ak plis fòs.

II. Kaakteistik Moun K Ap Fè Abi Yo Avèk Viktim Li Yo

Moun k ap fè abi ak vyolan yo pa t fèt ak move konpòtman sa a, men se paske yo te wè li epi apann nan men granpapa ak papa yo. Se rezilta kote yo t ap viv la ki se yon kote ki majinal kote kesyon mou nap bwè anpil kleren epi kote dwòg la ap koze anpil krim kont viktim li yo. Krim sa a tou se rezilta manke matirite, ensekirite ak yon emosyon ki pa estab.

A. Karakteristik Vyolan An Oswa Moun K Ap Fè Abi A

Dapre etid sikolojik ak syans sosyal sou konpòtman moun, karakteristik moun k ap fè abi oswa vyolan an yo se sa a yo:

1. Nan kèk ka abi a oswa vyolans lan li dirije li sèlman kont moun ki gen lanmou an. Kòz la chita nan ensekiite, jalouzi ak krent pou yo pa abandone li. Epi kòm li vle ye yon objè atansyon ak swen, li anpeche parèy li a gen libète epi pèd ti diskisyon kò l reyaji avèk vyolans.

2. Nan lòt ka vyolans ak abi a dirije li kont tout moun. Akoz de ensekirite li pote kouto oswa revòlvè epi sèl fason pou vyolan an timidman se vyolans.

3. Emosyonèlman li rive vin depann de lòt moun, nan ka parèy li a, li dwe fè sa li vle l fè, nan ka kontrè, li fè vyolans.

4. Li lage kò li nan bwè kleren ak dwòg epi san dout yo gen pou akize li pou kèk krim.

Dapre etid sikolojik yo, konpòtman vyolan sa a ke kèk moun manifeste a se paske lè yo te timoun yo te genyen kèk paran vyolan ki te konn bat yo byen souvan; poutèt sa, lè yo vin pigran yo adopte men move konpòtman paran kriminèl sa. Nan lòt ka a yo, konpòtman kriminèl sa a se konsekans yon anfans twò toleran, sa vle di, paran yo te konn bay timoun nan tout sa li te konn mande. Pwoblèm nan se lè li vin marye, l ap tann menm tolerans lan nan men parèy li epi lè li pa jwenn li, li lage kò l nan fè vyolans.

B. Karakteristik Fanm Ki Viktim Vyolans

Vyolans lan konstwi tikraspatikras nan koup la. Fanm nan kite yo maltrete li nan kèk ka, paske li kwè ke li se responsab sitiyasyon k ap dewoule nan fwaye ak fanmi li. Poutèt sa, li prè epi fè tout sa ki posib, menm rive nan nivo kote yo menm maltrete li pou l evite maryaj li a kraze.

Jeneralman gen twa ezon ki fè madanm nan vin yon objè vyolans.

Premyeman, krent pou vanjans sitou si l eponn vyolans lan tèt pou tèt.

Dezyèmman, mank de sekirite ekonomik. Menm si parèy li vyolan, men kanmenm li genyen ka yak manje.

Twazyèmman, krent pou l pa pèdi timoun yo.

Krakteristik viktim vyolans yo:

1. Li gen moral li byen ba. Li santi l koupab dèske yo bat li. Li santi l echwe kòm fanm, madanm ak manman. Li santi krent ak panik. Li manke kontwòl sou lavi li.

2. Li gen santiman l choke: li rayi wè moun bat li, men li kwè ke li merite sa. Sa fè l santi li enpwisan pou l rezoud sitiyasyon li epi kwè ke pèsonn pap kapab ede li rezoud pwoblèm li.

3. Pou sa nou te di anlè a, li santi li responsab pou konpòtman vyolan parèy li a epi, pou menm bagay la, li pa mele ak sosyete a epi krent sa ki rele divòs la.

Jan nou sot wè a, kèk fwa fanm yo konn pa vle sepae ak mai yo ki vyolan paske yo pè pou yo pa pèdi sekirite ekonomik li ak pa pitit li yo.

Lòt fwa yo, yo pa separe akoz de menas ki gan plis vyolans oswa lanmò, si yo tante separe. Menas kriminèl la se sa a : "Si w di lapolis sa, m ap touye w".

Lè nou mande kèk fanm poukisa yo rete pase tout ane sa a yo ap soufri vyolans anba men mai yo, repons ki plis komen an se: "Pou timoun mwen yo; m pat vle pou yo televe san yon papa". Li sanble ak yon repons ki kòrèk, men si nou analize li, n ap dekouvri feblès li. Sa pase ke nan yon sitiyasyon vyolans, timoun yo soufri tou.

C. Karakteristik Timoun Ki Soti Nan Fwaye Ki Gen Vyolans

Mwen te gen chans viv nan plizyè peyi diferan ak vil epi mwen rann mwen kont ke peche ki rele vyolans domestik la pa genyen fwontyè epi nonplis sa pa enterese vyolan an pou l konnen jan viktim li yo frajil, nan ka sa a, pou timoun ki gen paan yo vyolan. Jezi-Kris te di: "Kite timoun yo vin jwenn mwen… paske peyi wa a ki nan syèl la se pou yo li ye". Ala yon bèl pwomès ! Men, èske pitit ak nimoun k ap soufri vyolans yo ap konprann verite sa ? Ministè nou pèmèt nou renmen yo menm jan Kris te renmen yo a epi, si kondwit yo pa jan nou ta vle a, nou dwe mennen ankèt pou wè si se pa pou rezon sa a yo.

1. Timoun yo ki grandi nan fwaye ki genyen vyolans yo pa dòmi ase (anpil briganday pete nan moman kote y ap dòmi epi, lè yo pantan fas ak reyalite sa, yo pè dòmi paske yo panse ke yomenm tou yo menase).

2. Li posib pou yo pa resevwa manje ak atansyon sifi. Sa kapab mete anreta devlopman fizik, emosyonèl, sikolojik ak entèlektyèl. Petèt yo kapab santi yo san defans lè y ap gade jan manman yo ap pran baton san yo pa kapab frennen li oswa fè sa vin pi lejè. Santiman feblès sa a yo lakòz depresyon byen souvan.

3. Si peche vyolans lan pa konn fwontyè, jan nou te di sa avan, nou afime tou pou nou di ke vyolans lan pa twouve li nan tout nivo sosyoekonomik yo ni nan tout gwoup tankou edikasyon, ras ak laj.

4. Timoun yo ki soti nan atmosfè sa a, moutre yon ansanm de enpasyans, rebelyon, agresif ak reziyasyon pou soufri kòm mati.

5. Yo fè eksperyans ak depresyon, tansyon ak domaj nan sèvo (pwoblèm fizik ke pwoblèm pètibasyon yo lakòz oswa emosyonèl), you toujou ap manke jou nan klas epi yo gen doub karaktè, nivo moral ba, entrankil ak lòt ankò).

6. Yo depann de lòt moun ekonomik ak emosyonèlman. Li pwobab pou yo tonbe nan bwè kleren, pran dwòg, rebelyon nan sa ki gen pou wè ak lavi seksyèl; sed pou yo kouri kite kay yo, se pou yo soufri nan egzil, abandon ak krent.

7. Yo genyen yon move konsèp de yomenm, nivo moral ba epi jeneralman moutre li apa nan sosyete a nan mitan kamarad li yo.

8. Yo eksperimante yon melanj esperans ak depresyon—Yon depresyon ke y opa konnen kouman yo kapab soti ladan li. Si yo genyen

zanmi, yo kapab se kontak ki plis enpòtan pou yo.

9. Petèt yo fè efò pou fè kè paran yo kontan pou evite vyolans, menm jan manman an fè li nan relasyon ak mari a (Pòl Hegstrom, Gason vyolan yo avèk viktim li yo nan fwaye a, pp. 44-45).

Nan bilten lopital Salinas Valley System Memorial Healthcare, Dr. Alpert di konsa :

"Timoun yo pa sèlman asistan lè vyolans ap pase nan fwaye lakay yo, men byen souvan yo menm menm yo se viktim. Abi nan timoun yo rive pi plis nan kay kote ki gen vyolans domestik. Timoun yo tou kapab blese pa aksidan lè gen batay nan kay la oswa yo kapab fè eksperyans ak pwoblèm emosyonèl sèlman paske yo temewen vyolans.

"Menm si timoun yo ta ap sibi vyolans oswa wè vyolans kote y ap viv la, lavi yo te ajite. Yo kapab eksperimante krent, konfizyon ak doulè. Sa ogmante yon gan mezi responsablite pou devlope pwoblèm emosyonèl ak konpòtman, tankou nivo moral ba, pran egzil, tò, abi kont lòt moun ak pwoblèm nan lekòl ak relasyon yo. Yo apann ke vyolans la akseptab epi yo genyen plis risk pou yo komèt kondwit kriminèl oswa touye tèt yo, yo gen plis chans pou yo vin vyolan lè yo vin granmoun".

Konklizyon

Èske oumenm oswa yon moun ke w rekonèt ap soufri vyolans oswa abi anba men parèy li? si se konsa, poze li kesyon sa a yo: Parèy ou a konn....

1. Pouse, frape, souke, oswa baw koutpwen?
2. Èske w pa bay enpòtans ak abi oswa vyolans ke li komèt epi ensiste ke sa pa t rive, oswa chanje responsablite kondwit vyolan an, pandan w ap bay tèt ou tò pou yo?
3. Èske li toujou fè w santi w pa enpòtan, li ofanse w, oswa imilye ou?
4. Li ba w presyon nan gade w ak move je oswa nan kèk okazyon, li voye oswa kaze objè nan kay la, oswa menase w pandan l ap moutre w yon zam oswa kouto ?
5. Èske w kontwole sa w ap fè, kimoun ou 5.e pi avèk kimoun ou pale epi ki kote w ale?
6. Èske l fè w santi w koupab oswa menase w pou w pa alèz ak pitit ou yo?

— Doktè Lauie Rosenblum, vyolans domestik: ekonèt abi a (SVMHS).

Kounye a, kisa nou pral fè ? Kòm pitit Bondye, nan ki fason nou pral ede moun sa a yo k ap soufri vyolans domestik ?

Pou pipiti, site twa etap ke w pral pran pou w ede moun sa a yo k ap soufri vyolans, menm si se ketyen oswa non.

1._____
_____
2._____
_____
3. _____
_____

Menm si se avèk antrenè lekòl dominikal la oswa avèk pastè a, chèche wè kisa ki kapab fè nan dosye sa a.

INITE III: Lòd Bondye Pou Yon Fanmi Dapre Kè Bondye

Leson 8: Responsablite Mari A
Leson 9: Responsablite Madanm Nan
Leson 10: Estwi Timoun Nan Chemen Li
Leson 11: Onè Ak Obeyisans Anvè Paran Yo
Leson 12: Pitit Nou Yo Ak Fo Pwofèt Yo
Leson 13: Mesaj Pou Papa Oswa Manman Ki Sèl Oswa Selibatè Yo

Responsablite Mari A

Pou aprann: "Nou menm mari, renmen madanm nou. Pa fè move jan ak yo."(Kolosyen 3:19).

Objektif: Konpran ke Bondye mete anba responsablite mari a swen ak ransfòsman relasyon nan maryaj la ak fanmi an ; epi kòmandman sa a gen ladan li renmen madanm li, pa fè move jan ak li.

Entwodiksyon

N ap viv nan yon tan kote valè yo moral ak spirityel yo toujou meprize ak detwi. Pwovèb la di: "Fè sa w vle, pandan yo poko kenbe w la" se yon egzanp direksyon ke w ap pran nan sosyete nou an, epi, ansanm ak li, maryaj ak fanmi yo.

Pou menm rezon an, maryaj ki manke solid nan fondasyon moral ak spirityèl, vin detwi piti piti. Nan kèk peyi pwoblèm sa a ap pran anpil nivo epi rezilta yo se gwo pousantaj nan kesyon divòs, nan timoun ki lage kò yo nan delenkans ak jèn yo tou, nan yon pèfòmans akademik ki pòv ak pousantaj elèv ki kite segondè.

Li klè ke enstitisyon gouvènman an kreye pou pwoteje maryaj ak fanmi an, yo pa reyisi rezilta yo espere yo. Men, pwoblèm ki gen nan sosyete matrimonyal nou yo pap rezoud nan dikte yon nouvo lwa oswa kreye nouvo pwogram sosyal, men se restorasyon, nan chak maryaj, fonksyon moral e spirityèl ki solid ke Pawòl Bondye a anseye.

Yon lòt kote, li tris ke timoun ak jèn moun jodi yo pa gen "ewo", oswa, bon egzanp pou yo swiv. Nou vle pale de ewo ak kalite moral ki wo, k ap goumen ak yon lespri ki ansante epi vanyan, pou etabli moral maryaj ak fanmi ak domèn espirityèl ki solid. Ewo ki gen disiplin ak karaktè ki solid pou mennen maryaj ak fanmi yo nan fè volonte Bondye. Se pou yo onèt, renmen pran swen, gen konpasyon ak konpreyansyon.

Pou tout konsekans yo nou wè jodi a. Depi mari yo pa vle kite Bondye dirije yo, ou jwenn nan yo sa ki rele iresponsablite, ki mennen abandonn oswa divòs.

I. Maryaj La Se Fondman An Debaz Fanmi An

Okenn moun pa mete nan kesyon fondasyon debaz nwayo fanmi an, se maryaj la. Men, si maryaj la ansante, nou pa bezwen atann pou fanmi ansante nonplis.

Si mari a pa satisfè responsablite li yo, fwaye a sou pant pou l fè echèk. Si pa genyen yon relasyon matrimonyal ki ansante ak sen, nou pa menm bezwen rete tan pou fanmi an ansante emosyonèl ak espirityèl.

Nan leson sa a nou vle etidye sa Bib la anseye nou sou osijè de responsiblite mari a genyen nan fwaye a.

A. Efezyen 5: 21-22

Pasaj sa a di: "Se soumèt youn ak lòt avèk krentif pou Bondye. Nou menm medam yo, soumèt devan mari nou kòm devan Seyè a, paske mari a se chèf madanm lan kòm Kris la se tèt legliz la, limenm ki se kò li, epi se li ki Sovè a".

Ansèyman Apot Pòl yo se sa a yo:

1 Nonm lan ak fanm lan, avèk krentif pou Bondye, dwe sipòte youn lòt; sa vle di "youn ak lòt". Dwe gen nan mitan yo yon entèdepandans ansante epi pwisan.

2 Mari a se "chèf madanm nan" menm jan Kris la se tèt legliz la. Men, Anplis, Kris la se Sovè legliz la. Kris la te sove legliz li anba peche ak sa ki mal, pou fè li vin yon legliz apa pou Bondye epi san tach.

B. Efezyen 5: 25-26, 28

Pasaj sa a di: "Nou menm, mari yo, se pou nou renmen madanm nou menm jan Kris la te renmen legliz la, jouk li te asepte mouri pou li. Li te fè sa pou li te ka mete legliz la apa pou Bondye. Li lave legliz la nan dlo ak nan pawòl li.... Se pou mari yo renmen madanm yo menm jan yo renmen pwòp tèt pa yo. Yon nonm ki renmen madanm li, li renmen pwòp tèt pa li tou".

Ebyen, dapre ansvyman Pòl yo, Kisa ki responsablite mari a nan fwaye a?

Efezyen 5:22: _____
_____
Efezyen 5:25: _____
_____

Se vre si pa gen obeyisans ant youn ak lòt oswa entèdepandans epi ki serye, epi si mari a pa renmen madanm li menm jan Kris la renmen legliz li a, koup sa a pap yon entriman ak kanal benediksyon pou kay la, pou legliz ak moun ki nan antouraj li yo.

II. Mari A Se Chèf Koup La (Efezyen 5:23)

Ki responsablite mari a anvè madanm li? Ekri kat oswa senk responsablite ki enpòtan dapre oumenm :

1. _____
2. _____
3. _____
4. _____
5. _____

Efezyen 5:23 itilize souvan pou mete aksan sou wòl fanm yo nan soumisyon ke li ta dwe genyen nan fwaye a. Malgre nou pral etidye tèm sa a nan leson kap vini an, pou moman sa a nou vle konprann sa Pòl te vle anseye mari yo.

Pou ou kab vin "tèt nan kay la" se yon ministè ke Bondye te bay mari a epi se pa yon lisans pou entimide madanm li. Nou rele li ministè pou rezon sa yo:

1. Pou mari a la pou bay madanm li ak kay la sèvis li. Sa se responsablite ke Bondye te ba li. Men, si li fidèlman konfòm ak ministè sa a, l ap onore ak fè lwanj pou Bondye.

2. Paske, kòm chèf kay la, li gen pou l kondwi madanm li nan yon rankont konstan nan kominyon ak Seyè a, pou l kapab afime lafwa li ak grandi nan gras Bondye, pou fanmi l ak legliz la.

3. Paske, kòm chèf madanm lan, li gen pou l chèche non sèlman bezwen espirityèl, men tou, fizik, materyèl la ak emosyonèl nan li.

Egzanp biblik sa a yo pral ede nou pi byen konprann ansèyman sa a.

A. Adan Ak Èv

Yo te kreye avèk imaj Bondye epi yo te vin "chèf" limanite.

Dapre Jenèz 1: 28-30, ki responsablite ke Bondye te bay yo? _____
_____

Yo te la pou jere, pranswen ak pwoteje kreyasyon Bondye a. Sa vle di, si Adan ak Èv te bezwen bon fwi, se te responsablite yo pou yo te pran swen ak jere kreyasyon Bondye a.

B. Moyiz

Moyiz te jije pèp la epi anseye yo lalwa kòmandman ak lalwa Bondye a. Sa vle di li te dirije pèp la nan chemen Bondye a.

Kijan Egzòd 18:13-16 defini responsablite Moyiz te genyen sou kont li pou l akonpli a?___
_____
_____

C. Jezikri

Se Bondye ki te mete Seyè ak Sovè nou an kòm "tèt" legliz la. Dapre Efezyen 5:25-27, kisa Jezikri te fè pou legliz li a? _____
_____
_____

Pòl di nou ke Kris la te renmen legliz la, li te mouri pou li pou sanntifye li, pou l ka reprezante kòm yon legliz gloriye ki san tach ni mak.

Dapre egzanp sa a yo nou jwenn nan Pawòl Bondye a, responsablite oswa ministè mari a kòm tèt madanm li se:

1. Vin yon bon jeran pou bagay Bondye te ba li.

2. Dirije madanm li nan chemen Bondye.

3. Pranswen li, pwoteje li, konsève li kont tout mal epi, si sa ta nesesè, bay lavi li pou li.

III. Mari Yo, Se Pou Nou Renmen Madanm Nou Yo (Efezyen 5:25-31)

Pòl te egzòte mari yo pou yo renmen madanm yo ak menm lanmou sa a ke Kris la te renmen legliz li a. Pou ke moun k ap koute oswa k ap li yo kapab konprann pwisans lanmou sa a, apot la itilize mo agapao, sa ki vle di yon remisyon total ki pap tan anyen anretou. Li di konsa: "Noumenm mari yo, se pou nou renmen madanm nou yo, menm jan Kris la te renmen legliz la epi bay tèt li pou li".

Konfòm avèk Efezyen 5:25, kouman lanmou Kris la ye? _____
_____

Efezyen 5: 25-27 di nou ke lanmou Kris la karakterize konsa paske li te bay tèt li pou li; sa vle di, li te renmen li jouk li te mouri pou li. Epi objektif remisyon total sa a se pou l te sanntifye li, pou l te kapab yon legliz ki gloriye, san tach ni mak. Si Kris la vle pou nou renmen madanm nou yo menm jan limenm li te renmen legliz la, sa vle di li posib pou sa fèt. Seyè a konnen nou trèbyen. Li pa ta mande pou nou fè yon bagay ki enposib pou reyalize.

Nan Efezyen 5:28 Pòl ajoute yon lòt eleman ki moutre nou lanmou ke nou dwe moutre madanm nou yo. Li di konsa: "Se pou mari yo renmen madanm yo tankou pwòp kò yo. Moun ki renmen madanm li, li renmen pwòp tèt pa l tou".

Ki jan nou dwe entèprete kòmandman sa a pou aplike li lakay nou?

1. Nou dwe vle epi chèche sa ki pi bon an pou madanm nou. Èske se pa sa nou chèche pou tèt nou?

2. Nou dwe moutre madanm respè, afeksyon ak pwoteksyon. Eske se pa sa nou vle resevwa?

3. Nou dwe prete atansyon sou devlopman pèsonèl ak kwasans espirityèl li. Jan nou wè a, lanmou, swen, pwoteksyon fizik menm jan ak espirityèl ke nou dwe bay madanm nou, se pa sèlman yon kontra avèk madanm nan, men se avèk youn ki pi gran pase li: avèk Bondye.

Aplikasyon

Dapre Pawòl Bondye a, kijan w ta dwe eksprime lanmou w anvè madanm ou ? Bay kèk egzanp pratik.

1. Kisa ki pi bon ou ta renmen bay madanm ou? _____
_____

2. Kouman w dwe eksprime respè, afeksyon ak pwoteksyon anvè madanm ou ?
_____
_____

3. Kouman nou dwe ranfòse devlopman pèsonèl ak kwasans espirityèl madanm nan?
Devlopman pèsonèl _____
Kwasans espirityèl _____

Remak : Se pou sa w ap ekri nan paj sa a se yon kontra ou siyen avèk Bondye e madanm ou tou.

Rezime, Kouman w pral pranswen madanm ou, fizik, espirityèl, ekonomik ak esmosyonèlman?

Bay kèk egzanp:
Fizikman: _____
Espirityèlman: _____
Ekonomikman: _____
Emosyonèlman: _____

Revizyon

Ranpli espas ki vid yo avèk repons ki kòrèk yo:

1. Responsablite echèk yo vin pi grav si _____ pa pran responsablite l yo nan fwaye a.

2. Ki responsablite sa a yo?
   a. Se pou w _____ madanm nan
   b. _____ pou madanm nan

3. Kouman w dwe demoutre lanmou sa a?
   a. _____ pou li
   b. Pou _____
   c. Pou _____ san okenn tach

4. Pou w kapab yon mari ki responsab devan Bondye, sa mande pou w gen pwisans ki soti nan _____

5. Site pou pipiti twa rezon ki fè yon maryaj ki ansante pral ede nan ranfòsman ak kwasans legliz la.
   a. _____
   b. _____
   c. _____

Si mari a pa konpli ak responsablite ke Bondye te ba li a, maryaj la pral kraze. Mari a se tèt madanm nan, se poutèt sa li dwe renmen epi pwoteje li. Epi lanmou ak swen sa a yo gen pou fonksyonen sèlman si li bay tèt li pou li, pou sanntifye li epi konsève li san tach. Se poutèt sa, mari a bezwen pouvwa Bondye, ki sèlman ap soti nan Sentespri a.

Konklizyon

Pou ou kab vin chèf madanm nan ak kay la, se yon gwo responsablite ke Bondye te bay mari a: se yon ministè. Renmen madanm li menm jan Kris la renmen legliz la, se pa yon bagay ke mari a ka fè poukont li. Li bezwen èd ke sèl Bondye kapab bay. Pou ou kab vin yon mari responsab sa mande yon don espirityèl ki sèlman vini lè yon moun resevwa Kris la kòm Seyè ak Sovè epi lè li ranpli ak Sentespri a.

Pou ke yon mari satisfè kòmandman Bondye yo ak sa ki gen pou wè avèk madanm ak kay la, li bezwen yon pouvwa ki soti nan Kris la pa mwayen Lespri Bondye a.

Obligasyon Mari a: 1 Pyè 3:7

Ki sa ki obligasyon mari yo?

1. Gen konpreyansyon ak atansyon. Dwe gen kè sansib pou santiman madanm li. Manman jounalis popilè Somerset Maugham te yon bèl fanm ki te gen, jan yo di-a, mond lan nan pye l; men mari l pa t yon bon gason. Yon fwa yon moun te mande Madam Maugham: "Poukisa ou rete fidèl ak nonm ki lèd e ki tou piti sa ke w te marye a?" Li reponn, "paske li pa janm ofanse m".

2. Li dwe jènjan. Li dwe sonje ke fanm yo se yon sèks ki fèb epi dwe sèvi ak yo avèk anpil tandrès.

3. Li dwe konprann ke fanm nan gen dwa espirityèl legal. Li menm li se koeritye gras ak lanmou Bondye a tou.

— William Barclay

Mari Yo, Se Pou Nou Renmen Madanm Nou Yo

Frè m lan, Tim, te di m' li sa pasaj pi popilè ki se 1 Korentyen 13 nan seremoni maryaj li a. Lè sa a, apre selebrasyon an, li te ban m 'opòtinite pou m dirije kèk mo oswa konsèy bay moun ki te asiste maryaj li a. Mwen te fè sa nan fason ki pwofon nan kè mwen.

Nan okazyon sa a yo mwen te di konsa: Kilti nou an konfime ke lanmou se yon santiman, men Pawòl Bondye a pa define lanmou kòm yon santiman, men se kòm yon desizyon, yon jès volante.

Èske ouse yon moun ki gen pasyans depi w fèt? Non. Mwen pa gen pasyans. Pa nati mwen egoyis epi mwen fache fasil. Pou m kab vin diferan de nati mwen, sa ap mande pou m pran yon desizyon ak volonte mwen avèk èd Bondye.

Konsa, si mwen gen pou m renmen madanm mwen, mwen dwe refize santiman natirèl mwen yo epi deside pran pasyans, chèche sa ki pi bon an pou li epi kontwole move tanperaman m' yo. Nan premye fwa mwen echwe, men kounye a, avèk èd Bondye epi apre 20 ane nan maryaj, tout bagay ale pi byen. Nan relasyon ak madanm mwen, mwen deside mete an pratik Pawòl Bondye a. Apre sa, mwen reyalize ke lè m 'suiv konsèy Bib la bay, lanmou mwen ogmante pou madanm mwen.

Anpil moun di : "Mwen pa gen okenn lanmou pou li ankò. Mwen pa santi lanmou." Pou pwoblèm sa a, repons mwen an senp: Fè yon bagay pou w moutre lanmou epi w ap retounen santi lanmou pou li.

—Michael J. McManus (adapted)

Leson 9 — Responsablite Madanm Nan

Pou aprann: "Nou menm medam yo, se pou nou soumèt devan mari nou paske se konsa pou moun ki kwè nan Seyè a aji." (Kolosyen 3:18).

Objektif: Konprann ke soumisyon madanm nan se pa yon obeyisans avèg ni sòt anvè mari li, men se nan obeyisans ak krent pou Bondye; nan fason sa a Seyè a pral onore ak ranpli li avèk benediksyon.

Entwodiksyon

Nou konnen ke madanm yo egzèse gwo enfliyans sou mari yo, pitit gason ak pitit fi yo. Si nou etidye lavi tout moun ki te bay yon kontribisyon pozitif sou plan politik, ekonomik, sosyal ak relijye, n ap jwenn manman oswa madanm ki te fòme, gide, ankouraje, disipline ak lapriyè Bondye, pou ke pitit ak mari te dwe vin bon pou legliz la ak sosyete a.

Men pafwa enfliyans sa a negatif. Pa egzanp, Bib la rakonte nou ka Jezabèl la. Enfliyans li te gen sou mari l 'Akab, wa peyi Samaria, te yon dezas pou pèp Bondye a (1 Wa 16:31), epi nou pa dwe sezi lè nou jwen ke menm Ansyen ak Nouvo Testaman dekri Jezabèl kò yon fanm idolat, mechan epi anbisye (1 Wa 21: 1-16; Revelasyon 2:20).

Nan tan biblik yo pozisyon sosyal fanm yo te pi ba nan relasyon ak gason an. Pa egzanp:

1. Fanm lan te dwe kache yon kote pou moun ki vin vizite kay la pa t wè li (Jenèz 18:9)

2. Lè li te mande li, li te oblije sèvi gason yo anpremye epi apre sa a pou l sèvi tèt li.

3. Si gason an t ap mache apye oswa sou yon cha, fanm nan te dwe mache dèyè li.

4. Li te konsidere kòm yon objè oswa posesyon gason an.

Malgre ke nan yon kontèks sosyal patikilye, fanm yo te konsidere kòm enferyè a gason oubyen kòm yon objè oswa posesyon, Bib la fè nou sonje ke li te kreye ak imaj epi sanble Bondye tou.

Pou menm rezon sa a, Bib la prezante nou istwa kòm pa Loyida ak Eunice, grann Timote a ak manman respektivman, limenm ki te egzèse yon enfliyans pozitif sou konfyans nan Bondye, lavi ak ministè Timote (2 Timote 1:1-8).

Petèt te gen lòt fanm nan istwa a pèp Bondye a ak legliz la ki enfliyanse pozitivman nan lavi fanmi yo? Li vèsè biblik yo epi ekri non fanm sa a yo ki te renmen

Bondye ansanm ak fanmi yo.

Jenèz 21:6 _____
1 Samyèl 1:9-22 _____
Lik 1:39-45 _____
Lik 1:46 _____

Deja nou pral gen yon opòtinite pou etidye lavi yo chak: Sara, Àn, Elizabèt ak Mari. Sa pral yon gwo benediksyon.

Apre konsiderasyon preliminè sa a yo, nou prepare pou etid leson an.

I. Wòl Fanm Nan Nan Fwaye La
Efezyen 5: 22-24

Tan n ap viv yo mande pou nou retounen nan ansèyman ak konsèy ki nan Bib yo, ki se sèl solisyon pou nou jwenn fondasyon kote pou nou bati maryaj nou an.

Nan leson anvan an nou te wè ke ansèyman Pòl la te bay oryantasyon fondamantal pou fòme yon maryaj ansante, paske yo defini kisa ki wòl ki obligatwa ki soti nan Bondye, mari a genyen nan maryaj la. Nan okazyon sa a, nen menm pasaj Efezyen 5: 22-24, Pòl lonje dwèt sou responsablite madanm lan nan relasyon ak yon mari li.

Apot Pòl te di: "Nou menm medam yo, soumèt devan mari nou kòm menm jan ak Seyè a". Pou konprann pasaj sa a, li nesesè pou konnen konsèp soumisyon oswa soumèt nan ansèyman Pòl la.

A. Kisa Soumisyon Vle Di?

Malgre ke nan lang grèk la soumisyon oswa soujesyon se yon vokabilè ki sitou pou militè, kè ansèyman biblik la se pa kontwòl ke yon moun dwe genyen plis pase yon lòt, men renmen nan yon atmosfè obeyisans epi soumèt li devan Bondye.

1. Dapre sa ki nan Bib la, soumèt vle di obeyi anba otorite Bondye.

2. Youn nan egzanp ke apot Pòl te kite pou nou ka konprann sijè a, se relasyon ki genyen ant legliz ak Kris la.

— Kris te bay lavi l' pou legliz la, pou li gen lavi ki pap janm fini an.

— Gras a ak egzanp renmen ss a, legliz obeyi a Kris la epi depann de li.

— Epi gas avèk atitid obeyisan ak soumisyon legliz la, Kris la pwoteje li pou l prezante bay papa l, yon legliz "san okenn tach oswa mak".

Ann revize sa nou te aprann nan pwen leson sa a:

1. Dapre sa ki ekri nan Bib la, kisa soumisyon vle di? _____
_____

2. Ki egzanp Pòl te bay pou nou konprann konsèp soumisyon an? _____
_____

3. Kisa Kris te fè pou legliz la? _____
_____

4. Kisa ki ta dwe repons legliz la fas ak prèv lanmou Seyè a? _____
_____

5. Fas ak soumisyon legliz la,) kisa ki repons Seyè a? _____
_____

Dapre ansèyman Pòl yo, soujesyon an gen rapò ak obeyisans nou nan fè volonte Bondye. Youn nan egzanp soujesyon sa a Kris la te bay li nan relasyon l avèk legliz li a. Depi li te bay lavi l 'pou li, Lè sa a, legliz la, motive pa mwayen renmen sa a, li vin soumèt anba otorite Seyè ak Sovè li a. Epi kisa ki rezilta soumisyon sa a? Kris la va pran swen ak pwoteje li pou l prezante bay papa l, yon legliz "san okenn tach oswa mak".

B. Madanm, Se Pou Soumèt Devan Mari Ou

Eksplikasyon ki anwo a ede nou konprann ansèyman Pòl yo: "Se soumèt youn ak lòt avèk krentif pou Bondye. Nou menm medam yo, soumèt devan mari nou kòm devan Seyè a, paske mari a se chèf madanm lan kòm Kris la se tèt legliz la, limenm ki se kò li, epi se li ki Sovè a". Se poutèt sa a, menm jan legliz la soumèt devan Kris, se konsa pou medam yo soumèt devan mari yo nan tout bagay."

Si yon madanm li Efezyen 5: 21-24 epi pa konnen siyifikasyon biblik soumisyon oswa soumèt san dout li pral reyaji nan yon fason ki negatif, paske li entèprete dapre konsèp ki komen ke yo bay mo sa a nan sosyete modèn nou an epi se pa dapre Bib la.

Dapre nou menm, ki jan nou ta defini mo soumisyon pou zanmi nou yo?

1. Lè yo pale de soumisyon oswa soumèt, imedyatman nou panse ak "kontwòl ke fò a genyen sou fèb la", "obeyisans avèg", "depandans la" oswa "yon objè ki la pou yon moun sèvi". Si sa a se entèpretasyon nou bay mo spumisyon, madanm yo gen rezon pou yo pa vle soumèt devan mari yo. Reyèlman, yo pa ta dwe fè sa, se pi mal pou yo ta vin objè moun.

2. Mèsi Bondye paske mesaj biblik nan Efezyen 5: 21-24, se pa pou kontwòl, men se pou renmen. Bib la di nou ke gason ak fi yo se youn devan Bondye; Se poutèt sa, dapre pwendevi biblik, ni mari oswa madanm nan pi siperyè ak gen pouvwa sou lòt la.

Se vre ke se Bondye ki te bay mari a responsablite pou yo te tèt nan kay la, men pa bliye ke Seyè a te di tou te ba li limit, pou ke responsablite sa a kapab reyalize avèk krentif pou Bondye.

Li enpòtan pou n sonje ke soumisyon mityèl ke Pòl mande nou an se nan yon kontèks ansèyman nan Efezyen 5:1-20. La a apot la di nou se pou nou mache kòm pitit Bondye epi se pou nou ranpli avèk Sentespri.

Li vèsè nou site yo epi, nan espas yo vid, ekri sa ki volonte oswa kòmandman Bondye pou fwaye a:

Efezyen 5:1 _____
_____
Efezyen 5:2 _____
_____
Efezyen 5:18 _____
_____

Pòl di ke nan relasyon matrimonyal nou an, nou dwe imite Bondye tankou pitit li renmen yo, mache nan renmen epi ranpli avèk Sentespri a.

Si nou fè sa ki anvan an, konsa l ap pi fasil pou nou soumèt nou"youn ak lòt avèk krentif pou Bondye".

Se konsa soumisyon an kòmanse lè madanm lan deside obeyi ak volonte Bondye, epi pou obeyisans li, Seyè a va onore li. Pa egzanp, li:

Va genyen yon fwaye ke Bondye va beni. Bib la di ke Seyè a va rete nan mitan moun ki gen krentif pou li ak obeyi li. Se poutèt sa, si yon madanm gen krentif pou Bondye, l ap pase moman difisil, men li kapab asire l ke Seyè a ap toujou la pou ba li lafwa, pasyans ak espwa.

Va kapab kiltive yon gwo relasyon ak yon richès espirityèl ak Seyè a. Bondye ap tèlman manifeste nan madanm nan yon fason ke menm mari l 'pral wè favè Bondye a epi l ap krent.

Va vin pi fò emosyonèl ak espirityèlman. Sa vle di, l ap kapab fè fas ak sikonstans negatif ak kouraj, bon konprann ak konfyans nan Bondye.

L ap jwenn lwanj pa sèlman pou pwòp moun lakay li yo, men se nan men tout moun ki nan vwazinaj li yo, paske y ap wè nan li yon fanm ke Bondye onore epi plen ak benediksyon.

II. Kalite Madanm Yo Ki Obeyi Bondye A (Pwovèb 31:10-31)

Pasaj ki nan Pwovèb la moutre nou plizyè karakteristik madanm ki obeyi Bondye a genyen.

Li Pwovèb 31: 10-31, epi ekri karakteristik sa yo ki idantifye yon madanm ki obeyi Bondye: _____

A. Li Gen Anpil Afeksyon Epi Sensè

Timoun yo dwe apann nan men paran yo pou kapab vin gwo travayè entelijan epi pou yo akonpli ak responsablite ke fanmi yo mande. Yo dwe aprann tou sa ke yo rele konpasyon an, afeksyon, konpreyansyon, pasyans ak kouraj fas ak sitiyasyon difisil yo. Sa a se yon don ke manman yo, byen espesyalman sa ki kretyen yo pote nan fwaye a.

B. Ankouraje Konfyans

1. Konfyans yo se nan Bondye (Sòm 18:2). Youn nan egzanp biblik yo se Jokabèd, manman Moyiz (Egzòd 6:19-20). Li te genyen yon pitit pandan pèp jwif la t ap pase yon sikonstans advès. Farawon an te bay lòd pou touye tou tibebe ki te fenk fèt yo nan ras ebre a (Egzòd 1:16). Men, Jokabèd pa t obeyi Farawon an, paske li te mete konfyans li nan Seyè a. Lè Moyiz te fèt, li te kache Moyiz pandan twa mwa (Egzòd 2:22), pliske li pa t kapab sere li pou plis tan, "li te pran yon ti panyen, li trese li byen trese avèk jon epi wozo, li mete tibebe a ladan li epi mete li nan yon touf wozo bò larivyè a" (Egzòd 2:3).

Jokabèd te mete konfyans li nan Seyè a, epi, akoz de zak konfyans sa a, Moyiz te leve ak edike pa mwayen limenm manman an nan palè farawon an. Ala bon Bondye bon lè nou mete tout konfyans nou nan li!

2. Pou obeyisans li ak konfyans li nan Bondye, yon manman kretyen resevwa nan men Senyè a:

Sòm 5:11 _____
Sòm 16:1 _____
Pwovèb 16:20 _____
Pwovèb 28:25 _____

Kè kontan, pwoteksyon, benediksyon ak richès, yo se kèk nan kado sa yo ki pi bon yon fanm ka resevwa nan men Seyè a.

C. Gen Yon Lanmou Fèm

Pwovèb 31: 10-31 mansyone kalite yo ke yon fanm jwenn pou obeyisans li devan Bondye. Li vèsè yo bay kòm referans anba a epi ekri kalite sa a yo nan espas vid yo:

v.10 _____
v.11 _____
v.20 _____
v.26 _____
v.30 _____

Yon fanm ki mete konfyans li nan Bondye gen plis valè pase boul lò, se yon sijè pou tout kalite benediksyon, li charitab, gen bon konprann epi jwenn lwanj nan men fanmi li.

Revizyon

Endike si deklarasyon sa yo fo (F) oswa vre (V).

1. _____ Nan maryaj, ni mari oswa madanm gen otorite ak pouvwa sou lòt la.

2. _____ Nan obeyisans devan Bondye, madanm nan dwe soumèt a mari l menm jan pou Seyè a.

3. _____ Lè mari a akonpli ak responsablite li kòm tèt fanmi an epi renmen madanm li, l ap soumèt a mari l, menm jan legliz la soumèt devan Kris.

4. _____ Bondye pa onore ni beni moun ki pa viv dapre nòm kretyen etabli pou chak fwaye yo.

(**V** se repons pou tout deklarasyon ki prezante yo.)

Konklizyon

Se konsa, sa k ap rive ak madanm la ansanm ak manman ki obeyi Bondye ak akonpli responsablite ke li te ba li yo?

1. Yon madanm ki gen krentif pou Bondye se kouwòn pou mari li (Pwovèb 12:4; 31:30).

2. Li se yon fanm total.

3. Li pi bon pase boul lò. Li pa gen pri.

Yon ti mo pou mari ak pitit k ap etidye leson sa a:

— Oumenm mari, panswen epi renmen, kòm tèt ou, konpayon sa ke Bondye te ba ou la. Nan fason sa a w ap obeyi Bondye.

— Noumenm pitit yo, se pou nou respekte manman nou. Pi bon prim nou kapab ba li se obeyi li. Nan fason sa a n ap tou obeyi ak volonte Bondye.

Fòtin

Konsèp Fanm Nan Mond Women An

Nan epòk Pòl la, sitiyasyon fanm yo nan te tèlman pa bon nan lavil Wòm, se te tankou nan lòt kilti ki mansyone yo. Fanm nan te sèlman yon objè ak enstriman pou plezi. Menm jan Seneka te di, fanm yo marye pou yo te ka divòse epi divòse pou yo te ka marye.

Konsèp Fanm Nan Mitan Jwif Yo

Jwif yo te gen yon opinyon ki ba anpil sou fanm yo. Pa egzanp, yon jwif te lapriyè nan jan sa a: "Mèsi Seyè dèske w pa t kreye m kòm payen, esklav osinon fanm". Pou jwif la, fanm nan pa t yon moun men yon bagay.

Konsèfanm Yo Nan Mitan Moun Peyi Lagrès Yo

Konsèp fanm nan mond grèk la te pi mal. Yo te wè li sèlman kòm yon enstriman pou plezi. Demosthenes, yon gwo filozòf grèk, te di: "Nou gen fanm yo pou rezon plezi; n ap dispoze ti fanm deyò pou koze kowabitasyon chak jou; nou genyen madanm yo nan objektif pou nou genyen timoun lejitim ak yon gadyen fidèl pou tout zafè domestik nou yo"(Barclay).

Kòmantè

Nou menm medam yo, se pou nou soumèt devan mari nou paske se konsa pou moun ki kwè nan Seyè a aji (Kolosyen 3:18). "Bib la pa mande mari yo pou yo fòse madanm yo soumèt devan yo. Paske si nou devlope yon aksyon tankou fòs, li kontrè ak ansvyman Bib la bay la. Soumisyon an dwe espontane, nan obeyisans ak sèvis pou Kris la.

"Se pou rezon sa Bib la di ke soumisyon madanm nan dwe menm jan ak pa Seyè a (Efezyen 5:22). Se poutèt sa, vin madanm nan fwaye a se yon wòl sakre ki enpòtan nan maryaj ak nan kay la".

— San non

"Etik kretyen an se obligasyon mityèl se sa ki fè ke tout dwa ak obligasyon tonbe sou tout ... Ki reyèlman nouvo pou etik kretyen an, nan kan relasyon pèsonèl yo, se ke tout relasyon yo se nan Seyè a".

Pòl di ke "fanm nan dwe soumèt devan mari li"; men mari a dwe renmen madanm li epi trete l 'ak tout bonte. Efè pratik nan tout lwa ak koutim maryaj nan tan lontan se ke mari a te transfòme an diktatè jire epi fanm nan vin yon ti kras pi plis pase yon esklav ki pou leve timoun yo epi sèvi li nan bezwen li yo.

Efè prensipal doktrin kretyen nan sou maryaj se ke sa a se koperasyon ak akonpayman. Li pa fèt pou sèlman konvenyans mari a, men se pou mari a ak madanm nan kapab jwenn yon kè kontan tounèf epi konplemante youn ak lòt nan lavi.

Yon maryaj kote tout sa ki fèt pou konfò ak fasilite pou youn koup yo, pandan lòt la egziste tou senpleman satisfè bezwen ak dezi li, sa a se pa yon maryaj kretyen.

— William Barclay

Leson 10

Enstwi Timoun Nan Nan Chemen Li

Pou aprann: "Kanta nou menm, manman ak papa, pa aji ak timoun nou yo yon jan pou eksite yo. Men, ba yo bon levasyon, korije yo, pale ak yo dapre prensip Seyè a." (Efezyen 6:4).

Objektif: Konprann responsablite paran yo avèk pitit yo epi kondwi yo nan konesans ak krent pou Bondye, pratike sa n ap anseye a epi enstwi yo avèk bon konprann, renmen yo epi konnen yo y conocerlos.

Entwodiksyon

Pou fanmi nan tan biblik yo, se te yon gwo benediksyon pou moun tre gen pitit. Epi, anmezi yo te gen plis pitit, se pi gwo benediksyon yo te resevwa. Salmis la di: "Ala bon sa bon pou moun ki gen anpil zam konsa!" (127:5).

Youn nan premye responsablite paran jwif yo, se te enstriksyon ak edikasyon pitit yo. Papa a te jwe wòl anseye timoun yo pa sèlman lalwa Bondye a, men tou, yon pwofesyon, ki se nòmalman menm bagay li te konn pratike a. Nan sans sa a, gen kèk antrenè ki te konn di: "Nenpòt moun ki pa anseye pitit yo yon pwofesyon ki itil, l'ap leve li pou vòlè".

Manman te gen yon responsablite pou anseye ti fi yo devwa domestik jouk lè yo vin mande maryaj pou yo.

Pliske nan kilti yo nan tan sa a, pozisyon sosyal fanm yo te konsidere kòm enferyè a gason an, yo te pi pito gen tigason paske yo te gen plis privilèj pase pitit fi. Pa egzanp:

1. Tigason yo te konn eritye papa yo de pitit an pitit. Pou rezon sa a papa yo te kwè yo te toujou kontinye ap viv nan pitit yo menm si yo ta mouri (Detewonòm 28: 4; Sòm 128: 3).

2. Tigason yo te gen privilèj ak responsablite pou yo kolabore, pandan papa t ap viv, nan administrasyon byen yo nan kay la. Lè papa a vin mouri, tigason an vin eritye byen ak responsablite nan administrasyon kay la oswa fanmi an.

Malgre koutim nou yo diferan de koutim kiltirèl ak sosyal nan tan biblik yo, sepandan kèk eleman ini nou. Pa egzanp, pou noumenm pitit gason ak pitit fi yo, yo tou se yon benediksyon nan men Bondye; men privilèj pou genyen yo tou gen pran responsablite ladan li. Sa yo se:

1. Bay yo yon bon edikasyon.
2. Moutre yo pran desizyon.
3. Enstwi yo nan chemen Bondye a.

Nan leson sa a nou pral etidye kèk prensip biblik ki pral ede nou, kòm paran yo, nan sosyete enpòtan sa.

Premyèman, nou pral wè karakteristik ke paran yo ta dwe genyen pou yo kapab yon bon egzanp pou pitit yo.

Dezyèmman, nou pral bay kèk prensip pou ke paran yo kapab "enstwi" timoun yo nan chemen Bondye.

I. Karakteristik Paran Ki Kretyen Yo
1 Tesalonisyen 2: 7-12

Li 1 Tesalonisyen 2: 7-12 epi ekri ansèyman prensipal yo ki nan pasaj sa a epi ki gen relasyon ak yon responsablite ke papa ki nan fanmi yo dwe akonpli.

2:7 _____
2:8 _____
2:9 _____
2:10 _____
2:11 _____
2:12 _____

Sa vle di, yon papa ki kretyen dwe bay pitit li yo lanmou ak afeksyon. Li dwse yon travayè responsab tou, kote ke kondwit ak egzanp li san repwòch. Anplis de sa, konsole epi vin yon gid espirityèl nan fwaye li.

A. Yon Papa Ki Kretyen Gen Afeksyon (2:8)

Youn nan definisyon diksyonè lang espanyòl la ki gen rapò ak tèm afeksyon, se, "lanmou oswa afeksyon". Po usa ki gen pou wè ak menm sous la, yon moun ki gen afeksyon se sa ki moutre oswa eksprime lanmou, jantiyès ak afeksyon.

Lide afeksyon an soti nan moman inik sa, lè pou yon premye fwa paran w yo kenbe ti ponyèt pitit li yo. Ponyèy djyanm sa a yo ki kapab leve menm, douz kilo, kapab soutni avèk anpil atansyon, jantiyès ak afeksyon kò frajil timoun nan ki fenk fèt la.

Anmezi ane yo pase epi timoun yo vin pi grandi, petèt yo pap kite nou leve yo meme sou ponyèt nou. Sepandan sa pa vle di pou nou sispann moutre yo menm jantiyès ke nou te ba yo nan pemye moman nan lavi yo.

Pitit fi ak pitit gason nou yo toujou bezwen jantiyès ak afeksyon paran sa a yo jouskaprezan. Sa pa ase pou n ap di yo ke nou renmen yo, nou dwe demoutre yo sa.

Pou kisa, lè timoun yo nan etap adolesans, gen anpil paran ki gen pwoblèm pou yo moutre yo lanmou ak afeksyon?

Nou konnen ke gen kèk paran pa fè li paske yo gen krent pou jan timoun yop ta reyaji ak sa. E poutan gen paran ki demoutre afeksyon ak lanmou sa a, pandan yo responsab bezwen ekonomik fanmi yo.

Yon lòt kote, nou rekonèt ke gen anpil ki pa konnen kijan pou yo demoutre afeksyon ak lanmou bay pitit yo, paske ni yomenm yo pa t resevwa egzanp lanmou sa a.

Nan istwa ki nan Lik 15:11-20, Nou jwenn yon bèl egzanp lanmou ki gen pou wè ak sa n ap pale a. Lè pitit gason ki te pèdi a te retounen byen repanti lakay papa li, Epi lè papa a te wè li, li te "ranpli ak mizèrikòd" li te koure al rankontre li epi pase men nan kou l, ba l yon ti bo".

Si nou pa aprann pou n vin gen afeksyon depi lakay paran nou yo, li lè li tan pou nou aprann fè sa pou nou kapab eksprime lanmou anvè pitit nou yo.

Paran ki toujou ap bay pitit yo afeksyon, se simen y ap simen yon bagay pozitif epi ki bon pou imite nan pitit yo, paske yomenm tou yo pral eksprime afeksyon yo te resevwa yo bay pitit yo tou nan fwaye a.

B. Yon Paran Ki Kretyen Dwe Viv Sa Li Anseye

Nan 1 Tesalinisyen 2:8, apot Pòl te di ke lanmou li pou moun nan legliz Korent yo te gran anpil. Si sa te depann de li, li pa t ap sèlman anonse yo levanjil, men tou bay lavi l pou yo kapab gen lavi ki pap janm fini an. Nou konnen ke apot la pa t sèlman preeche yo levanjil ki bay lavi kii pap janm fini an, men li te viv konfòm ak mesaj sa a tou (2:9-10).

Se poutèt sa, paran yo dwe viv oswa pratike sa y ap anseye pitit yo. Nan fason sa a, respè ke timoun yo ap moutre anvè paran yo pap fèt paske yo pè, men se pito pou lanmou.

Se tris pou wè lè paran yo bay pitit yo konsèy sa: "Fè sa nou di nou, men se pa sa nou fè".

Si nou rete n ap swiv kalite konsèy sa a yo, dapre oumenm, ki konsekans sa gen pou pote nan fanmi an? Site twa oswa kat konsekans pou pipiti.

_____
_____
_____
_____

Pèdi otorite moral ak espirityèl paran yo se ta youn nan premye konsekans yo; se poutèt sa, timoun yo pa obeyi paran yo.

Pi bon egzanp paran yo pou pitit yo se pa sèlman anseye yo enpòtans levanjil Kris la, men tou se moutre yo kouman yo kapab pratike li, sa vle di, kouman yo kapab viv levanjil gras ak lavi ki pap janm fini an chak jou. Epi si nan kèk okazyon yo twonpe oswa bay fanmi yo desepsyon, responsablite yo genyen ki gen pou wè ak Pawòl Bondye a, se fè restorasyon byen prese a. Yo dwe mande Bondye avèk fanmi yo padon.

C. Yon Papa Ki Kretyen Dwe Konn Travay (2:9)

Pòl te mansyone pou kretyen nan Tesalonik yo travay li te reyalize pami yo. Li te travay non sèlman nan preche levanjil ak anseye oswa fè disip nan legliz la, li te konn travay pou l te achte manje chak jou pou l te manje tou.

Kisa ki te rezon an? Li pa t vle anmègde oswa yon chay ekonomik pou moun legliz Tesalonik yo (pou plis enfòmasyon sou pwen sa a, gade sesyon resous yo).

Si noumenm paran yo nou bay pitit nou yo egzanp sa a, kisa rezilta yo ap ye?

1. Timoun yo pral imite egzanp sa epi y ap aprann pwoteje fwaye yo ekonomik, moral ak espirityèlman.

2. Y ap pran responsablite travay yo ba yo fè.

3. Y ap pitit Bondye k ap fidèl epi manm legliz local ak bon sitwayen.

D. Papa Ki Kretyen An Dwe Yon Gid Espirityèl (2:12)

Kisa sa vle di vin yon gid espirityèl pou fwaye a ?

1. Kondwi timoun yo nan konesans ak krentif pou Bondye.

2. Anseye yo ke legliz la, fanmi Bondye a, se kote tou nou nouri nou avèk Pawòl Bondye a ; se poutèt sa, nou dwe sipòte li avèk tan noue k resous ekonomik yo pou l kapab akonpli ak minister ke Kris la te kite pou li a : Anonse levanjil delivrans lan.

3. Anseye yo lapriyè oswa pale ak Bondye ak li Bib la, oswa koute vwa Seyè a.

4. Mete anpratik tout verite Bib la moutre nou yo ; sa vle di, moutre lanmou, mizèrikòd ak gras Bondye.

Vin gid espirityèl se yon privilèj epi tou yon gran responsablite. Dapre oumenm, kisa sa mande pou n ta vin gid espirityèl fwaye nou?

_____
_____
_____

Pou nou vin yon gid espirityèl dapre volonte Bondye, nou dwe koumanse rekonèt Kris la kòm Seyè ak Sovè nou, remèt nou nan men li chak joue pi kite Sentespri a gouvène ak kontwole lavi nou chak jou.

II. Kouman Nou Kapab Estwi Pitit Nou Yo Nan Chemen Bondye Yo?

Li enpòtan pou ranpli kondisyon yo ke nou sot mansyone nan pwen anwo a, pou ke enstriksyon n ap bay pitit nou kapab genyen benediksyon Bondye ak rezilta ke n ap tann yo.

A. Nou Dwe Konnen Pitit Nou Yo

Li posib pou premye reyaksyon nou se sa a: "Kouman yon moun ta fè di ke mwen dwe konnen pitit mwen yo? Men wi, mwen konnen yo".

Nou pa gen okenn dout pou nou di ke w konnen pitit ou yo, paske y ap viv nan menm kay avèk ou, ou rele yo nan non yo, ou konnen vwa, kout ri, lè yo kriye e menm tras ki nan kòyo chak. Men, èske sa se tout bagay la ?

Pèmèt nou poze w ti kesyon sa a yo:

Èske konnen santiman ki nan fon kè pitit ou yo?

Èske yo konn vin kote w pou mande w konsèy ak oryantasyon ?

Èske w se sèlman papa oswa manman, oswa zanmi pou pitit ou yo tou ?

Konbye tan ou konn pase pa jou oswa chak semèn, chita pale, jwe epi ede pitit ou yo se pa sèlman fè devwa y oba l fè nan lekòl la, men tou avèk sitiyasyon ke l ap fè fas yo?

Si w pa konnen pitit ou yo pilwen pase imaj fizik yo ki karakterize yo, kijan w ap kapab enstwi yo nan chemen Bondye yo?

Reponn kesyon sa a yo :

1. Èske w konnen pitit ou yo ?

_____ Yon tikras
_____ plis oswa mwens
_____ Anpil
_____ Yo se pi bon zanmi mwen

2. Si repons ou a se yon "tikras" oswa "plis oswa mwens", kisa w pral fè ak sa? Pase yon trè anba repons ki dwe aplike nan sitiyasyon w lan :

— Semèn sa a m pral mande Bondye èd pou m kapab konnen kouman mwen dwe moutre pitit mwen yo lanmou, afeksyon ak jantiyès.

— Nan semèn sa a m pral mande pastè m nan konsèy, oswa yon frè nan legliz la, pou m kapab vin yon zanmi pou pitit mwen yo.

— Semèn sa a mwen pral pale ak pitit mwen yo pou m di yo ke mwen renmen yo epi mande yo padon paske m pa t yon bon papa oswa yon bon egzanp.

B. Nou Dwe Renmen Yo

Nan youn nan pyès teyat yo, "Moun k ap jwe vyolon an ki te sou sèn nan", Tipol, pèsonaj prensipal la, li mande madanm li:

— Èske w renmen mwen ?

— Madanm li reponn: Kisa?

— Li tounen mande madanm li ankò: èske w renmen mwen ?

— Epi madanm li avèk yon vwa ki plen ak sipriz e jantiyès li reponn nan fason sa a: Sa fè depi 20 tan mwenmenm avèk ou nou marye. Mwen lave rad ou, m fè manje pou ou, mwen ranje kay la epi, se kounye a w ap mande m, èske w renmen mwen? Si viv avèk ou epi sa m fè pou ou se pa lanmou, ebyen, kisa sa ye menm?

Se menm bagay la kip ase avèk paran yo. Nou pa gen okenn dout de ke yo kapab byen responsab ak fanmi yo. Yo fè anpil efòpou pitit yo jwenn aliman ki nesesè, rad ak edikasyon nan lekòl. Men, lanmou an plis pase akonpli ak bezwen materyèl yo.

1. Lanmou se mete tan apa pou yo. So nou pase tan ki nesesè avèk pitit nou yo, n ap pi byen konnen santiman yo, dezi ak krent yo.

2. Lanmou se pataje ansanm avèk yo sa ki fè nou mal, krent, siksè avèk fistrasyon nou yo.

3. Lanmou se bay lavi nou pou yo.

4. Lanmou se mete yo anba disiplin. Ke Bib la pale de sa nan plizyè ansèyman.

Konklizyon

Kòm mari oswa papa nan fanmi an, li nesesè pou w veye bagay sa a yo :

1. Si nou vle vin bon egzanp pou pitit nou yo, Bondye dwe okipe premye plas nan lavi nou. Paske pou n aprann vin papa ki obeyisan ak gen bon konprann, epi enstwi timoun nou yo dapre Bib la, nou dwe toujou rete nan kominyon ak Bondye, Papa nou an.

2. Nou dwe pran swen fanmi nou : madanm, pitit yo. Preokipasyon nou yo se pral chèche bay yo bezwen materyèl ak espirityèl yo.

Li enpòtan pou nou anseye pitit nou yo obeyi Bondye, Papa nou ki nan syèl la, paske si yo obeyisan daven li, y ap obeyisan devan paran yo gen sou latè tou.

Resous
Fwaye A Ak Edikasyon Nan Jidayis
Edikasyon Timoun Yo

"Yo te konn bay edikasyon ti moun yo anpil valè. Josefo te deklare avèk apil lògèy: Nou genyen pi gwo nan preokipasyon nou yo ki se estriksyon timoun yo". Filon bay temwayaj sou menm bagay la, lè li t ap di konsa ke pèp li a 'depi nan kouchèt, oswa menm avan yo te moutre yo lalwa sakre yo, oswa koutim ki pa ekri yo, yo te genten prepare pa mwayen paran yo, antrenè ak edikatè yo pou yo rekonèt Bondye kòm Papa epi tankou Kreyatè mond lan".

"Se pandan, yo te konn bay tigason yo edikasyon piplis pase tifi yo'. Ansèy man an te koumanse depi nan fwaye kote yo fèt la avèk paran yo epi kontinye nan sinagòg la pa mwayen eskrib yo. Depi sou 5 ane yo te koumanse ap anseye timoun yo Bib la nan lang ebre, yo pa t koumanse ak liv Jenèz la, nòmalman yo te konn toujou rete tan, men se avèk Levitik, akoz de valè liv sa a nan etid ki genyen ladan li sou lalwa. Lè liv Levitik la te fini, timoun nan te konn etidye rès senk liv yo. Lè yo te gen 10 zan yo te kapab avanse etid la sou Misna epi finalman, si l te bezwen yon aprantisaj plis avance li te etidye Talmoud".

— H. E. Dana.
Mond Nouvo Testaman an.

Mo kle

Enstwi

Mo enstwi nan Pwovèb 22:6, soti nan lang ebre a ki se hanakh ki vle di "antrene oswa edike".

Antrènman sa a dwe koumanse ak timoun nan depi sou premye ane li koumanse ap viv la, dapre aptitid, talan ak karaktè li yo.

Lòt bagay, antrènman sa a dwe bay timoun nan enstriksyon ak eksperyans ki nesesè pou li rive konnen anpil bagay sou Bondye, pou l kapab genyen disèneman epi konnen kijan pou l dekouvri sa ki soti nan Bondye ak sa ki soti nan mond lan.

Enstriksyon ke paran yo bay yo dwe yon preparasyon pou lavi. Se poutèt sa Bib la di, jouskaske li rive granmoun, li papa janm bliye enstriksyon bon konprann moral ak espirityèl ke l te resevwa lè li te piti.

Sokrat ki te yon filozòf grèk ki te viv nan epòk 470-399 a.K, li te sezi wè mesye sa a yo ki te tèlman fè atansyon pou yo te antrene yon cheval, yo te kapab tèlman endiferan nan edikasyon pitit yo.

Detewonòm 6:1-9 di nou konsa: nou dwe anseye kòmandman Bondye yo, mete yo an pratik, sa vle di, se avèk egzanp non, plis pase avèk pawòl nou yo (vv. 1-3). Vèsè de a espesyalman konseye nou , se pou nou pratike tout presèp ak kòmandman" ke Bondye te yo, "chak jou", nan menm tan tou nou dwe anseye pitit nou yo", pou yo kapab fè menm bagay la tou.

Efezyen 6:4 fè wè verite sa epi konseye paran yo pou yo enstwi timoun yo nan disiplin ak amonestasyon nan Seyè a. Paran yo pa kapab nye responsablite sa, paske se yon kòmandman Seyè a. Yo dwe enstwi yo nan chemen Bondye yo; si non, konsekans yo ap grav pou fanmi an ak legliz Kris la.

Sosyete nou an bezwen paran ki aprann epi edike ak disipline pitit yo nan krentif pou Bondye. Se vre ke nan legliz la yo anseye Pawòl Bondye, men paran y opa kapab kite responsablite pa yo a sou kont legliz la.

Paran yo, nou se responsab kwasans ak devlopman espirityèl pitit nou yo konfòm ak ansèyman ki nan Nouvo Testaman an, "estwi timoun nan" vle di antrene li pou li kapab genyen yon rankont chak jou ak Kris la epi viv anba volante Bondye.

Leson 11

Onè Ak Obeyisan Anvè Paran Yo

Pou aprann: "Timoun, se devwa nou tankou moun ki kwè nan Seyè a pou n obeyi papa nou ak manman nou, paske sa se yon bagay ki dwat devan Bondye." (Efezyen 6:1).

Objektif: Konprann ke volonte Bondye pou timoun yo gen ladan li respekte manman ak papa yo, obeyi yo nan tout bagay epi, nan ka ke paan yo pa ta kretyen, pa mwayen obeyisans timoun yo, yo va konnen Kris la.

Entwodiksyon

Nan leson sa a ak nan sa ki annapre yo, lè nou pale sou timoun yo, pa sèlman tigason yo, men nou pral refere ak pitit fi yo tou.

Nou te wè ke Pawòl Bondye a gen konsèy pratik pa sèlman pou mari oswa madanm yo viv nan tèt ansanm epi pou paran yo enstwi pitit yo nan Pawòl Bondye a, men tou, anseye lonè, respè ak obeyisans timoun yo anvè paran yo.

Nan leson sa a kòmandman Bondye yo pou timoun yo.

I. "Respekte Papa Ou Ak Manman Ou" Egzòd 20:12

Diksyonè nan Lang espanyòl la defini respè kòm mo "gwo konsiderasyon" oswa "respè" pou yon lòt moun. Se konsa, lè Bib la di nou: "Respekte papa ou ak manman ou, epi ou va viv lontan nan peyi Seyè a, Bondye nou ba ou a" li pa pale sèlman ak timoun ki gen senk a 10 ane, ni ak adolesan yo, men se tout moun: timoun, jèn, adolesan ak granmoun yo.

Objektif kòmandman Bondye sa a se de bagay :

1. Volonte Bondye a se pou nou obeyi epi onore paran sou latè nou yo.

2. Men, Bondye ap tan pou nou obeyi l ak respekte l tou, paske li se Papa nou ki nan syèl la.

Nan tan sa yo timoun yo ap pèdi respè pou paran yo chak jou piplis, otorite yo (sivil ak relijye), epi menm pou Bondye. Se poutèt sa, etid kòmandman biblik sa se yon bon opòtinite pou nou jodi a.

Si yon moun mande: "Poukisa nou dwe onore paran nou yo," Kisa ki ta repons ou? (Mete repons ki bon an nan konfimasyon yo bay yo):

Paske Moyiz te mande li.

Paske paran nou yo merite li.

Paske se sa ki responsablite nou.

Paske li se yon kòmandman Bondye.

Paske tout sa nou plante, se limenm n ap rekòlte.

Poukisa nou dwe onore paran nou yo? Sèlman paske se yon kòmandman Bondye. Anplis de sa, li se yon kòmandman ki gen pwomès ak madichon.

A. Se Yon Kòmandman Biblik

Si nou dekonsantre nou sou etid pasaj sa a, n ap reyalize ke li gen menm fòs ak premye kòmandman ke Kris te anseye disip li yo: "Se pou ou renmen Senyè Bondye ou la avèk tout kè ou, ak tout nanm ou, ak tout lespri ou "(Matye 22:37).

Bondye atann onè ak respè nan men pèp li a ak pitit li yo, men mande menm onè a ak respè pitit li yo anvè paran ki sou latè yo.

Kòmandman sa yo pa negosyab. Nou pa ka chanje oswa poli yo. Yo se kòmandman sakre. Si timoun yo aprann bay paran sou latè yo onè y ap tou onore Bondye ak akonpli kòmandman l yo.

B. Se Yon Kòmandman Ki Gen Madichon Ak Benediksyon

Deteronòm 27:16 di: "-Madichon pou moun ki derespekte manman l' al papa l! Tout pèp la va reponn: -Se sa menm!

Nou dakò". Kontèks pasaj sa a Detewonòm 27:16 rakonte nou renouvèlman Kontra Seyè a ak pèp Izrayèl la nan yon aspè ki fondamantal:

1. Seyè reyafime Izrayèl pwomès li te bay Abraram, Izarak ak Jakòb la.

2. Izrayèl te dwe konprann ke privilèj pou vin pèp Bondye chwazi a, te gen ladan li responsablite: "Se pou nou obeyi l, se pou nou swiv tout lòd ak tout regleman mwen ban nou jòdi a." (Detewonòm 27:10).

Yon moun ki pa t 'satisfè kòmandman Bondye yo, te gen madichon Bondye. Deteronòm 27:15 di sou sa: "-Madichon Bondye pou tout moun ki fè travay yon wòch ak sizo osinon fè fonn metal pou fè yon zidòl, epi lèfini ki kache l' yon kote pou l' fè sèvis pou li. Se yon bondye moun fè ak men yo. Seyè a pa vle wè bagay konsa! Tout pèp la va reponn: -Se sa menm! Nou dakò!". Epi nan Deteronòm 27:16 ki gen plis fòs la rive sou pitit ki meprize papa oswa manman l.

Men, la a nou jwenn aspè ki pozitif la nan kòmandman sa a: Si nou koute Seyè a, Bondye nou an, si nou fè tou sa mwen ban nou lòd fè jòdi a, Seyè a va fè nou tounen nasyon ki pi gran pase tout lòt nasyon ki sou latè. (Detewonòm 28).

Li referans biblik yo epi ekri yo nan espas vid yo, kèk nan benediksyon ki te pwomèt yo.

28:1 _____
28:3 _____
28:5 _____
28:7 _____
28:8 _____
28:9 _____

Bondye va leve nou, beni nan jaden ak nan lavil la, manje nou yo, li va proteje nou, beni travay nou fè ak men nou yo epi nou va pèp ki apa pou li a.

II. "Obeyi Paran Nou Yo Nan Seyè A"
Efezyen 6:1-3; Kolosyen 3:20

Anplis de onè ke nou dwe bay paran nou yo, Bib la di ke nou dwe obeyi yo tou. Se paske onè a ak obeyisans anvè paran yo fin efase.

A. Obeyisans Anvè Paran Yo Se Pa Yon Opsyon

Menm jan ak lòmandman ki bay nan lalwa Bondye a, obeyisans anvè paran yo se pa yon opsyon, men se yon lòd ki soti nan Bondye. Bib la pa di nou: "Timoun yo, si nou kapab, se pou nou obeyi paran nou yo". Lòd la se: "Timoun, se devwa nou tankou moun ki kwè nan Seyè a pou n' obeyi papa nou ak manman nou, paske sa se yon bagay ki dwat devan Bondye".

Menm jan Bondye mande pou nou obeyi l la, se konsa li mande pou nou obeyi paran nou yo k ap viv sou latè yo.

B. Se Yon Obeyisans San Kondisyon

Apot Pòl te di moun Korent yo nan lèt li a konsa: "Nou menm timoun, se devwa nou pou nou obeyi manman nou ak papa nou nan tout bagay. Se sa ki fè Bondye plezi" (3:20).

Nou pap bliye ke lè Bondye bay yon kòmandman, se pou li kapab jwen moun obeyi li. Men, kisa kip ase lè gen sitiyasyon ki prezante epi kote ke li prèske sanble enposib pou obeyi paran yo nan tout bagay? Kisa k pase si yo twonpe tèt yo? Ki sa pratik kòmandman sa a genyen ladan li?

Pou nou bay sa yon repons, nou dwe konprann bagay sa a:

1. N ap atann ke paran yo, prensipalman sa ki kretyen yo, svvi ak pitit yo avèk lanmou, se konsa Bondye mande yo fè. Men nou pa dwe bliye ke gen kèk fwa, desizyon y ap pran yo sanble pa kòrèk; sepandan, nou dwe obeyi yo.

Nan opinyon ou, ki kèk nan desizyon "enjis" ke paran yo pran, oswa ki kapab ale kont ansèyman ki nan Bib la? _____
_____

Sètènman nou sonje lè yo bay manti lè yo pa t 'vle koute rezon nou oswa opinyon nou an, oswa lè yo te mande nou pou nou te patisipe nan yon bagay ki kont prensip biblik yo.

Dapre opinyon w, kijan nou kapab ede paran nou yo pou desizyon y ap pran yo kapab kòrèk epi pou yo konfòm ak Pawòl Bondye a? Ekri repons ou a byen brèf: _____
_____

Nou dwe zanmi paran nou yo. Nan fason sa a n ap gen opòtinite pou nan dyalòge ak pataje ak yo santiman ak enkyetid nou yo.

2. Nou pa ta dwe atann paran nou yo pafè nan jijman ak desizyon yo. Sa a enposib. De tout fason, selon Bib la, nou dwe obeyi yo nan tout bagay. Epi responsablite nou yo se pa chwazi ki desizyon nou dwe obeyi epi ki lòt pou nou pa obeyi.

3. Timoun ki obeyi paran l li anba favè Bondye. Se Bondye menm ki pral jije tou de paran yo ak timoun nan. Sonje byen, Bib la di ke obeyi paran nou yo nan tout bagay, jan sa fè Seyè a plezi.

4. Nou pa mete akote posiblite pou kèk paran egzije obeyisans nan men pitit yo pou fè yon bagay ki kapab kontrè ak ansèyman

Bib la epi, sa a se pa kòm erè, men se paske paran yo kapab pa gen krent pou Bondye.

Nan sans sa a yo, timoun nan bezwen chèche konsèy pastè a oswa antrenè lekòl dominikal la. Legliz la, kòm fanmi Bondye, li gen responsablite pou l anseye, dirije ak konseye pou ke timoun yo aji nan krent ak obeyisans anvè Bondye.

Aplikasyon

Si obeyisans ke paran yo mande a ale kont prensip biblik yo, ki konsèy ke legliz la dwe bay timoun ki kretyen yo? _____
_____

Legliz la dwe moutre "timoun yo enpòtans ki genyen nan ale nan lapriyè pou mande bon konprann ak disènman. Li ta dwe tou ankouraje timoun yo angaje nan dyalòg ak paran yo. Sa a pral yon lòt mwayen pozitif pou yon bon relasyon ant yo ak paran yo.

Si pa gen okenn lòt solisyon, pitit la, nan non Seyè a dwe obeyi paran an.

III. Kisa Ki Pase Lè Paran Yo Pa Kretyen?

Bib la pa janm anseye dezobeyi paran ki pa kretyen yo. Li pa di: "Timoun, si paran nou yo pa kretyen, lè sa a yo pa merite obeyisans, respè ak onè".

Ansèyman yo nan Bib la "respè radikal: nou dwe obeyi ak onore paran nou yo", byenke yo menm yo pa kretyen.

Nan ki jan timoun yo pral gen yon benedikasyon pou paran ki pa kretyen yo? Site kèk egzanp pratik:

1. _____
2. _____
3. _____
4. _____
5. _____

Pa gen dou de ke obeyisans nou an, onore ak respekte, li akonpanye ak yon lespri de koperasyon nan responsablite kay la, se pral pi bon temwayaj lanmou nou pou Bondye ak paran nou yo.

Revizyon

Mete mo wi oswa non nan yon wonn si afimasyon yo kòrèk oswa pa kòrèk:

1. Bib la anseye nou ke timoun yo se yon madichon Bondye: Wi--Non
2. Bib la fè konnen ke nou onore paran nou yo: Wi--Non
3. Onore vle di respè, admire, fè yon moun merite estimasyon: Wi--Non
4. Onè pou paran se yon kòmandman san pwomès: Wi--Non
5. Li pral enposib pou bay onè ak paran yo si nou gen lespri rebelyon kont yo: Wi--Non
6. Dapre Bib la, responsablite a nan paran se anseye ak gid timoun yo nan fason yo nan Bondye: Wi--Non
7. Timoun yo ta dwe obeyi paran yo menm si kèk nan desizyon yo pa jis: Wi--Non
8. Okoz de obeyisans ak onè timoun kretyen yo, paran ki pa kretyen yo kapab aksepte Kris la: Wi—Non
9. Onè ak obeyisans paran yo se kòmandman avèk pwomès: byennèt ak lavi long: Wi—Non

(Repons 1 ak 4 yo negatif. Lòt yo pozitif.)

Aplikasyon

1. Si ou te yon paran, ki jan w t ap fè pou w resevwa respè, onè ak obeyisans nan men pitit ou yo? _____
_____

Papa a va rive jwenn respè, onè ak obeyisans nan men pitit li yo, si li se yon bon egzanp nan relasyon li ak Bondye, nan pratike ansèyman yo: onore Bondye, respè pou madanm lan ak timoun yo.

2 Nan fason konkrè ak pratik, ki jan nou ka onore ak obeyi paran nou yo? _____
_____

Nou pral onore paran nou yo si:
   a. Nou respekte yo lè yo lakay ak nan lari.
   b. Kolabore ak yo nan tout bagay ki nesesè.
   c. N ap obeyi konsèy yo ban nou yo.
   d. Garanti yon bon kominikasyon ak Bondye epi avèk yo tou.

Konklizyon

Onè ak obeyisan anvè paran yo se kòmandman avèk pwomès byennèt ak lavi long.

1. Byennèt, paske nou pral ranpli yon manda ki soti nan Bondye.

2 Lavi long, paske nou rekòlte sa nou simen. Pitit nouva onore nou ak obeyisan, sa ki pote lajwa ak kè kontan, satisfaksyon ak bon sante espirityèl ak fizik.

Resous
Timoun Yo Nan Kontèks Greko-Women An

Nou te wè ke nan fanmi ebre a se te yon gwo benediksyon pou moun te fè pitit. Men, nan pa greko-Women an espesyalman nan mitan moun kip a t kretyen yo tretman yo te bay timoun yo te diferan.

Pa egzanp, dapre etid William Barclay nan kòmantè li fè sou lèt moun Efèz yo, lè yon timoun te fèt nan moman Anpi Women an, yo te pote timoun nan al mete nan pye papa l'. Si li bese epi leve l 'nan bra l', sa vle di li te rekonèt li kòm pitit gason, li te vle edike l '. Nan lòt ka, yo pran ti pitit la pote al mete nan fowòm nan, epi yo kite l abadone la. Depi lè sa a timoun lan te vin pwopriyete nenpòt ki moun ki pran l ba l manje epi vann li kòm esklav. Oswa li te jis mouri epi yo lage li nan yon pi ki prepare pou jete esklav.

Fanmi Nan Sosyete Jwif La

"Se nan lavi fanmi kote jwif yo te konn briye, fas ak moun lòt nasyon bò kote yo. Pifò kay te karakterize pa mwayen obsèvans sistematik fyab relijye kòm jou repo, lapriyè, seremoni ak senbòl sikonsizyon. Aksyon pou di Bondye mèsi nan chak repa te konsidere kòm koutim inivèsèl. Relasyon ant paran yo ak timoun yo te ekselan. Paran yo te konn trete timoun yo ak gwo konsiderasyon, yomenm ki te moutre yo onè ak jantiyès. Yon karakteristik enpòtan nan lavi jwif la se te gwo respè yo te genyen pou granmoun aje yo, menm si se te paran yo oswa lòt moun.

"Yon aspè enpòtan nan lavi fanmi Palestin yo se te manje a. La a kominyon nan fanmi an te jwenn pi bon siyifikasyon li. Nan manje manje pou jwif posede yon wo degre relijye sakre, epi genyen ladan li eleman relijye, eleman nan fòm benediksyon, youn pou manje ak yon lòt pou bwè. Nan bankè fòmèl yo chita, men nan manje enfòmèl yo chita bò tab la. Manje a fèt ak mouton, vyann bèf, pwason, pen blan, legim ak fwi. Kòm bwason, yo te itilize diven bwase. Restriksyon yo ki te etabli pa lalwa ki gen rapò ak manje te obsève avèk anpil atansyon".

— H. E. Dana.
Mond Nouvo Testaman an, pp. 155-156.

Kòmantè

Sa fè plizyè ane yon manman te di konsa: "Lè timoun yo toupiti, yo toujou ap pile pye paran yo, men lè yo vin jèn, yo pile kè yo". Li te refere li a soufrans li te andire akoz de konsekans aksyon pitit li yo ki te deja jèn.

Nan Efezyen 6: 1, Pòl pa di ke timoun yo dwe obeyi paran yo sèlman lè lòd yo bay yo jis. Deklarasyon apot la klè: ". Timoun, obeyi paran ou Seyè a, Jan sa dwe ye a".

Apre sa a, li mande pou nou bay paran yo onè, epi akonplisman lòd la, akonpaye ak gwo pwomès: "Ou pral gen lavi ki long".

Lè timoun yo kwè nan Kris la, yo rekonèt ke yo gen devwa pou yo soumèt devan paran yo. Timoun yo ki aprann obeyi paran yo, y ap respekte ak obeyi lalwa Bondye a tou. Obeyisans anvè paran yo se nan amoni ak prensip yo ki p'ap janm fini an epi ke Bondye te etabli relasyon youn avèk lòt. San respè timoun yo pou paran yo, sosyete nou an ta nan mitan dezòd ak anachi. Òganizasyon ki jis nan mitan pèp nou yo dwe baze sou prensip nan soumèt ak obeyisans Bondye ak paran yo.

Leson 12 — Pitit Nou Yo Ak Fo Pwofèt Yo

Pou aprann: "Pran prekosyon nou ak fo pwofèt yo. Yo pran pòz ti mouton yo lè y'ap vin sou nou, men nan fon kè yo, se bèt devoran yo ye" (Matye 7:15).

Objektif: Konnen kimoun sa a yo ki se fo pwofèt nan tan nou yo jodi a, ki gen objektif fè pitit nou yo ale lwen Bondye epi sèl solisyon an se anseye yo chemen yo <u>ak</u> lafwa nan Bondye.

Entwodiksyon

Avans teknolojik yo kounye a bay pitit nou yo gwo opòtinite ak so- zouti enpòtan pou aprann. Sou yon bò, avans teknolojik yo pozitif, men sou yon lòt yo ban nou enkyetid, paske yo sèvi ak menm zouti aprantisaj sa a pou yo mennen timoun ak jèn moun yo nan ensibòdinasyon ak pèt nan valè moral ak espirityèl yo.

Nou menm, paran isit sou latè yo, nou dwe kriye nan pye Bondye, Papa nou ki nan syèl, pou li ede nou gide pitit nou yo, dapre valè moral ak spirityèl ke Bib la anseye nou.

A. Fo Pwofèt Ak Pitit Nou
Matye 7:15

Pwofèt yo se te sèvitè ke Bondye te rele. Yo te dwe viv nan kominyon avèk li, koute Pawòl li epi kominike ak moun mesaj ki soti nan Bondye.

Bib la di nou tou ke te gen fo pwofèt ke olye pou yo te mennen pèp la devan Bondye, yo te pran yo fè yo pèdi kominyon avèk l (Detewonòm 18: 20-22; Jeremi 2: 8; 5:31).

Malerezman jodi a tou fo pwofèt yo anpil. Yo di yo gen yon mesaj ki soti nan Bondye, men yo byen lwen Pawòl Bondye a.

Matye 7:20 ban nou responsablite pou nou idantifye fo pwofèt yo, paske pafwa yo prezante sou fòm yon transformasion filozofik yon enstitisyon oswa mouvman espirityèl. Se poutèt sa, ministè nou se devwale yo. Daprè ou menm, èske gen kèk kalite ansèyman, panse filozofik, yon enstitisyon, yon mouvman oswa yon lidè k ap twonpe moun ak yon fon mesaj?

Site yo: _____
_____

Soti nan pwen de vi nou, se filozofi imanis k ap elwanye lèzòm de Bondye. Li anseye ke se lòm ki sant inivè a, se pa Bondye. Mason ak sèk relijye yo twonpe moun nan pwoklame yon lòt kalite levanjil ke nou pa jwenn nan Bib la. Nan lòt ka, mouvman modènis la anseye ke moun se yon dye.

Apre sa, nou pral site kèk fo pwofèt ak ansèyman k ap detounen dè milye de jèn moun nan chemen Bondye a.

A. Fo Pwofèt Yo (2 Pyè 2: 1-3)

Nan lekòl segondè oswa sik presegondè yo gen anpil pwofesè refize egzistans Bondye. Yo di ke relijyon ak legliz kretyen yo pèske disparèt, ke lòm se sèl moun ki responsab desten l ak delivrans li, Se poutèt sa, pa gen okenn bezwen yon Bondye.

Fo pwofesè sa a yo anseye ke pa gen okenn valè absoli, tankou jistis, lanmou, padon, Bondye, sentete oswa Sali a. Pou yo tout bagay relatif epi chanjab, epi, Se poutèt sa, èt imen pa bezwen depann de Bondye pou dirije pwòp destine yo.

B. Literati A, Fim, Televizyon, Entènèt

Enfliyans mwayen kominikasyon sa a yo jeneralman trè negatif pou timoun nou yo. Poukisa?

1. Yo ofri imaj, egzanp ak yon mesaj fè lwanj pou alkòl, dwòg, vyolans ak plezi seksyèl. Anplis de sa, yo jistifye li pandan l ap bay agiman sa yo: "Tout moun fè li". "Li alamòd". "Se yon pati nan nati imen an". "Fòk ou jwi li".

2. Kalite mesaj sa a egzèse yon gwo presyon nan desizyon ke pitit nou yo dwe pran. Pwoblèm nan anvayi lè yo manke fondman moral ak espirityèl solid; Se poutèt sa, yo mache dèyè sa ke "majorite a panse ak di".

Mansyone kèk pwogram televizyon k ap travay nan peyi ou oswa vil la, ki genyen mesaj negatif sa a yo site: _____
_____

Ki jan nou dwe goumen kont li? _____
_____

C. Zanmi Yo Ak Presyon Gwoup La

Pa nati nou se èt sosyal; Se poutèt sa, nou tout chèche zanmi epi vle pou yo aksepte nou. Nan lekòl, kolèj, inivèsite ak travay, nou vle fè pati de yon gwoup zanmi, fratènite oswa klèb.

Men se la kote pwoblèm nan koumanse a. Pou yo kapab aksepte nan youn nan gwoup sa yo, yo gen pou yo pran desizyon ki ale kont valè kretyen oswa prensip ki te anseye yo.

Se tris, men presyon gwoup la koumanse nan pitit nou yo nan vis fimen, alkòl ak dwòg. Yo jwenn move abitid, pratike sèks andeyò maryaj epi kenbe tèt ak tout otorite.

Èske ou konnen kèk lòt fòm nan presyon ou fè fas ak gwoup, pitit (la) (yo)? Kòm paran, kisa w'ap fè pou w ede (yo)?

Presyon gwoup _____
_____

Solisyon _____
_____

II. Nan Chèche Yon Solisyon

Jèn ki pa gen sipò espirityèl ak moral nan men pran yo oswa legliz la, li tonbe byen fasil anba men fo pwofèt ak pwofesv yo. Ebyen, ki solisyon an.

A. Modèl La Se Kris

N ap aple nou ke Jezikri te jèn, limenm tou li te viktim anba presyon gwoup. Pa egzanp:

1. Apre batèm li te ale nan dezè a, kote I 'te sibi presyon twa fwa pou I te dezobeyi Papa I.

2 Sou bwa kalvè a tou li te jwenn presyon pou I te dezobeyi ak volante Papa I: "Moun ki t'ap pase bò la a t'ap plede joure li. Yo t'ap fè siy sou li. Yo t'ap di: Ou menm ki te vle kraze tanp lan pou ou te rebati l' nan twa jou, sove tèt ou non! Si ou se pitit Bondye a, desann sou kwa a." (Matye 27:40). Lè yon timoun grandi san yo pa jwenn okenn pwoteksyon espirityèl oswa moral, li "vilnerab" pou moun k ap chèche destriksyon jèn yo. Se konsa, nou dwe motive yo aprann yo sèvi ak zam espirityèl Bondye te ban nou yo, menm jan Jezi Kris te itilize sa yo pou konbat epi simonte Satan. Men kisa zam sa yo ye?

- Lapriyè: Matye 4:2
- Lekti ak etid biblik: Matye 4:4
- Lwanj ak adorasyon pou Bondye: Matye 4:10

Si pitit yo grandi nan yon anviwònman kote yo pa te anseye ak pratike Pawòl Bondye a, n ap pèmèt ke valè moral relatif ak tanporè fòme lavi yo, Se konsa, yo pap kapab reziste anba tantasyon epi y ap echwe pou mank de baz moral ak espirityèl solid ki biblik.

Ebyen, nou ankouraje yo sèvi ak zam espirityèl Bondye te ban nou yo; sa vle di, lapriyè, li Bib la ak adorasyon. Yo pral jwenn fòs espirityèl, karaktè ak sajès Bondye pou yo pote laviktwa.

Li vèsè yo bay kòm referans yo epi nan espas ki vid yo, ekri ki jan Jezi te venk presyon gwoup ak tantasyon an.

Lik 2:49 _____
Lik 2:52 _____
Lik 4:1 _____

Jezi te toujou ap fè volonte Papa I, Se poutèt sa li te grandi nan bon konprann ak gras Bondye epi te ranpli ak pouvwa Sentespri a.

B. Lòt Etap Pou Yon Solisyon

1. Ou dwe yon egzanp pou pitit ou yo

Nou dwe sonje ke timoun yo "pa ka tande", men "wè konsèy yo". Ekri nan espas vid yo kèk sijesyon pou ede paran yo vin yon egzanp ki pozitif pou pitit yo:

a. _____
b. _____
c. _____
d. _____
e. _____

Li nesesè pou pitit nou yo wè fidelite nou nan Bondye ak Legliz la. Respè pou madanm ak fanmi nan konpòtman ak pawòl, se pral rezilta respè nou an, onore Bondye ak fidelite nan legliz la.

Li trè enpòtan pou papa a se pastè fanmi li. Se yon lòd Bondye, epi si nou fè erè, nou dwe onèt pou nou konfese epi mande Bondye ak pitit nou yo padon.

2 Aprann pitit ou valè ak prensip biblik yo

Padon, lafwa, repantans, renmen ak sentete se konsèp ke pitit nou yo ap konprann pi byen lè nou pratike yo nan kay la.

3. Ranfòse valè moral pitit ou yo

Èske w te janm konn di pitit ou yo ke ou te rekonesan anvè Bondye paske yo se benediksyon nan kay la? Li nesesè pou timoun yo konnen ke yo se yon benediksyon Bondye epi ki pote kontantman ak lajwa nan kay la. Yo bezwen sonje tou ke yo se pitit Bondye.

4. Gide pitit ou yo pou rankontre ak Bondye.

Si pitit ou yo pa resevwa Kris la kòm Sovè, ou gen yon gwo responsablite pou w preche epi prezante yo Kris la kòm Seyè ak Sovè. Ou pral viv yon eksperyans ke w pap janm bliye lè yo aksepte delivre Bondye a.

5. Pale ak pitit ou yo

Li bon pou pitit ou yo konnen ke ou se zanmi yo. Relasyon sa a ap ouvri pòt pou ke gen konfyans mityèl ant nou menm ak pitit nou yo.

6. Rekonpanse desizyon ki kòrèk ak konpòtman pozitif pitit ou yo

Li bon pou paran yo reyafime valè ki pozitif nan pitit yo. Felisite yo pou desizyon ke yo pran ki pozitif, pou bon konpòtman oswa bon kalifikasyon.

Ankouraje li Bib la. Men, si timoun yo pa konpòte yo byen, korije fòt la, epi, si sa nesesè, disipline yo ak bon konprann ak renmen, avèk krentif pou Bondye.

Revizyon

Li deklarasyon sa yo epi apre w fin analize yo di si yo fo (F) oswa vrè (V).

1. ____ Fo pwofèt yo te di ke yo gen mesaj Seyè a, men, yo mennen pèp la lwen prezans Bondye.

2. ____ Fim, literati ak televizyon imaj, modèl ak yon mesaj ki fè lwanj pou alkòl, dwòg, vyolans ak relasyon seksyèl.

3. ____ Agiman yo: "Tout moun fè li", "se natirèl" oswa "dwe jwi li" ap mennen jèn nan rive gen yon rankont ak Bondye.

4. ____ Yon jèn ki leve nan yon kay kretyen, li pwoteje a tout presyon yo ki ale kont ansèyman moral ak kontak biblik.

5. ____ Pa gen okenn dout ke Jezikri te viktim anba pesyon gwoup tou.

6. ____ Objektif nou se bay pitit nou yo fòs, karaktè ak sajès kretyen pou yo kapab rete fèm kont presyon gwoup ak fo ansèyman yo.

7. ____ Nou dwe sonje ke timoun yo "pa tande konsèy yo", men "wè konsèy yo".

8. ____ Lè nou fè erè nou dwe onèt pou nou konfese epi mande Bondye ak pitit nou yo padon.

9. ____ Padon, lafwa, repantans, renmen ak sentete se konsèp ke timoun nou pral konprann pi byen lè nou pratike yo nan kay la.

10. ____ Se yon bon lide pou nou gade pwogram televizyon pou nou analize ansanm ak pitit nou yo, nan limyè ansèyman ak prensip biblik yo, sa ki nan mesaj sa a yo.

11. ____ Li pa nesesè pou chita pale ak timoun yo. Li nesesè pou paran yo sèlman pran responsablite ekonomik la.

12. ____ Nou dwe felisite yo pou desizyon kòrèk ak konpòtman pozitif yo.

13. ____ Lè timoun pa konpòte yo byen, li nesesè pou disipline yo ak bon konprann ak renmen, avèk krentif pou Bondye.

14. ____ Sa ki pi bon ke nou kapab fè pou timoun nou yo se anseye yo Pawòl Bondye a.

(Repons pou deklarasyon yo soti nan 3, 4, 7 ak 11, se F.)

Konklizyon

1. Li ta pi bon ke timoun nou yo konnen ke nou avèk yo pou ba yo èd ak sipò nou.

2. Papa ki renmen pitit va onore l, men tou, disipline l lè sa nesesè.

3. Nou dwe priye Bondye pou delivrans yo epi anseye yo mesaj ki nan Bib la nan yon fason ki pratik. Nan fason sa a nou pral prepare yo pou yo konstwi lavi yo sou yon baz moral ak espirityèl solid; sa vle di sou Pawòl Bondye a.

Resous

Fo Pwofèt Yo

Toujou gen fo pwofèt. Yo nan mitan pèp Bondye a epi nan lari tou. Depi nan tan lontan, Bondye te denonse prezans fo pwofèt sa yo li rele yo "chen mawon ak po mouton" k ap ravaje ak detwi pèp li a.

Nan chak jenerasyon ki antre, toujou gen enpostè, fo pwofèt, avèk objektif pou fè nou ale lwen Bondye.

Lè disip yo mande Jezi Kris: "Jezi te chita sou mòn Oliv la. Disip li yo te pou kont yo avèk li. Yo pwoche bò kote l', yo mande li: Manyè di nou kilè sa va rive? Di nou ki siy ki va fè nou konnen lè w'ap vini an, lè tan sa a va fini nèt? Jezi reponn yo: Atansyon pou pesonn pa twonpe nou." (Matye 24: 3-4).

Apre sa, li te koumanse avèti yo ke avan li vini, fo pwofèt sa yo pral eseye twonpe mond lan kòm sa pa janm ye avan. Li te di yo ke sa ta dwe yon riz espirityèl:

1) Fo pwofèt yo,
2) Fo Kris yo avèk
3) Fo mirak yo.

Jezi te avèti ke nan dènye jou yo anpil moun va vini sou non li, epi y ova twonpe anpil moun.

De kritè enpòtan pou rekonèt vrè pwofèt de fo pwofèt la:

1. Lè mesaj li a anrapò ak Bib la.

2. Lè enb nan kè li epi sansib pou anba men Lespri Bondye a.

Mo Kle Yo

Pwofèt

Dapre sa ekri nan Bib la, pwofèt yo se sèvitè Bondye te chwazi ki te gen responsablite sa a yo:

1. Yo te dwe nan yon kominyon ki dirab ak Bondye, pou koute epi pou kominike mesaj Bondye a bay pèp la.
2. Yo te dwe ede pèp la konnen Bondye.
3. Yo te gen ministè egzòtasyon pou pèp la kapab akonpli kòmandman Bondye yo.

Relativis

Sa a se yon doktrin filozofik. Li anseye ke pa gen okenn valè absoli. Sa vle di, pou doktrin relatif la, pa gen okenn Bondye. Pa gen okenn verite ni jistis. Pa gen okenn lavi ki pap janm fini. Tout bagay relatif, pa gen anyen ki pèmanan.

Yon Presyon Negatif

Nan kèk vil la nan peyi Etazini, plizyè jèn ki te vle vin manm nan yon fratènite inivèsite te gen pou ale nan yon seremoni inisyasyon oswa "batèm." Youn nan kondisyon yo se te kòmanse bwè gwo kantite alkòl.

Dapre nouvèl la, rezilta inisyasyon sa a yo te trajik. Youn te mouri nan anpwazonnman ak gaz epi yo te sove lavi yon lòt.

Nou te wè tou yon fim ki denonse moun k ap pratike seremoni inisyasyon fratènite sa ke nou sot site la. Nan ka sa a, yo te konn bay jèn tifi dwòg pou lidè gwoup la, oswa yon lòt jèn, pou fè sèks avè li. Tout jèn, kèk tan rankontre li anba presyon ki kontrè ak valè moral epi espirityèl ki se ansèyman Pawòl Bondye a bay. Menm jèn moun ki te fèt nan fwaye kretyen tou fè fas ak kalite enfliyans oswa yon presyon gwoup.

Yon pastè te resevwa yon lèt ke yon jèn ki gen 18 ane te ekri. Lèt la te di bagay sa a yo:

"Pastè, mwen bezwen yon prè. Mwen pa kapab mande paranm yo lajan, yo pap konprann sa k pase m nan. Mwen dwe yon bon kantite lajan chak semèn sou dwòg. Entèmedyè a ap fòse m peye yo. Presyon an wo anpil. Mwen pè. Pastè, Ede m tanpri!

Leson 13

Mesaj Pou Papa Oswa Manman Ki Sèl Oswa Selibatè Yo

Pou aprann: "Men jan pou nou sèvi Bondye Papa a, si nou vle sèvi l' yon jan ki dakò ak volonte Bondye, yon jan ki bon tout bon devan li: Se pòte sekou bay timoun ki san papa. Se bay vèv yo lasistans lè yo nan lafliksyon. Se pa mele nan move bagay k'ap fèt sou latè pou nou pa pèdi kondisyon nou" (Jak 1:27).

Objektif: Konprann ke papa oswa manman ki sèl, selibatè, mari mouri ak divòse yo se objè lanmou Bondye; legliz la dwe pran swen yo paske Bondye pwomèt ke yo se objè konpasyon dirab ak mizvrikòd Bondye.

Entwodiksyon

Nan sa a seri leson sa a n ap etidye sitou relasyon ak responsablite mari oswa madanm nan pou maryaj ak fanmi yo. Men, kisa ki pou papa a, manman an ki sèl oswa selibatè, vèf ak divòse? Èske Pawòl Bondye gen yon mesaj pou yo?

Repons lan se wi. Bondye gen sousi pou yo chak. Nan Bib la nou jwenn anpil pwomès pou moun k ap soufri epi k ap viv pou kont li, menm jan tou ak responsablite ke yo dwe akonpli devan Bondye.

Sa a se rezon ki fè nou mete leson sa a pou manman ki selibatè yo, san mari ak divòse yo, ki te genyen anpil kouraj pou yo te fè fas ak sitiyasyon difisil nan lavi, epi yo te deside kontinye pou pi devan nan pran swen fwaye yo, pitit yo avèk pwòp tèt yo.

Manman ki selibatè, san mari oswa divòse yo toujou ap fè fas ak pwoblèm fizik, emosyonèl ak espirityèl. Diferans lan se ke yo dwe rezoud yo, jeneralman, san èd lòtmen yo gen chans pou yo kontrekare yo epi rezoud yo ansanm.

I. Papa Ak Manman Ki Sèl Yo, Selibatè, Mari Mouri Oswa Madanm Mouri Ak Divòse Yo.

Lè n ap pale de moun sa a yo, nou vle fè referans ak:

1. Manman ki te soufri nan fon kè yo sou konsyans moun ki te di yo ke yo te renmen yo, anplis de wont ak kritik de moun ki nan antouraj yo. Se manman an ki chèche mwayen pou al kote Bondye ak tout imilite, pou mande li padon ak, gras ak lanmou e mizèrikòd Bondye, li te resevwa padon ak fòs fizik ak espirityèl pou kontinye avance.

2. Nou fè referans tou ak manman ki te resevwa lèt divòs oswa mari yo kite yo abandone nan yon kay kote se yomenm ki anchaje yo pou leve timoun yo tousèl, fistre, dezespere epi san direksyon fiks. Petèt pou yon tan li te pèdi tout espwa li, sepandan, li te wè Kris la bò kote li, nan mitan doulè li, solitid ak tristès.

Nou pap bliye sa Jezi te di lè l te sou bwa kalvè a: "Bondye, Bondye, poukisa w abandone m konsa?" Li te soufri poukont li pou nou te kapab pa soufri sèl.

3. Nou pa vle kontinye pou pi devan san nou pa site fanm sa a yo ki pèdi mari yo, limenm ki te renmen l ak pwoteje li; sa vle di, manman ki san mari a.

Dapre oumenm, kijan nou dwe konpòte nou fas ak manman ki selibatè, san mari oswa divòse a? _____

_____

Moutre lanmou, padon, mizèrikòd ak koperasyon.

A. Bib La Avèk Manman Ki Selibatè A

Anndan kontèks biblik la, nou pa jwen ka kote genyen yon manman ki selibatè. Jeneralman Bib la pale de fanm san mari ki rete sèlman ak pitit yo. Pa egzanp, nou genyen istwa fanm vèv lavil Nayen an (Lik 7:11-17); oswa de manman yo ki, ansanm ak pitit yo, te abandone oswa lage nan lari, menm jan avèk Agar (Jenèz 21:8-21).

Kesyon ke nou poze nou se, kisa ki te pase ak medam yo nan mitan pèp jwif la ki te viktim vyolans oswa antre nan relasyon seksyèl avan maryaj? Kisa ki te konn pase avèk yo lè yo te tou tonbe ansent? kijan fanmi yo te konn reyaji ak sosyete a nan tan sa a oswa anbyans kiltirèl la? si yo te fè pitit la, kimoun ki te leve timoun nan?

Nou pa genyen plis enfòmasyon biblik; se pandan, Bib la moutre de sitiyasyon ki sanble anpil nan fason ak fòm yo te rezoud yo.

1. Nou li premye ka a nan nesans Jezikri. Dapre Matye 1:18-25 nou note sa a:

   a. Jozèf avèk Mari te mennaj epi te gen yon alyans pou yo t al marye ofisyèlman.

   b. Jozèf te sispèk ke Mari, mennaj li te ansent. Nan sans sa a, atitid li te diferan diferan pa rapò ak sa lalwa jwif la te egzije. Menm si nan moman sa a Jozèf pa t konnen plan Bondye, pliske li te yon nonm onèt, li pat vle sal imaj li, sa vle di, li pat vle denonse li devan otorite yo.

Pita, pa mwayen yon zanj, Bondye te eksplike Jozèf plan ke l te genyen, se pa sèlman pou pèp Izrayèl la men tou se tout limanite.

2 Dezyèm ka nou li a se nan Jan 8:1-11. Eskrib yo te kenbe yon fanm nan fè adiltè. Se konsa, yo te mennen li bay Jezi pou l te ba li santans epi pou yo te lapide li anba kout wòch dapre lalwa Moyiz la. Men Jezi te di yo konsa : " Moun ki pa fè peche nan mitan nou tout ki la a, se pou li bay premye kout wòch la" (8:7).

"Pwòp konsyans yo te akize yo" yo tout te leve y ale. Epi Jezi te mande fanm nan: Kote moun ki te akize w yo? Pèsonn pa akize w? Li te reponn Jezi li di l konsa: 'Pèsonn non, Mèt'. Konsa, Jezi te di li: 'Mwen menm non plis, mwen pa kondane w, ale, pa fè peche ankò.

Dapre opinyon pa w, kisa ki te atitid Jezi anvè manman ki selibatè yo jodi a? _____

Ebyen, Kisa ki dwe atitid legliz la anvè yo? _____ _____

Piga nou bliye ke Bib la di tou ke manman ki selibatè yo se tou objè de lanmou, padon ak mizèrikòd Bondye. Sa a se mesaj Jan 3:16: Bondye tèlman renmen mond lan, li te bay yon sèl Pitit li a vin mouri pou nou, tout moun ki mete konfyans yo nan li, yo pap peri, men y ap gen lavi ki pap janm fini an.

Akoz de lanmou ak mizèrikòd, Kris te mouri pou yo epi si yo resevwa li kòm Seyè ak Sovè, li pral retabli lavi yo pou yo mache dapre volonte Bondye.

B. Bib La Ak Manman Ki Divòse A

Separasyon an, abandone fwaye ak divòs, se epidemi k ap detwi maryaj nan sosyete a. Kisa Bib la di sou sa ?

Tanpri, li vèsè sa a yo byen vit epi kòmante yo:

Matye 5:31-32 _____ _____

Matye 19:4-6 _____ _____

Jezi te kanpe kont divòs paske sa a se pa plan Bondye. Epi si l te aksepte li, se sèlman nan ka adiltè (Matye 5:31-32). Jezi-Kris te di : "Sa Bondye ini, piga lòm separe li" (Matye 19:4-6). Yon fason pou, moun ki deside divòse santi li nan rebelyon ak volonte Bondye.

Nan limyè Matye 5:31-32, nou wè ke nan epòk Ansyen Testaman, koz divòs yo te diferan anpil, pou pi grav yo te konn kite pou mari yo chèche rezon oswa pretèks pou l ka divòse oswa "repidye". Pa egzanp, kèk nan mari yo te konn bay madanm yo lèt divòs tousenpleman paske manje a te boule nan men madanm yo oswa paske yo te fè manje ak anpil sèl.

Fas avèk konplikasyon sa a yo, Jezi te di ke adiltè se te sèl rezon pou moun divòse. Epi apot Pòl te repete menm ansèyman Jezikri a nan lèt li yo.

Bib la pa apiye divòs, paske se pa plan Bondye pou fanmi an. Sepandan, nou dwe sonje ke gen kèk koup, pou kèk rezon ki diferan, yo viv separe oswa divòse epi no upa dwe bliye yo paske Bondye renmen yo. Epi nan mitan sitiyasyon difisil ke yo fè fas, Bondye ofri yo gras ak mizèrikòd li.

1. Dapre opinyon w, kilès nan kèk pwoblèm ke madanm oswa manm ki divòse yo ye. _____

Fistrasyon, abandon, solitid, santiman echèk ak mank de esperans, se kèk nan pwoblèm ke moun ki fè fas ak divòs la ap eksperimante.

2 Eske w gen kèk konsèy sou kijan legliz la kapab ede mou k ap pase eksperyans difisil sa? Kisa yo ye? _____ _____

Jezikri te di: "Vini jwenn mwen, tout moun ki fatige epi chaje". Li se reponsa lan. Li konnen epi konprann sitiyasyon y ap travèse yo, paske li te fè menm eksperyans lan sou bwa kalvè a lè pwòp Papa l te abandone li. Li te soufri poukont li, pou nou kapab pa soufri poukont nou.

C. Bib La Avèk Manman Vèv La

Nan Ansyen Testaman, vèv la se te yon imaj tristès ak abandon, espesyalman lè yo te rete san pitit (Plenn 1:1; Ezayi 47:8; Revelasyon 18:7). Se poutèt sa, lalwa jwif la te genyen yon pwovizyon espesyal pou pwoteksyon yo, li pasaj yo bay nan Ansyen ak Nouvo Testaman yo epi, nan yon sèl fraz, site sa Bib la di desa:

1. Ansyen Testaman:

Egzò 22:22; Detewonòm 24:17-19 _____

_____

Ezayi 1:33; 10:2 _____

_____

Jeremi 7:6; Zakari 7:10 _____

_____

Sòm 68:5; Pwovèb 15:25 _____

_____

Nou pa dwe fè yo tris, pran sa yo genyen, fè yo abi ni maltrete yo, paske Bondye ap defann yo, soutni epi fè yo kanpe fèm.

2 Nouvo Testaman:

Mak 12:40 _____

_____

Travay 6:1-4; 1 Timote 5:9-16 _____

Jak 1:27 _____

_____

Mak di ke nou pa gen dwa pou nou "devore" pwovizyon vèv yo oswa pran sa yo genyen, kontrèman ak Lik avèk Pòl ki konseye nou ke nou dwe pran swen yo.

II. Bib La Avèk Mesaj Konsolasyon Ak Sipò Li (Ezayi 54:4-8)

Nou wè ke Pawòl Bondye a bay konsèy ki espesifik pou manman ki vèv yo, men li pa di anyen sou manman ki selibatè ak divòse yo. Poukisa? Eske se paske Bib la pa gen yon mesaj pou chak sitiyasyon imen?

Nou dwe konprann ke Bib la te ekri anndan yon kontèks kiltirèl byen patikilye, kote ke sitiyasyon manman divòse oswa vèv yo sèlman pa mansyone. Men sa pa vle di ke Bondye pa enterese ak yo. Pa egzanp:

1. Jezi Kris la te bay lavi pou nou tout, sa gen ladan li manman ki selibatè ak divòse a tou.

Kisa ansèyman yo ye ?

Matye 5:4 _____

Matye 5:6 _____

Lik 4:18 _____

Jan 3:16 _____

1 Korentyen 1:3-4 _____

Mesaj la se yon mesaj konsolasyon, jistis, gerizon pou kè ki blese a, lanmou, mizvrikòd ak konsolasyon.

2. Nan Ezayi nou li yon bèl pwomès pou tout manman k ap viv sèl yo. Pwomès la di konsa:

"Ou pa bezwen pè! Yo p'ap derespekte ou ankò! Ou pa bezwen bese tèt ou, yo p'ap fè ou wont ankò! Ou pral bliye bagay lèd ou te fè lè ou te jenn marye a. Ou p'ap chonje lè ou te rete pou kont ou tankou yon fanm ki pèdi mari l'. Bondye ki te kreye ou la pral tankou yon mari pou ou. Seyè ki gen tout pouvwa a, se konsa yo rele l'. Se Bondye pèp Izrayèl la, Bondye ki apa a, ki pral delivre ou. Se Bondye tout latè a yo rele l'. Ou tankou yon madanm mari l' kite l', epi ki nan gwo lapenn. Ou tankou yon madanm mari l' te renmen depi lè l' te jenn gason, men li vire do kite l'. Seyè a rele ou tounen vin jwenn li. Men sa Bondye ou la di ou: -Mwen te kite ou pou yon ti tan. Men, m'ap tounen avè ou ankò paske mwen renmen ou anpil. Kòlè te fè m' pèdi tèt mwen. Mwen te vire do ba ou. Men, kè m' fè m' mal pou ou. M'ap moutre ou jan m' toujou renmen ou. Se Seyè k'ap delivre ou la ki di ou sa." (54 :4-8)

Aplikasyon

Legliz se yon kominote ki la pou bay pwoteksyon, se kò Kris la ak fanmi Bondye a tou. Ministè li se pa sèlman pran swen manman ki vèv yo, men, sa ki selibatè ak sa ki divòse a.

Dapre opinyon w, ki sipò ke legliz la kapab bay manman ki selibatè yo, vèv ak divòse? Ou dwe espesifik: _____

_____

Revizyon

Reponn kesyon sa a yo byen brèf:

1. De kimoun nou pale lè nou pale de manman selibatè, vèv ak divòse yo? _____

_____

(Repons lan nan pwen nimewo 1).

2 Ki atitid sosyete nou an anvè manman ki selibatè, vèv ak divòse yo ? _____

_____

Jeneralman nou koute mimirasyon, kritik ak kòmantè negatif.

3. Ebyen, konfòm ak mesaj leson sa a, kisa ki dwe atitid nou avèk leliz la nan relasyon avèk manman ki selibatè, vèv ak divòse yo? _

Konklizyon

Ala de bèl pwomès Bondye genyen pou manman k ap viv sèl epi ki mete konfyans yo nan li. Men, ki responsablite yo devan Bondye, legliz ak sosyete a ?

1. Viv avèk diyite epi konfòm ak volonte Bondye.

2. Se pou pitit yo ak moun ki nan antouraj yo, wè lafwa ak krent pou Bondye.

3. Se pou yo mete espwa ak konfyans sèlman nan Bondye. Mizèrikòd Seyè a gran, benediksyon ak èd pral toujou avèk yo.

Resous
Kontèks Biblik

Reyèlman Bib la pa gen anpil pou di nou de manman ki selibatè. Poukisa ? Se petèt de rezon prensipal.

Premyeman, nan kilti jwif la yo pat admèt pou yon fi te fè pitit si l pot ko marye (Egzòd 20 :14; Levitik 20:10; Detewonòm 22 :23-27).

Dezyèmman, fanmi an te okipe yon plas ki nan premye enpòtans nan sosyete ebre a. Nan Ansyen Testaman inite fanmi yo te anpil epi te genyen ladan yo tonton, matant, kouzen ak kouzin epi sèvitè yo. Chèf kay la se te papa a epi tout nmoun te aksepte otorite sa (Egzòd 20 :12), epi si yo te refize aksepte li, sa te menase inite fanmi an.

Se poutèt sa, nenpòt desizyon ak konpòtman kip at gen pou wè ak règ fanmi an, se te rebelyon epi te kapab jwenn pinisyon menm avèk lanmò (Detewonòm 21 :18-21).

Kòmantè
Vrè Adorasyon An: Jak 1:27

"Men jan pou nou sèvi Bondye Papa a, si nou vle sèvi l' yon jan ki dakò ak volonte Bondye, yon jan ki bon tout bon devan li: Se pote sekou bay timoun ki san papa. Se bay vèv yo lasistans lè yo nan lafliksyon. Se pa mele nan move bagay k'ap fèt sou latè pou nou pa pèdi kondisyon nou".

Mo ki tradwi relijyon an se threskeia, men siyifikasyon se pa relijyon menm jan ak ekspresyon relijye andeyò de kwayan an pa mwayen kilt, fonksyon ak seremoni. Sitou se adorasyon devan Bondye.

Ebyen, Jak ap di nou ke sèvis pou pòv yo, vèv, manman ki selibatè ak divòse yo, se yon fason ki bon pou nou adore Bondye. Jak ap fè nou konprann ke vrè kilt pou Bondye a pa baze sou bèl rad lidè a mete sou li a, bèl mizik ak seremoni ki bèl epi byen prepare, men se pito sèvis ki pratik nan limanite epi nan sentete lavi pèsonèl.

Dapre Jak, bèl kilt ak seremoni, pap janm kapab ranplase lanmou kretyen an. "Li byen posib ke yon legliz tèlman konsantre li sou bèl konstriksyon li ak bèl preparasyon sèvis adorasyon li yo kif v déjà li pa gentan ni lajan pou sèvis pratik kretyen. Se sa a Jak ap kondane la".

— William Barclay

Dezyèm Sesyon

Otè: Dr. Mario J. Zani, Gardner, Kansas, E.I.A.

Women: Katedral Lafwa Kretyen An

Leson 14 Poukisa Peche Se Lanmò?
Leson 15   Kouman Bondye W La Ye ?
Leson 16   Kijan Nou Ka Jwenn Padon Bondye A?
Leson 17 Nan Ki Fason Ke Kris La Se Lavi A?
Leson 18 Kisa Pratik Lafwa A Gen Ladan Li ?
Leson 19 Èske Pitit Bondye Yo Se Pou Sèvi Li ?
Leson 20 Èske Yo Vivan Epi Viktorye?
Leson 21 Èske Misyon Nou An Inivèsèl?
Leson 22 Konbye Sali A Koute?
Leson 23 Èske Tout Bagay Soti Nan Bondye?
Leson 24 Èske Gen Inite Nan Divèsite?
Leson 25 Èske Se Temwayaj Kretyen?
Leson 26 Èske Gen Konfli, Konviksyon Ak Posiblite?

Nan diferans ak lòt sesyon yo, nan sa a, passj biblik yo soti nan nan

Nouvo Vèsyon Entènasyonal, sèlman si yo ta pale de lòt vèsyon diferan.

Leson 14 — Poukisa Peche Se Lanmò?

Pou aprann: "Mwen pa wont anonse bon nouvèl la: se pouvwa Bondye ki la pou delivre tout moun ki kwè, jwif yo an premye, apre yo moun lòt nasyon yo tou" (Women 1:16).

Objektif: Etidye ke yon moun kapab soutni yon konpreyansyon ki pa bon epi danje de sa li ye ak koz peche epi ki, san konprann reyalite sa, se pral difisil pou konprann delivrans Bondye a nan Jezi ki se Kris la.

Entwodiksyon

Nou koumanse avèk yon etid ki laj sou liv Women an, youn nan nana pot Pòl, ki te rekonèt sou non kòm "kateral lafwa kretyen an" (Godet).

Gen kèk moun ki di ke Pyè te moun ki te konstwi legliz kretyen ki nan lavil wòm. Sepandan, li bon pou remake, ke pliske se te konsa, liv Travay la te mansyone li, pandan l mete aksan nan moutre ke ni travay Pyè ni pa Pòl yo te byen detaye.

Yon lòt kote, menm Pòl ta mete apa kèk fraz nan lèt li yo pou mansyone Pyè. Yo kwè ke pat gen entèvansyon okenn apot nan fondasyon legliz sa, men se pito you oswa plizyè nan nouvo konvèti yo ki te nan lavil Jeizalèm nan jou Lapannkòt la apre yo fin retounen nan kapital Anpi Women an.

Travay 2:10 sanble soutni opsyon sa a lè li di ke nan jou inogirasyon legliz kretyen an, te genyen anpil entranje nan mitan foul moun yo epi, ak "moun ki soti nan lavil Wòm pou vin vizite tou". San dout, lè yo te retounen lakay yo, yo te tanbe rakonte tout moun gwo mèvèy yo te wè epi mwayen yomenm yo te jwenn delivrans lan epi yo te batize.

Menm si nou pral etidye nan chapit la sou plizyè tèm diferan, nou pral konprann ke nan tout lèt sa a, apot la mete aksan sou yon tèm ki santral: Enpòtans ki genyen pou fè konnen levanjil gras la, pwoteje li nan menm entansyon ak pwofesè relijyon jwif yo ak kretyen ki fèb yo te genyen pou kontamine li ak pratik avèk ansèyman ki pa menm jan ak pa Jezi Kris yo. Kesyon an se: Kouman kontaminasyon sa a te kapab rive fèt?

Ann reflechi pou yon ti moman sou kèk aspè kontèks lèt la. Lèt la se te pou legliz kretyen ki te nan lavil wòm yo. Anpil nan kwayan sa a yo se te moun ki te soti nan lòt nasyon yo (sa vle, payen yo) ki te konvèti nan lafwa kretyen an. Rès gwoup la se te kwayan ki te vin rete nan lavil wòm oswa pwozelit jidayis la. Pwozelit yo se te payen ki, avan yo te vin kretyen-yo te konvèti nan lafwa jwif la.

Lè n ap panse ak jwif yo, nou konnen ke pèp sa a te konsidere tèt li kòm privilejye akoz de gras ki soti nan Bondye, avèk tout dwa nan wayòm Mesi a avèk ògèy ke yo te eritye lalwa ak pwofèt yo; se poutèt sa, se te pi bon pase payen yo ki, anplis yo te payen, yo pat sikonsi nonplis. Moun lòt nasyon yo tou te santi yo enpòtan paske yo te women ki te onore peyi yo avèk koutim yo.

Se poutèt sa, nou kapab di ke lè Pòl te ekri lèt ki pale sou doktrin nan li t ap eseye, yon kote, konfonn jwif ògeye yo-ki t ap simen konfizyon- lè l t ap di yo ke yo t ap vyole pwòp lalwa yo a. Dezyèmman, li te anchaje li pou l te fè yo wè yo te degrade pou krim ak idolatri ki pi ba a, ke ni youn, ni lòt te pi bon pase lòt la; okontrè, "tout moun fè peche, epi yo tout vire do bay Bondye ki gen pouvwa a".

Ki kote ak depi Pòl te ekri lèt sa? Pifò etid konsidere ke li te ekri nan fen syèk 56 oswa nan koumansman syèk 57, depi nan lavil Korent. Enfòmasyon sa soti nan Women 16:23, menm jan ak lòt pasaj ak sa Pòl te ekri (1Korentyen 1:14; Women 16:1; 2 Timote 4:20).

Pou sa nou li, nou kapab obsève tou ke li te itilize yon sekretè ke l te dikte yon pati oswa tout sa ki nan lèt la, ki te ekri pandan twazyèm vwayaj misyonè Pòl la.

Vèsè 1 ak 2 nan Women 16 la fè nou panse avèk Febe, dyak legliz Sankre a, ki te nan yon distans de 8 kilomèt de lavil Korent, se limenm ki te responsab pou pote lèt sa nan lavil Wòm.

Pasaj sa di konsa: "Mwen rekòmande nou Febe, yon sè k'ap sèvi nan legliz Sankre a. Resevwa li nan non Seyè a, jan moun k'ap viv apa pou Bondye yo dwe fè l' yonn pou lòt. Ede l' nan tou sa li ka bezwen, paske li menm li deja ede anpil moun lèfini li te ede m' anpil tou". Ann reflechi ak pwoblèm ki pi grav ke tout limanite ap fè fas: peche li. San dout, doktrin peche a tèlman enpòtan epi sepandan yo tèlman pa konprann li. Menm jan moun ki te resevwa lèt sa nan lavil Wòm ; jodi a gen anpil moun kip a konpann kisa ki peche a, men se mwens pou siyifikasyon delivans lan.

I. Pwoblèm Inivèsèl Peche A (Women 1:16-17)

A. Peche A - Yon Konsèp Ke Moun Pa Tvlman Konprann

Nou gen tandans konsidere peche a kòm yon "epidemi ki tout kote". Anpil moun di ke se yon bagay ki nwi moun, men kip a gen konsekans ki grav. Fason de panse sou sa a sou peche ap mennen anpil "kwayan"-nan tout legliz genyen yon konpreyansyon ki fo epi byen danjere de sa li ye reyèlman.

B. Peche A - Trajedi Ras Imen An

Peche a ki se trajedi ki pi gran nan ras imen an. Se konsa Pòl te deklare li nan lèt li te ekri voye bay women yo. Men, nan menm tan an, Bondye, nan mizèrikòd ki san fen l lan, li vle pou lèzòm sove anba trajedi sa. Dapre panse apot la, si nou pa konpann konsekans fatal peche a nan lòm, nou pap kapab konprann nonplis delivrans ke Bondye te ban no upa mwayen pitit li Jezi Kris.

C. Jistifikasyon Lèt Women Yo

Pòl te koumanse demoutre ak jistifikasyon lè l t ap afime ke delivrans total nan ras imen an ap rive reyalize sèlman pa mwayen gras Bondye.

Nan twa premye chapit lèt la, apot la fè konnen ke ni mond payen an kòm tradisyon relijye a (farizyen ak jwif nan legliz tan sa a yo), yon koule nan peche. Men gras ak mizèrikòd Bondye, yo gen opòtinite pou jwenn delivrans lan. Sèl kondisyon se mete lafwa nan Bondye.

II. Kisa Peche A Ye? (Women 1:18-20)

A. Definisyon Sou Peche Ki Pa Kòrèk

Jeneralman, lè lòm vle defini peche a, li konfonn li avèk
a. Kèk peche sou konpòtman;
b. Apeti ak anvi imen yo;
c. epi ak kèk manifestasyon de kilti nou epi
d. anpil fwa yo rete san defini.

Prezantasyon folklorik sa a yo la pou kache pouvwa destriktè peche a.

B. Definisyon Peche A Nan Women

Nan Women 1 :18-32, apot Pòl moutre yon revelasyon ki doub. Yon kote li site kòlè Bondye epi, yon lòt kote, jistis Bondye. Si Pòl pata fè deklarasyon sa a, petèt nou ta kapab panse ke Bondye pa jis. Pou kisa lòm dwe jwenn santans li, si nou pa prezante li esous pou delivrans li? Vèsè 16-18 bay repons lan: Jistis Bondye a se repons pou delivrans lan.

1. Kòlè Bondye a, kòm epons pou peche (v.18). Nou pa dwe konfonn kòlè Bondye ak manifestasyon ki komen nan emosyon lèzòm. Plis pase fachman Bondye, nou dwe konprann li kòm yon prensip de "koz ak efè". Si lòm abandone Bondye, kòm konsekans, kòlè Bondye ap tonbe sou li. Kòlè Bondye se pa yon vanjans, se yon konsekans ke menm lòm chwazi.

2. Kòlè Bondye a devwale kont peche a (v.18). Kòlè Bondye a devwale kont manifestasyon peche a, se pa kont lòm ; sof si peche a se nan moun yo epi desose akoz de li. Men, kisa ki lakòz peche a ?

3. Peche a: Se refi Bondye (v.19-20). Dapre panse Pòl la, peche se konpòtman lòm ki refize viv anba volonte Bondye. Se yon refi oswa abandon, paske nan moman kote nou refize Bondye, nou refize sentete ak jistis li.

Gen yon ekiven ki di : "Peche a se pa yon bagay oswa yon bann bagay; se kondisyon ki fè posib yon move konpòtman, kondisyon panse ak lespri ki bay rezilta kòm zak yo. Manifestasyon li yo anpil epi diferan, men kalite esansyèl li- sa ki fòme li an peche-se refize Bondye a" (Geraldo R. Cagg).

III. Rezilta Apre Peche (Women 1:21-25)

A. Kontamisyon Mond Lan

1. Nan lavi relijye a (vv. 21, 23). Peche a rive lè moun rejte Bondye. Atitid Sa a pote, an premye, nan povrete espirityèl. Dezyèm, nan sèvi zidòl. Sitiyasyon sa a mennen pratik moral ak payen pirituales. Nou wè ki jan kèk moun ki rele "kretyen" yo bat pou yo ekonèt yo nan travay li oswa nan lari a (deja se pa yon kesyon de temwaye, men pale lè yon moun vle konnen sou deklarasyon lafwa).

2. Nan lavi entèlektyèl la (vv.21, 22). Degradasyon lavi espirityèl nou an akonpanye ak lavi entèlektyèl nou an, paske nou rejte sajès Bondye. "Pratik relijye" san disèneman parèt byen klè tout kote. Moun yo konfòme yo ak "dye ki fèt ak bwa, metal, ke menm yo menm fè ; yo fè efò ak pelerinaj lè sa Bondye bay la se bon konprann ak vè libète entèlektyèl la.

3. Nan lavi soyal la (vv. 24-32). Rejte Bondye a bay yon rezilta negatif ni nan lavi moral kòm sosyal.

"Bondye remèt yo" (vv.24, 26, 28). Santans ki eksprime la a se pa tèlman yon entèvansyon Bondye dirèkteman, men se pito kòm nan konsekans ke lòm soufri nan viv lwen li. Nan kesyon abandone Bondye a, moun nan konvèti an pwòp enjenyè lespri moral li. Nan sans sa a, degradasyon lòm nan vin twa fwa plis: "Degize pwòp kò yo" (v.24); gen koripsyon nan relasyon entèpèsonèl li yo (v. 26); epi "Bondye, remèt yo avèk lepri ki plen ak mechanste pou yo fè bagay ke yo vle" (v. 28).

Pouriti tikras patikras (vv.21-31). Koripsyon sosyal la bay kòm rezilta rejte Bondye. Plis pase yon pwoblèm ki dwe trete apati de "mank de valè" oswa "move edikasyon timoun, adolesan, jèn ak granmoun", jouskaprezan gen yon pa ki plis enpòtan pase politik ak relijye pa vle oswa fè efò pou bay: Tounen vin jwenn Bondye. Se konsa sa ye, paske se yon pwoblèm- avan tout bagay-espirityèl. Lè valè Bondye yo anbrase pou kwè nan li, transfòmasyon ak rekonstriksyon familyal ak sosyal pral pli fasil ak posib, limenm menm pral responsab pou l vini kote ki pa genyen ni kijan ni kote pou rezoud sitiyasyon difisil sa a yo.

B. Kontaminasyon Relijyon An

Peche a pa sèlman afekte mond payen an (moun ki pa konvèti yo), men tou, sa a yo ki fè pati kò Kris la. Apot la gen konsyans pou l rekonèt ke gen kèk payen, sa yo pat anba lalwa, yo rive vin konsa avèk jwif yo. Yomenm, malgre yo te relijye anpil, yo t ap viv san Bondye, se poutèt sa, yo t ap viv nan peche.

Konklizyon

Konsekans pa aksepte oswa rejte Bondye a grav anpil. Nan vèsè 32 a nou jwenn kote li di ke moun k ap viv nan peche yo "bon pou mouri" se pa paske sèlman yo rejte Bondye, men tou se paske yo rejte lòm. Nan pase dwa ak diyite pwochen yo anba pye yo epi, "yo pran plezi ak moun k ap… pratike" peche a. Men gras avèk lanmou epi jistis Bondye, chak moun gen opòtinite pou l sove. Women 1:16 di konsa ke: "Levanjil la se pouvwa Bondye ki la pou delivre tout moun ki kwè".

Resous
Ilistrasyon
"Ou Bezwen Konvèti Nan Kis La"

Yo rakonte yon istwa de evanjelis Billy Graham ki te nan yon avyon nòameriken Atlanta ak Houston kote li ta pral preche levanjil. Te gen yon tafyatè nan menm avyon an ki t ap rele byen fò pou l te ofanse akbay madichon, li t ap fè menm moun ki t ap vwayaje ak Billi Graham yo wont. Anfin, mesye ki te gouvènè Houston nan te leve epi apwoche bò kote tafyatè a pou l te fè l pe bouch li, epi li di l konsa:

— Mesye, èeske w pa wè Billy Graham nan avyon an? Ou dwe kontwole lang ou wi!

— Tafyatè a reponn li di, kisa w di? – Billy Graham nan avyon an? Ki kote?

Menm kote a li leve pou chèche evanjelis la, li kenbe de ranje chèz yo byen di pou l pa tonbe. Finalman li jwenn Billy Graham. Li ba l yon lanmen byen sere epi li di l konsa:

— Frape senk sa a yo, mesye Graham, se ou k te konvèti m wi!

Billy Graham gade li byen serye epi eponn li:

— Petèt ou ta kapab te konvèti avèk mwen vre, men, pou sa m pran sant lan, mwen wè ak tande, ou bezwen se Ki ski pou konvèti w.

Jwif ak moun lòt nasyon yo nan legliz kretyen ki nan lavil Wòm yo te gen menm pwoblèm avèk pòv tafyatè a ki te nan avyon Billy Graham t ap vwayaje a.

Levanjil La Se Pouvwa Bondye

Gwo predikatè Moody te rakonte: "Mwen pa kwè ke gen okenn fo relijyon ke moun k ap patike yo a pa santi yo ògeye. Sèl relijyon ke lèzòm santi yo wont, se relijyon Jezi Kris la."

Sa pa fè lontan m te preche pandan de semèn nan lavil Salt Lake, zòn santral moun mòmon yo, kote m te jwenn yo tout te byen ògeye de relijyon yo a.

Lèm te prèske rive nan vil la, chofè machin nan t al rankontre ak mwen lè m desann tren an epi li te envite mwen al akonpanye li nan machin nan. Mwen te dakò epi, nan vwayaj 70 kilomèt sa a, li te fè tout tan li ap pale mwen de mòmonis la, eseye konvèti mwen pou m pa t prehce kont relijyon l lan.

"M pa janm rekonèt yon chinwa ki pa t ògeye paske l se elèv Confusio, ni yon mizilman ki pa t ògeye paske li se elèv Mawomè; men konbyen fwa mwen wè moun k ap wont de levanjil Jezi Kris la, sèl relijyon ki bay lòm pouvwa pou venk pasyon ak peche li yo! Si ta gen yon ti pòt dèyè kote pou lèzòm ta rantre nan syèl, anpil moun ta eseye itilize li, pliske yo pa renmen konfese lafwa yo nan piblik."

Leson 15: Kouman Bondye W La Ye?

Pou aprann: "M'ap ban nou kè poze. M'ap fè kè nou poze nan jan pa mwen. Mwen p'ap fè li pou nou jan sa fèt dapre prensip ki nan lemonn. Pa kite anyen toumante tèt nou, nou pa bezwen pè" (Jan 14:27)

Objektif: Aprann ke Bondye nan Kris la jistifye nou epi pèmèt kè poze nou posib lè nou avèk li.

Entwodiksyon

Kijan ou imajine Bondye? Yon moun te ekri ke nan imajinasyon l anpil moun ansent oubyen imajine yo yon ti Bondye, limite epi menm pou itilize aktivite pou pwòp zafè yo, nan mitan ijans yo, jou konje relijye, oswa nan kèk lòt okazyon byen espesyal. Pou moun sa yo, Bondye pa tankou jan li ye a vrèman ni jan Bib la dekrive li a.

Pati nan pwoblèm nan epi lè moun nan gen, yon Bondye ki piti, avèk limit epi pou pwòp konvenyans yo, se paske kilti kote n ap viv la kolabore pou nou konprann Bondye konsa. An reyalite, tout moun enkyete yo pa tèlman sou Bondye paske tèt ak kè yo distrè nan lòt bagay ak lòt preokipasyon.

Dezi ak presyon konstan nan kilti sou paran yo, timoun yo ak fanmi-ki gen ladan kretyen relijye yo se te "achte" (pwodwi ki gen mak si li posib), "sèvi ak" aparèy teknoloji dènye modèn yo, genyen epi posede tout bagay pèsonèl ki posib "dèt" ki ogmante chak jou. Rega moun yo brake sou "bagay sa yo" ki sou latè, sa vle di, nan lemonn, nan pwòp "konplikasyon ak lafliksyon li" "kriz" ak "anbisyon" ke yo mete tèt yo, ki te fèmen nan yon pèlen kote pa gen tan pou yo aprann, obsève, ak konprann sa Bondye ye egzakteman.

Yon Depite nan peyi Etazini (Jim Renacci) te fè konnen nan yon diskou ke ak yon dèt 14 trilyon dola nan peyi sa a chak timoun ap fèt ak yon dèt $45,000. Ajoute li nan kad sa a, dèt la ogmante chak jou, epi si li fèt nan yon kay ki gen dèt, timoun sa a pa p gen anpil opòtinite pou fè pwogrè epi se mwens toujou pou l ta "konnen Bondye". Kisa sa vle di? Li lojik pou timoun, nouvo jenerasyon yo genyen mwens edikasyon, mwens tan ak paran yo, sitou pandan ane ki pi kritik nan anfans yo, epi pakonseka- mwens tan nan legliz la, nan etid biblik la ak verite ki pap janm fini an. Poukisa? Paske paran yo travay nan de oswa plis travay epi yo pa envesti nan sa ki pi enpòtan an, ki se konnen Bondye, epi fè pitit yo konnen li tou.

Anpil timoun jodi a ap grandi deyò kontèks kretyen an, paske si paran yo gen tan lib nan dimanch, yo chwazi pase li plis nan kèk travay tankou fè devwa nan kay la, oswa pran plezi nan moman an sèvis kretyen yo ap fèt nan legliz yo. Yo pa pale nan nenpòt ka de lapriyè oswa etidye Pawòl Bondye a nan kay la pandan semèn nan.

Verite sa a se pa sèlman pou moun ki bezwen de travay, oswa nan mitan pòv yo avèk mwens edikasyon. Yo te fè etid nan mitan "moun ki entèlijan" sou kwayans yo nan Bondye e li te etabli ke, tankou nan Anglètè ak nan peyi Etazini, pousantaj ate a vin tèlman ogmante sa fè ke moun ki kwè nan Bondye yo te vin tounen yon minorite.

Nou pa dwe etone, nan ka kontèks "konsomasyon" sa ak yon "planèt pi entelijan" - dapre opinyon moun yo, gen yon bondye ki kiltirèl nan koze televizyon, fim fotografi ak konvenyans ak yon fòm "konvenyans" epi tou nan "konsomasyon" popilè oswa akademik. Yon fwa ankò, ki kalite Bondye ou panse? Kouman Bondye ou la ye!

Gen kèk moun ki, san yo pa refleksyon byen, pa sèlman aksepte lide yon Bondye ki piti men tou, ak yon Bondye k'ap vanje, ki chwazi fè sa li vle (tankou renmen kèk ak kondannen lòt moun kaprisyezman). Genyen tou lide popilè ki di ke lanmou Bondye a tèlman gwo ke li pa ka kondannen lòm ki fè peche epi yo pa tounen vin jwenn Bondye pou peche yo.

Si nou se vre nou vle konnen Bondye epi vle konprann karaktè li, nou dwe li Bib la epi medite seryezman ak anpil prekosyon pou nou rive reponn kesyon ki se kilès Bondye ye. Li pa yon bagay lèzòm envante; se mwenstoujou, yon lide. Nenpòt jan nou ta fè Bondye nan mezi nou vle a, nou pa rive reyalize sa "kache solèy la dèyè yon dwèt".

Bondye te ban nou Bib la, Pawòl enspire a 'nan lang imen, ke ou konprann ke te gen sèlman de opsyon: pinisyon p'ap janm fini an oswa lavi ki pap janm fini an; sa a yo pral detèmine pa jijman an k'ap fèt san patipri. Ap toujou gen enpostè k ap eseye twonpe epi anseye ke Bondye pap pini okenn moun epi tout moun ap sove; verite a se ke sèl fason yo rive jwenn konklizyon sa a se paske yo pa li, etidye, dijere ak alimante Pawòl li te kite pou nou an.

I. Nesesite Jijman Bondye A (Women 2:1-3)

Se pou nou sonje byen ankò ke legliz kretyen nan lavil Wòm nan te fòme avèk jwif (Izrayelit ak pwozelit) ak moun lòt nasyon (sa vle di, Women ak lòt nasyonalite ki pa t 'jwif). Apre Pòl fin dekrive nan chapit 1 koz peche moun lòt nasyon yo, nan chapit de a li adrese li ak relijye ki nan legliz yo, jwif yo, nan lòd pou moutre yo ke Bondye ofri delivrans, jwif kou moun lòt nasyon yo; sa vle di tout moun. Sa a se yon verite enpòtan pou jodi a tou. Bondye ofri delivrans, pou mwen, pou ou epi pou tout moun menm jan. Men, n ap koumanse pou nou di ke...

A. Destriksyon An Se Yon Kozman Inivèsèl

Dèyè agiman an Pòl la nou jwenn yon meditasyon byen panse sou padon ak pouvwa pou delivrans moun. Apot la di ke pou ke lòm, vin gen kominyon ak Bondye ankò, li bezwen bon moral; sa vle di bezwen jistis Bondye a ki gen ladan padon, transfòmasyon oswa rejenerasyon nan moun nan.

Jistis Bondye a sèvi ak tout moun menm jan. Si peche moun lòt nasyon yo merite kondanasyon, peche jwif yo merite menm santans lan tou. Bondye jis.

B. Moun Konn Ap Poze Kesyon, Kisa Ki Peche Moun Ki Bon An? Apre Tout Bagay, Yo Bon!

Nan tout peryòd nan istwa limanite te toujou gen gason ak fanm ki te gen pwoblèm ak koze bon moral la. Sa a se yon atitid lejitim ak merite pou imite, men malerezman pa te gen okenn peche ki kache yo te efase oswa retire padone nou tou. Yo bon moun, kèk nan yo ki gen konpasyon nan bay, lòt relijye ki rekonèt kòm, lidè sosyal; reyalite a se "ke yo te bon" oswa "jis moralman" devan sosyete a pa chanje kondisyon nou devan Bondye, sof si nou mande padon, Seyè Jezi Kris padone peche nou epi nou ta dwe vin pitit disip li, pou akonpli misyon ke li te bay legliz li a nan mond lan.

Nou dwe rekonèt ke pèfeksyon imen nou an, li te mèt dwat kou l dwat, fas ak pèfeksyon Bondye a ta fè nou santi nou wont. Se sa ki te pase ak pwofèt Ezayi lè li te fas ak sentete Bondye a epi di: "Ala devenn pou mwen, mwen pèdi! Mwen se yon nonm ki gen bouch sal epi mwen ap viv nan mitan yon pèp ki ki gen bouch sal, e ankò je m 'te wè wa a, Seyè ki gen tout pouvwa "(6: 5). Ezayi pa t wè Bondye, men literalman epi byen senp li te wè ak fè fas ak glwa Omnipotan an.

Devan Bondye pa gen okenn plas pou vanite, fyète ak jistis oswa pwòp moralite. Nou dwe mete lavi nou nan pèspektiv moun ki pral jije dapre Pawòl Li; pa gen okenn aplodisman oswa rekonesans nan men pwochen nou yo.

C. Kisa Ki Règleman Pou Jijman Bondye A?

Youn nan konsèp ki pi fondamantal nan lafwa kretyen an se ke jijman Bondye a se dapre verite a. Bondye gen estanda nan jijman pou tout moun menmjan pou aplike a tout moun ki pa aji selon volonte I. Li enpòtan pou sonje ke apot la moutre reyalite jijman Bondye a, pa kòm yon menas men kòm esperans ke Bondye ap jije nan verite.

D. Ann Wè Pou Yon Ti Moman Kisa "Rasin Mal La" Genyen Ladan Li.

Yon moun ki pa mwayen favè Bondye te vin pitit Bondye, li dwe pran anpil prekosyon pou l pa mete tèt li kòm jij lòt moun. Yon kòmantaris tankou (Cragg) di konsa: "Moun ki bon yo te pèmèt ke nan senserite yo, nan kèk okazyon mete vin anfle ak lògèy siperyorite. Kòm rezilta yo tou ekspoze a jijman terib Bondye a". Se egzakteman sa ki te pase ak relijye yo ki te nan legliz kote Pòl te ekri nan lavil Wòm nan. Premyèman, ebyen, Bib la moutre nou nesesite ki fè jijman Bondye a egziste. Men, annou ale yon ti kras pi lwen epi ann li poukisa...

II. Jijman Bondye A Inevitab (Women 2:5-11)

Dr. William Barclay bay yon egzanp sou konsèp jwif relijye yo sou legliz kretyen nan lavil Wòm nan konsènan mizèrikòd Bondye a. Nan kòmantè l la sou lèt sa a ki te ekri pou Women yo, li mansyone Henry Heine, powèt alman ki popilè a. "Barclay di- li pa t preokipe li pou letènite. Yo te mande l poukisa li te gen tout konfyans sa a yo epi repons li se te: "Bondye ap padone".

Yo te mande l poukisa li te tèlman asire l de sa epi repons lan te, "Sa a travay li". Apre sa, Barclay ajoute: "Mizèrikòd Bondye, lanmou

Bondye, pa eseye fè nous anti nou kapab peche epi rete abitrè; pretann ke kè nou eksplwate lanmou [aksepte li] epi deside pa fè peche ankò".

A. Kisa Ki Bon Zèv Yo?: San Dout Se "Fwi Lafwa Yo" (v. 6).

Nan vèse sa a apot la klarifye moun ki kwè yo ke lafwa se pa sèlman bagay ki oblije la pou delivrans lan. Bondye mande pou tout moun eksprime lafwa yo pa mwayen zèv yo, paske zèv yo gen valè devan Bondye. Se pa yon kesyon fè zèv pou jwenn padon; men yo te pliske yo deja jwenn padon palafwa, sa ki nòmal se konvèti konfyans lan nan zèv ki fè lwanj Bondye. "Li peye dapre zèv chak moun" (v. 6). Nan lòt mo, se pa menm jan gen kèk moun ki di, "repanti epi fè sa ou vle".

B. Ki Baz Bondye Itilize Pou Jijman An? (v. 7-11)

Ala bon sa bon pou nou konnen karaktè Bondye lè nou etidye sa nan Pawòl li! Pòl eksplike kijan lafwa oswa mank de li bay rezilta an zèv oswa manke yo epi, se poutèt sa, ki jan pinisyon Bondye a pral fèt san patipri. Eksplikasyon li a, ekselan pou nou tout; espesyalman lè pa erè nou kwè ke lanmou Bondye tèlman gwo ke li pap rann li kont de lavi plen peche payen yo. Ann wè kisa Pawòl Bondye a anseye nan pasaj sa a:

1. Separasyon ke peche a fè ant Bondye ak lòm epi sèlman pa mwayen gras Bondye a ak padon li sa kapab simonte.

2. Pa mwayen lafwa moun nan ak padon epi jistifikasyon ke Bondye fè posib nan Kris la, chak moun antre nan yon relasyon ak Bondye.

3. Relasyon tounèf sa a jwenn ekspresyon pi wo li nan yon kondwit ki dapre volonte Bondye.

Nou ka di ke nou jistifye padonnen pa Bondye atravè lafwa; men nou pral jije dapre fwi zèv yo. Bon zèv yo se fwi yon relasyon kontinyèl ak Bondye epi obeyisans konsekan anvè li. Se pa yon kesyon pou chèche lwanj oswa reyalizasyon pèsonèl, men se viv akseptab devan Bondye.

Nou te di ak etidye premye, ebyen Bib la demoutre bezwen pou egzistans jijman Bondye a. Nou te ale yon ti jan pi lwen epi eksplike poukisa jijman Bondye a inevitab. Ann wè kounye a, nan twazyèm pozisyon ak finalman...

III. Responsablite Lòm Fas Ak Jijman Bondye A (Women 2:12-16)

La a ta sanble gen yon jwèt an mo, men pa genyen li. Ann sonje ankò sitiyasyon legliz nan lavil Wòm nan syèk istwa kretyen an. Gen payen ki pa t genyen menm kalite relijye ak jwif kretyen yo (ki te gen ladan li lide "nasyon ke Bondye te chwazi nan Ansyen Testaman an"). Jwif yo te gonfle lestomak yo sou payen yo epi, paske yo te konnen lalwa Bondye a, yo te vle enpoze pwòp lwa yo "legalman" epi ki gen tou koutim kiltirèl-pou kretyen moun lòt nasyon sa a yo ki te nan kongregasyon kretyen Wòm nan.

Mete sa nan momen jounen jodi a ak kontèks kretyen an, yon frè oswa yon sè relijye epi avèk anpil ane nan lafwa ta kapab asime yon lespri siperyorite anvè nouvo kretyen nan lafwa yo. Kòm konsekans, li ta kapab aji "eseye enpoze" tout eksperyans ak konesans san gras ni mizèrikòd anvè "nouvo yo". Lòt egzanp, gen kèk kongregasyon ki kwè ke yo pi bon pase lòt yo ki pa tèlman fè bri, oswa ki apèn ap koumanse epi grandi. "Rele" oswa "genyen anpil moun", oswa genyen bon mizik" oswa yon "bon tanp", oswa "woule bon machin epi genyen yon bon predikatè", dapre yo, sa ta kapab sinonim ak espirityalite.

Ki pwoblèm ki fè yo aji nan fason sa a? Yon gonfle lestomak yo epi fè moun bat bravo pou yo ak konpliman lèzòm. Kesyon an se: Kisa Bondye di pou tout bagay sa a yo?

Pasaj sa a endike ke gen de kalite moun konsènan kondwit moral. Moun ki gen lalwa Bondye a ak tout moun ki pa genyen li. Sa se, moun ki pa konnen lalwa Bondye a epi sa ak sa k pa genyen l yo, men yo manke konprann moral yo; moun ki gen plis limyè, yo pral jije dapre konesans sa yo. Nan lòt mo, pa gen yon sèl moun k ap egzante jijman Bondye. Lè Seyè a va pran defans li nan jistis ak verite; se pa selon règ nou an ak lide nou genyen sou li.

Yon ilistrasyon biblik nan legliz kretyen primitiv la ap ede nou pi byen konprann ansèyman sa yo. Si nou li osijè de...

A. Jijman Anànyas Ak Safira (Tanpri Li Travay 5:1-11)

Byen vit, ann wè ki leson pratik nou jwenn nan sitiyasyon dramatik sa a. Li enpòtan pou n sonje ke se te Bondye, se pa t Pyè, moun ki te separe Anànyas ak Safira nan legliz la. Li se sèl moun ki gen ase prèv pou jije ak pirifye legliz la.

B. Kisa Ki Te Peche Ananias Ak Safira?

Tèks la di ke lè Ananyas ak Safira te bay Sentespri Bondye manti (v.3), bay Bondye manti (v.4), epi yo te tante Sentespri a (v.9).

Ananyas ak Safira te vle rekòlte rekonesans ak fwi bonte san yo pa bon; yo t ap reprezante sa yo pa ye ni te vle ye. Devan je legliz la, posibleman ta sanble moun ki renmen bay, men devan je Bondye yo te ipokrit ak peche.

C. Kouman Egzanp Sa A Kapab Aplike Jodi A?

Jodi a nou genyen egzanp ki anpeche bon mach legliz kretyen an. Nan yon atik, yon otè mansyone ke nan legliz la gen anpil koup ki pa konsève lapè Bondye. Yo di se anpil komèsan kretyen ki pa gen konsiderasyon. Yo di ke se pawtwon yo ki byen sèvi ak travayè yo, elatriye. Yo moutre ke gen anpil moun. Yo anseye ke gen anpil k al legliz la pou ale jwi benediksyon Bondye, san yo pa menm remèt lavi yo ba li anvan. Oswa yo sèlman genyen repitasyon an pou yo vin "pi sen", men Sentespri a poko transfòme lavi yo jouskaprezan.

Konklizyon

Ptremyeman nou gen responsablite pou nou konnen karaktè Bondye jan li ye a. Dezyèmman, fas ak jisman Bondye lòm pap jwenn okenn eskiz, ni pap gen agiman. Konsekans final peche a se destriksyon—lanmò. Nan yon lòt bò epi, an twazyèm pozisyon Bondye, nan lanmou ak jistis li, li ofri pou l padone nenpòt pechè ki repanti avèk lafwa, san gade ki gwosè pechè li te ye.

Mwen mande Bondye nan lapriyè pou w anbrase Bondye sa ki nan Bib la, se pa yon folklorik oswa kiltirèl, envante pa Hollywood oswa pa mwayen zanmi oswa fanmi ki "konsyan" ke pliske yo kwè nan fason pa yo, sa pral ase.

Se pou nou konprann byen klè ke Bondye se jistis; si lòm pa viv dapre volonte li, li nan chemen dirèk k ap mennen li nan lanmò. Nan yon lòt branch, nou wè ke Jezi se lanmou; ke jodi a menm pechè a gen chans pou tounen vin jwenn li pa mwayen lafwa epi konsève relasyon li avèk li chak jou, pa mwayen obeyisans ak fwi lafwa yo.

Ilistrasyon

Pastè José González t ap konte pandan li t ap travay kòm gad nan yon lopital los Angeles, Kalifòni, gen yon jou pandan l te ale vizite malad yo, li te enpresyone pou l te wè akilè zanmi ak fanmi yo te vin vizite pasyan yo. Chak pasyon te gen moun ki vin vizite yo epi, li pat vle entewonp yo, li te deside retounen pita. Lè I ta pral soti nan pòt la li voye je I li wè yon madanm ki te chita sou kabann nan poukont li; san moun ki pou vizite li. Li pwoche bò kote li epi, avèk dlo nan je ak doulè nan li di li: "Pitit mwen, Bondye bliye mwen".

Li souri avèk tristès, li te chita bò kote madanm nan epi li di l konsa: "E oumenm? Avan w te rete poukont ou, èske w te konn panse ak Bondye ak tout kè w?" Li te bese tèt li byen wont epi reponn pandan I ap kriye li di pastè: "Mwen kwè ke m pa janm santi mwen twouble poum te panse avèk li".

Pastè a te di l konsa: "Bondye sonje w epi renmen ou. Youn nan verite yo se ke men mwen bò kote w la poum vizite w epi pale ak ou de li".

Anpil moun vle inyore Bondye epi pou pa rekonèt li! Youn nan verite ki fè w wè ke li renmen w se ke li pè, epi tou rete pou w koute mesaj la, ke w etidye leson sa. Ou pa dwerete pou w kondane anba peche w; vin jwenn li; ranje koze w avèk li avan li twò ta. Eksprime gwo lanmou li a nan lavi w. Aksepte li pa mwayen lafwa epi gentan koumanse mande li padon, pandan w ap pran men li.

Bondye Moutre Nou Senk Leson Sou Lanmò Trajik Ananyas Ak Safira
Pa JD Greear

Istwa Ananyas ak Safira nan Travay 5 pèmèt nou konnen ke malgre gwo ogmantasyon masif legliz primitiv la, yo te pase kèk moman feblès, menm peche ki grav. Mwen kwè ke lanmò yo sèvi yon avètisman pou legliz nan tan jodi a, déjà Bondye genyen anpil bagay pou l moutre nou si nou prè pou nou koute:

1. Nan legliz la, gen de kalite moun ki prèske enposib pou w distenge li sou po.

Sou po, Ananyas ak Safira te wè yo menm jan ak lòt manm legliz la ki rele Banabas (entwodiksyon nan Travay 4). Banabas te fenk sot van byen l yo epi te pote lajan an bay apot yo epi, pou obsèvatè ka a, Ananyas ak Safira t ap fè menm bagay la.

Men nan fon kè yo te gen yon lanmou pou lajan ak anvi resevwa lwanj nan men moun. Se konsa yo tout te tonbe mouri ansanm paske yo te prezante yon pati nan lajan an san konsidere kantite li te ye a. Sa a se te pòl negatif konpòtman Banabas la, men yo sanble anpil...

Leson 16

Kijan Nou Ka Jwenn Padon Bondye A?

Pou aprann: "Se lè moun mete konfyans yo nan Jezikris Bondye fè yo gras. Li fè l' pou tout moun ki kwè nan Kris la, paske yo tout se menm" (Women 3:22).

Objektif: Ede nou konprann ke nou bezwen plis pase tolerans ak yon repetisyon ki dirab pou jwenn delivans ak sentete a; ke Bondye nan Kris la te fè Sali nou an posib pa mwayen lafwa.

Entwodiksyon

Yon otè fè kèk rekòmandasyon pou relasyon entèpèsonèl yo, ki aplike nan lavi pèsonèl, fanmi epi prensipalman nan mond biznis la. Li di ke gen kèk moun ki kwè ke panse "diferan se menm bagay ak twonpe". Sa vle di, si oumenm avèk mwen gen lide diferan, youn nan nou dwe nan yon erè oswa twonpe. Oswa si nou chak genyen solisyon pa nou, oswa plan nou yo pa menm, youn nan de yo dwe twonpe epi se sèlman youn ki nan bon chemen.

Sa vle di ke edikasyon oswa matematik yo ta dwe: Si ou se oswa panse diferan = ou twonpe.

Nan edikasyon sa soti epi koumanse konfli nan lòd:

1. Entrapèsonèl
2. Entèpèsonèl
3. Moun-Fonksyon
4. Moun-òganizasyon

Yon lòt kote, otè a di, gen yon nivo sekirite pèsonèl ak yon nivo siksè lè nou di, nou aksepte epi nou rekonèt: "Mwen konprann mwen, mwen aksepte mwen epi mwen respekte tèt mwen. Mwen konprann ou, mwen aksepte ou epi mwen respekte w, menm si w diferan de mwen". "Ou konpann ou, ou aksepte w epi respekte pwòp tèt ou. Ou konpann mwen, ou aksepte mwen epi ou respekte mwen, menm si mwen ta byen difean pa rapò avèk ou". Avèk chema sa a, n ap di byenvini ak diferans lan; déjà se pa diferan= wonpe; men se pito diferan=Diferan.

Sa a aplike se lè de pèsonaj fè fas epi yo diferan avèk "Bon valè anndan perimèt li".

Lide sa a yo bon pou moun aplike nan rezolisyon konfli, nan kenbe yon bon anbyans nan fwaye nou yo, nan fanmi ak menm sosyete a.

Pwoblèm nan se ke anpil moun jodi a –yo rele lide sa a posmodènis – yo deklare si yo fè yon relijyon ki itil ak ede yo, sa bon. Sensèman "sa diferan". Nan fason sa a, yo bay yon ouvèti sou ansyen pwovèb ki di: "Tout chemen mennen nan lavil Wòm", sa ki te kapab verite pou yon tan, men avèk konstriksyon plis chemen mwens egzat yo rive vin pawòl sa a yo.

Yon antrenè foutbòl te di konsa: "Se pa genyen an ki plis enpòtan; se tout bagay". Sa mennen moun swiv lòt pwovèb: "Avèk pratik w ap rive jwenn pèfeksyon". Sa a se yon veite relatif ki kapab aplike nan espò avèk mizik, men, èske li aplike nan tout bagay epi anpatikilye lafwa ak obeyisans anvè Bondye ? Si sa ta yon verite, farizyen jwif yo ta rive jwenn pèfeksyon pakse yo te konn pratike relijyon yo a chak jou, nan tout lè ak tout dilijans.

Leson jodi a ede nou konprann ke nou bezwen plis pase tolerans ak yon repetisyon ki dirab pou jwenn delivans ak sentete a. Bib la moutre nou, youn oswa lòt fwa, ke nan je Bondye peche se peche, lanmò se lanmò, jijman se jijman, delivrans se delivrans epi lavi se lavi, se pa kontrè a. Poutèt sa li deklare ke:

I. "Ba Gen Yon Sèl Moun K Ap Mache Dwat" (Women 3 :1-19)

"Pa mwayen lalwa, nou jwenn konsyans sou peche" (v.20), Pòl te di moun li te ekri yo sa. Efò pèsonèl yo, obsèvans lalwa, sakrifis bèt yo ki te dwe prezante jwif yo devan Bondye pou padon peche pa jistifye oswa pa genyen pouvwa pou padone peche. Se te yon pa entèmedyè nan yon gran revelasyon nan Kris la. Nan tan Ansyen Testaman an, sèl fason ke lòm te kapab retabli kominyon li avèk Bondye se te pa mwayen yon ofrann sakrifis.

Anpremye: Se pa t animal la ki te padone oswa rekonsilye a, men kè sensè a avèk obeyisans anvè Bondye nan "bay ofrann". Dezyèmman: Se te yon leson objektif pou limanite ki fè (yon reprezantasyon) pou defann nan yon fason ki pwogresif sa ki te pase apre avèk Jezikris.

Se poutèt sa epi depi Kris te rive nan mond lan tout bagay te chanje. Pòl de vle pou jwif yo ki te resevwa lèt li yo ta sispann mete twòp aksan sou lalwa kòm mwayen delivrans. Nan sans sa a, otè Ebre a bay kèk rezon enpòtan pou konprann lojik nan Women:

A. Lalwa Se Te Yon Lonbraj Richès Ki Te Gen Pou Vini Yo (10:1)

Nan lavi pèp jwif la, sakrifis chak jou yo epi pandan jou ekspyasyon an yo te bay kèk satisfaksyon ak trankilite nan nanm ak konsyans yo, men li pa t sove yo anba peche epi, se klè ke, li pa t ba yo kè delivans pou tout tan an nonplis pou "konnen ke yo jwenn padon". Ankò e ankò yo te gen pou touye bèt pou ofri.

Yon "lonbraj" te yon "lide" nan sa ki ta gen pou vini an. 50 ane de sa pat gen anpil moun ki te konnen sa ki ele gen aksè ak iPods, iPads ak òdinatè ak tablèt ke jodi a pèmèt nou rasanble enfòmasyon, ekri san papye, efase san "gòm", "kopye ak kole" ekriti; konsève "nan yon memwa"; kalkile, li liv, jwe jwèt, gade sinema sou yon ekran ke nou gen nan pòch nou oswa bous; se mwens pou fè operasyon nan bank, wè figi yon pwòch ou ki nan yon lòt peyi pa mwayen Skype oswa Google epi kominike lib ak yo. Sa, nan tan lontan, se te "lasyans fiksyon".

Nan tan Ansyen Testaman an, yo te pale de yon Mesi ki "t ap delivre yo" epi pandan setan "sakrifis sa yo" se te yon reprezantasyon de moun ki ta peye pri peche a pou tout moun ak pou tout tan yo, ki fè lafwa sèlman nesesè pou retounen vin jwenn Bondye, san okenn zèv.

B. Sakrifis Yo Te Fè Yo Sonje Peche Yo (Ebre 10:3-4)

"Men, sakrifis se yon rapèl chak ane pou peche yo, paske li enposib pou san towo bèf ak bouk kabrit ta retire [lave oswa kouvri] peche, "se sa otè lèt ebre yo di. Ansyen Testaman an sèvi ak padon nan mo vle di "kouvri "; sa vle di peche yo kouvri (Women 4:7). "Kouvèti a" te "kouvèti" Bwat Kontra wouze pa mwayen granprèt la ak san chak ane (jou sakrifis la) pou "peche nan inosans" moun yo (Ebre 9:5; Egzòd 25:18 -22).

"Sakrifis bèt yo, Ebre di yo (sa ke Women mansyone kòm " lalwa "), li te enpafè pou pirifye lòm, yo retire peche l, bay aksè devan Bondye; tout sa ke sakrifis sa yo ka fè se kontinye fè sonje ou se pèchè ki toujou malad; baryè peche a toujou kanpe ant li ak Bondye. Sa pa kapab elimine peche, se sèlman fè l sonje li".

Apre nou te fin di sa ki anlè a, nan lekti Women chapit 1 nou jwenn deklarasyon sa a: "Kounye a, Bondye ap pini yo tout paske tou sa yo ka konnen sou Bondye parèt byen klè devan je yo. Se Bondye menm ki fè sa konsa pou yo. Se vre wi. Depi Bondye te fin kreye tout bagay, tout moun ki egzaminen travay li yo ka konprann ki kalite moun Bondye ye, bagay nou pa ka wè ak je nou: ki vle di, jan li gen yon pouvwa ki p'ap janm fini, jan li se Bondye tout bon. Se sak fè moun sa yo pa gen eskiz menm" (vv. 19-20). Ebyen annou fè revizyon:

II. Reyalite Ke Nou Se Pechè (Women 3:9-19)

A. Nou Tout Nou Se Pechè

"Nou tout jwif kòm moun lòt nasyon yo, nou anba menm jouk peche a" (Women 3:9). Sa ki plis presye nan mitan pèp Izrayèl la toujou ap chèche fè Bondye plezi. Men pifò nan yo, se anpil seremoni ki vin tounen yon abitid san okenn siyifikasyon.

Nan sans a a, jodi a gen anpil moun ki pran aspè sa a yo nan "Bib la" pou fè li vin tounen yon "relijyon seremonyèl" epi, nan fason sa a, pou yo jwenn "akseptasyon" devan je Bondye. Nou te konn di, ke yo te rive kwè ke tout relijyon mennen moun rive jwenn Bondye. Yo tedi: "si gen senserite, Bondye ap pran sa anchaj".

Men, Bib la, -- Tout Bib la moutre ke se pa konsa. Se pa yon kesyon pou "pan nenpòt avyon", oswa "nenpòt kamyon" pou rive kote nou gen pou n ale a, menm si n ta byen sensè. Si w moue nan avyon oswa kamyon ki pa sou wout kote w prale a, w ap rive ale yon kote w pa t swete rive. Pliske nou konnen ke genyen de destinasyon sèlman –syèl la avèk lanfè a –sa pral koute byen chè pou moun ki kwè sèlman nan senserite a.

Pwovèb ki toujou nan bouch pèp nou yo se:
"Mwen genyen relijyon paran m yo" se sa kèk moun di. Sa pa ase.

"Mwen deja gen relijyon pam", se sa anpil lòt moun d. Sa pa ase.

"Mwen se ketyen tou wi, men se nan fason pa m", gen anpil lòt ki di sa. Sa pral grav.

"Mwen menm yo te batize m lèm te piti, m te gentan pan kominyon", se sa moun ki plis relijye yo deklae.

Pa gen youn nan pratik oswa obsèvasyon sa a yo ki se yon konpòtman ki kapab fè moun antre nan syèl la.

B. Gen Yon Sèl Chemen (3:23)

Women 3:22-24 di konsa: "Jistis Bondye a rive pa mwayen lafwa nan Jezikris, pou tout moun ki kwè. Anplis, pa gen patipri, paske tout moun fè peche epi vire do bay Bondye ki gen tout pouvwa a, men pa mwayen gas li [pa Bondye a] yo jwenn jistifikasyon pa mwayen sakrifis Kis te fè a". Bib la rakonte istwa anpil moun ki te fè byen ak obeyi Bondye; men se sèlman Kris la – Pitit ke Bondye te voye a –te kapab akonpli avèk dezi lanmou, jistis ak sentete Bondye. Se limenm ki te Mesi a. Se sèlman Kris te kapab akonpli objektif sa konplèt ak absoli pou delivrans lòm.

a. Se Bondye ki te bay Jezikris pou jistifikasyon (Ebre 10 :11-12)

Lè nou li de vèsè sa a yo nou jwenn de sèn ki kontrè. Nan premye a nou jwenn sakrifikatè yo ki "jou apre jou", san dout avèk anpil fatig ak limitasyon, ki te ofri sakrifis ki pa t kapab retire peche pèp la (v.11).

Se diferan de sa otè Ebre a di, "sakrifikatè a [Jezi Kris la], apre li te fin ofri sèl sakrifis pou peche yo pou tout tan, li te chita sou bò dwat Bondye". Nan sèn sa a Jezikris chita sou bò dwat Bondye" apre li te fin reyalize misyon li nan mond lan. Dezyèm sèn sa fè nou sonje rezirèksyon Seyè a : Tonbo a vid ! Kris la vivan!

b. "Avèk yon sèl ofrann" (Women 3 :24-26 ; Ebre 10 :14)

"Men, Bondye ki renmen yo, li fè yo gras. Li fè sa pou yo gratis, gremesi Jezikri ki vin delivre yo. Se li menm, Jezikris, Bondye te ofri tankou bèt pou touye. Li bay san li pou tout moun ki mete konfyans yo nan li ka resevwa padon pou peche yo. Bondye te vle moutre nou ki jan li fè moun gras. Nan tan lontan, Bondye te pran pasyans, li te fèmen je l' sou peche moun te fè. Nan fason sa a, Bondye jis epi, alafwa, limenm ki jistifye moun ki gen lafwa nan Jezi yo" (3 :24-26).

Otè lèt Ebre a, ede nou elaji reyalite sa a ki dekrive Pòl lè li di ke sa te ase "yon sèl ofrann" pou ke Kris te fè posib "jistifye pou sanntifikasyon pou toujou". Mo sanntifye a, nan lang grèk la, li nan tan prezan, ki vle di ke li endike yon aksyon k ap kontinye. Pou rezon sa, gen kèk vèsyon ki di ke: "Pa mwayen sèl ofrann sa, li fè tout moun ki toujou ap sanntifye yo jis devan Bondye".

c. Kisa sa vle "vin sanntifye"? (Women 3:28 ; Ebe 10:14-15)

Otè lèt Ebre a sinyale Women lè li te di: " Konsa, avèk sèl ofrann li fè a, li fè moun netwaye anba peche yo bon nèt pou tout tan". Sentespri a tou ban nou temwayaj sou li. "Nou va pale sou aspè sentete a nan yon lòt sesyon nan etid nou an nan Women. Ann di pou kounye a mwayen lagras Bondye a, pa mwayen Kris la ak Sentespri li, kontinyèl nan lavi chak kretyen. "Jistifikasyon pa mwayen lafwa" se pi plis pase resevwa padon, ki vle di viv nan padon sa a chak jou pa mwayen Sentespri a ke Bondye bay moun ki kwè yo. Dezi Pòl la se ke "Bondye ki bay espwa a pou l' fè kè nou kontan nèt, pou l' fè kè nou poze ak konfyans nou gen nan li a. Se konsa espwa nou va toujou ap grandi ak pouvwa Sentespri a" (Women 15 :13). Gen twa bagay nou dwe konnen:

1. Travay sanntifikasyon Jezikris la rive fèt pa mwayen sèl ofrann Kris te fè pou nou sou bwa kalvè a.

2. Nou resevwa travay sanntifikasyon an pa mwayen Kris la avèk batèm Sentespri a. Sa a se yon etap lafwa pou moun ki kwè a, sa ki genyen ladan li konsekrasyon li total ak volonte li devan Bondye pou l ranpli ak Sentespri a, lè nou fin netwaye de tout peche epi prè pou obeyi pou tout bon zèv.

3. Depi menm kote moun nan kwè a, gen yon aksyon ki fèt ki rele "premye sanntifikasyon". Se lè kwayan an konsakre li ak lafwa konplètman devan Bondye epi resevwa batèm nan Sentespri a, li jwenn netwayaj. Sa ki vini apre se grandi nan gras la ak konesans Bondye, dapre youn nan presipal denominasyon Aminyen-Wesleyen yo :

"Nou kwè ke sanntifikasyon an se travay Bondye, ke pa mwayen limenm moun nan jwenn transfòmasyon pou sanble ak Kris. Sa fèt pa mwayen gras Bondye pa mwayen Sentespri a nan premye sanntifikasyon an, oswa rejenerasyon (jistifikasyon rapid), sanntifikasyon total ak travay ka p kontinye fèt nan kwayan an pa mwayen Sentespri a chak jou pou fè li vin sanble ak Kris la pou fini nan glorifikasyon, kote nou tout va konplètman fin chanje an imaj Pitit la.

Nou kwè ke sanntifikasyon total la se travay sa ke Bondye fè nan transfòmasyon an kote kwayan an santi li delivre anba peche orijinèl oswa degradasyon, epi ki mennen yo genyen yon devosyon konplèt devan Bondye ak obeyisans nan lanmou ki san repwòch. Li fè pa ranplisaj oswa batèm nan Sentespri a; epi nan yon sèl eksperyans gen ladan netwayaj peche nan kè a ak abitasyon pèmanan ak kontinyèl Sentespri a, bay kwayan an kapasite pou lavi ak sèvis. Sanntifikasyon total la ofri pa san Jezi a, fòje enstantane pa favè atravè lafwa ki vini anvan konsekrasyon an. Sentespri a bay temwayaj sou travay sa a ak eta gras la".

Konklizyon

Jwif yo te vle etounen nan sakrifis ansyen yo, kilt nan tanp lana k tradisyon zansèt yo. Epoutan, otè lèt Ebre a fè yo sonje ke sèlman gras sakrifis Kris la ki kapab sove ak sanntifye yo.

Se vre, noumenm nou pa santi anvi pou nou ofri bèt ; men gen anpil moun ki wè li pi senp pou swiv "koutim", "abitid" avèk sa nou kwè yo nou panse nou kapab merite wayòm syèl la. Sa ki verite a se ke Pawòl Bondye a di nou ke se sèlman nan Kris la pa mwayen lagras ak padon peche avèk sanntifikasyon an nou kapab viv nan sentete.

Pou nou fini annou li Efezyen 2:8-10:

8-Se avèk bon kè Bondye genyen ki fè nou resevwa delivrans la pa mwayen lafwa. Se pa yon bagay ke noumenm te rive jwenn, men se pito yon kado Bondye.

9-Se pa rezilta pwòp aksyon nou yo, pou pèsonn pa rive gonfle lestomak yo;

10-men se Bondye menm ki fè sa; li fè nou nan Jezi Kris pou nou kapab fè bon zèv, kontinye mache nan chemen ke li te prepare pou nou depi avan mond lan te kreye.

N ap remake ke Bondye te deja prepare chemen sa (sa a se pa yon merit nou genyen paske nou fè bon zèv)…Nou aksepte poun mache nan chemen sa (se travay pa nou ;se yon kesyon de obeyisans ak fwi). Lòm pa kapab bay oswa genyen delivrans lan ak pwòp fòs li ; men wi li gen esponsablite pou l aksepte li, mache nan obeyisans epi avanse oswa grandi. Sa a vre, depann de li.

Ilistrasyon
Dyabèt La

Jouskaprezan yo poko kapab janm ive dekouvi yon medikaman pou dyabèt. Lè moun bwè medikaman, gen de bagay ki pase : a) Kontwole dyabèt mwen an; b) mwen sonje ke mwen malad men pa gen gerizon, men se pito "yon kontwòl" limite pou kondisyon mwen. Se te menm bagay la pou sakrifis jwif yo te konn fè yo!

Se pa t chemen an, men yon chemen ki t ap sinyale vrè chemen an.

Leson 17

Nan Ki Fason Ke Kris La Se Lavi A?

Pou aprann: "Moun ki asepte kòmandman m' yo, ki obeyi yo, se moun sa a ki renmen mwen. Papa m' va renmen moun ki renmen mwen. Mwen menm tou, m'a renmen l', epi m'a fè l' wè mwen" (Jan 14:21)

Objektif: Aprann ke, lè Bondye jistifye kwayan an non sèlman li resevwa padon pou peche li yo, men tou li patisipe ansanm ak Kris nan nati Bondye a – sa vle di, nan sentete Bondye a –ak eritaj glwa li a.

Entwodiksyon

Tèm jodi a, se kontinye seri nou an sou lèt Pòl pou women yo, se yon kesyon anplis: Ki jan Kris la se lavi a?

Pa gen okenn dout ke ant de moun ki "lènmi" lakòz gen anpil bon bagay ki pèdi. Li posib pou se yon enterè goyis ki fè yo separe; pètèt yon move atitid youn, lòt la oswa toude. Verite a se ke byenke moun ki gen tou de atribi, ladrès ak anpil bon bagay yo, y ap anile paske yo lènmi. Nan sans sa a nou ka afime ke lènmi an pa janm peye byen.

Separasyon lòm avèk Bondye se yon tèm ki plis serye, paske li se Kreyatè nou. San dout, li ta pi bon pou nou ta genyen zanmitay li pase pou n ta mache dozado avèk li. Malgre sa, anpil moun pran plezi yo pou yo pipito viv nan peche yo. Se plis toujou, yo prefere inyore ke Bondye pran pozisyon li pou chèche ak padone tout pechè ki prè pou travèse "pon rekonsilyasyon an" ke li te konstwi pou rive jwenn lòm nan Kris la.

Se limenm menm ki te pran inisyativ sa; responsablite chak moun se travèse pon sa. Lè nou mande li padon pou peche nou yo, konfòm ak Pawòl Bondye a, gen twa bagay ki pase byen vit ki enpòtan pou nou konnen oswa revize:

Pemyeman, Bondye Jistifye Nou.

Nan lòt mo, vèdik pou kondisyon pechè nou menmsi se "koupab" epi "kondane pou lanmò", nan sakrifis Jezikris lan, kwayan an chape anba tout kondanasyon. Sa vle di, menm jan li rete jistifye devan Bondye. Kisa jistifikasyon an ye? Nou pal trete tèm sa ak Bib la nan men nou – tèm sa a nan yon tan ; men li enpòtan pou nou mansyone ke jistifikasyon an se bèl travay beni ak sou jijman Bondye, pa mwayen sa li ofri padon pou tout peche, retire kondanasyon ke moun sa a te merite pou peche li te komèt epi aksepte li kòm jis epi resevwa li kòm Sovè ak Seyè.

Dezyèmman, Bondye Transfòme Nou.

Pou transfòmasyon, oswa fèt yon lòt fwa a, nou konprann travay mizèrikòd Bondye sa, pa mwayen limenm nati moral kretyen repanti a chanje ak rekonfòte espirityèlman, resevwa yon lavi espirityèl diferan, ki eksperimante pa mwayen lafwa, lanmou ak obeyisans nou kòm nouvo kwayan nan Kris la.

Twazyèmman, Bondye Adopte Nou.

Adopsyon se travay sa ke Bondye fè ke pa mwayen limenm kretyen ki jistifye ak transfòme a vin konvèti an pitit Bondye.

Twa aksyon sa a yo rive fèt otomatikman nan lavi pechè ki repanti a – sa vle di, jistifikasyon, transfòmasyon ak adopsyon – pa mwayen lafwa epi Sentespri a bay temwayaj sou travay sa ak mwayen lagras kwayan an.

Sa fè nou rive di San ou kapab jwi yon konminyon ak Bondye lè nou rezoud pwoblèm peche a. Lè Seyè nou an mouri, nan pran plas kondanasyon nou an, li te kreye pon rekonsilyasyon sa a pou nou pase de lanmò pou lavi. Sa pa vle di ke ke nou déjà egzan kont peche. Kominyon avèk Bondye a dwe kiltive pou prezève delivrans lan ke satan toujou ap tante detwi.

Nan yon lokalite ki rele Lejanias nan peyi Kolonbi –nan rejyon ki rekonèt sou non Senp— gen yon pon ki rele "rekonsilyasyon". Pon sa a travèse sou yon rivyè ki laj anpil epi ki ini de bouk. Gen yon atik nan jounal ki te mansyone ke nan lane 2012, "lame a redouble sekirite a nan pon rekonsilyasyon an, paske li te deklare kòm sijè militè pou gè. Gouvènè Lejanias te asire mwayen kominikasyon yo ke nan mwens de de semèn fòs piblik la te fè rapò de senk materyèl ki kapab eklate ki te enstale nan baz enfrastrikti sa, malgre yo te rive dezaktive yo ak bon kontwòl.

Gouvènè a sinyale tou ke "ke sitiyasyon lòd piblik la te toujou nan enkyetid epi abitan yo te pè pou ke nan nenpòt moman pa t genyen yon atak gwoup ak zam ki te déjà menase yo".

Espityèlman, sa a se entansyon satan chak jou – detwi relasyon kwayan an avèk Bondye. Apot Pòl pale sou sa nan lèt li te ekri moun nan lavil Wòm yo.

Nou ta kapab di ke chapit senk lèt women yo se kè refleksyon apot la. Moun ki aksepte genyen yon relasyon zanmitay epi kominyon ak Bondye, pral eksperimante transfòmasyon k ap fè l rive gen relasyon sa avèk li. Bondye mete lanmou ak mizèrikòd disponib pou chak kwayan. Nan lòt mo, Bondye, nan Kris, pataje avèk kwayan an tout sa li ye.

I. Rezilta Jistifikasyon An (Women 5 :1-5)

Kisa ki pase lè moun nan jistifye palafwa ? Avèk mo "pliske" ("jistifye…"), Pòl fè yon tranzisyon ant dènye vèsè chapit avan epi koumansman sa ke li pral eseye nan Women 5. Benediksyon yo ke apot la nan chapit la se fwi ki vini yo, se pa teyori men se eksperyans nan Kris la.

Jistifikasyon an se lè Bondye di pechè a: "Antre, vini nan lavi, tout bagay byen". Pafwa nou konn rive nan kèk depandans oswa biwo gouvènman nan peyi nou yo pou fè kèk dilijans. Nou rive epi nou prezante nou devan resepsyonis la epi nou te mande pale avèk kèk otorite. Moun sa a ki te nan antre prensipal la di konsa: "Fè yon ti tann" ; sensèman se paske nou pa moun zòn nan. Ala bèl sa te bèl ke depi anndan nou te wè otorite nou te bezwen pale a epi li te fè nou siy ak men l pou nou te antre, ke tout bagay byen!

Yo di ke nan yon okazyon prezidan John Fitzgerald Kennedy te nan yon eyinyon leta byen enpòtan nan biwo prezidansyèl nan Kay Blan. Ala gwo sipriz ki te pase lè tout ofisyèl ak seketè ki te la yo lè ti gason, John, te parèt nan biwo a epi entèwonp sa tout moun t ap fè ! Papa a—prezidan an –te fè yon siy estop nan reyinyon gouvènman li a, li te kite sa l t ap fè yo, li te leve timoun nan mete sou ponyèt li epi gade tout moun avèk yon rega plezi – pou fè yon ti jwe avèk pitit li a. Lè se pou Kris nou ye, nou genyen benediksyon ak privilèj ki pa imajinable. Pòl site kèk nan yo.

A. San Kè Sote Ak Bondye (v.1)

Nan Women 3:21-32 Pòl afime ke jistifikasyon an se pa mwayen lafwa. Li reflechi sou avantaj jistifikasyon sa a. Li reponn kesyon: Kisa ki pase lè Bondye aksepte w pa mwayen Jezikri?

Li "San kè sote ak Bondye"; paske kwayan an rekonsilye epi pa genyen rezon pou pè. Kesyon jistifikasyon an se pa yon bagay jwif la pa t konnen. Nan kontèks relijye, politik ak sosyal se te yon tèm legal. Sepandan, wi, li te difisil pou yo te konpann konsèp rekonsilyasyon an; nan limenm yo te kapab jwi de yon relasyon de pitit ak Bondye. Yo te twò konsèvatè!

Kisa rekonsilyasyon sa a genyen ladan li? Non sèlman li endike ke pwoblèm zanmitay ak Bondye a te fini, men tou sa te mete fen ak nenpòt tansyon nan relasyon avèk li; sitou pou nouvo chemen sentete a ke li te rann posib, ede kwayan an pou l renmen frè parèy li. San gade si lòt la te oswa vle kontinye rete lennmi ak nou.

Lòm siyen "kontra lapè"; men lè n ap pale se lapè Bondye ofri a, nou obsève ke se pa yon lapè avèk entansyon pou fè echèk (pou yon titan), Se yon lapè ki transfòme ak chanje! Jezi te di nan Jan 14:27: "M'ap ban nou kè poze. M'ap fè kè nou poze nan jan pa mwen. Mwen p'ap fè li pou nou jan sa fèt dapre prensip ki nan lemonn. Pa kite anyen toumante tèt nou, nou pa bezwen pè". Lapè Bondye a transfòme epi fè evolisyon nan lavi nou!

B. Pòt Gras La (v.2)

Kòmantaris biblik William Baclay remake mo grèk "pòt" ("pa mwayen moun noumenm nou jwenn pòt la palafwa nan gras la tou") genyen ladan li de lide ki demoute:

1. Lè yon moun prezante tèt li devan yon wa.

2 L ap pale de yon kote oswa espas kote bato yo kochte.

Nan relasyon ak siyifikasyon mo "pòt la" avèk konsèp biblik "gras", n ap remake ke pa mwayen Jezikris nou antre nan yon relasyon ki tounèf avèk Bondye. Nou pa genyen okenn merit pou nou prezante nou devan li, men pa mwayen jistifikasyon Kis pote nou devan prezans Bondye.

C. Kè Kontan (5:2-4)

Fwi jistifikasyon yo kapab prezante sou fòm sa a : Yon lavi san kè sote, akonpayman avèk Bondye epi kè kontan ki eksprime, se pa sèlman nan mitan benediksyon yo, men tou nan mitan pwoblèm oswa tribilasyon yo.

Jistifikasyon pa Bondye a genyen ansanm ak Kris, eritaj bèl pouvwa Bondye. Nan menm tan an, noumenm ki te moui nan tout peche nou yo, nou jwenn posiblite pou nou patisipe nan nati Bondye a, sa vle di nan sentete Bondye a. Jistifikasyon pa Bondye pote kè kontan menm nan mitan pwoblèm ak tribilasyon. Li enpòtan pou konprann ke pwoblèm ak tribilasyon sa a yo kapab viv pou Bondye kapab fòme karaktè kretyen epi ranfòse espwa nou nan pwomès li yo.

D. Espwa A (v.5)

Vèsè 5 lan di: "Espwa sa a p'ap janm twonpe nou, paske Bondye te fè nou wè jan l' renmen nou lè li ban nou Sentespri li". Pòl te demoutre byen klè nou pa dwe santi nou wont pliske nou te defann espwa a pou pataje glwa Bondye a. Dapre apot la, sekirite espwa sa a gen baz li nan:

1. Lanmou Bondye a (v.5). Lanmou Bondye bay kwayan an – disip Kris la –esperans ak sekirite pou pataje glwa Bondye a. Lanmou an se, lòt rezilta nan jistifikasyon an.

2. Sentespri a (v.5). Rezilata ki pi enpòtan nan transfòmasyon an se vini Sentespri a nan lavi Kwayan an. Sentespri a se solisyon pwoblèm peche a. Se lanmou Bondye ki devwale nan Jezikris ki vini nan lavi nou pa mwayen entèvansyon twazyèm moun nan trinite a. Se pa avèk pwòp fòs pa nou, men se avèk Lespri Bondye a ! Menm jan Zakari 4 :6 te di : "Se pa avèk vanyan sòlda ou yo, ni avèk pwòp kouraj ou ou pral rive nan sa ou gen pou fè a. Men se va avèk pouvwa lespri pa m' m'ap ba ou a. Se Seyè ki gen tout pouvwa a menm ki di sa".

II. Kado nou pa merite a (5:6-11)

Bondye fè jistifikasyon an posib epi, gras ak li, disip Kris la jwenn yon revelasyon espiityèl ak fòs ki tounèf.

Annou sonje yon lòt fwa ankò sa nou ye san Bondye, dapre sa pasaj sa di. "Se vre, kòm nou pa t kapab sove pwòp tèt nou, nan yon tan ki espesyal Kis la te mouri mou mechan yo. Li pa fasil pou jwenn yon moun ki pou moui pou yon jis, menm si gen kèk moun ki kapab eseye bay tèt li pou yon moun k ap fè byen. Men, Bondye moutre lanmou li pou nou nan sa a: Se konsa, lè nou pa t' kapab fè anyen pou tèt pa nou, Kris la mouri pou tout moun ki meprize Bondye, nan tan Bondye te fikse pou sa te rive a. Se pa fasil pou ou jwenn yon moun asepte mouri pou yon nonm ki gen rezon. Ou ta ka jwenn yonn konsa ki ta gen kouraj mouri pou yon nonm debyen. Sou pwen sa a, Bondye moutre nou jan li renmen nou anpil; paske nou t'ap fè peche toujou lè Kris la mouri pou nou. Se paske li bay san li pou nou kifè koulye a Bondye fè nou gras. Nou pa bezwen mande si Kris la p'ap delivre nou tou anba kòlè Bondye. Nou te lènmi ak Bondye lè Pitit Bondye a mouri pou l' te fè nou byen ak Bondye ankò. Koulye a nou se zanmi Bondye, nou pa bezwen mande si lavi Pitit Bondye a p'ap delivre nou. Epi se pa sa sèlman. Nou jwenn tout plezi nou nan Bondye, gremesi Jezikri, Seyè nou an, ki fè nou byen ak Bondye ankò depi kounye a" (5 :6-11).

Se konsa : Nou te fèb, sal, pechè, sijè kòlè ak lennmi Bondye.

1. Pòl fè konnen ke sa Bondye te fè pou nou an, pa gen anpil moun k ap fè sa ni pou yon fanmi oswa pwòch li. Pòl te eseye di sa lè l te sinyale ke "li difisil pou yon moun ta mouri pou yon moun k ap fè sa ki dwat".

2. Mo "fèb" an grèk, vle di malad byen klè; nan sans sa a, lòm ta andanje paske li atikdemò nan moral li. Li tonbe nan vid yon destinasyon lanmò.

Jerry Tidall, sòlda Nòameriken ki patisipe nan pratik militè avèk yon demonstrasyon parachit, li te viv yon eksperyans ekstraòdinè. Lè li vole nan avyon an, parachit li a pa t ouvri epi pandan l fè prese pou l desann atè ak yon gwo vitès, li tonbe sou parachit lòt sòlda ki te tou ouvri. Apre sa, avèk anpil mizè, li rive glise nan kòd parachit kamarad li a, jouskaske yo de a te kapab ansanm epi, pandan youn te anbrase lòt byen fò, yo te rive mete pye yo sou tè san anyen mal pat rive yo.

Istwa sa ede nou panse nan lòt gwo travay, ke pa mwayen limenm limanite kapab sove tèt li pa mwayen pouvwa lafwa nan Kris la. Lanmou Bondye rele nou vin rekonsilye avèk li, paske li renmen nou. Se pa yon kout chans oswa pa aksidan ke nou sove a ; se pi mal pou se ta yon kout chwa abitrè Bondye. Women 5 :15 fè nou sonje menm jan peche a tout kote ak delivrans lan tou: "Se fòt yon sèl moun ki lakòz yon bann lòt moun mouri. Men, favè Bondye a gen plis pouvwa toujou. Gremesi yon sèl moun, Jezikri, Bondye bay anpil moun yon kado ki pi gwo toujou!" Nou pa dwe bliye ke nou bezwen rekonsilye, se pou byen nou epi Bondye ban nou Lespri li pou nou kapab rete soude ak li. Pòl di nou ke li enpòtan pou nou sonje tou – ke gas Bondye a gen plis pwisans pase peche a.

Konklizyon

Ann fè revizyon, ebyen, dapre denominasyon evanjeli ki te mansyone déjà a, ki di ke "repantans lan se yon chanjman sensè epi konplèt nan lespri a parapò ak peche a, ak rekonesans tò pèsonèl la ak separasyon volontè ak peche, li egzije tout sa ki pa aksyon oswa objektif rive fè moun nan pechè kont Bondye. Lespri Bondye a bay tout ki vle repanti èd ki bon ak afliksyon nan kè ak espwa mizèrikòd pou li kapab kwè pou l ka resevwa padon ak lavi espirityèl".

Epi tou ankò yon lòt fwa, nou rezime nan kisa jistifikasyon an genyen ladan li: "Nou kwè ke jistifikasyon an se bèl travay beni ak sou jijman Bondye, pa mwayen sa li ofri padon pou tout peche, retire kondanasyon ke moun sa a te merite pou peche li te komèt epi aksepte li kòm jis epi resevwa li kòm Sovè ak Seyè".

Leson 18
Kisa Pratik Lafwa A Gen Ladan Li?

Pou aprann: "Se Lespri verite a ki va kondwi nou tan tout verite" (Jan 16:13)

Objektif: Konprann ke pouvwa Bondye a ban nou lavi epi ke, pou desizyon ki pèsonèl nou kapab chwazi rete ak fòtifye nou nan li.

Entwodiksyon

Kouman Bondye travay? Kouman nou kapab venk pouvwa peche a? Kisa pratik lafwa a genyen ladan li?

Yon past ki zanmi mwen te voye twa temwayaj brèf. Li rakonte mwen: "Sa fè depi de mwa genyen yon fanmi ki rive nan legliz la; nou te resevwa li, apre nou envite li lakay nou, nou manje epi konnen nou pi byen. Nou mande yo kouman yo te y orive nan legliz nou an.

Yo te reponn ke yo te moute nan yon taksi epi mande chofè taksi a pou l te pote yo nan yon legliz evanjelik. Chofè taksi a tre mande yo nan kelès nan yo? Yo te reponn li: Nan nenpòt sa w konnen. Y ap viv nan capital peyi a nan yon katye ki nan yon distans de 20 minit ak legliz la.

Ebyen se konsa, chofè taksi a te mennen yo nan legliz pa nou an. Li se enjenyè elektwonik, pandan no unan limenm li se enjenyè sistèm; yo chak genyen yon timoun piti. Sa pa fè lontan depi yo te pote ladim yo nan legliz la pou premye fwa. Madanm nan ki se manman an, sanble se fòs ki pou transfòme k ap dirije fwaye a. Li di konsa: Nou tèlman santi nou kontan nan legliz sa! Ebyen se konsa pastè a te ajoute: "Nou te devlope yon ministè moun marye epi yo pa sèlman byen konekte, men tou yo asiste ak patisipe nan ministè sa".

Apre sa li te rakonte mwen yon lòt temwayaj: "Sa pa fè lontan depi yon sikològ te vin pale ak mwen nan biwo legliz la, men avan sa li te deja rele mwen pou nou te pran randevou. Li te deja aksepte Jezi kòm Sovè. Mwen te mande li èske li te vle ouvri yon dispansè nan legliz la pou konsilte de jou chak semèn epi moun li bay swen yo, li voye yo al pale ak pastè a. Li te renmen lide a".

Finalman pastè a te mande mwen: èske w gen tan pou lòt temwayaj? Mwen te reponn li: Men wi! Se konsa li te di mwen: "Sa fè kèk jou mwen t al vizite yon avoka. Li fenk pran retrèt li. Li pa gen lontan depi li te sibi yon operasyon nan kè. Nòmalman li pa resevwa vizit lakay li, men mwenmenm li te resevwa mwen, paske li te mande m vin vizite antanke pastè. Nou pale menm pandan dezèdtan edmi. Li te konnen kèk bagay sou levanjil la. Reyalite a se ke sa fè lontan li te chite nan chemen Seyè a avèk legliz la.

"Pandan vizit mwen an, li te rekonsilye avèk Seyè a. Li te kriye menm jan ak yon ti bebe. Apre nou fè yon ti pale anplis, nou sonje pou nou koumanse ak yon ministè pou granmoun ki aje yo. Li pral ede mwen avèk ministè sa a! se yon madanm ki byen espesyal"!

Twa istwa sa a yo de menm pastè a demoutre twa etap nan lavi.

1. Yon jenn fi, pwofesyonèl nan mond elektwonik la avèk konmpitè, avèk yon bebe. Yo te deside, byen bonè nan fwaye yo, chèche yon legliz ke Seyè a te mennen yo, aksepte lio kòm Sovè.

2. Yon madanm granmounm nan mitan karyè oswa pwofesyon li, ki konprann mond mantal la, ki te aksepte Seyè a epi kounye a li prè pou l travay epi vin yon pon ant legliz la ak sosyete a pou ede moun jwenn solisyon.

3. Twazyèm nan se yon madanm ki fin vye granmoun, ki te devlope nan mond lalwa ak jistis la.

Kisa twa temwayaj sa a yo genyen ki sanble? Yo te rankontre avèk Kris epi deside mete anpratik lafwa yo epi make diferans nan lavi yo, lavi moun ki pwòch yo ak entriman nan men Seyè a pa mwayen legliz la.

Nan ka twa temwayaj sa a yo—epi deja lè n ap gade bò kote pa pastè a ak legliz la—kesyon pa m yo se:

Kisa pastè a te genyen pou ke yo te chèche Bondye?

Kisa legliz la genyen ak ofi pou ke moun ki vin vizite yo, zanmi ak vwazen yo deside rete?

Men, gen yon bagay anplis. Anpil fwa nou kwè ke moun kip lis prepare a pap resevwa Pawòl la ni ap rete nan legliz la. Anjeneral, sa sanble vrè. Sepandan, lè—kòm nan ka Sòl ki soti nan peyi Tas—Jezi prezante li epi genyen dispozisyon pou aksepte li epi chanje, nou obsève transfòmasyon, kwasans ak sinyal.

Mwen rekonèt pastè byen ansanm ak madanm li. Yo se zanmi mwen. Mwen konnen legliz l ap dirije a. Lè mwen di "mwen rekonèt byen" mwen vle di ke se pa sèlman m konnen li depi anpil ane, men tou anpil batay yo pase, pwoblèm, opozisyon, sitiyasyon ki prèske te ka pèmèt legliz la kraze ak fèmen.

Kisa ki konviksyon karakteristik de yon legliz kretyen, avèk lidè li yo?

Ann al gade yon yijan pilwen epi ann mande: Kisa ki dwe konviksyon disip Jezi yo?

San dout, lafwa pral genyen rezilta, paske li pa pasif, men aktif! Lafwa nou deplase montay, sa vle di, li plis pase aktif!

I. "Mouri Nan Peche A, Men Viv Pou Bondye" (Women 6:1-14)

Depi nan chapit avan an yo, Pòl te gentan ap demoutre agiman avèk anpil atansyon; men jouskaprezan li pot ko rive jwenn yon konklizyon sou sa. Nan chapit 5 lan nou rekame yon tranzisyon de jistifikasyon a yon lavi ki tounèf nan Kris la. Nan chapit 6 la li diskite api eksplike kisa ki lavi tounèf la, mete aksan pou moutre ke rekonsilyasyon nan Kris la libere nou anba peche epi, kòm aprè—jan nou pal wè li nan chapit 7—libere kwayan an anba pouvwa lalwa.

Sou tèm peche a avèk konsekans tèrib li yo, Pòl mennen nou al wè tèm rekonsilyasyon an.

Noumenm ki mouri nan peche a (6:1-11) nou genyen yon lavi tounèf nan Kris la. Lavi tounèf nan Kris la mande pou moun nan kite vye lavi nan peche li t ap mennen avan an. Gen tandans, ant kwayan ak legliz jodi a, ki ta sanble pwopoze yon "repantans kondisyonèl". Kèk bagay tankou: "Mwen aksepte kris, mwen ale nan yon legliz, men m kontinye ak pratik ak konpòtman pase yo. Reyèlman, mwen pa bezwen eksperimante okenn transfòmasyon".

Tout vrè disip Jezi yo nou konnen ke sa a se pa vre, ni tounèf nonplis. Seyè a te akize moun ki t ap swi li yo sèlman "pou pen ak pwason". Lè Seyè a te demoutre yo ke lavi wayòm nan pa gen ladan li manje ak bwè, men se nan fè volonte Bondye, moun yo te ale; yo chak te ale nan chemen pa yo. Pòl te prèske rejte agiman moun sa a yo ki te konprann travay Kris la sou bwa kalvè a: "Nou pral pèsevere nan peche pou ke gras la ogmante?" (6:1) –se sa apot la te mande--, epi repons li a kategorik: "nan okenn fason!"

Nimewo en, lè pechè a aksepte Kris kòm Sovè li, li mouri ak Kris la sou kwa a; rebelyon sa kont Bondye a mouri tou epi deja pa kapab "fè biznis" oswa "fè komès" avèk peche a.

Sa vle di, Pòl pale de yon relasyon avèk Bondye ki gen ladan li avèk nati ak apèl pou viv apa, konsakre, nan sentete devan li chak jou.

Nimewo de, lè moun nan aksepte Kris kòm Sovè, yo vin "kreyati tounèf; bagay ansyen yo pase; se konsa tout bagay vin tounèf" (2 Korentyen 5:17).

II. "Tounen Vin Jwenn Bondye Tankou Yon Moun Ki Soti Nan Lanmò Pou Antre Nan Lavi" (6:13)

Ala yon konparasyon tèlman kategorik Pòl fè sou lavi peche avèk lavi tounèf nan Kris la! Mò a pa aktif, frèt, san sans ak grav. Sa ki vivan yo aktif, kè li bat, san li sikile, antikò li yo rejte mikwòb ak viris; avèk lavi mache, travay, li relasyone li avèk lòt moun.

Moun ki repanti a pa sèlman abandone peche a, men pa mwayen rekonsilyasyon nan Kris la resisite nan yon lavi ki tounèf. Lavi nan Kis la se lavi nou. Gen yon nonm popilè kòm kòmantaris biblik ki rele (William M. Greathouse) di konsa: "lè Kris moui pou mwen, se jistifikasyon mwen; Kris k ap viv nan mwen an se sanntifikasyon mwen. Sanntifikasyon sa a koumanse nan nouvo nesans lan, depi mwen te koumanse ap apwopriye mwen menm jan ak merit lanmò li menm jan ak moun sa a yo nan rezirèksyon li".

Nan kèk mo ki pa anpil, deja se pa paske m san peche devan Bondye, men tou mwen itil pou sa Bondye vle mwen viv.

Batèm nan se yon seremoni ki senbolize ak temwaye zèv Kris la nan kwayan an (Women 6:1-13). Pliske Pòl mansyone "lanmò" ak "lavi", rive fè nou konsidere seremoni batèm kretyen an. Pou Pòl, batèm nan pa t sèlman senbòl pirifiksyon peche, men li enplike yon nouvo relasyon avèk Kris ak patisipasyon nan lanmò ak rezirèksyon li. Anplis de sa, sa vle di yon lanmò total nan peche, vye lòm nan (vv.6,11).

Jan Batis te gentan pwofetize travay netwayaj sa nan kretyen an: "Mwen menm, mwen batize nou nan dlo, pou fè wè nou tounen vin jwenn Bondye. Men, moun k'ap vin apre mwen an gen plis pouvwa anpil pase m'. Mwen pa bon ase menm pou m' ta wete sapat ki nan pye li. Se li menm ki va batize nou nan Sentespri ak nan dife" (Matye 3:11).

1. Menm jan ak batèm nan dlo a, batèm nan Sentespri a mande enplike lanmò. Se yon lanmò total nan mwen, peche, mond lan. Se yon rejè total de pwòp tèt ou epi akseptasyon nan volonte Bondye pou lavi nou. Pou Pòl se tankou si moun nan te kloure sou kwa a avèk Kris (Galat 2:20).

2. Men tou, li enplike lavi, rezirèksyon. Apre batèm nan, lanmò espirityèl, moun nan resisite pou l viv nan sentete ak jistis, pou grandi jouk rive sanble ak Kris konplètman.

Batèm nan Sentespri ak dife a se bèl eksperyans ak sanntifikasyon total la. Se pwovizyon ki soti nan Bondye pou ke kwayan an, apre eksperyans delivrans li ak kosakrasyon li nan Seyè a, pou ke kwayan an kapab viv nan sentete devan Bondye ak fè parèy li.

III. Pratik Lafwa A (6:14)

Moun ki mouri epi resisite nan Kis la, li fè fas ak lavi chak jou avèk yon nouvo vizyon. Nan yon bò, li sispann itilize kò yon zouti peche epi, yon lòt bò, li vin yon estriman pou lajistis.

Gen kòmantaris (Cagg) ki di konsa: "Agiman debaz Pòl la genyen ladan li konfimasyon ke nou wè lavi ak de vizyon, youn se monden epi lòt la kretyen. Fason n ap jije lòt yo, apresyasyon nou ak enpòtans lajan epi lòt objè bezwen chak jou ak lòm, kalite objektif ak anbisyon nou yo, detèmine pa mwayen de lòt objektif yo".

Konklizyon

Menm jan ak twa ilistrasyon nan koumansman leson sa a, Sentespri a travay epi dirije depi avan konvèsyon kwayan an. Nou konnen ke Seyè a, pa mwayen Lespri li, li chèche nou epi vle pou nou antre nan chemen an.

Jezikris vle pou nou aksepte li kòm Seyè ak Sovè. Nan ka moun ki maye yo avèk de medam yo, yo te santi ijans ak nesesite ki te genyen pou yo te chèche Seyè a, Men la a, istwa a pa t fini. Yo te degaje yo epi chèche legliz la ak pastè a.

Yon lòt kote, nan yon jès de remisyon total ak obeyisans devan Bondye, li te byen prepare tankou Filip lè li te obeyi epi soti al rankontre ak nonm peyi Letyopi a.

Li menm ki te kontinye mache nan chemen lafwa depi apre konvèsyon li. Lè Bondye te rele li nan ministè a li te obeyi epi prepare li. Pi devan, lè li te kite peyi li pou l ale sèvi nan plizyè lòt kote ak pozisyon nan legliz yo, li te mete li disponib limenm ak madanm ak pitit fi li.

Apre sa, apèl la te fè li rive nan legliz sa kote l te resevwa lavi sa a yo avèk debwa louvri ki te nan nesesite. Li te pataje mesaj ak ministè a. Moun sa a yo pa t sèlman aksepte Kris kòm Sovè yo, men tou te koumanse grandi byen vit epi vin itil nan men Seyè a, konfòm ak plan li yo.

Yo pat rete bra kwaze! Yo patisipe epi pèmèt ke menm Sentespri a dirije yo nan chemen nèf epi ki genyen lavi!

"Akonpayman oswa kominyon ke yo te jwi te anndan kè epi total. Pami nou gen moun reyèl ak espirityèl ke nou kapab viv nan kominyon. Lapannkòt la, batèm avèk Sentespria, se pa yon kado ki soti nan tèt oswa kè lòm... se yon moun anndan yon lòt moun, pa mwayen limenm Lespri a konvèti an lavi lavi pa nou an, nan nanm pa nanm nou an.

"Moun ki pou Kris la, non sèlman li gen lespri nan kè li ki se gid li, kòm souveran, men tou li prepare li pou glorifikasyon final la... Sa a se mistè depi lontan: 'nan jou sa a nou va konnen ke mwen nan Papa a, epi noumenm nou nan mwen, epi mwen menm mwen nan nou" (I.A.Beals, Communion withe Christ, p.94).

Leson 19
Èske Pitit Bondye Yo Se Pou Sèvi Li?

Pou aprann: "Konsa tou, m'ap di nou, va gen plis kontantman nan syèl la pou yon sèl moun ki t'ap fè sa ki mal epi ki tounen vin jwenn Bondye, pase pou katrevendisnèf moun k'ap mache dwat, ki pa bezwen tounen vin jwenn Bondye." (Lik 15:7).

Objektif: Konprann ke lè nou aksepte Kris, nou mouri nan peche epi nan menm tan an tou, nou se pitit Bondye, sispann sèvitè tradisyonèl ak lalwa reliye yo.

Entwodiksyon

Youn nan chapit ki pi klè nan Bib la sou sa ki gen rapò ak kondisyon lòm se Women 7, espesyalman paske li fè wè pouvwa ak gravite maladi ki nan faz final peche a, konsa menm jan ak dezonè yo pale de li a oswa yon fv eferans ak delivans lan.

Pemyeman, se paske Pòl te fè referans ak "peche ki peye nou kach, li ban nou lanmò", nan chapit sa li demoutre kouman "kansè" espirityèl sa a antre nan lavi moun nan, menm si nan lespi li, li vle jwenn liberasyon.

Dezyèmman, se paske delivrans lan pifò pase aksyon pou w kwè a, nan rezon pou bay valè ak kondisyon de ki kote nouvo konvèti a "soti" epi pou kisa "kado oswa don ke JeziKris, Seyè nou an" mete akote nenpòt agiman sou efò reliye pou genyen delivrans lan.

Nan kontèks chapit sèt la, premyeman, non sèlman nou dwe mete tout chapit la anvalè, mmen se tout lèt la. Men si nou ta vle konsantre nou nan etid chapit sèt la, ebyen sa ki ta bon se koumanse li ak etidye depi nan chapit 6 jouska 8. Chapit 6 la fini ap di : "Paske lè n' te esklav peche a, nou pa t' gen okenn obligasyon pou n' te fè sa ki byen. Lè sa a, kisa n' te fè? Nou t'ap fè bagay ki fè nou wont jòdi a. Bagay sa yo fè nou jwenn ak lanmò. Men, koulye a nou delivre anba peche a, nou se esklav Bondye, se sak fè n'ap viv apa pou Bondye; epi bout pou bout n'a resevwa lavi ki p'ap janm fini an. Peche peye nou kach: li ban nou lanmò; men kadò Bondye ban nou gratis la, se lavi ansanm ak Jezikris, Seyè nou an, yon lavi ki p'ap janm fini" (Women 6:20-23).

Yon lòt kote, de premye vèsè nan chapit 8 yo di konsa: "Kounye a, nanpwen okenn kondannasyon pou moun ki fè yon sèl kò ak Jezikris. Lalwa Sentespri a ap fè nou viv ansanm ak Jezikri, li delivre nou anba lalwa peche a ansanm ak anba lanmò" (Women 8:1-2).

Twazyèmman, Pòl koumanse pale ak moun k ap koute l yo, ki se legliz kretyen ki nan lavil Wòm. Nou te di ke la a te genyen de gwoup kwayan: jwif yo, konèsè oubyen nan kèk lòt fason atache ak lalwa Moyiz epi sitwayen ki pa jwif yo (sa vle di, moun lòt nasyon yo), prensipalman moun nan kapital anpi women an.

Nan kontèks sa a Pòl di nan Women 7:1 epi sou fòm deklarasyon, "M ap pale menm jan ak moun sa yo ki konnen lalwa". Ki lalwa sa ye ? Pa Moyiz la. Se poutèt sa, nou kapab afime ke chapit sa se pou izrayelit yo. Jouskaprezan, menm si yo se kretyen, te bloke epi mantalman 'nan esklavaj' oswa "anba jijman" akoz de sa yo te aprann depi lè yo te piti osiv de lalwa Moyiz la. Se te yon bagay ki natirèl pou yo te asosye "dapre lalwa" delivrans pa mwayen lafwa a avèk obeyisans lwa sa.

Katriyèmman, li te pale ak moun ki t ap koute yo nan sans farizyen jwif ke li te ye. Li te kapab, avèk konesans koz, afime ke kòm reliye gwo ran ke li te ye—piplis pase yon pil lòt ki t ap mache konfonn moun nan lavil Wòm—se nan Kis la li te jwenn libète. Kondanasyon sa a yo te tonbe nan moman li te soun chemen ki mennen nan lavil Damas –Seyè a rankontre li, Sòl te aksepte li epi pran desizyon pou swi ak obeyi li ak tout lavi li. Limenm, pi byen pase tout moun, li te konnen "opresyon lalwa a" sa ke ebre yo te dwe mache anba dominasyon li.

Senkyèmman, moun pa dwe konprann refeans "peche k ap viv nan men an" menm jan ak lòt bagay ki pa ta konesans (reponsablite, obligasyon ak fado) ke Pòl te pote sou do li kòm "pitit kilti" kote li te rete a. Li te "jwif jwif yo", antrenè yo, sa ki pa t yon ti esponsablite piti.

Se poutèt sa li te kapab di yo avèk analoji oswa egzanp moun ki marye—menm jan yo te konn pratike nan lalwa Moyiz la, men kounye a li vle pale de Kris la: "Se menm jan an tou pou nou menm, frè m' yo. Nou mouri ansanm ak kò Kris la annegad lalwa. Konsa, nou lib pase nan men yon lòt mèt. Koulye a, se nan men moun ki te leve soti vivan nan lanmò a nou ye pou nou ka viv yon jan ki itil pou Bondye" (7:4).

Nan sans sa a, lè nou vin jwenn Kris—epi si nou te gen kèk doktrin tradisyon relijye nan nou—l ap posib pou nou pran sa ki pal di nan fanmi an, vwazen oswa zanmi pwòch yo. Pòl te pran responsablite pou l te di jwif yo—epi noumenm tou—ke Jezikris se pa yon lalwa imen; se pa yon lalwa seremoni; limenm, avèk prezans li, li pèmèt nou sèvi epi rete anba "kontwòl Sentespri a, men se pa anba kontwòl lachè" (7:6).

Se sa ki fè, lè yon moun aksepte Kis li kapab di: "Mwen santi kèm poze anpil lè m pale de Bondye... Avan mwen te fè pati de yon relijyon; men kounye a mwen aksepte Seyè a epi mande l padon li, mwen te santi yon bèl bagay, anpil kè poze, trankilite ak lanmou, anpil lanmou. Avan m t ap viv ak tristès, plen ak pè, fache; men tout bagay sa yo disparèt. Nan yon moman konsa m te mande: Kouman yon bèl bagay konsa te egziste epi pèsonn pa t pale m de li? M te rann mwen kont ke Kris te antre nan lavi mwen; ke mwen te resevwa li ak tout kè mwen. Ala bèl sa te bèl pou mwen lè m te ankontre avèk Kris epi rete lib de tout kondannasyon peche ak lanmò pou toutan an! Ala bon sa bon mwen wè Bondye banm lavi pou m eksperimante delivrans sa ke li ban mwen an!

Sa a se Say on sèl moun ki di li. Mwen temwaye li ; plizyè santèn zanmi ak vwazen ki rekonèt mwen te temwen. Atravè istwa a, koumanse depi nan disip Jezi yo, pase pran kwayan ki te reyini nan gwo chanm anlè a epi atravè tout istwa kretyen an, nou temwen ke nenpòt moun ki pwoche bò kot Kris li libere anba esklavaj zèv ak pratik relijye, ke nouvo lavi li nan Kris la gen plis valè pase nanpòt règ ak pratik ansyen yo. Se poutèt sa m ap repete sa Pòl di: "N ap sèvi anba pouvwa Sentespi a, men se pa anba pouvwa lachè" (7 :6)

L. Analoji Pou Moun Ki Marye (7:1-6)

Vèsè 1 pou rive nan vèsè 4 se yomenm ki koumanse epi moutre kijan lalwa te fè l rete nan esklavaj. Menm jan ak nan maryaj la kote ke moun ki marye yo dwe été nan soumisyon youn anvè lòt pandan toutan ke y ap viv, lanmò youn nan yo libere sa ki rete vivan an de lalwa sa a oswa kontra a. Vèsè 5 ak vèsè 6 la yo se agiman pasaj la. Vèsè a eksplike nan ki kondisyon moral lòm te twouve li anba lalwa.

Nan lòt mo, li anba dominasyon peche a. Vèsè 5 lan aplike, anrezime, pou eksperyans kwayan ki libere anba pouvwa lalwa, paske li mete konfyans li nan Jezikris. Kounye a li libere anba pouvwa lalwa epi kapab jwi benediksyon Seyè Jezikris.

Apot la moutre ke genyen yon relasyon ki byen fon ant pouvwa peche ak pouvwa lalwa (ann di "tradisyon ak règ ki pa kapab sove"). Lè moun nan aksepte Kris, li mouri nan peche epi nan menm tan an li sispann sèvitè lalwa. Ann di, ebyen, ke nan vèsè sa a yo gen de bagay ki parèt byen fò: Lalwa ak peche. Pòl fè konnen ke kwayan an pa sèlman mouri nan peche a, men tou anba dominasyon lalwa.

Lanmò Kris la fini ak tout kontra ke lòm te genyen ak peche ak lalwa relijye yo.

Mwen renmen chan kretyen sa ki te konn toujou chante (li posib pou l toujou sonnen menm jan nan anpil legliz) li di konsa:

Bèl kominyon se sa mwen déjà ap jwi,
Nan bra Sovè m nan !
Ala yon gwo benediksyon ke li banmwen kè poze!
Lè mwen santi lanmou sensè li nan mwen.

Kè:
Mwen lib, mwen sove!
Anba pèrèz ak krent;
Mwen lib, mwen sove !
Nan bra Sovè m nan.

Ala bon sa bon pou moun viv, Ala bon sa bon pou moun rejwi
Nan bra Sovè m nan !
Se la mwen vle rete epi abite avèk li,
Vin yon objè lanmou sensè li.

Pa gen pè, ni pèdi konfyans,
Nan bra Sovè m nan.
Avèk gwo pouvwa li, li va pran swen mwen
Anba grif tantatè a.

Èske w konnen istwa chan sa? Mou ki konnen yo remake kle Antonio Showalter se te direktè enstiti mizik nòmal nan Sid, nan Dalton, Jòjya. Li te pastè presbiteryen, popilè sou non konpozitè mizik kretyen ki te pibliye anviwon 130 liv mizik. Showalter te toujou enterese ak etidyan li yo.

Nan lane 1887 li te resevwa yon lèt ansyen elèv li yo ki te mansyone lanmò madanm yo. Pandan l t ap reponn lèt yo, Detewonòm 33:27 te vini nan lespri li: "Bondye ki la pou tout tan an ap pwoteje nou. L'ap pran dèfans nou ak pouvwa li ki p'ap janm fini. L'ap fè lènmi nou yo kouri met deyò devan nou, l'ap ban nou lòd pou nou detwi yo nèt".

Pandan li t ap ekri lèt la yo, pawòl sa yo te sonnen nan lespri li: "Mwen lib, mwen sove! Anba pèrèz ak krent; Mwen lib, mwen sove! Nan bra Sovè m nan".

Menm kote a li te voye yon lèt bay zanmi li epi konpozitè chan Eli Hoffman pou di li: "Mwen voye kè a pou yon bon chan ki baze sou Detewonòm 33:27, men kouplè yo pa vini nan memwa mwen". Hoffman te ekri twa kouplè epi voye yo bay Showalter, lemenm ki finalman te konpoze mizik la. Se te konsa bèl chan sa a te konsole ak bay plizyè milyon moun fòs nan anpil peyi ak lang.

II. Fonksyon Lalwa (Women 7:7-25)

Soti nan vèsè 7 pou rive nan vèsè 24, nou jwenn eksplikasyon de kouman lalwa fonksyone epi moutre kijan lòm, reveye moralman pa mwayen sa lalwa mande, li esklav epi akize akoz de li (vèsè 14 la difisilman ta kapab refere li ak kondisyon kretyen an ki fèt yon lòt fwa, men ki jouskaprezan poko resevwa sanntifikasyon total la—Li 2 Korentyen 5:17).

Eksplikasyon vèsè 6 la koumanse nan vèsè 25 epi kontinye jouk nan chapit 8. Pliske nou pa anba pouvwa lalwa ankò epi nou nan Kris la, Pòl di konsa: Nou lib pou nou jwi de lavi ke li ban nou an. Pa mwayen relasyon tounèf nou genyen nan Kris la (8:1) li rele nou pou nou jwenn tout delivrans lan pou nou jwi inite total kòm lespri, objektif avèk volonte Kris la (12:1).

Nou te di ke vèsè sa a yo se temwayaj pèsonèl apot la ki te oblije batay ak pwoblèm lalwa a.

Li di konsa ke: Lalwa nan limenm, se yon bagay ki nòb, sen ;paske se nan Bondye li soti li jis epi bon. Menm si lalwa se pou jwif yo pou fè lòm vin yon kwayan nan Bondye, Pòl dekouvri ke menm lwa sa a te itilize pou peche pou sèvi nan objektif peche a. Objektif lalwa a se te mennen lòm fè yon rankont ak Bondye, pou ke nan menm fason sa a li ta rive vin pitit Bondye.

Rankont sa ak Bondye te posib paske lalwa te devwale peche ki nan nati lòm nou an (7:7-13), epi te pwodwi dezesperasyon sa a ki pouse li rele mande padon ak libète (7:14-25). Malerezman, chalatan an te fè kwè ke lòm kapab jwenn padon sèlman lè li obsève lalwa epi anyen ankò. Epi kimoun ki kapab obsève lalwa? Pèsonn! Ebyen, kimoun ki ta kapab sove? Pèsonn!

Dape pwen sa a, yon kòmantaris (Barclay) di : "Krent lanmò a se lè ke sa kapab pan yon bagay ki gen valè, nòb epi bèl epi fè li vin yon enstriman mal".

Nan vèsè sa yo nou wè onètete apot la. Nou tout nan sitiyasyon kote nou konprann kisa ki jistis la, men nou pa kapab mete li anpratik. Men kad ke apot la pentire ban nou an, pa kite nou ak gou echèk.

Vèsè 25 lan se yon nòt viktwa. Se nan Jezikris nou jwenn moun ki kapab libee lòm anba pouvwa peche ak esklavaj peche. Grasadye Jezikris te vini pou konpli ak lalwa pou ban nou libète ak delivrans.

Jistifikasyon an (nou jistifye anba tò nou devan Bondye, nan lanmò Kris la) ; transfòmasyon an (fèt yon lòt fwa, transfòme, pa mwayen pouvwa rezièksyon Kris la"), gen ladan li eksperyans lòm nan lè li fèt yon lòt fwa. Chak eleman nan mwayen lagras sa fèt byen vit, nan nana k sekans lojik ke nou remake a.

Se sa ki fè, avan yon moun vin antre nan fanmi Bondye a, avan tout bagay nou dwe jistifye epi apre sa transfòme. Yon lòt kote, nan moman kote Bondye jistifye nou an, nou vin jwenn akseptasyon kòm pitit Bondye.

Jezi te rakonte yon parabòl ki reflete "lalwa lanmou ak lalwa padon" epi kòm li pifò epi enpoze sou "lalwa ke nou tout nou vle atache pou nou reklame dwa anpil fwa".

Yon lwa jistis (kòm sa ke anpil fwa ki egziste avèk atik epi ki separe) antre nan favè moun ki pa gen privilèj ke lòt yo kapab genyen; men si tout moun te anbrase ansanm "lalwa lanmou ak padon an" menm jan nou jwenn li nan parabòl sa ki rele (retounen), nou pa ta gen nesesite pou nou ta nan esklavaj lalwa ekri nan jistis.

Nan parabòl "pitit ki te vini oswa retounen" Jezi anseye nou pou nou konprann epi ranfòse sa Pòl te vle anseye nou nan chapit sèt la nan sa ki gen pou wè ak liberasyon anba peche a. Lanmou ak gras Bondye a pa janm abandone moun ki repanti nan sosyete sal kote kochon yo ye a. Okontrè, li sove moun anba salte, li ban nou yon rad jistis ak sentete ki tounèf, epi fè fèt !

Konklizyon

Gras Bondye a libere lòm anba pouvwa peche a epi li sove li pou l ba li yon rad jistis ak delivrans tounèf.

Yon ekriven te di :

"Bondye konsonmen sakrifis la, men se noumenm ki bay sakrifis la. Bondye padone ak netwayemen nou dwe egzèse lafwa epi ofri sakrifis ki gen valè. Bondye deside viv nan mwen, men mwen dwe konsakre lavi m. Bondye vle libere nou de peche ki nan nou, jan li te vle sove moun pèp Izrayèl ke koulèv te mode yo nan dezè a, men dwe leve tèt nou gade lakwa li epi sonje ke nou bezwen li".

Chak kwayan, lè li fèt yon lòt fwa, li sanntifye depi nan koumansman. Sanntifikasyon total la fèt lè kwayan an, pa mwayen pouvwa Sentespri a, remèt li sanpousan pou volonte Bondye pou ke Seyè a kapab reyalize plan li nan lavi li.

Lè kwayan an franchi etap sa, Bondye netwaye li de tout koripsyon moral. Lavi nou vin pi laj lè nou rive reyalize objektif la.

Pan gen kontradiksyon ant eksperyans kretyen ki ranpli ak Sentespri a ak Bib la. Pa gen revelasyon oswa eksperyans ke nou resevwa apa de, oswa deyò ansèyman ki nan Pawòl Bondye yo.

Leson 20

Èske Yo Vivan Epi Viktoye?

Pou aprann: "Men, sou tout bagay sa yo, nou genyen batay la nèt ale, gremesi moun ki renmen nou an." (Women 8:37).

Objektif: Etidye ak konprann ke Sentespri Bondye a vle antre epi abite nan kwayan an pou ba li viktwa sou peche ak fè Bondye plezi.

Entwodiksyon

Mwen pa konnen konbyen nan nou te familyarize li ak pèsekisyon kont lafwa kretyen an pandan nan mwens de 300 ane istwa krisyanis la. 30 0ane 303, 23 Fevriye, anperè women an Dyoklesyan de deklare yon pèsekisyon ak masak terib kon disip Kris yo. Nan epòk sa a, anpil kretyen fidèl te pèdi lavi yo, men olye san ki te koule yo te fèmen pòt legliz la, li te fè l plis boujonnen, nan konfimsyon ak lide Tètilyen an ki te di ke "san moun yo te touye yo se semans legliz la". Tètilyen se te yon ludè epi ekriven ki te konvèti nan krisyanis anviwon 197 oswa 198 apre Kris. Limenm menm te di ke li pa kapab imajine l de yon vrè lavi kretyen san yon jès konvèsyon ki radikal.

Women chapit 7 la mennen nou nan pwòp eksperyans Pòl. Si nou sonje, avan rankont li avèk Jezi sou chemen ki mennen nan lavil Damas, li te yon jwif ki te relijye anpil ki t ap pèsekite kretyen yo, pandan l te panse se te yon ti gwoup moun ki te twonpe yo de ansèyman ki nan kanon jwif la. Men, menm jan gran kòmantaris Adam Klarke, li pa t sèlman rankontre ak Kris—men menm jan li te eksplike li nan chapit 7 la—li te dekouvri ke vin yon jwif ki gen konsyans de peche li, byen vit, li te chèche padon ak pirifikasyon peche li yo nan lalwa.

Sepandan, lè nou kontinye li temwayaj li nan lèt ki te ekri pou kretyen k ap viv nan lavil Wòm yo, li te dekouvri akèk yon tan ke lalwa pa t gen pouvwa pou padone peche, ni sanntifye. Rankont li avèk Kris la te mennen li dekouvri sèl chemen redanmsyon an epi, avèk anpil kè kontan, li te kapab kriye byen fò: "Pa gen kondannasyon pou moun ki fè yon sèl avèk Jezi ki se Kris la!"

Si nan chapit avan yo, apot la te eksplike ke lòm kapab delivre anba lalwa ak peche sèlman pa mwayen lafwa nan Seyè Jezi ki se Kris la, nan chapit 8 la li pwoklame lavi viktorye ke Bondye ofri atravè Pitit li a Jezi ki se Kris la.

Nan tout etid nou yo nou te wè kote ke apot la mansyone travay redanmtè Sentespri a sèlman de fwa (5:5 ak 7:6ò) epi la a li fè remak ke Sentespri a detèmine kalite lavi kwayan an. Yon lòt kote, nan chapit 8 la, apot la pale nou de Sentespi a 20 fwa, fè wè ke li se yon reyalite epi eleman ki enpòtan nan lavi kwayan an.

Nan lòt mo, apot la di ke lavi kwayan an vin yon lavi viktorye, si Sentespi Bondye a abite ladan li.

Sa ki kontrè ak lavi nan Sentespri a se lavi nan lachè. Li reprezante limanite ki separe dozado ak Bondye. Lavi chanèl la pa konnen objektif ni volonte ki soti nan Bondye. Li viv pou limenm; sa vle di, li depann sèlman de rezilta chanèl li yo.

Yon rezime de Women 8:1-27 ta kapab sa a:

1. Vèsè 1-4 genyen ladan li yon deskripsyon toukout sou sou ki sove a ke Bondye fè pa mwayen Kris la.

2. Vèsè 5-13 moutre ke lavi tounèf kwayan an base sou yon direksyon Sentespri a ki dirab.

3. Vèsè 14-25 moutre nou ke lavi nan Sentespri a mennen nou pote laviktwa, limenm ki se yon pati nan eritaj pitit Bondye yo.

4. Vèsè 26-27 moutre ke èd Sentespri a manifeste sou de fòm: Premyèman, toujopu apm lapriyè mande Bondye pou nou; dezyèmman, li pèmèt lòm etidye kè li pou konnen sa ki volonte Bondye a.

Nan yon sans, tout esfò sa nan ansèyman Pòl la pou women yo—depi nan chapit premye a pou rive jous nan chapit 8:27—li genyen kòm objektif ke pa genyen nesesite pou fè peche, retounen dèyè, renonse, tonbe nan gras la. Pòl ap demoutre ke pa janm gen rezon pou nou tounen dèyè.

Gen kèk ekriven ki rakonte nan liv li ak eksperyans enteresan li yo osijè de lavi gran estadis anglè a Mesye Winston Churchill. Lè li te elèv nan klas segondè, li pa t gen pi bob kalifikasyon yo, men, li rive pase tout kou yo kanmenm pou l te ale nan inivèsite. Lekòl kote Churchill te konn ale a te rele Harrow epi, apre li te fin rive yon gran chèf nan leta, direktè lekòl Harrow la te envite li pou l te vin bay yon diskou nan fen ane lekòl la. Li te anonse elèv yo sa pandan li te di yo konsa: "Pi gran oratè nan tout epòk yo" pral nan gradyasyon an epi li pral prezante yon diskou pou nou ; "konsa, se pou nou prepare nou pou nou kapab pran ase nòt ki enpòtan".

Lè Mesye Winston Churchill te parèt sou estang lan li di konsa: "Jèn yo, piga nou janm bay legen; piga nou janm bay legen. Janmen! Janmen! Janmen! Janmen!"

Se te ti pawòl toukout sa sèlman ki te diskou a, men sa te sonnen nan zòrèy ak kè jèn yo pou tout rès lavi yo.

Ak diferans de Churchill ki mete aksan sou efò imen an, apot Pòl te kriye byen fò "janmen! Janmen! Janmen! Janmen! Nou pa dwe ni bezwen retounen dèyè!" Men kouman? Moun k ap li a mande. Ebyen li te demoutre ke lavi kwayan an vin yon lavi ki viktorye se pa avèk efò imen, men se lè li gen Lespri Bondye a abite nan li! Frè ak sè yo, kwayan an pa bezwen tounen dèyè!

Èske li posib pou yon moun dekouraje, oswa tonbe, oswa pran kèk kou nan chemen an? Wi, sa se klè! Men Sentespri a non sèlman ap pran responsablite li pou egzòte nou, men si nou prè pou nou leve kanpe nan Seyè a, n ap kite Li leve nou epi kontinye nan chemen an san nou pa retounen dèyè.

I. Lavi Nan Sentespri A (Women 8 :1-17)

Nan Women chapit 8 Pòl dekrive zèv ak ministè Sentespri a ak efè li fè nan tout aspè nan lavi kretyen an. Pou Pòl, lavi nan Sentespri a ak lavi nan sentete a yo se tankou yon montay espirityèl, depi la mou kapab wè travay redanmsyon Bondye a ki, bèl, gwo ak konplèt.

Li enpòtan pou li ak etidye vèsè sa a yo—menm si se byen brèf paske yo se kontèks kote nou pral plis mete aksan jodi a. Nan pasaj sa a nou gende mo kle: Lachè ak Lespri.

Gen yon opozisyon ki nesesè nou dwe konprann pou nou apresye diferans ant echèk ak viktwa. Nan premye vèsè a li endike ke pa gen okenn kondannasyon pou moun ki fè yon sèl avèk Kris la. Pli lwe pase pwoblèm echèk ak dezespwa, nou jwenn reyalite bèl liberasyon an ki se opòtinite ak privilèj kretyen yo. Mo ki di "kounye a, menm" genyen ladan li yon kondisyon ki tounèf. Men avèk menm pawòl yo li gade dèyè, nan lavi pase ki pase a, pou chèche jistifikasyon, pou lavi ki tounèf nan Kris la, pou pwoblèm pou fè volonte Bondye avèk viktwa konplèt la.

A. "Okenn Kondannasyon" (v.1).

Nan fason Pòl itilize mo sa a yo, yo gen de siyifikasyon: premye, libète anba tò peche a. Netwayaj tò sa a se rezilta jistifikasyon an. Mo kondannasyon an pa dwe entèprete andeyò kontèks li. Apot la pa tèlman pale osijè de jistifikasyon an men pito sanntifikasyon. Se poutèt sa, dezyèm siyifikasyon "okenn kondannasyon" non sèlman li vle pale de libète anba tò peche a, men tou libète anba esklavaj peche.

B. "Delivre Anba Lalwa Peche A Ak Lanmò" (v.2)

Lavi viktorye tounèf la avèk libète a se rezilta yon pouvwa ki tounèf, ki moutre ke gen yon moun tounèf k ap domine lavi kwayan an. Sentespri a ke Kris la bay la, fè kwayan an vin yon moun ki lib. Pòl pa t libere de sa li te ye lè li te jwenn laviktwa nan Kris la, men li te ranplase yon lwa pou yon lòt: Lalwa Sentespri a ki bay lavi nan Kris la nan plas lalwa Moyiz la. Pa mwayen kado Senspri a, nou libere de tout batay nan tan pase nou yo. Lalwa a ki mountre li espirityèl jan li ye a. Kounye a Pòl rejwi nan lalwa Bondye a epi pa mwayen Sentespri li akonpli ak lalwa.

C. "Li Te Kondanne Peche A Nan Lachè" (v.3).

Moman enpòtan nan batay konte peche a se lanmò Kris la. Lalwa Moyiz la pa t gen pouvwa pou ove moun anba lanmò, paske lachè te fèb pou delivre anba esklavaj moun ki anba pouvwa peche. Se vre ke lawa f moun vin konesans sou peche, men li pa bay pouvwa pou padone peche. Jezi te vini sou fòm lachè lachè peche (v.3). Jezi se pa t yon èt maske ki soti nan Bondye ak yon nati epi yon kò moun, ke nan moman ki fè mal nan lanmò li te kapab retire li. Pandan Bondye te voye pwòp Pitit li pou l te pran fòm moun epi li te pwoklame echèk gouvènman peche a, lachè a.

D. "N Ap Mache...Konfòm Avèk Lespri" (v.4).

Lè n ap mache dapre lachè a, nou pèmèt ke nou domine endolans lespri a ak apeti lachè a. Lè nou konfòm ak Lespri a (majiskil, paske se

Twazyèm Moun nan Trinite) nou resevwa dezi a, dispozisyon an avèk pouvwa pou bay peche a do.

Lè gen mache nan Sentespri a, gen tèt ansanm nan legliz la, kominyon, obeyisans ak pwogrè nan lavi nou chak jou.

II. Pliske Venkè (Women 8 :28-29)

A. Rezilta Lanmou Bondye A (v.28)

Nou gen sekirite ke nan mitan enkyetid lavi, prezans lanmou Bondye kapab lman dirije nou kote ki gen bon pò a; men, se sèlman moun sa a yo ki renmen Bondye epi pou byen tout moun li te fè lide rele, yo kapab resevwa èd sa a ki soti nan Bondye—dapre sa nou te li. Si nou konprann ke Bondye vle pou tout moun rive tounen vin jwenn Bondye, nou pral konprann ke apèl la inivèsèl. Gen de bagay ki souliye nan "kondisyon": Pou yon kote,

(a) obeyisans pèsonèl pou delivrans (a)e pi aksepte tout gras ke Bondye bay la ;

(b) Konprann ke nan plan Bondye, chak moun fèt avèk yon objektif. Lè moun nan enmen epi kòm rezilta obeyi Bondye san kondisyon, kwayan an pral dekouvri objektif sa a epi santi li fèt pou l avanse nan kanal sa a epi akonpli vonlonte li avèk èd Bondye.

B. "Tout Bagay Se Pou Byen" (v.28)

Gen yon kòmantaris ki fè wè remak ke anpil moun ap plenyen pou soufans ke y ap andire, sepandan, moun sa a yo dwe konprann ke soufrans sa a yo kapab vin chanje an sous de benediksyon. Ansèyman yo ki nan chapit 8 la pa mache kole ak bon lide oswa "levanjil pwosperite sa" ki moutre ke pitit Bondye yo pap janm gen pwoblèm. Nan okenn fason ! Apot la vle di nou ke nan mitan sikonstans difisil yo, Bondye ap rete bò kote nou pou ede nou pran benediksyon ki ladan yo.

C. "Transfòme Nan Imaj Pitit La" (vv.29-30)

Apot la pa vle di nonplis ke sa ki anmè yo dous ak sa ki dous yo anmè; sensèman li moutre ke Bondye bannou pouvwa ak bon konprann pou ke nou pwofite pwoblèm yo epi jwenn benediksyon yo. Ki pi bon egzanp ki genyen pase prizon Pòl yo? Lè Pòl te ekri Filipyen yo li te nan prizon epi li te di yo konsa: "Frè m' yo, mwen vle nou konn sa byen: Tout bagay sa yo ki rive m' lan, yo pi fè travay predikasyon bon nouvèl la mache pase yo fè lòt bagay. Se konsa, tout gad palè yo ansanm ak tout lòt moun yo konnen se paske m'ap sèvi Kris la kifè m' nan prizon…Se pou nou toujou kontan nan lavi n'ap mennen ansanm nan Seyè a. M'ap repete l' ankò: Fè kè nou kontan anpil! " (1:12-13; 4:4).

III. Yon chan selebrasyon (vv.31-39)

Sous lanmou Bondye, kisa nou kapab di sou sa?—se kesyon sa apot la te poze. Nou pap pliye ke sèvis pou Bondye a genyen pri li, men pa gen anyen ki gen konparasyon ak laglwa ke nou pral resevwa a.

A. "Li Pa T Regrèt Bay Pwòp Pitit Li" (v.32).

Agiman an se ke si Bondye te bay pwòp Pitit li a pou nou, kouman li pata ban nou tout lòt benediksyon yo ? Epi, devan sitiyasyon sa a gen de kesyon ki prezante:

B. "Kimoun Ki Kapab Akize Moun Bondye Chwazi Yo? (v.33)

Pòl anonse ke delivrans nou an genyen garanti. Men èske fòs lennmi an ap elimine vre ? èske se vre moun ki te jistifye yo pap janm vire do bay pouvwa ki soti nan Bondye a ? Nou pa gen okenn dout sou pouvwa ki soti nan Bondye a, men, kisa ki nan kondisyon nou kòm lòm? Si nou rekonèt ke nou pa merite delivrans lan, èske Seyè a ta deside kondanne nou pou peche pase nou yo?

C. "Kimoun K Ap Kapab Separe Nou De Lanmou Kris La?" (v.35)

Kesyon sa a gen pou wè avèk diferan kou lavi a bannou. Menm si Pòl di ke pa gen okenn moun k ap kapab retire delivrans Bondye te bannou an, men kesyon ki vin poze: èske fòs malen yo ap kapab fè volonte lòm nan pèdi fòs pou trennen li al nan lanfè ?

D. Nou Te Di Ke Pòl Te Soufri Pèsekisyon Ak Move Tretman Nan Pwòp Chè Li.

Li di ke pa gen anyen ki kapab separe nou de lanmou Bondye si nou kenbe fèm nan konfyans nan Li. Seyè a pwomèt ke "si nou soufri, nou pal rejwi avèk li tou" (2 Pyè 2 :12).

Konklizyon

Ansèyman ke apot Pòl kite nan chapit sa se:

1. Sentespri a se solda Bondye itilize pou sanntifikasyon nou.

2 Bondye libere anba lalwa peche ak lanmò.

3. Lavi viktorye a pa tèlman depann de efò nou, men se de konfyans nou nan Bondye pandan n ap kite li travay.

4. Sentespi a ranpli lavi kwayan an epi pwodwi yon lavi nan li ki akseptab devan Bondye.

Ilistasyon
"Tout Bagay Se Pou Byen"

Te genyen de gwo pwoblèm ki te dwe rezoud avèk fonksyonè gouvènman peyi mwen yo. Kòm nou te anba yon diktati ki te di anpil, pifò moun k ap travay nan biwo gouvènman yo se te diktatè ak abizan. Yon jou, mwen te deside ale prezante youn nan pwoblèm yo. Nan fason sa a, mwen ta dwe kite pase yon tan pou yo yo te rezoud dezyèm pwoblèm nan.

Mwen te pran respnsablite m pou m te ale nan biwo yo te endike m nan, men avan mwen menm ak madanm mwen te soti pou nou ale, nou te lapriyè mande Bondye pou l te ede nou epi fè nou pote laviktwa nan sitiyasyon sa.

Lè m te rive nan biwo a, gen yon mesye ki te mal resevwa mwen. Mwen te pale avèk li sou pwoblèm mwen, men li te moutre ke li te vrèman pès epi moutre li byen negatif tou. Lè m wè m pa t rive reyalize anyen avèk mesye sa, mwen te pran desizyon pou m mache san m pa t jwenn okenn solisyon. Men nan moman sa a, gen yon lòt travayè ki t al kote li epi di l pou l te kite l pran responsablite l ak pwoblèm sa pèsonèlman. Mesye a te leve li soti pou al rezoud lòt pwoblèm epi kite lòt travayè a ap pale avèk mwen.

Mwen retounen rakonte travayè a pwoblèm mwen ankò, li te moutre ke li te vrèman enterese ak sa m t ap di l yo epi li te ede m jwenn solisyon pwoblèm nan. Li te tèlman byen resevwa mwen, m te tou pezante li dezyèm pwoblèm nan epi li te tou ede m jwenn solisyon li tou.

Lè mwen te rive lakay epi m te koumanse rakonte madanm mwen sak te pase m nan, li te di Bondye mèsi. Nou te kenbe men youn lòt epi nou te priye pou nou di Bondye mèsi ansanm pou direksyon Seyè a te bannou nan sitiyasyon difisil sa. Toude pwoblèm yo te rezoud epi nou te kapab di menm jan ak Pòl ki, avèk èd Bondye, nou gen batay la nèt ale.

Leson 21 — Èske Misyon Nou An Inivèsèl?

Pou aprann: "Dapre sa ki ekri nan Liv la: Nenpòt moun ki mete konfyans yo nan li p'ap janm soti wont. Konsa, nanpwen diferans ant moun ki jwif ak moun ki pa jwif: yo tout gen yon sèl Mèt ki bay tout moun ki rele l' favè l' an kantite" (Women 10:11-12)

Objektif: Konnen ke Seyè a bay kwayan yo responsablite pou yo pataje levanjil la menm jan nou te resevwa l la ; reponn pou akonpli Gran Komisyon an kòm legliz li pou fè disip nan tout nasyon yo (Matye 28:19).

Entwodiksyon

Sa fè kèk ane de sa nan lakou legliz la, depatman timoun yo t ap selebre yon aktivite sosyal pou yo. Gen kèk timoun nan katye a ki t ap pase nan lari a, te kanpe bò kote kloti a pou yo gade. Timoun nan legliz la yo te kontan anpil. Te gen jwèt, pale fò ak kout ri tout kote. Pandan yon moman nan aktivite a, pwofesè timoun yo te koumanse distribiye sachè bonbon, fwi ak tijwèt.

Mwen te wè lòt timoun yo kanpe bò kloti a, ap gade sèn nan. Nan moman sa a, mwen te pran yon kèk sachè epi ale kote yo te ye a, mwen te envite yo vini nan aktivite a nan semèn nan, epi mwen te ofri yo.

— Yo di m konsa: --Mesye, nou pa moun legliz la non.
— Mwen reponn yo: --Mwen konnen, men si nou vle aksepte sachè sirèt la, se desizyon pa nou.
— Genyen youn ki te reponn mwen byen vit konsa: Wi, mwen bezwen.

Nan moman sa a, ofri lavi ki pap janm fini Bondye te ofri limanite a te vin nan lide m. Lè Kris la te mouri sou kwa a, li te fè sa pou "tout moun ki kwè nan li yo pa pèdi, men gen lavi ki pap janm fini an" Men, chak moun koresponn pou deside si yo vle oswa pa vle delivrans yo. Ala bèl sa bèl lè nou wè ke jouskaprezan moun yo vle epi aksepte kado Bondye ba yo a!

Women, nou te di nan koumansman an nan seri a, se "Katedral doktrin lafwa kretyen an". Li pa ta dwe konsa, si nou te rete sèlman ak aspè doktrinal ki prezante nan chapit 8 la. Li klè ke, nan lèt li bay legliz ki nan lavil Wòm nan, Pòl ap eseye elaji kòm pou ede yo soti nan tisoulye yo.

Gen kèk ane de sa mwen tande tiblag sa a. Gen yon kongregasyon kretyen ki te envite yon atis pentire yon foto nan yon legliz ki mouri. Yo refere yo ak pwòp gwoup yo a, paske lavi espirityèl la te fèb anpil nan legliz yo a. Apre li fin etidye anpil estrikti epi ekzamine gwo kay kote moun sa yo te konn rasanble a, atis la prezante travay li nan komite a an chaj nan pwojè a. Se pa t 'foto yon tanp detwi san penti ak ban vid, men se yon gwo tanp gran kategori ak kapèt ak yon pri byen chè, yon chè manyifik ak bèl fenèt. Men, lè moun byen gade, moun te kapab wè ke te gen yon gwo fraz ki te di nan yon kwen gwo tanp lan: "Pou Misyon yo"; te gen anba li, kès pou ofrann nan avid, tout bagay te kouvri ak fil zarenyen byen pwès. Legliz la te bliye responsablite ak privilèj li yo.

Pi gwo pwoblèm yon legliz ka genyen jodi a --epi avèk li, chak manm li yo--se inyore objektif redanmsyon ke Kris te vin akonpli nan mond lan. Kisa ki objektif la? Li ekri nan Liv la: Fè disip menm jan ak li nan tout nasyon yo. Pèsonèlman mwen pa panse ke li lakòz plis lapenn nan kè Bondye ke yon legliz ak kwayan li yo gen tandans inyore oswa pa enrese ak misyon sa a.

I. Otorite Bondye A Ak Libète Lòm (Women 9:30-33)

Nou ta dwe li chapit la tout antye si nou vle pi byen konprann pasaj sa a. Men, nou te chwazi dvnye vèsè yo paske yo sanble anpil nan anpil sa ki mansyone ak pwochen chapit yo. Sepandan, rekòmandasyon nou an, se li chak chapit sa yo.

A. Bondye Vle, Ta Kontan, Pou Mond Lan Gen Lavi Ki Pap Janm Fini An

Prensip sa a ke moun pèp Izrayèl yo te "bliye" ke Bondye te mete apa pou vin "limyè pou nasyon yo", se byen, sa kapab yon "bliye" pou kretyen k ap viv nan tan nou yo jodi a. Sètènman li plis pase "yon sipèvizyon". Li se refwadisman espirityèl; Li se rejè, endiferan ak dezobeyisans Gran Komisyon an: "Jezi pwoche bò kote yo epi li di yo konsa: Mwen resevwa tout pouvwa nan syèl la ak sou tè a. Se poutèt sa ale, epi fè disip nan tout nasyon yo, batize yo nan non Papa a, Pitit la ak Sentespri a, anseye yo pou yo obeyi tou sa mwen te mande nou yo. Apre sa, mwen menm m ap la avèk nou chak jou, jouskaske mond lan finï"(Matye 28: 18-20). Moun ki te sove yo, se moun ki fè pati legliz Kris la, gen responsablite pou yo temwaye ak preche fidèlman sou mesaj delivrans lan.

B. Plan Bondye A

Bondye te mete yon pèp apa depi nan yon moun (Abraram), yon pèp. Pèp la pa t apa pou pwòp tèt li, men se te pou mond lan. Jis li Jenèz 12: 1-3 yo konprann prensip sa a: (1) Abraram; (2) Izrayèl, (3) mond. Pasaj la di konsa: "Seyè a di Abram konsa. Pati, kite peyi ou la. Kite tout fanmi ou. Kite kay papa ou, ale nan peyi m'a moutre ou la. M'ap ba ou anpil pitit pitit. Y'a tounen yon gwo nasyon. m'a beni ou. Y'a nonmen non ou toupatou; w'a sèvi yon benediksyon pou tout moun. M'ap voye benediksyon mwen sou tout moun ki va mande benediksyon pou ou. Men, m'ap madichonnen tout moun ki va ba ou madichon. Gremesi ou, tout nasyon sou latè va jwenn benediksyon !". Apèl Abraram nan se te pou beni tout fanmi moun ki sou latè; se pa t pou kreye yon fanmi san konte ak inik.

C. Rezime Chapit 9 la

Konsèp sa a se jisteman lojik Pòl te manipile nan chapit 9 la. Annou wè:

1. Pòl fè yon evalyasyon sou pèp Izrayèl la (vv. 1-5)

2. Abandon oswa peche pèp Izrayèl pa pwouve ke Bondye pa t fidèl (vv. 6-13).

3. Chwa Bondye pa t enjis (vv. 14-29)

4. Chwa Bondye a yo pa t abitrè (9:30-10:21)

Kontradiksyon nan otorite Bondye a ak libète lòm pa fasil pou konprann; men apot la, ki gen konesans anpil nan odyans lan, li prezante de lide ki toujou mache ansanm: (a) Bondye souveren epi li gen tout bagay nan men li; (b) lòm, paske li gen libète pou l chwazi, li chwazi si pou l soumèt li anba otorite Bondye oswa non.

II. Libète Lòm Ak Zèv Li Yo
(Women 10:1-4)

A. Jwif Yo Tou Fè Pati Plan Delivrans Nan Kris La - 10:1-2

Pòl te pran responsab li pou endike de erè nan mitan jwif yo: (1) Inyore chemen delivrans Kris la; (2) konprann ke favè Bondye se te pou yo sèlman; pa reyalize ke delivran Bondye a inivèsèl (ki genyen yo ladan li).

Li se yon pwoblèm grav lè nou manke imilite epi nou fè fas nan lavi a ak konplèks siperyorite. Li bon pou nou konprann--espesyalman kòm kwayan, disip Kris—ke lanmou ak imilite se karakteristik ki fèt nan Lespri Bondye a. "Yon misyonè nan peyi Zend, te wè yon vye granmoun ki te malad, ki te tonbe epi dispoze atè a, li te kouri epi pran l nan ponyèt, mennen l' nan lonbraj anba yon pye bwa li ba l 'bwè ti gout dlo. Yon Endou gran klas te pwoche bò misyonè a, li di: Mwen te wè sa ou te fè a. Mwen pa te kapab fè anyen pou li, paske, kòm mwen fè pati gran klas la epi limenm li se yon mizerab ki nan yon klas ki pi ba, relijyon mwen an entèdi m' menm manyen l. Misyonè a te di Endou a: "Men, m', relijyon mwen an fòse m' fè sa ki byen ak tout moun; kèlkeswa ras oswa relijyon".

N ap sezi pou lòt relijyon yo, men li bon pou nou mande: èske nou konprann ke nou responsab pou nou pataje levanjil la avèk tout moun nan menm fason nou te resevwa l la? Oswa, jan evanjelis Oswald Smith te fè apwòch sa: "Èske nou gen dwa pou tande levanjil la de fwa, lè gen moun ki pa t 'tande li menm yon fwa?"

Menm jan endiferans pou temwaye tankou anbrase yon teyoloji ki pa temwaye, ki pa chèche moun ki pa konvèti yo, ki pa preche, evanjelize oswa fè disip se pral lonbraj pwoblèm nan ke jwif yo te genyen avèk "zèv yo", "mank de imilite ak lanmou" ak "konsèvasyon relijyon yo".

Atitid Pòl la pa t agresif fas ak jwif yo. Pòl te denonse ak tout fòs li konpòtman pèp jwif la fas ak Bondye. Nan plent sa, li pa janm mansyone ke jwif yo pa t 'kapab sove, men yo menm tou te genyen opòtinite pou yo kwè nan Kris la. Apot la anseye nou ke si nou vle libere frè parèy nou yo, nou dwe renmen yo anpremye.

B. Jalouzi Pou Bondye, Kouraj Ak Feblès Li -10:2

Nan yon diskisyon li enpòtan pou konnen pwe fò moun ki kont lan. Nan sans sa a, adilasyon Pòl la pa t 'yon konpliman pou jwif yo. Li menm pa mwayen eksperyans li, te konnen ke jwif yo te gen yon jalouzi pwofon pou Bondye, men li pa te an konfòmite ak yon konpreyansyon kòrèk (syans) nan vrè relijyon an. "Jwif yo te fè jalouzi pou Bondye, men jalouzi sa te manke direksyon, yo te detounen paske lanmou pou Bondye te ranplase pa konsèvasyon relijyon (obsèvans lalwa nan tout entegralite li, men san lanmou)" (Barclay).

Anpil moun di konsa: "Relijyon mwen an se limenm ki ofisyèl nan peyi mwen"; lòt "m ap fè relijyon zansèt mwen yo"; lòt moun yo tou senpleman ògeye pou gwo tanp yo, pastè yo, men yo pa ke okenn nan jalouzi oswa fanatis sa a yo pa gen valè si moun nan pa renmen Bondye, Se poutèt sa li pa ka repanti nan peche l yo ak swiv obeyisans Kris la. Li kapab toujou al legliz, chante, "fè" tout bagay ke moun fè nan yon legliz kretyen. Men, si li pa resevwa Kris la epi pa mache nan obeyisans Pawòl Li, "li se tankou yon senbal k ap sonnen" (1 Korentyen 13).

C. Jistis La: Pou Ki Moun? -10:3-4

Nan de vèsè sa yo Pòl demoutre gwo labim nan ant jistis Bondye ak pa lòm nan. Neglije jistis Bondye a, pou egzèse pwòp jistis pa yo, se tankou eseye enpoze lè ak zegwi relò a k ap fè bak; mwa yo nan ane a alanvè epi jou nan semèn yo koumanse nan 30 epi fini nan 1. Si sa a pa fè sans pou nan yon sans invèsèl lè n ap pale, kouman sa ta kapab ye pou nou kontrekae jistis Bondye ak pwòp jistis pa nou, avèk pwòp eksplikasyon nou yo?

Jodi a tantasyon pou swiv lòm konstwi osi fò menm jan ak peryòd sa a yo. Nou vle etabli estanda nou ak pwòp règ yo pou nou swiv yon lavi apa pou Bondye, pandan nou bliye ke Bondye te ban nou Sentespri li pou objektif sa a.

Apot la di ke lalwa te akonpli sèlman pa jistis Seyè Jezikri, Seyè nou an. Se poutèt sa, v. 4 di ke nan kesyon atache jwif yo ak lalwa yo echwe epi se sèlman Kris ki mennen nan chemen jistis tout moun ki aksepte l kòm Seyè ak Sovè.

III. De Chemen: Vrè A Ak Fo A
(Women 10:5-10)

Chapit 10 la toutantye moutre nou ke agiman apot la kontinye nan menm liy nou t ap pale a. Sis vèsè sa a yo ensiste sou agiman sa. Li di konsa ke delivrans Bondye a la pou tout moun. Lòm pa genyen pou l ap grenpe miray pou yo rive jwenn syèl ni desann nan bafon labim pou jwenn delivrans. Tout sa yo bezwen fè se konfese ak tout kè ke Kris la se Seyè ak Sovè (v. 9). Delivrans lan invèsèl epi bay transfòmasyon tou. Mesaj sa a invèsèl epi li gen menm efè a nan nenpòt vil oswa nasyon.

Ki jan li transfòme? Pa gen okenn dout ke akseptasyon pa mwayen lafwa ak obeyisans plan Bondye a nan lavi nou vin transfòme an sèl ak limyè mond lan. Anpil ane de sa Yon bato chavire tou pre zile Hebridas la. Maren yo ki te rive atè nan naje nan zile a yo te konnen ke se kanibal ki t ap pèsekite yo. Lè yo te rive atè nan youn nan zile yo, yo te santi yo pè anpil. Youn nan yo te genyen valè pou rale epi ale sou yon ti mòn pou wè sa ki te nan lòt bò a. Menm kote a li te kanpe, epi koumanse ap fè kamarad li yo siy pou yo te kouri ale kote li te ye a. Pa te gen okenn rezon pou yo te pè. Kisa li te wè pou l te konnen ke yo pa t tonbe anba men kanibal? Yon tanp ak yon kwa sou tèt.

* Kote ki gen lafwa, gen lanmou
* Kote ki gen lanmou, gen lapè
* Kote ki gen lapè, se Bondye k ap gouvènen
* Kote Bondye ap gouvènen, gen transfòmasyon.

Kòm youn nan denominasyon prensipal aminyen-wesleyen, kòm kongregasyon ak legliz, nou genyen yon misyon ke Seyè a te ban nou epi ki dwe reyalize pou rive jouk nan dènye bout latè.

"Misyon Legliz la... se pou reponn ak Gran Komisyon Kris la nan 'fè disip nan tout nasyon yo' (Matye 28:19)... Objektif prensipal la ... se fè avanse wayòm Bondye nan prezèvasyon ak pwopagasyon sentete kretyen an jan li tabli nan Bib la ...

"Travay la... se fè tout pèp konnen favè Bondye a ki genyen transfòmasyon pa mwayen padon pou peche yo ak netwayaj kè nan Jezikri".

"Premye ak misyon prensipal nou an se 'fè disip', fè kwayan yo pran plas kominote kretyen an ak nan mitan manm legliz yo (kongregasyon) ak fòmasyon (nan ansèyman) pou ministè tout moun ki reponn nan lafwa.

"Objektif final 'kominote lafwa' se 'prezan pafè nan Jezikri devan tout moun' nan dènye jou a (Kolosyen 1:28).

Se nan legliz lokal la kote n ap rive pèfeksyone delivrans lan, nan ansèyman ak komisyon kwayan an. Legliz lokal la, kò Kris la, se reprezantasyon lafwa ak misyon nou".

Konklizyon

Pa gen moun k ap gen eskiz pou di ke Bondye pa t 'ba l' opòtinite pou jwenn delivrans yo. Epi pou noumenm ki pou Seyè a, pèsonn pa ka di ke Bondye pa t 'ban nou opòtinite anonse delivrans lan.

Piga nou mande Bondye pou mete moun sou wout nou pou nou preche si n ap travay epi viv ansanm ak payen; ann egzèse lafwa nou epi ann pale yo de lanmou Kris la.

Leson 22

Konbyen Sali A Koute?

Pou aprann: "Se pou nou gen yon bon kondit nan mitan moun sa yo ki pa konn Bondye. Konsa, lè y'ap pale nou mal, lè y'ap di se yon bann malfektè nou ye, y'a gen pou yo rekonèt tout byen n'ap fè a, y'a fè lwanj" (1 Pyè 2:12).

Objektif: Etidye ak selebre ke Kris ofri a se pou tout moun ; epi, menm si li gratis, li te genyen yon pri ki byen wo epi li ofri li epi se esperans nou pou gras li ak mizèrikòd –se pa pa mwayen pwòp merit.

Entwodiksyon

Nan youn nan estwòf kantik ki di "Mwen te jwenn delivrans", otè a -Horatio Spafford- te di: "Mwen santi mwen kontan konnen ke Jezi te delivre m 'anba menm moun ki t ap peze m nan; Li te pran peche m, li te kloure yo sou kwa a, ann fè lwanj Bon Sovè a! "San dout, menm konviksyon sa a se te pa Apot Pòl ak tout kwayan yo ki vin aksepte Kris kòm sovè ak Seyè yo.

Li pa fasil pou ilistre ak pawòl sèlman delivrans Bondye pou limanite. Avèk tout bagay ak bagay ki òdinè ki rive chak jou, nou kapab kanmenm konprann nan yon fason kijan Seyè a travay pou nou.

Te gen yon nonm ki te byen abiye nan yon vil nan nòameriken ki te rete nan yon liy avèk anpil pasyans ap tann pou l achte yon lanmilèt mayi. Apre 30 minit lè tan pa l la te rive, li mande pou kantite lajan li te vle achte a. Sepandan, lè li te foure men nan pòch li pou l te peye, li reyalize ke li te bliye lajan an lakay li. Li te sipriye anplwaye a pou pèmèt li ale ak machandiz la yo epi li va retounen ak lajan an. Li te rete tann pou tout tan sa a yo epi li ta ka ale lanmilèt mayi a! Li te di konsa : "Mwen onore epi genyen nivo akademik", men apre sa li te reyalize ke li pa te gen okenn merit, men se te lajan an. Tout sa li te resevwa se te yon refiz: "Padon, men mwen pa ka ba w lanmilèt la si w se pa peye ..."

Mesye a te kontrarye anpil nan sitiyasyon an ke l te kite moun wè sa sou figi li. Lè sa a, yon moun nan liy lan di l: "Si sa pap fè w fache, m ap peye pou ou wi". Mesye a reponn li: "Si ou fè m 'favè a. Mèsi anpil!? Epi di m, ki kote mwen ka ale pou m jwenn ou pou m remèt ou lajan ou lan ? "Mou ki t ape de l la te di l konsa, mwen sipliye w aksepte li kòm yon kado ke mwen ba ou". Li evidan sezi epi tou paske li te bezwen lanmilèt la epi li pa t kapab fè anyen, nonm sa a te byen kontan aksepte èd la. Li reyalize ke pa te gen okenn lòt fason pou l te rezoud pwoblèm nan avèk satisfaksyon.

Menm jan istwa kantik "Mwen te jwenn delivrans mwen" kòm ensidan mesye lanmilèt la, nou genyen yon lide kanmenm de sa nou pral wè nan leson sa a. Delivrans ke Kris la ofri tout moun nan, byenke li gratis, li te genyen yon prie pi ofri li pa favè ak mizèrikòd avèk pwòp merit.

Nan yon leson anvan nou etidye ki jan travay redanmsyon Senyè a sou kwa a se yon kozman inivèsèl. Ann wè ebyen, sijè ki pèsonèl nan delivrans sa.

I. Kounye A Se Tou Pa Moun Lòt Nasyon Yo (Women 11:11-14)

Lè nou etidye chapit ki avan yo, nou wè kijan Pòl adrese nan lèt sa a pou moun jwif yo ki nan legliz kretyen nan lavil Wòm. Nou te ka imajine ke tout frè kit e nan kongregasyon an li sa ansanm epi gen kèk nan moun lòt nasyon yo ki te kontan pou fason Pòl t ap rale zòrèy jwif yo, fè yo sonje ke yo te pèp Bondye, ke yo te resevwa lalwa a se pa pou yo te rete ladan li, men, se pou yo gade Kris la, pou yo te tounen vin jwenn Bondye pa mwayen lafwa. Petèt gen kèk nan moun lòt nasyon yo ki kòmante ak frè parèy yo pou di : "Jwif sa yo merite sa, paske tèt yo twò di!"

Men Pòl pat fini lèt li a nan repwoche jwif yo. Se vre ke Bondye te rejte Izrayèl paske yo te abandone chemen jistis Bondye a epi deside pran wout obsèvasyon lalwa (9:30-10:21). Epi se vre, apot la te fè yo remake ke se Izrayèl ki te responsab refiz li a.

A. "Fè Tèt Di" (v.7)

Men li lè li tan pou kounye a nou tout nou dwe tande mesaj la. "Èske Bondye te rejte izrayelit yo ?"

Pòl te mete aksan pou moutre ke pa gen okenn pèp sou latè, tankou nonplis okenn denominasyon anpatikilye (nazareyen, metodis, batis oswa nan legliz lokal ke li ye a) se objektif refiz pou Bondye. Poukisa? Paske pèp Bondye chwazi a se vrè legliz li a. Sa vle di, fidèl yo, moun sa a yo ki ouvri kè yo pou resevwa delivrans ke Bondye ofr epi ki rete fidèl nan lanmou Bondye. Pòl endike ke "kominote fidèl yo se vrè pèp Bondye a".

Nan vèsè 7, mo fè tèt di a soti nan mo grèk ki vle di wòklò epi, gen yon kòmantaris ki di (Barclay) ke Izrayèl te kite wòklò a grandi nan kè li. Nou ta kapab di ke Izrayèl te vin gen yon kè ki plen ak lespri wòklò, ensansib ak vwa Bondye. Men, verite a se ke Bondye te gentan rejte yo, se pa paske yo te fè rebèl kont Bondye, men se paske yo te sispann fè travay ke Bondye te ba yo fè a.

Malerezman, sitiyasyon sa a rive nan legliz la tou. Lè nou pa gade mond lan jan Jezi ap gade l la, se menm jan ak rèv evanjelis Moody te genyen an ki rive. Nan youn nan predikasyon li yo, Moody te rakonte ke li te imajine li kòm youn nan disip yo ke Jezi te di:

"Seyè, ou pa vle pou nou preche levanjil ou a bay tout kreyati a, ou pa vle pou nou preche Pilat limenm ki te konnen ou te inosan men ki te remèt ou pou yo krisifye w".

Moodye te rakonte kouman Seyè a te reponn: "Wi, se pou nou preche Pilat epi di l ke li pap kapab netwaye peche li avèk dlo, men li kapab fè li avèk san mwen". "Se pou solda ki te fè kouwòn pikan epi mete li nan tèt ou yo?"

Seyè a di: "Wi, se pou yo konnen ke si yo aksepte mwen kòm Sovè pèsonèl, m ap ba yo yon kouwòn lavi ki pap janm fini". Moody te imajine li tou ak yon lòt disip ki te di Seyè a: "Seyè, piga w mande nou pou n al pote levanjil la bay solda ki te wè w ap soufri sou kwa a yo epi te pran yon lans epi pike bò kòt ou a".

Seyè a te reponn li konsa: "Wi, limenm tou, yon fason si l aksepte mwen kòm Sovè pèsonèl, li kapab genyen yon plas toupre kè mwen".

Se te sèlman imajinasyon gran evanjelis popilè a, men san dout li te imajine li de delivrans ke Bondye te fè posib pou tout moun ki "mete konfyans yo epi apwoche bò kote li pou mande li padon". Pèp izrayèl la te bliye mande sa a, ke poutèt li Pòl te rale zòrèy yo lè l te eki moun nan lavil Wòm yo epi avèk noumenm tou. Apot la ekri pou ke noumenm yon kote pou nou pa vin rafredi (rale zòrèy) epi, nan lòt bò a, pou nou pa pèdi gras Bondye lè nou pa temwaye ak preche Kris la. Annou pa mache chèche kimoun ki dwe ak pa dwe koute mesaj la; Bondye vle pou tout moun sove.

B. Èske Echèk Jwif Yo Se Te Yon Koz Pozitif Nan Plan Bondye?

Se pou nou sensè ak Pawòl la. Bib la di ke "Bondye vle pou tout moun sove". Men, yon lòt kote gen yon verite ki prezante: "Opòtinite jwif yo te kite pase a, se te yon bagay ki te mal pou yo, se te posiblite pou moun lòt nasyon yo".

Pòl te eseye fè jwif yo reyaji. Se vre, Bondye kapab itilize echèk nou yo kòm lòm pou fè objektif li yo vin pi bon. Li di konsa: si akoz de echèk jwif yo, delivrans moun lòt nasyon yo te vini (v.12) ebyen ala gran sa va gran restorasyon pèp Bondye a! Pòl te di konsa: --Se avèk nou m ap pale, moun lòt nasyon yo.

Li pat janm bliye misyon li ak travay li pou gide moun lòt nasyon yo. Sepandan, misyon espesifik sa a pa t efase afliksyon li te genyen pou pèp li a ki se pèp Izrayèl la. Li te asire li ke lè l ta fonde yon kominote kretyen nan mitan moun lòt nasyon yo, fratènite a t ap vin pi laj pou konpatriyòt li yo, lè yo ta wè pouvwa ak lanmou Bondye a, yo ta kapab patisipe nan menm benediksyon sa a yo.

Nan menm tan an tou, Pòl te fè moun lòt nasyon yo wè ke yo gen responsablite pou yo bay temwayaj de lanmou Bondye a, pou jwif yo te kapab jwenn inite sa ladan li, eleman ki tèlman apresye nan jidayis ansyen an.

Mesaj Pòl la se: Si nou vle pou mond lan konvèti nan Bondye, lanmou Bondye a dwe manifeste nan legliz la. Nan v.11 apot la di konsa: "Mwen onore ministè mwen". Sa a se atitid nou chak kretyen dwe demoutre. Byen souvan anbasadè Kris la timid ak endiferan devan responsablite ak kè kontan pou bèl ministè ke Bondye ba li, sa a ki pa ta dwe konsa ditou.

II. "Branch Natirèl Ak Grefaj" (Women 11:15-24)

Apot Pòl, menm jan ak Jezi, te pran figi, kontrè ak pwovèb pou ansèyman ki ta kapab aplike yo, ki pi pwofon, ki pwisan epi moun pap kapab janm bliye yo. Bondye te separe Izrayèl de lòt nasyon yo pou l te pwoklame mesaj la bay mond lan. Lè l te rejte posiblite sa a, plan

Bondye te kontinye pou pi devan ak lòt nasyon: Legliz li a. Plan an te dwe mache avèk oswa san pèp Izrayèl la.

A. Branch Detache Yo (v.17-21)

Li posib pou jwif ki te nan legliz lavil wòm yo te santi yo pat anpil lè Pòl te itilize alegori oswa imaj sa a. Yo pa t janm ta fè efò pou fè yon grèf de nati sa; sepandan, Bondye te koupe branch doliv silvès la (moun lòt nasyon yo). Sa vle di, dapre alegori sa a, yo te jwenn moun lòt nasyon yo kote ki pimal yo pou yo te vin simen yo nan jaden ki anba kontwòl Bondye. Epi, pou sipriz jwif yo, branch doliv yo vin patisipe nan yon eritaj ki byen rich ki pa t pou yo: Peyi wa ki nan syèl la.

Pòl rele—ni legliz ki nan lavil Wòm nan menm jan ak nou jounen jodi a—pou ke nou kapab imilye nou anba otorite Bondye a. Ansèyman an se ke branch ki te grefe yo pa gen pou yo rekoupe ankò, se mwens pou branch natirèl yo. You ak lòt nou se eritye wayòm Bondye a sèlman pa mwayen lanmou ak gras Seyè a. Konsekans ki fè gen separasyon pou awogans se pou youn ak lòt, tou.

B. Bonte Ak Severite Bondye (v. 22)

Vèsè sa a tèlman klè, li eksplike pwòp tèt li. Kòmantaris (Cragg) di konsa: "Istwa moutre nou ke moun relijye a pale de Bondye ben souvan avèk severite ki egzajere oswa fè zanmi san kondisyon ak san mezi". Pasaj sa a ta dwe libere nou anba fo konsèp sa a yo osijè de karaktè Bondye. Nou dwe konprann ke ant lanmou ak jistis Bondye gen yon ekilib ki pafè. Bondye mande pou nou lage nou ba li konplètman. Si nou obeyi ak volonte li, n ap rete anba sekirite jistis li; men, li gen lanmou, bay rekonfò, bay avantaj lè nou mache nan obeyisans devan li. Salmis la te kapab di ke Bondye ki "pa fè kòlè fasil epi mizèrikòd li gran anpil" (Sòm 103 :8)

C. Branch Yo Koupe, Men, Avèk Menm Posiblite Yo (vv.23-24)

"Kèk moun te mande--si yon moun te sove nan yon okazyon, epi li kòmèt yon peche, èske li toujou sove a oswa li dwe repanti? –Lòt moun te mande:--Ki chans moun sa a yo ki te goute gras la epi tonbe nan peche? Repons ki bay la a menm jan ak tout kote nan Bib la se menm nan. Moun ki kòmèt peche a epi rete nan erè a, l ap separe ak Bondye pou toutan; men si l retounen vin jwenn Li, l ap vin atache ankò. Sa vle di jwif yo menm jan ak moun lòt nasyon yo ap gen menm opòtinite a pou yo sove, men se sèlman si yo tounen vin jwenn Bondye, konfese peche yo devan Seyè a epi kontinye nan obeyisans volonte li.

D. Peche Ògèy La (vv.25-32)

Youn nan pigwo danje legliz jodi yo se konfye nan kapasite yo epi se pa nan volonte Bondye. Bondye te gen yon bon entansyon pou pèp Izrayèl la epi li toujou bon. Malgre kè di lòm, pòt delivrans Bondye a toujou rete ouvri, epi se pou tout moun.

Vèsè 26 la ta sanble endike ke tout jwif yo gen pou yo sove, men kle a nan vèsv 32 a lè li di ke san patipri: Bondye mande pou tout moun obeyi, yon fason pou l gen pitye pou tout moun". Pwomès la kontinye avanse pou jwif yo menm jan ak nenpòt lòt moun ki te goute gras padon an ke, li te ale lwen li. Sepandan moun nan pa oblije fè peche pou l jwenn "dezyèm chans yo"; paske pèsonn pa dwe jwe ak Sali a epi nou tout nou dwe konprann ke Sali a menm jan ak lavi, yo se kado Bondye ban nou jodi a (se pa demen, oswa po lè nou panse a).

Konklizyon

Temwayaj Pòl devan wa Agripa, nan Travay 26:1-32, se yon rezime egzat sou kouman biyografi rankont li ak Jezi sou wout ki mennen lavil Damas la; men, pi enpòtan, se yon mesaj delivrans pou moun ki poko konvèti (nenpòt moun li ta ye a), ki temwaye kondisyon peche tout moun, inivèsalite Sali a ak responsablite pou aksepte Kris la kòm Sovè pèsonèl. Tanpri, li istwa apot la nan Travay 26 :13 epi konprann ke se pa sèlman desizyon Pòl la, men se pa anpil san dout –atravè istwa ak sa a—yo temwaye konviksyon: "Mentou, Bondye toujou pwoteje m' jouk jòdi a. Mwen la toujou pou m' sèvi l' temwen devan tout moun, grannèg kou malere" (Travay 26 :22).

Ilistrasyon

Istwa chan "Mwen te jwenn delivrans mwen an"

Li posib ke ou chante chan sa a kèk fwa: "Mwen te jwenn, delivrans" (Sa byen avèk nanm mwen). Chante sa a te ekri nan lane 1873 pa Horatio Apafford epi se Filip bliss ki te konpoze mizik la, kòm rezilta de anpil evènman difisil nan lavi Spafford. Premye a se te lanmò yon sèl pitit li a nan lane 1871, apre yon move operasyon lajan ki te retire yon bann lajan ke l te envesti.

Yon ti tan apre, pifò nan byen li te posede te boule nan gwo dife ki te eklate nan Chikago nan lane 1871, ki te ale ak tout lajan li ta kapab posede (li te yon gran avoka). Se te zanmi gwo evanjelis popilè ki te rele Dwight L.Moody, nan lane 1873 li te deside vwayaje pou ale nan Lewòp 1873 fanmi li nan trasatlantik SS Vil Havre, avèk entansyon pou l te repoze epi vizite zanmi l yo nan peyi Langletè. Sepandan nan dènye minit, li te deside voye fanmi l anpremye pandan li t ap fini kèk bagay ki gen pou wè ak solisyon pwoblèm ke gwo dife a. Pandan travès atlantik la, kannòt anglè Lorchean te piye Ville Havre epi li te koule depi nan 12 minit. Pifò nan pasaje yo avèk chay ki nan bak yo pat kapab soti epi yo tout te toufe nan oseyan an. Pami viktim SS Ville Havre yo nou jwenn kat pitit Spafford yo. Madanm li te rive siviv epi rive nan pò lwès zile anglè yo. Madanm Spafford te rive Cardiff, nan Gal. Depi la li te ekri mari li yon telegram kote li di: "Se mwen sèl ki sove. Men mwen byen. Mwen genyen lapè nan nanm mwen, glwa pou Bondye", Spafford te pran premye kannòt la epi vwayaje pou l al rankontre ak madanm li.

Yo di ke pandan vwayaj la, kannòt ki t ap kondwi Spafford travèse espas la egzakteman kote konnòt SS Ville Havre a te koule a. Kapitèn nan te endike Spafford kote konnòt ki te koule a ye. Lè l te vin rann li kont ke pitit fi l yo te la, Seyè a te ba l konsolasyon avèk mesaj madanm li te sot voye ba li a. Spafford te desann avèk imaj malere a nan lespri li, li te ekri lèt ki te bay anpil kwayan ki nan soufrans ak tribilasyon konsolasyon nan "yon lanmè afliksyon".

Pi devan Spafford te vin genyen 3 pitit ankò. Youn nan yo te mouri depi tou piti. Fanmi an te kontinye ap viv nan Chikago. Mesye ak madan Spafford te enrerese anpil pou aprann sou dezyèm vini Kris la. Se sa ki te konviksyon li ki nan lane 1881, Spafford te deside ale viv nan lavil Jerizalèm ak madanm li ak de pitit fi li yo. Se sa Spafford te mouri. Avan l te mouri, limenm ak madanm li te ede fonde yon gwoup ki te rele Koloni Ameriken; ki te genyen kòm misyon ede pòv yo. Koloni ki te konvèti pita an sijè youn nan feyton peyi lasyèd sou non Selma Lagerlöf, Genyen Jerizalèm, ki te pran Pri Nobèl. Ajans benefis sa egziste jouskaprezan nan Jerizalèm epi kontinye ap akonpli ak travay ke Spafford te koumanse a. Lèt chan "Mwen te jwenn delivrans mwen an" di konsa:

Lapè ki anvayi kè m nan déjà la,
Oswa kouvri l ak yon lanmè afliksyon,
Chans mwen genyen nenpòt jan m pral di:
Mwen te jwenn, Mwen te jwenn delivrans.

Kè
Mwen te jwenn, Mwen te jwenn;
Mwen te jwenn, Mwen te jwenn delivrans
Déjà eprèv la vini oswa satan tante mwen;
Kris konprann batay mwen ak nesesite m yo
Epi san li te konvèti kòm favè mwen.

Mwen santi m kontan, lèm konnen ke Jezi, libere m anba chay opresè;
Li te retire pechem yo, li te kloure yo sou kwa:
Ann bay bon Sovè m nan glwa.

Lafwa vin konvèti an gwo reyalite
Lè gwo nyaj rapid la te ale;
Jezi desann ak gwo pouvwa li, Alelouya !
Mwen byen avèk Bondye m nan.

Leson 23

Èske Tout Bagay Soti Nan Bondye?

Pou aprann: "Se li menm, Bondye, ki fè tout bagay. Se gremesi li tout bagay la. Se pou li tout bagay ye. Lwanj pou Bondye tout tan tout tan!" (Women 11:36).

Objektif: Etidye ak konprann ke nou dwe preokipe nou pou ke Bondye renye nan lavi nou pou ke viktwa ak prezans li kapab yon reyalite dirab. Konnen tou ke Bondye gen plan pou fè lavi nou reyisi.

Entwodiksyon

"Pa pran angajman" –sibkonsyan peche a, "mwen an" egoyis oswa chanèl, sa a ki nan moman danje yo l ap sanble disparèt, yo di nou: "Pa pran angajman ak Bondye". Lè bagay yo koumanse mache mal epi pwoblèm oswa doulè lòm, sa ta sanble yon lòt istwa. Nan egosantris "mwen" egoyis nan moman konsa yo, ta sanble vin soti aklè epi koumanse poze Bondye kesyon tankou, pa egzanp : "Poukisa, bagay sa rive m Bondye? Poukisa ou kite sa rive m Bondye ?"

Yo rakonte ke apre yon anbakasyon, kannòt la te frape ak yon resif, maren li yo te rete ap flote nan sovelavi yo nan mitan lanmè move a. Okenn nan yo pa t kwè nan Bondye, ni yo te preokipe yo pou panse ak li avan sa. Men kòm sitiyasyon an te di anpil, youn nan yo te rele byen fò : "O, Bondye… si w egziste vre, gen pitye pou noue pi sove lavi nou! Nou pwomèt ou avèk tout kè nou ke…" Nan menm moman an youn nan maren yo te rive atè, menm kote a li di li konsa : "Silans, pa pran angajman pou tèt ou ni pou nou avèk pèsonn, mwen kwè ke mwen wè tè lòt bò a, pi devan la !"

Se tris pou nou wè ke gen anpil moun ki chèche Bondye se sèlman lè yo nan pwoblèm epi, si yo kwè ke yo pa bezwen li, yo kite li sou kote epi yo bliye li!

Depi nan Women 1:16 pou rive nan 11:23, apot Pòl te eksplike aspè fondamantal doktrin kretyen kòm jistis, bonte ak lanmou Bondye, yomenm ki mennen lavi ki pap janm fini an.

Nan pasaj etid sa a nou jwenn kote Pòl t ap adore Bondye. Li eksprime pou moutre konbyen sa te difisil pou konpann tout gandè ak lanmou Bondye ki pa kapab mezire. Ann medite, pandan n ap antre nan sijè sa, nan bèl resous espirityèl ki disponib pou nou epi ann wè kouman nou kapab pwofite yo toutan, se pa sèlman lè n ap fè fas ak moman difisil, lè li déjà twò ta, oswa paske nou santi nou anba obligasyon ak pa konnen kisa pou nou fè.

I. "Seyè, Mwen Rekonèt Ou; Kè M Adore W" (Women 11:33-36)

Annou li lwanj apot Pòl la:

O, gade jan Bondye rich non! Bon konprann li, konesans li, nou pa ka sonde yo! Sa depase nou anpil. Ki moun ki ka esplike jijman Bondye? Ki moun ki konprann lide li gen nan tèt li? Jan sa ekri nan Liv la: Ki moun ki konnen sa k'ap pase nan tèt Mèt la? Ki moun ki ka ba li konsèy? Ki moun ki te janm ba li kichòy nan lide pou Bondye renmèt li sa? Se li menm, Bondye, ki fè tout bagay. Se gremesi li tout bagay la. Se pou li tout bagay ye. Lwanj pou Bondye tout tan tout tan! Amèn.

Konesans Bondye a, menm si li te pwofon anpil, l ap toujou rete sipèfisyèl; menm si pou jan nou panse li kapab parèt pwofon.

Poukisa? Paske sensèman pa gen mo pou dekrive li, se mwen pou lòm ta kapab konprann li. Jose Zorilla te eki bèl chan sa a ki te sikile nan tout planèt la, kote ke li te eksprime enpòtans ki genyen pou dekrive Bondye, sepandan, li te fè soti sa ke tout pitit Bondye yo rekonèt: li kite nou wè li; li moutre li pre nou epi santi li; li kite nou rive bò kote li:

Seyè, mwen konnen w !
Nwit ble, tankil,
Di mwen depi byen lwen:

"Bondye w kache la a".
Men nwit fènwa a,
Kote vapè anvayi,
Li di mwen pi fò:
"Bondye w la ap pwoche toupre w".

W ap pwoche, wi;
Mwen konnen van manto w la
Nan vapè difisil sa ou y;
Mwen konnen limyè w
Sentete w ki sanble

Nan travèse espas la
W ap travèse an kout zèklè.

Imoun ki kapab paèt devan w? Kimoun ki nan prezans ou plis pase yon ken sèch ke van ap kase? Je w yo se jou a; souf ou se egzistans lan; tapi w se fimaman w; letènite se sa w ye.

Se yon bèl chan! Men tou sèlman nou kapab entèprete grandè li atravè zèv li yo ; atravè je lafwa. Nou wè ke nan tout etid ki nan women an nou jwenn kesyon ki rete san repons, men se pa Bondye ki dwe reponn yo. Li devwale nou tout sa ki nesesè pou nou kapab konnen volonte li.

Apot la konnen trè byen kouman Bondye manifeste epi, lè l pa jenn repons pou kesyon li yo, li te konnen ke lanmou Bondye a te annaksyon pou Sali lòm.

A. "O...Richès Sajès...Bondye Yo! (11:33)

Nan moman sa a, panse ki gen dout Pòl la te jwenn konsolasyon nan adorasyon epi te konfye ke "gen yon Bondye ki plen ak lanmou epi plen sajès nan kè tout moun",kote ke jisman sa a yo pa kapab kontwole epi chemen li yo ensondab. Men nou konnen ke gen yon jou k a prive kote li pal reponn tout kesyon nou yo.

B. Kimoun Ki Kapab Konprann Sa Ki Nan Panse Seyè A? (11:34-35)

Nan v.34 Pòl site Ezayi 40:13, pandan setan nan v.35 lan, li fè referans ak Jòb 35:7 y 41:11. Poukisa apot la te fè referans ak pasaj sa a yo? Anpremye se pou konesans ke anpil nan moun k ap li lèt li yo te genyen nan Ansyen Testaman. Yon opòtinite pou jwif nan kongregasyon yo ta kapab ede frè moun lòt nasyon yo konsidere yo nan yon fason ki espesyal! Nan dezyèm pozisyon, apot la itilize pasaj sa a yo pou demoutre ke lòm pa la pou toutan, limite, menm si li se yon moun ki gen anpil moun k ap bat bravo pou li, sa pa ebranle kosesans ke Bondye genyen.

Sa vle di, moun ki pretann kwè ke li gen aksè siperyè pase tout richès ak sajès Bondye, bonè oswa ta l ap wè ke awogans li tonbe atè. Nou dwe konprann ke Bondye ki gen yon sajès ki san fen epi se nan men li desten tout moun ye.

C. "Paske Se Nan Li, Pa Mwayen Limenm, Epi Pou Li, Tout Bagay Ye" (11:36)

Bondye se sous egzistans. Si nou relasyone lide a avèk sentete, jistis ak gras, n ap prè pou nou lage tout mistè lavi nan men li epi rele byen fò ansanm aka pot Pòl: "Tout glwa se pou li, pou toutan ak pou toutan. Amèn !"

II. Konfyans Nan Bondye Ak Detay Nan Lavi Yo (Lik 12:22-31)

Li enpòtan pou nou li pasaj sa a ki dekrive epi ki opoze nati lòm nan san Bondye ak sa ki mete li nan premye plas la. Se yon pasaj ki kapab itil pou konprann fòmil lafwa nan Kreyatè a; oswa tou, pou dekrive ki kote anbisyon enkyetid la soti.

"Apre sa, Jezi te di disip li yo konsa: --Se poutèt sa mwen di nou: Pa bat kò nou pou manje nou bezwen pou nou viv, ni pou rad nou bezwen pou mete sou nou. Lavi pi konsekan pase manje, kò pi konsekan pase rad. Gade zwezo yo rele kònèy la: yo pa plante, yo pa fè rekòt; yo pa gen ni depo ni galata. Men, Bondye ba yo manje. Nou menm nou vo pi plis pase zwezo yo, pa vre? Kilès nan nou ki ka mete kek lanne an plis sou lavi l' afòs li fè tèt li travay? Si nou pa ka fè bagay ki pi piti a, poukisa pou n'ap bat tèt nou pou lòt bagay yo? Gade ki jan flè raje yo pouse: yo pa travay, yo pa fè rad. Men, m'ap di nou sa: Wa Salomon ki wa Salomon, ak tout richès li yo, li pa t' gen bèl rad tankou youn nan flè sa yo.

Se konsa Bondye abiye pye zèb yo tou: jòdi a yo la, men denmen yo jete sa nan dife pou chofe fou. Se sak fè, se pa nou menm li pa ta abiye. Ala moun manke konfyans nan Bondye! Pa bay kò nou traka pou n' toujou ap chache sa pou n' manje ak sa pou n' bwè. Tout bagay sa yo, se moun lòt nasyon sou latè yo k'ap chèche yo tout tan san rete. Men nou menm, nou gen yon Papa ki konnen nou bezwen tout bagay sa yo.

Pito nou chache bay bagay peyi kote Bondye Wa a premye plas nan lavi nou, konsa Bondye va ban nou tou sa nou bezwen".

Jezikris fè rapò ak kontèks biblik nan ekspresyon kea pot la te dekrive nan Women an, ki gen ladan li tèm doctrinal pou lavi, menm jan ak sa ki pa kwè nan li yo tankou disip li yo.

Seyè a, nan pasaj levanjil dapre Lik la, di konsa ke Bondye pwoteje pitit li yo se pa sèlman nan domèn espirityèl, men tou nan domèn materyèl.

Bondye bay nan tout sans nan lavi. Anpil fwa nou konn jwenn ak kretyen "chak dimanch yo"; li gen plas li nan lè sa a oswa tikras lè ke nou ofri nan legliz la. Malerezman li pase ledimanch epi, de lendi a vandredi, nou konsantre nou sou travay oswa lekòl la; lesamdi pou fè travay nan kay yo, divèsyon, egzèsis fizik, espò, oswa al achte bagay ak koze fanmi an. Finalman, dimanch lan rive, yon fwa ankò, nou bay Bondye yon titan (pafwa, menm pipiti pase inèdtan edmi—si nou rive nan legliz la bone).

Pou kèk moun, divizyon an se: (1)Kò oswa bezwen; (2)panse; (3)Bondye. Nan konjigezon vèb yo nou di MWEN, OU, LI. Men nou ta dwe gen tout anndan nou, menm jan Seyè a te kreye nou an: lespri, nanm ak kò. Jouskaske nou kapab di jan yon moun te sinyale, konjigezon an ta dwe alanvè: Li (Bondye), Ou (frè parèy la), mwen (mwen menm).

Nan lavi kretyen an pwochen an ta dwe vin avan, paske Bondye anpremye pou yon moun. Malerezman nou neglije minister pwochen nou an (konpasyon) epi, anpil fwa ak endiferans, nou di ke lòt yo ap soufri pwoblèm ekonomik: "Konfye nan Bondye, li va ede w", san dispozisyon oswa disponiblite pou fè yon bagay ki klè ak Pratik pou yo. Konjigezon egoyis la de moun ki "pa chèche wayòm Bondye a anpremye", vin tounen yon: MWEN (gran), yon li (yon dye ki limite epi piti) epi yon absan "OU" (pwochen nou).

Bondye pa gade afliksyon pòv, malere, moun k ap soufri a avèk endiferans. Okontrè, li gen kè sansib epi mete nou kòm disip Kris ak legliz pou chèche yo entansyonèlman; pou vin Mèt la epi reprezante li kankou si se limenm ki ta wè yo epi pran swen yo. Noumenm, legliz kretyen an, noumenm ki di nou se disip, si nou vle bay temwayaj fidèl sou lanmou ak jistis Bondye, nou dwe pran swen moun ki nan bezwen yo avèk konpasyon.

A. "Pa Enkyete Nou" (12:22-23)

Nan vèsè sa a yo Seyè a moutre ke nou pa dwe angaje tèt nou pou bagay materyèl kòm esklav, ni kite nou domine pa anbisyon (konpare vv.13-15 ak 16-21). Lè Jezikris te afime ke "lavi plis pase manje, epi kò a plis pase rad la", li anseye nou ke nou dwe mete konfyans nou nan Bondye konplètman. Sa nou dwe evite a se tristès san kontwòl anvè bagay materyèl yo, ki deplase priyorite Seyè a nan lavi nou. Lè nou mete lavi espirityèl yon bò (mete yon tan apa pou li Pawòl li, lapriyè ak ale nan fason abitrè epi patisipe nan legliz la) n ap eksprime byen klè kote nou genyen je nou fikse; ki kote nou kite Bondye ak kote trezò nou ye.

1. "Èske nou pa vo piplis pase zwazo yo?" (12:24). Nou tante pou nou entèprete deklarasyon Jezikris la kòm yon kado Bondye ofri, ke objektif li se plen moun fidèl k ap swiv li yo avèk abondans materyèl. Non! Sans deklarasyon an se ke lè nou kite Bondye dirije lavi nou, chak pwoblèm ki kapab rive sou wout nou, avèk èd Seyè a, nou kapab rezoud li yon fason ki entèlijan.

Yon lòk kote, nou pa dwe panse ke Bondye sèlman enterese ak moun k ap swiv li yo, men tou, ak moun sa a yo ki deyò patiraj li a epi mande pou nou genyen menm sans sa pou yo, yo se frè parèy nou, san ski vid pou nou ale avèk èd, epi levanjil tou.

2. "Kilès nan nou ki ka mete kek lanne an plis sou lavi l' afòs li fè tèt li travay? Si nou pa ka fè bagay ki pi piti a, poukisa pou n'ap bat tèt nou pou lòt bagay yo?" (12:25-26).

Nan pasaj sa a Jezi pap konbat efò lèzòm, se pito avaris pou richès: "Veye kò nou kont tout avaris; paske pitit Bondye a pa antòtye ak byen materyèl yo, prezans Bondye.

Nan kontèks sa a, yon bon sentom matirite kretyen ap manifeste nan tan ak lajan ke nou bay Bondye, nan temwayaj nou bay lòt yo de li.

Nan sa ki gen pou wè avèk "mete kek lanne an plis sou lavi l' afòs li fè tèt li travay", gen anpli entèpretasyon. Pa egzanp, yon kòmantasris konseye tradiksyon sa a: "Kimoun ki kapab ajoute inèdtan sou lavi li, malgre li enkyete li anpil? Si nou pa kapab egzèse kontwòl sou aspè fizik nan lavi yo (menm si se wotè ke nou genyen tankou kantite tan li tou), ebyen, poukisa n ap pèdi tan nou nan tristès pou lòt bagay yo?

B. "Kouman Pou L P Ata Fè Sa Pou Nou, Bann Moun Ti Lafwa?" (vv.27-28)

Jezikris te fè referans ak zèb ki nan savann yo, malgre yo pa gen anpil enpòtans, yo bèl. Epi Seyè a di: Si Bondye pran swen plant yo konsa, "kouman sa ta ye pou nou ?"

1. "Sa a se sa ki chèche moun nan mond lan" (12:29-39). Gwo preokipasyon pou byen materyèl se te karakteristik lavi payen yo nan epòk sa. Epi Jezikris te anseye ke, nan sans sa a, lavi kretyen yo dwe diferan de pa payen yo.

2. "Se pou nou chèche wayòm Bondye a" (12:31). Youn nan gwo travay kretyen an se batay pou koz wayòm syèl yo. Nou dwe preokipe nou pou ke Bondye renye nan lavi nou ak nan lavi lòt moun ki pa konnen li; pou ke laviktwa byen sou mal la kapab vin yon reyalite chak jou epi pou konprann klèman sa ki objektif Bondye pou lavi nou.

Yon lòt fwa, lapè pran renye lè nou konjige vèb yo avèk Li, OU oswa MWEN nan lespri. Pa kapab echwe! Fonksyone! Nan mezi ke nou preokipe nou pou wayòm syèl yo, nan menm mezi sa a "tout bagay sa a yo" gen pou vini.

Ilistrasyon
Kouman Konfyans Ou Ye Nan Li?

Yon timoun te ale kote papa li epi avèk anpil kouraj li di mande li:
— Papa, èske satan pi gwo pase mwen?
— Papa a te reponn li: --wi pitit mwen.
— Li pi gwo pase w papa?
— wi pitit mwen, li pi gwo pase mwen.
Timoun nan te sezi anpil; men li te panse pou yon lòt fwa epi li di:
— èske li pi gwo pase Jezi?
— Papa te reponn li: -Non pitit mwen. –Jezi pi gwo pase li.
Timoun nan te vire li ale epi apre sa li te di ti frèl la ak ti zanmi li yo nan lekòl la konsa:
— mwen pa pè satan paske Jezi se zanmi mwen.

Sou ki wayòm nou genyen je nou fikse? Èske nou genyen nasyonalite no unan syèl la, pa mwayen san jezikris ak padon li, pa mwayen obeyisans nou kòm disip li yo?

"Pa pran angajman" –sibkonsyan peche a, "mwen an" egoyis oswa chanèl, sa a ki nan moman danje yo l ap sanble disparèt, yo di nou: "Pa pran angajman ak Bondye". Lè bagay yo koumanse mache mal epi pwoblèm oswa doulè lòm, sa ta sanble yon lòt istwa. Nan egosantris "mwen" egoyis nan moman konsa yo, ta sanble vin soti aklè epi koumanse poze Bondye kesyon tankou, pa egzanp: "Poukisa, bagay sa rive m Bondye? Poukisa ou kite sa rive m Bondye ?"

Kòm rezilta Seyè a envite nou vin swiv li chak jou, vin fikse je nou sou li. Epi apot Pòl fè nou sonje: "Se li menm, Bondye, ki fè tout bagay. Se gremesi li tout bagay la. Se pou li tout bagay ye. Lwanj pou Bondye tout tan tout tan! Amèn" (Women 11:36).

Yon chan leve verite sa byen wo lè li eksprime envitasyon sa:
> Fikse je w sou Kris,
> Tèlman plena k gras avèk lanmou ;
> Epi bagay materyèl sou tè a pap gen okenn valè
> Nan limyè bèl Jezi.

Leson 24
Èske Gen Inite Nan Divèsite?

Pou aprann: "Men kòmandman m'ap ban nou: Se pou nou yonn renmen lòt menm jan mwen renmen nou" (Jan 15:12).

Objektif: Pran yon ti plezi nan fè lekti nan Women 12, ke kretyen an dwe konprann ki wòl li jwe nan mitan kongregasyon an ak tout moun ki nan antouraj li, nan bay chak moun plas ki pou yo.

Entwodiksyon

Yon moun te mande kisa divèsite a ye. Repons ki te plis akseptab la se te: "Se tout diferans sa a yo ki evite ke mond lan vin yon kote ki dekourajan".

Gen kèk moun jodi a ki bay tèt yo pou defòme oswa bay bagay ki diferan yo non, nan gade sopu koulè po, sou jan moun nan pale, wotè, fason, oswa de tout bagay ki diferan de moun nan. Pa gen dout de ke anpil bagay ap mal mache, gen lòt ki se peche ak pi plis lòt ki se enjistis. Men, nou pa pale de endiferans sa a yo, men se lòt sa yo lè yo mele ansanm y ap fè "inite a" posib, yon fòs oswa ekspresyon, yon richès, yon melanj. Swiv, pa egzanp, sou klavye yon pyano, oswa nan yon kòd enstriman mizik, ki byen ranje pa yon moun ki byen konn mizik gen pou bay yon bèl melodi oswa konpozisyon mizikal. Koulè yo, tras penkle yo, liy ke atis la make nan yon bandwòl pral—nan divèsite li—sa k ap fv penti l la bèl.

Nan kontèks lafwa kretyen an se menm bagay la kip ase. Gran Mèt la Jezikris avèk zèv delivrans ak sanntifikasyon li li fè sa posib pou nou fòme yon legliz diferan, pa sanble, enpresyonan epi pwisan; men san touch li, li va distrè, debousole, fèb epi pèdi direksyon. Reyèlman, anpil kwayan—ki pote non sa—yo vle vin disip Kris nan fason pa yo. Sa ki verite a se ke pa gen jinèt sèl nan kò Kris la.

Yon jou, Jan Wesley te di yon moun ki te genyen konpòtman enteresant sa, mwen pa deside kontribye ak lavi epi don li yo ankò nan legliz la: "Mesye, èske w vle sèvi Bondye epi pou w rive nan syèl la? Pa bliye ke ou pa kapab sèvi Bondye poukont ou. Ou dwe fè zanmi; Bib la pa di nou anyen sou yon relijyon tousèl".

I. Moun Ki Nan Kominote Lafwa A (Women 12:3-8)

A. "Panse Ak Tèt Yo Avèk Rezèv" (v.3)

Ògèy la se youn nan rezon ki mete divizyon oswa zizani nan legliz la. Pòl te ekri vèsè sa a yo paske nan legliz Wòm nan, nan epòk li a, gen kèk fidèl ki te gen tandans santi yo siperyè pou don ke Sentespri a te ba yo. Apot la te fè yo konnen ke don Bondye ba yo dwe manifeste avèk imilite epi se sèlman pou glwa Bondye ak edifikasyon legliz la.

1. "Mwen di nou...pou gras mwen te resevwa a" (v.3)

Se asire ke legliz nan lavil Wòm nan pa t konprann siyifikasyon don yo byen epi, pou rezon sa a, gen yon seri de pwoblèm ki te devlope. Li enteresan pou obsève pase men epi nan menm tan an, fòs ke apot la mande kwayan women sa a yo remèt lavi yo nan sèvis Bondye a (12:1).

Lè Pòl di konsa: "Pou gras mwen te resevwa a, l ap moutre otorite apostolik li. Li pat resevwa otorite sa paske l te merite li, men se pa "lagras" oswa "kado" Bondye.

2 "Pèsonn pa genyen yon konsèp piwo pase sa l dwe genyen".

Nan lòt mo yo, Pòl di konsa: "Piga nou vante tèt nou!"

L'ap difisil pou yon moun fè yon analiz de pwòp tèt pa li. Awogans lan ak pretansyon an pi fò nan nou pase yon konpòtman imilite. Elasyon entèpèsonèl yo soufri fas ak konpòtman sa. Kretyen ki genyen yon konsèp ki pi wo pase sa l ta dwe genyen, li pap konprann vrè wòl pou l jwe nan mitan gwoup la, ni li pap prè pou bay lòt yo plas yo dwe genyen. Pou nou pa tonbe nan pyèj awogans sa a, Pòl bay konsèy sa a yo:

Pemyèman, li rekòmande pou chak moun aji ak imilite. "Se pou chak moun ki la nan mitan nou...panse ak tèt li ak rezèv".

Dezyèmman, li moutre chemen depandans sou Bondye avèk imilite; san konpòtman sa a l ap enposib pou nou panse avèk nou avèk rezèv oswa limit. Pòl envite kongregasyon an epi, pou fini, se pou chak moun, nan konkrasyon, nan yon sakrifis ki vivan devan Bondye. Sa a se kle pou detwi ògèy la.

B. Kò Lòm, Anekdòt Legliz La (vv. 4 ak 5)

Afimasyon Pòl la nan Women 12:4-5, li ekplike li avèk plis espas nan 1 Korentyen 12:12-30, se pasaj nou pral kòmante tou nan kèk moman.

Dapre opinyon Pòl, legliz la se yon òganis. Kisa sa vle di? Anpil moun konsidere legliz la kòm yon òganizasyon frèt. Se vre li bezwen administrasyon ak administratè nan òganizasyon nan diferan sa l genyen yo epi, espesyalman, si li pral kondwi vè plan, avèk objektif ki klè. Malgre konsa, sa ki plis enpòtan an se paske se yon òganis avèk lavi ki karakteize pa mwayen (a) gran divèsite manm li yo ak (b) pou plizyè divèsite diferan anndan yon kominote k ap grandi, devlope ak miltipliye. Nan lòt mo, ki genyen lavi.

Chak manm dwe bay sipò li dapre kapasite yo chak, pou byen tout òganis la. Cahk manm resevwa sipò lòt manm yo dapre nesesite yo.

Nan tout òganis gen yon prensip vital ki kenbe inite a. Nan ka legliz la, Kris se tèt la epi se li ki bay kò a lavi. Inite legliz la vin frajil epi disparèt lè yo retire Kris nan nan plas ki pou li a.

Men si li egzalte, tout divèsite a mete tèt ansanm pou fè kò a rich. Pandan ke manm yo rete nan kominyon avèk Kris, y ap été ansanm ak akonpli fonksyon li yo avèk anpil vi.

C. Legliz La Ak Don Diferan L Yo (vv. 6-8)

Gen anpil moun, pou yo kapab jistifye yo, yo di konsa: "Nou pa kapab evite divizyon nan mitan pèp Bondye a". Nou dwe konprann gwo diferans ki genyen ant divèsite ak divizyon. Divèsite a ede pou Sentespri a bay chak manm legliz la don diferan pou edifikasyon kò Kris la. Pou don yo kapab bay bon rezilta, tout kwayan yo dwe mete aksan sou twa pwen sa a yo:

1. Aksepte nou youn lòt, jan nou ye a epi sèvi avèk don yo ak kapasite ke Bondye bannou yo. Se pa pou bon plezi pèsonèl ni pou vante tèt moun nan resevwa youn oswa plis don. Li enpòtan pou chèche kisa lòt yo genyen pou konplete devwa nou kòm legliz Kris la nan mond lan.

2. Aksepte ke genyen don ki mande plis imilite pase lòt yo. Si se pa ta konsa, tout moun ta chèche yon plas ki sea k konesans lòt moun yo, abandone plas ak devwa ki bay kò a lavi.

3. Chak moun dwe sèvi ak don Bondye ba li a, pou sèvis legliz la ak edifikasyon li. Nou pa dwe janm bliye ke se limenm ki ban nou don yo konfòm ak gras li ak posiblite pou nou miltipliye li pou kwasans legliz la ak tout lòt yo tou.

Si nou pa mete twa aspè debaz sa a yo anpratik, don Bondye ban nou yo ap kreye yon fo ògèy nan nou epi divizyon yo ap koumanse nan kò Kris la.

Don sa ak gras ki pa edifye, men ki lakoz divizyon nan legliz la, se pa don Sentespri a. Se poutèt sa, Pòl konseye nou administre don ki bon pou edifikasyon kò Kris la. Li posib pou kèk moun mal entèprete mo "administre sa", men Pòl fè li nan kontèks tansyon ki te kreye nan mitan women yo akoz de "konkou" ant youn avèk lòt ki panse yo te siperyè pase lòt. Konsa, nou dwe konprann lè Pòl di: "Si n ap administre oswa chèche don, piga nou fè li pou nou vante tèt nou, men se pito pou edifye kò Kris la".

D. Lafwa Avèk Don Yo (v.6)

"Nou genyen don ki diferan...sèvi avèk yo konfòm ak lafwa nou", se sa Pòl di. Don ke Bondye vle bay legliz li a yo diferan ak anpil. Lis ke Pòl prezante nan pasaj sa a (12:6-8), menm si li anpil, li pa konplèt. Yon lòt fwa ankò, li enpòtan pou nou konprann ke li baze sou sa ke apot la ap viv nan mitan kongregasyon an epi yo te nesesè pou edifikasyon li. Lòt verite ki devwale nan lèt Pòl la se ke chak kwayan te kapab genyen youn oswa plis don, men yo tout dwe itilize pou sèvis legliz la.

Yon lòt kote, li enpòtan pou nou remake avèk ki lespri yo dwe mete don sa a yo anpratik. Pa egzanp, predikasyon, mizik oswa kè adorasyon, sèvis ak tout don ke Sentespri a bay, yo dwe devlope ak elaji anba yon depandans sou Bondye avèk imilite. Si don yo pa ini nan li, y ap rive fè tankou yon "metal ki sonnen oswa senbal ki fè bri".

II. Yon Kò, Yon Seyè, Yon Lespri
(1 Korentyen 12:12-14)

Nan lèt sa a pou moun lavil Koent yo, Pòl te trete menm tèm nan ki se inite nan divèsite. Nan Women 12, Kolosyen 1:18—2:19 ak efezyen 4, apot la mete aksan pou moutre ke, nan divèsite don ak manm ki nan kò Kris yo, dwe genyen tèt ansanm. Menm si ansèyman se te pou legliz nan epòk pa l la, men tou li pou legliz nou yo nan tan kounye a.

A. "Menm Jan Ak Kò A, Se Menm Jan Kris La Tou" (v.12)

Kò Kris la ofri tout kretyen opòtinite pou pwofite gwo richès ak benediksyon ke Sentespri a ofri. Anplis de sa, li pèmèt nou goute yon ti dyèt espirityèl ki diferan, olye pou nou dekouraje ak ti kal nan yon sèl don oswa kote se kèk tikras kwayan k ap egzèse yo. Reyalite anpil kongregasyon yo nan tan jounen jodi a se ke 20 pousan nan yo travay pandan 80 pousan chita ap gade oswa vle jwenn benefis. Pa egzanp, nou toujou tande: "Mwen pral nan legliz sa paske pastè a preche byen". Lòt menm di konsa: "Mwen renmen mizik nan legliz sa epi, se poutèt sa, se la m ale". Gen kèk lòt ki menm rive deklare: "Mwen pa renmen ni predikatè a, ni mizik la, men yo genyen yon bon pwogram pou timoun mwen yo".

Lè bagay sa pase nan lavi legliz la, kwayan sa a yo wè li tankou yon espektak, se tankou se limenm ki la pou ba yo sèvis, men se pa yomenm ki la pou bay Bondye sèvis. Se tris paske, se konsa y ap mache moute desann isit ak lòtbò pou yo satisfè bezwen egoyis yo, san yo pa bay anyen kòm rezilta (menm si kèk moun di yo bay ladim ak ofrann yo). Se kounye nou wè sou sa apot la te di pou moun k ap aji nan fason sa a yo, nan Women 12, "Se sak fè, frè m' yo, jan Bondye fè nou wè li gen kè sansib pou nou an, se pou nou ofri tout kò nou ba li tankou ofrann bèt yo mete apa pou Bondye, bèt yo ofri tou vivan epi k'ap fè Bondye plezi. Se sèl jan nou dwe sèvi Bondye tout bon". Yon legliz k ap lapiyè epi ki pa patisipe, li pa lapiyè. Sensèman l ap malad, ap flote, fèb, limite nan apèl Bondye fè pou enpresyone kominote li a.

B. "Nou Tout Te Batize Ak Yon Sèl Lespri" (v.13)

Si nou li Efezyen 4:4-6, n ap remake ke Pòl pale de menm sijè ki nan 1 Korentyen 12:12-14. Pandan ke nan Efezyen li fè referans ak inite kò Kris la anndan kontèks inite Trinite a, nan 1 Korentyen li mete aksan pou moutre ke se Sentespri a ki ini legliz la.

Vèsè sa a yo gn de eleman ladan yo ki bon pou site: premye a, Pòl fè referans ak eleman soyal ak kiltirèl: "Jwif avèk grèk…, esklav oswa lib" (v.13). anpil fwa vizyon yo pwodwi nan legliz la pa mwayen faktè kiltirèl, nasyonalite oswa kondisyon sosyo-ekonomik.

Dapre apot la, legliz k ap viv anba pouvwa Sentespri a, dwe pase piwo pase tout konsiderasyon sou nasyonalite ak kondisyon sosyal. Pa gen bagay ki plis fè domaj ak inite kongregasyon an konsa ke trete lòt frè yo ak avèk move jan oswa ògèy, sensèman paske li te fèt nan tèl peyi, oswa nan yon klas sosyal ki gen plis privilèj, oswa konte sou kèk etid ki yon ti jan wo pase rès kongregasyon an.

Te gen yon fwa, yon rivyè te bote yon misyonè ki te gen lòt nasyonalite nan yon ti kannòt ale nan peyi ki t ap resevwa moun. Li te koumanse yon dyalòg avèk jenn ki t ap rame kont kouran dlo a ak tout fòs li, akoz de gwo lapli ki te tonbe nan zòn sa:

— Misyonè a te di jèn gason an konsa: --ki etid ou fè jèn gason? dim non.

— Jèn gason an te reponn li: --Mwen pa t etidye anpil.

— Misyonè a di: --mwen imajine m ke w te etidye rive nan klas segondè.

— Jèn gason an te reponn: --Non, mwen pa t rive nan klas segondè.

Pawòl misyonè a yo se te tankou imilyasyon yo te ye lè li te ajoute:

— Ou pèdi yon ka nan lavi w, paske pou pipiti ou te dwe fè etid sa yo. Misyonè a te kontinye ap ensiste: Men omwens, ou te fini klas primè pa vre?

— Jèn gason ki t a rame ak tout fòs li a te reponn: --Non. Paranm yo te voye m al travay depi toupiti, se nan rivyè mwen grandi.

Demoutre jan li te fache, misyonè a te reponn li konsa:

— Ala lapenn ak wont! Ou pèdi 50 pousan nan lavi w!

Anpil tan pa t pase lè ti konnòt frajil la te pran nan yon toubouyon epi koumanse vire san kontwòl. Jèn nan nan fè efò pou pran kontwòl anbakasyon an:

— Ou konn naje, misyonè?

Misyonè a tou pv te koumanse rele:

— Non ! Non, m pa t janm aprann naje!

— Jèn gason rele li di: --Ala lapenn, ou pral pèdi 100 pousan nan lavi w!

Sa ta sanble yon ilistrasyon jwèt, men se konsa anpil moun nan legliz la aji lè yo gen yon plas ki gen valè epi yo nan yon sitiyasyon ki gen trankilite. Yo pa vle lòt moun sipòte yo. Yo santi yo siperyè ak ògeye pou sa yo rive reyalize yo. Men lè moman kriz la rive yo rann yo kont konbye yo te enbesil, epi sa ka rive ke li menm twò ta pou yo regrèt!

Dezyèmman, lòt eleman an se pou sakreman. Inite kò Kris la tou manifeste nan kase pen an, oswa, nan lasèn.

Yon lòt fwa, gen kèk kwayan ki bwè sakreman sa—menm jan yo fv sa ak lòt yo—tankou yon jwèt. Se kapab menm bagay la ki rive ak batèm nan. Egoyis la tèlman fò, santiman ki di "mwen gen rezon", ki pa menm enterese pou l konprann, pratike oswa devlope oswa elaji sakreman sa a yo nan lavi yo oswa nan lavi fwè parèy yo. Kwayans nou an byen diferan:

Nou kwè ke lasèn pou fè moun sonje a ak kominyon ke Seyè ak Sovè nou an Jezikris la se esansyèlman yon sakreman ki nan Nouvo Testaman, ki deklare lanmò li, pou moutre ke kwayan yo genyen lavi ak delivrans, ak pwomès tout benediksyon espirityèl nan Kris. Se pou moun ki espesyalman prepare pou apresye avèk respè siyifikasyon li epi pa mwayen limenm yo anonse lanmò Seyè jouskaske li vini ankò.

Pliske li se yon fèt kominyon, se sèlman moun sa a yo ki gen lafwa nan Kris la ak lanmou pou sen yo dwe reponn pou patisipe ladan li (Deklarasyon youn nan prensipal denominasyon aminyen-wesleyen yo).

Lasèn nan—ki rele kominyon tou—se sa li ye egzakteman, yon demonstrasyon "komen" "inyon" ant Kris ak legliz la epi ant youn avèk lòt. Atik lafwa sa di ke, li enpòtan pou nou konprann kisa sa vle di ak poukisa nou pratike sakreman sa a nan legliz la. Nan moman pratik sakreman an, minis la endike ak sonje kongregasyon an byen klèmoman y ap patisipe a: "Piga nou bliye ke nou se yon sèl, sou menm tab ak Seyè a" (p.218).

C. Yon Kò, Anpil Manm (v.14)

Menm jan kò moun bezwen èd manm ki atache ladan li yo, se konsa tou kò Kris la bezwen tout kwayan yo.

Vrè imilite a baze sou sèvis sensè chak kwayan nan Kris la, mete akote nenpòt santiman siperyorite ki vle anvayi oswa vle domaje kò Kris la.

Nou jwenn santiman de iresponsablite sa nan anpil legliz kote ke nou pa bay sa anpil valè oswa atansyon : Mank de asistans nou yo nan lekòl dominikal yo. Se vre, yon kote, mank de patisipasyon nan sèvis Bondye a, nen mete don nou yo pou sèvis li ak sèvis lòt yo. Men yon lòt bò, nou wè tou ki kantite domaj ki fèt—espesyalman pou sa ki pi fèb yo oswa nouvo konvèti yo—lè kwayan an pa patisipe nan legliz la souvan. Yon bagay se lè moun nan pa kapab fè yon aranjman nan orè travay li; lòt bagay, se lè sa "rive" pa ale epi patisipe avèk kò Kris la nan adorasyon ak louwanj pou Seyè a. Malerezman, li pa sèlman domaje pwòp tèt li ak fanmi li; men domaj la gran nan legliz la. Avèk endisiplin li koumanse iresponsablite anvè lòt yo epi afebli misyon legliz la nan kominote a.

Imilite nou an ta dwe yon fason pou se pa sèlman pou n ta kontan pou nou lakay Bondye, men tou svvi kòm yon enfliyans pozitif pou lòt yo. Nou dwe ranfòse konsèp sa nou posede, tankou Pòl di: "Tout manm yo endispansab, menm si pa tèlman enpòtan oswa li pa sanble" (vv.22-24).

Konklizyon

Kisa ki pral konpòtman nou fas ak ansèyman Pòl yo ? èske n ap rete soude nan Kris la pou edifikasyon legliz li a, oswa n ap elwaye nou de li pou nou simen simen tèt chaje ak divizyon anndan kò a ? Se pou Seyè a ede nou mete ansèyman sa a yo anpratik epi fè yo vin reyalite!

Leson 25

Èske Se Temwayaj Kretyen?

Pou aprann: "Nenpòt pyebwa ki pa bay bon donn, yo pral koupe sa jete nan dife. Konsa tou, n'a rekonèt fo pwofèt yo sou sa y'ap fè" (Matye 7:19-20).

Objektif: Etidye ak konprann ke estil lavi kretyen an se plis pase yon disiplin; se yon defi ki posib pou kretyen ki viv nan Kris la avèk yon nesesite pou mond lan.

Entwodiksyon

Sa ta sanble senp, apre yon moun fin jwenn padon nan men seyè a epi abandone lavi peche a, konprann nan ki pratik nou pa ta dwe repete epi ki aspè sa yo ki anrichi relasyon noua k Bondye epi avèk pwochen nou yo.

Men, nou dwe rekonèt li, tandans imen nou ak menm fòs mal la pral eseye konfonn epi, ta oswa bonè, li posib pou nou koumanse poze kesyon: "Ki mal sa genyen ladan l lv yon moun fè li?" Oswa Poukisa pou rete bouch fèmen?" "Mwen gen dwa pou m di sa m vle! Pou m defann mwen!

Koumanse depi nan Women 12:9, Pòl "ede" women yo avèk yon lis règ ki pou edifikasyon espirityèl epi pou ranfòsman relasyon yo avèk Bondye epi ak pwochen yo. Si nou ta konprann sa Jan anseye nan premye lèt li a (2 :6), nou ta retounen nan Womenò. Jan di: "Lè yon moun di li fè yonn ak Bondye, se pou l' viv tankou Jezi te viv la". Si nou ta dekrive ak gran tras lavi ak ministè Jezikris tankou pou swiv egzanp li, nou ta di:

Premyeman, lavi Jezi te karakterize pa mwayen obeyisans li devan Papa a. Nou kapab obsève yon egzanp obeyisans sa a nan jaden Jetsemani: "Papa, se pa volonte pam nan ki pou fèt, men se pa w la" (Lik 22 :42). Moun ki di li nan Kris la, li dwe swiv chemen obeyisans nan Bondye a.

Dezyèmman, Jezikris, menm nan moman pi difisil yo, li te jwenn ase fòs nan kominyon li avèk Papa a tankou pou fini ak travay redanmsyon an. Sa vle di, lavi lapriyè ki dirad ke Seyè nou an se te kle obeyisans la epi kontinye pou pi devan nan lavi ak ministè li.

Twazyèmman, lanmou ak padon anvè lòt moun se te karakteristik Jezi. Li te mouri sou bwa kalvè a pou ke limanite kapab jwenn padon ak delivrans anba peche yo. Se la a menm li te mande Papa a pou l pa gade sou peche moun sa a yo ki te kloure li sou kwa yo.

Se poutèt sa, yon obeyisans ki dirab devan Bondye, lapriyè, lanmou ak padon se karakteristik prensipal pou kwayan an. Bondye, nan gras li epi atravè Sentespri li, ede kwayan yo genyen ak devlope objektif sa a yo.

Kalite lavi sa se plis pase yon disiplin; se yon kado Bondye, yon nesesite ak yon defi pou kwayan an. Yo rakonte gen yon istwa sou kapitèn Scott, ki gen orijin anglè, li te fè yon vwayaj patou nan mond lan.

Nan tout peyi li te pase yo, li te plante semans flè. Pratik sa te fè kamarad li yo anpil plezi. Finalman yo te mande li poukisa li t ap mache simen semans flè anglè sa a yo anba syèl la nan tout peyi etranje li pase yo. Kaptenn nan te reponn: "M ap simen grenn nan flè ki pi bèl ki soti nan peyi Anglètè pou ke nenpòt moun ki wè li kapab konnen ke gen yon anglè ki te pase la".

Noumenm disip Kris yo, nou se yon pèp espesyal epi, pandan nou prale nan patri ki nan syèl la, nou dwe simen semans temwayaj nou kote nou pase yo "pou mond lan kapab konnen pou kimoun ak ki kote nou soti". Se pou Kris la nou ye epi nou soti nan patri nou, syèl la!

Kesyon an se: Kisa ki kapab ede mwen kiltive semans sa yo oswa règ kretyen yo? Kòm nou etidye nan chapit avan, lanmou an se eleman biblik k ap mennen kwayan an pran konpòtman lavi sa avèk responsablite. Lanmou sensè pou Bondye a pral konvèti kòm lanmou anvè lòt moun! Konpreyansyon debaz sa se epi pral baz pou lavi kretyen an!

I. Lajwa Kretyen An: Sèvi Lòt Yo (Women 12:9-13)

A. Konfyans Lanmou An (v.9)

Yon jou te gen yon koup ki te rive ak yon ti bebe nan men yo, nan Seminè Teyolojik nan peyi Gwatemala. Yo te mande pou direktè a. Mwen te soti poum te atende yo epi menm kote a yo te pale m de bezwen ijan yo te genyen. San dout, nan moman sa a mwen te gen opsyon poum te kite yo ale ak men yo vid, oswa ede yo ak kèk bagay tankou lajan. Menm si nan lespri mwen, m te gen dout epi m te santi mwen te tante poum te kite yo ale, mwen te chwazi dezyèm nan paske m te santi ke m te dwe fè l konsa.

Apre sa, gen kèk moun ki te dim konsa: "Pastè, poukisa w te ede yo? Se vòlè yo ye wi, nou konn wè yo deja ap fè menm bagay la nan lòt okazyon!" Yon lòt fwa ankò yon bann kesyon vin moute nan lespri mwen, men kè mwen te santi l trankil. Poukisa? Mwen te santi ke m te fè sa m te dwe fè, se plis pou ti bebe a dam nan te pote sou ponyèt li a. Yon lòt kote—menm si mwen pa toujou bay lajan—anpil fwa mwen prefere bay yon plat manje, rad oswa kèk lòt kalite èd—men nan moman espesyal sa a m te santi li te kòrèk epi ede a te gen pou wè avèk mwen "kalite lavi kretyen an".

Èske nan kèk okazyon yo "pwofite yo" de konpòtman kretyen nou an? Wi, san okenn dout. Se pa poutèt sa nou dwe sispann fè byen. Lanmou pou pwochen yo se baz tout relasyon entèpèsonèl kretyen an. Nou rekonèt ke li pa fasil pou nou akonpli ak devwa sa; lanmou an kapab sèvi yon baz pou lòt moun fè abi bò kote lòt moun yo epi, tou, se yon menas pou pwòp kretyen an si l tonbe nan tantasyon pou fè li ak ipokrizi ak mank de senserite.

Kretyen an dwe pran egzanp sou Kris, limenm ki "te renmen legliz la epi te bay tèt li pou li" (Efezyen 5:26).

B. Règ Lanmou Yo (vv.9-10)

Nou jwenn twa prensip ki parèt nan vèsv sa a yo: (a) rayi sa ki mal; (b) chèche sa ki byen; epi, (c) angajman pou ede lòt yo, menm si se pechè oswa kwayan.

Lanmou an ede nou distenge ki aksyon k ap edifye kò Kris la. Denominatè komen mond sa se peche epi li pa fasil pou nou obsève ke aksyon moral pozitif yo prèt pou disparèt. Fas ak ijans ak pèt opòtinite avèk posiblite, menm anpil kretyen bliye imite Jezi. Egoyis la aji sou yo menm jan ak moun ki nan mond lan. Nou obsvve tankou fas ak presyon avèk enfliyans mond lan, anndan kontèks legliz la, nan fwaye kretyen epi kote yo travay, lanmou an prèske fin disparèt oswa bouche senserite a.

Anpil fwa legliz la rive kwè ke pliske li rayi rezilta peche a, li dwe pini pechè a. Lè li konsa, li sispann sèl ak limyè nan mond lan ki bon pou konn fason pou l rekonèt kalite lòm yo. Pa egzanp, Mari Magdala, fanm pwostitye a ak, Zache, piblikan an, yo se moun ki te remèt lavi yo pou fè sa ki mal. Jezi te wè nan yo de a, moun ki nan nesesite pou sove. Se pou nou fè atansyon nan eseye akonpli règ san lanmou. Chak moun dwe prezante li kòm dènye opòtinite pou resevwa levanjil mizèrikòd la!

Lanmou pa eksplwate ni fè lòt moun abi. Lanmoun an pouse nou trete lòt moun ak menm lanmou nou menm nou merite.

C. Lajwa Nan Sèvi Lòt Moun (vv.11-13)

Vèsè sa a yo ede nou konprann ke:

1. Lanmou an rapid. Pratik lanmou kretyen an karakterize pa mwayen "aktivite ki rapid anpil" epi "entansyonèl". San dout, youn nan premye karakteristik ki dwe parèt byen klè nan kretyen yo se disponiblite ak patisipasyon li nan travay Bondye a. Pa gen yon pi bon ekspresyon lanmou pase sa ke kongregasyon lokal nou an vin fò ak efikas pou akonpli misyo Kris la. Lè mesaj levanjil la chanje moun ki aksepte kris yo, nou dwe ba yo yon "pouvwa" ki pote lapè pou li, gerizon, lajwa ak kle pou kite vis yo, koutim ki detwi relasyon mari ak madanm, paran ak pitit yo. Se poutèt sa, nou dwe entelijan ak pozitif kòm legliz!

Pòl elaji fraz la "Picho nan lespri". Konpòtman sa a soti nan relasyon nou ak Sentespri a. Chalè ak pwisans sèvis la fèt lè nou kapte lanmou sa ki renmen sove pechè a. Bondye pa sèlman renmen moun ki baya k kè kontan, men tou moun ki bay ak anpil chalè ak lajwa. Epi ofrann nan se pa sèlman koze lajan, li gen ladan li tout sèvis nou kapab rann legliz la epi avèk moun ki pa manm legliz la tou.

2 Gen kè kontan nan esperans lan (v.12). Kwayan an bezwen wè esperans ak fòs ke Bondye ban nou nan mitan tribilasyon. Nou jwenn bagay sa yo sèlman lè nou pèsevere nan lapriyè.

Dapre Pòl, genyen yon relasyon ki fò ant esperans, fòs ak pèseverans nan lapriyè. Se yon bagay ki konfonn moun epi tris lè nou wv yon moun k ap temwaye kominyon li ak Bondye, men ki pa moutre fwi relasyon sa avèk li. Lavi kretyen san kominyon ak Bondye se yon bagay ki tris tou.

Sa pa gen pou wè ak yon woutin relijye sèlman, men se pito relasyon ak Bondye, rezilta lapriyè ak devosyon nou. Sepoutèt sa Pòl di se pou nou toujou rete nan lapriyè.

3. Nou dwe konprann lalwa lanmou an ak nesesite imen an (v.13). Jak te mande: si yonn nan nou di yo: Ou mèt ale. Chofe kò ou, manje plen vant ou, san li pa ba yo sa yo bezwen, kisa sa ap fè pou yo? (Jak 2:16).

Lide pou pataje ak lòt moun yo pa rive kreye lv kominote a genyen resous ekonomik ase. Lè nou gen lanmou, menm lè sa n ap eseye ede ak sa nou genyen. Men atansyon, gen kèk moun ki ka moutre yo renmen bay anpil ak sa ki pa pou nou, . Gen kèk politisyen ki eseye detwi moun ki genyen kèk bagay pou dapre sa yo di, bay lòt moun ki pa genyen yo. Gen lòt ki trafike enfliyans avèk preokipasyon pou ede ak sèvi tout moun. Malerezman, anpil nan y opa pre pou pataje sa yo genyen, tikras oswa anpil, avèk moun sa a yo k ap soufri nan bezwen.

II. Lanmou Ak Konpòtman Fas Ak Payen Yo (Women 12 :14-21)

A. "Se Pou W Beni...Epi Piga W Madichonnen" (v.14)

Beni vle di: "pale byen de", "onore", epi menm "priye pou". Lanmoun an bay kwayan an kapasite pou l reziste devan mal la. Petèt pechè a pa konprann kisa lanmou Bondye a ye si l pa wv yon kwayan k ap padone pwochen li epi, menm lènmi li !

B. "Se Pou Nou Fè Fèt Epi...Se Pou Nou Kriye..." (v.15)

Li pa fasil pou yon moun idantifye li ak santiman lòt moun, men si l rive fè li, se pral youn nan pi bèl kalite ke l ap kapab devlope kòm kretyen. Moun ki pa konnen Bondye a jwenn mil zanmi lè l ap fè fèt, men, nan tristès li, chagren se sèy konpany li. Si nan moman sa yo yon kretyen bò kote yon moun k ap soufri, moun sa a kapab wè lanmou Bondye atravè konpòtman sa a.

C. "Tèt ansanm ak moun ki enb yo" (v.16)

Pòl vle pou nou se kretyen ki entelijan nan kesyon divèsite a. Pwovèb nan lari a defini vèsyon sa a konsa : "Viv nan tèt ansanm youn ak lòt. Pa gonfle lestomak ou, men mete w nan nivo moun ki enb yo pito". Gen yon fòs ki kache nan inite ke lè li vin parèt aklè, li kapab transfòme lavi ak jenerasyon yo. Nou dwe sonje ke "inite", se pa "inifòmite". Inite a kapab genyen ladan li ak tèlman anpil divèsite tankou ak kilti, karaktè avèk karakteristik ki genyen nan tout inivè a.

Chak moun diferan de yon lòt, men, Bondye bay entelijans, konpreyansyon, tolerans epi travay ansanm akoz de limenm. Se pi plis pase sa, kalite diferan lòt yo ap ede nou vin travay pi byen nan misyon nan legliz la. "Amoni", menm jan ak nan pyano a, sa vin parèt nan legliz la lè moun k ap fv zèv volonte nan li a, Jezi ki se Kris la, egzekite melodi lanmou an pou moun kapab konnen li (Jan 17).

D. "Kouman Pou Fè Fas Ak Sa Ki Mal? (vv.17-21)

Jeneralman, konpòtman kretyen an fas ak enjistis la manifeste ak repwòch e kolè. Se pou nou fè atansyon pou nou pa tonbe nan pyèj ki ka fè nou santi yon lespri tire revanj. Ravanj lan pa toujou manifeste pa mwayen aksyon yo, men tou li kapab pran rasin nan kè moun nan epi kapab fv l reyaji endiferan ak pwochen li. Pa egzanp, nou kapab deside pa fè yon moun ki vin tounen lènmi nou mal, men yon lòt kote, nou pa prèt pou nou kontribye nan delivrans li. Nan lòt mo, "nou touye li ak endiferans la". Konpòtman sa mete ansèyman Seyè Jezikris nou an anreta limenm ki di: "Men mwen menm, men sa m'ap di nou: renmen tout lènmi nou yo, lapriyè pou moun k'ap pèsekite nou. Se konsa n'a tounen pitit Papa nou ki nan syèl la. Paske, li fè solèy la leve ni pou moun ki mechan ni pou moun ki bon. Li fè lapli tonbe ni pou moun k'ap fè sa ki byen ni pou moun k'ap fè sa ki mal".

Konklizyon

Nan kèk tanp kretyen òtodòks nan oryan, yo konn gen abitid boule lansan pou chans moun ki konn asiste nan sèvis relijye yo, lè yo konn soti la a, tout rad yo te konn gen sant awòm lansan yo. Nan fason sa a l ap difisil pou lòt moun rekonèt ki kote moun sa a te ye.

Nan kèk kote nan mond lan, awòm nan dezagreyab, pou peche ak koripsyon moral, yo vin tankou lansan sa a. Li posib ke yomenm menm yo pa rann kont si l gen "sant fò sa a" men moun nan lari yo rekonèt "awòm sa". Etik, moal ak koutim moun ki la ak sa a yo oswa ki vizite kote sa yo, ta oswa bonè, yo pral manifeste epi y ap parèt aklè nan limyè. Jezi te anseye nan predikasyon sou montay la : "Pran prekosyon nou ak fo pwofèt yo. Yo pran pòz ti mouton yo lè y'ap vin sou nou, men nan fon kè yo, se bèt devoran yo ye. N'a rekonèt yo sou sa y'ap fè. Yo pa keyi rezen sou pye pikan. Ni yo pa keyi fig frans sou pye rakèt. Yon bon pyebwa bay bon donn. Men, yon move pyebwa bay move donn. Yon bon pyebwa pa ka bay move donn. Nitou yon move pyebwa pa ka bay bon donn. Nenpòt pyebwa ki pa bay bon donn, yo pral koupe sa jete nan dife. Konsa tou, n'a rekonèt fo pwofèt yo sou sa y'ap fè"(Matye 7 :15-20).

Ezilta sanntifikasyon total la manifeste nan lavi li lè l mete lanmou an anpratik ive nan dènye pwent konsekans li yo. Kòmandman kontinye menm bagay la: "Se pou w renmen frè parèy ou menm jan ak pwòp tèt pa w".

Ilistrasyon, Kòmantè
Ofrann Endyen An

Yon predikatè te rakonte yon eksperyans li te fè pandan l t ap preche nan yon tribi Nòameriken. Li te rakonte ke yon jou, li t ap pale yo de enpòtans ki genyen pou nou bay Bondye tout sa nou genyen ak tout sa nou ye : "Lè nou fè yon kongregasyon total ak absoli pou lavi nou, dife ki boule sakrifis la soti nan syèl la". Li te fè referans ak enpòtans ki genyen pou nou prezante kò nou, nan konpasyon Bondye, kòm yon sakrifis ki sen, ageyab pou Bondye, pou dife Lespri li kapab boule nou.

Apre chèf tribi a te fin tande mesaj predikatè a, li te deside ak anpil emosyon pou l te bay tout sa l te posede pou Bondye. Li te leve epi pote al mete yon gwo dra lenn li an sou lotèl kote yo te reyini an. Li te fè yon ti kanpe ap reflechi epi li di konsa: "Mwen pa santi dife sa desann sou mwen".

Ebyen li te soti, pale avèk madanm li epi mennen li devan lotèl la. Men nan fwa sa a, li te santi ke anyen pa t pase.

Apre sa li leve l al nan tant li epi pote vini gwo fizi li a, ke l pat vle bay anreyalite, men anfen, li te mete li sou lotèl la. Men yon lòt fwa ankò li di konsa: "Mwen pa santi dife sa desann non".

Finalman, predikatè a rakonte ke chèf tribi a te tonbe ajenou devan lotèl la epi di byen fò : "Seyè, m pa gen lòt bagay poum ofri w, se mwen sèlman mwen menm". Li te rete ajenou pandan yon moman; anpil moun te rete ap tann kisa ki ta pral pase. Se konsa, li te leve men l anlè epi kiye di byen fò: "Dife a desann sou mwen; Bondye pran posesyon nan tout lavi mwen!".

Avan nou bay Bondye tout sa nou genyen, ann remèt ak konsakre nou totalman ba li.

Se Toujou Menm Nan

Plizyè enstriman fòme yon òkès ki bèl. Chapantye yo, bòs mason ak lòt yo konstwi bèl kay.

Jwè yo ki kanpe nan plizyè pozisyon ki diferan nan teren an, fòme yon ekip.

Yon fanm ak yon gason, ak pitit yo konstwi yon fanmi.

Yon gwou gason avèk fanm ki konsakre pou Bondye avèk plizyè kalite don ak talan fòme ak bay yon legliz lavi.

Leson 26

Èske Gen Konfli, Konviksyon Ak Posiblite?

Pou aprann: "Pa fè anyen nan lide pou fè tèt nou pase pou pi bon, ni pou fè lwanj tèt nou. Men, soumèt nou devan Bondye. Mete nan tèt nou lòt yo pi bon pase nou. Piga pesonn chache enterè pa l ase. Se pou l' chache sa ki bon pou lòt yo tou." (Filipyen 2:3-4)

Objektif: Etidye ke kòm kwayan nan Kris, nou kapab fè pati solisyon an lè nou eklere ak bay direksyon nan konfli ak sitiyasyon ki gen divizyon ki kapab vin eklate nan chemen lafwa.

Entwodiksyon

Youn nan pi gwo bagay ki fè kèm kontan nan etap ministè sa, se lizay entènèt la; espesyalman pa korespondans ke mwen kapab voye ak resevwa pa mwayen elektwonik tankou tou, posiblite pou m fè kou ki byen klè pou anpil moun nan yon lòt fason pa ta genyen aksè pou fòmasyon lidèchip yo. Nan panse ak ane ki pase pa yon mawayen kominikasyon kòm sa se te sèlman yon objektif. Petèt sa te mansyone kòm yon posiblite, anpremye; yon bagay pou tan ki ta gen pou vini api lwen, li te koumanse ap pran fòm.

Lè m te pase kou pastoral mwen yo, lèm te santi apèl Bondye, posiblite sa pa t menm yon tèk ki te gen konsiderasyon. Kouman kapasite a ta kapab ede m gen aksè pou kou vityèl yo, materyèl andijital yo, pwofesè yo avèk konvèsasyon elektwonik avèk yo ak kamarad mwen yo! Ala de kantite richès nou ta sanble lè nou ta ap itilize tout mwayen ki disponib pou nou yo jodi a! Nanane sa a mwen te oblije ap vwayaje pandan dezèdtan nan tren ak de bis pou m te kapab ale lekòl, apre m te fin sot travay. Apre sa, lè lannwit la te rive, se te menm pete kouri a pou retounen lakay. Mwen te konn pwofite etidye nan vwayaj la epi, si m pa t rive fè devwa yo, mwen te oblije pase nwit san dòmi pou m te fè li. Woutin sa se te kat jou pa semèn, se te konsa pandan 4 ane yo ke m te pase pou m fè preparasyon ministeryèl mwen.

Kouman apot Pòl t ap ye si l te genyen aksè ak mwayen elektwonik nou genyen nan tan kounye a? Li posib pou imèl li se ta yon bagay konsa : sòl_Pòl@gmail.com. Men petèt ta genyen sit wèb entènèt tankou pa egzanp, www.legliz mounlòtnasyon.org ! Men, limitasyon l yo te tèlman anpil, pou li li te kapab sèvi ak sitiyasyon difisil yo ki te prezante nan legliz li yo oswa, pou ankouraje ak anseye kwayan yo, li te dwe fè li pa mwayen lèt ki long mèm jan ak kout tou. Li pa t gen machin pou l te ekri ! Pou pa dwe bliye tou ke lèt yo te konn pran anpil tan pou ekri alamen, men lè yo te konn rive kote yo te dwe rive a se apre plizyè semèn e menm plizyè mwa.

Pou Pòl, lèt yose te pi bon sistèm pou oryante kretyen yo nan konpòtman yo ak pratik lafwa yo. Nou dwe sonje ke apot la pa t konfòme li sèlman nan fè vwayaj misyonè yo. Li te pran defi pou l te "plante" legliz epi wè kwasans kwayan yo ansante. Yo menm nan pa yo a, menm jan sa rive nan tan pa nou an jounen jodi a--, jwenn ak anpil defi, pwoblèm ak obstak, anpil esèy – anndan legliz la –menm jan ak nan lari. Kòm Pòl pa t kapab nan tout legliz yo ke l te fonde ak vizite, li te atende yo pa mwayen lèt li yo ak mesaj. Ala di travay Pòl la te di! Konbyen nou dwe admire sèvitè Bondye sa pou angajman ak pèseverans nan ede kretyen legliz yo! Ala gwo chans nou genyen jodi a pou nou enfliyanse ak ede lòt yo pa mwayen kominikasyon ke nou genyen nan men nou!

Jodi a nan dènye leson sa a nan Women, n ap konsidere lòt pwoblèm ke Pòl te oblije atende ak anpil ijans. Sanble ke nan pal la te gen anpil gwo diskisyon ant moun sa a yo ki te konsidere yo "fò nan lafwa" ak lòt sa yo ki te "fèb nan lafwa". Vèsè sa a yo ke nou pral etidye la, moutre efò kreyatif ke Pòl te dwe fè pou eklèsi oswa bay direksyon nan "dosye sa a yo" ki, m jan w wè nou sot sinyale a, jodi a yo rive menm si yo pa tèlman menm, nan yon fason ki sanble.

I. Konfli Nan Konsyans
(Women 14:19-23)

Èske nou tèlman gen ase de tan, n ap gaspiye yo nan bagay ki pa vo anyen? Espesyalman si sa gen pou wè ak bagay ki pa kapab fè lafwa yon moun grandi ni misyon legliz la? Anreyalite sa a yo se pa kesyon m oswa enkyetid mwen yo; ta sanble se ta pa apot Pòl yo lè li te ekri yo konsa: "Se sak fè, ann toujou chache bagay ki kapab ede nou viv ak kè poze, bagay ki pou penmèt nou yonn soutni lòt nan konfyans nou nan Bondye.

Piga kraze travay Bondye a poutèt yon keksyon manje. Nou ka manje tout manje, se vre. Men, sa pa bon pou nou manje kichòy ki ka lakòz yon frè tonbe nan peche.

Sa ki byen an, se lè ou pa manje vyann, ni bwè diven, ni fè okenn lòt bagay ki kapab fè frè ou tonbe nan peche. Sa ou kwè ou menm sou sa, gade l' pou tèt ou devan Bondye. Benediksyon pou yon moun ki pa santi l' koupab lè l'ap fè sa li kwè li dwe fè. Men, moun ki gen doutans sou sa l'ap manje a, Bondye kondannen l' lè l' manje l', paske li aji san konviksyon. Tout sa ou fè san konviksyon se peche.

Avan nou kòmante vèsè sa a yo, ann konsidere premye vèsè yo ki nan chapit sa paske yo se baz oswa kontèks pou sa a yo.

A. Diferan Nivo Sansiblite Oswa Pèsepsyon (Women 14:1-18)

Rekonsilyasyon an se pigwo sijè lafwa kretyen an. Rekonsilyasyon ak Bondye epi ak pwochen yo.

Nan kontèks relasyon nou avèk lòt yo ta sanble pi difisil (ta sanble) pase relasyon nou avèk Bondye. Se poutèt sa, nan 1 Jan apot la di konsa : Nou pa kapab di nou renmen Bondye epi nou pa renmen fè parèy nou an". Anpil fwa nou bay yon fil fen ant entèpretasyon de youn ak lòt nan sijè nou espirityalize oswa nou sispann espirityalize. Pou kèk moun, gen konpòtman ki ta sanble pa pi "kretyen" pase lòt. Pa egzanp, si w ap kondwi machin ou nan yon wout a 130 km/lè yon kote yo endike w dwe kouri machin nan a 100 km/ lè, kesyon an se : Kouman w t a reyaji si yon frè kretyen ki akonpanye w ta di ou w ap aji kont Bondye pandan w ap kondwi ak vitès ki depase sa yo mande a ?

Sa se yon tèm ki ta sanble lejè pa gen valè pou moun, men pou yon lòt moun li kapab byen enpòtan. Moun ki pa santi li koupab, èske sa fè li siperyè pase lòt la ? Lojikman, se lòt bagay si yon moun eseye fè pridan epi youn konseye lòt pou pa ale twò vit akoz "vapè", oswa "lapli", oswa pliske li lis anti l alèz si lapolis ta rive kanpe li paske li t ap vwayaje ak vitès ki depase. Men diskisyon an se : èske se peche pou youn epi pou lòt non ?

Kesyon yo ta sanble enretesan. Tèlman enteresan menm jan ak diskisyon yo ki ta sanble te pase nan mitan kèk frè ki te bon pou koze divizyon nan legliz kretyen nan lavil Wòm nan. Anreyalite yo pa t aji ak objektif pou ede lòt yo, men se pito pou sanble siperyè oswa pi bon!

Kesyon ki plis enpòtan yo gen karaktè pèsonèl: Ki konpòtman mwen dwe afiche lè frè parèy nan lafwa m yo adopte konpòtman ki pa mache konfòm ak konsyans kretyen mwen? Nan ki fason mwen wè li? Kouman mwen aji fas avèk yo? Eske mwen kritike yo oswa mwen genyen pasyans poum gide ak moutre yo egzanp epi, lè opòtinite a prezante, ak pawòl tou?

Pou fè referans ak kesyon sa a yo Pòl te genyen de pwoblèm ki klè pou trete: sa nan jou sakre yo ak regleman ki gen pou wè ak alimantasyon. Toude sitiyasyon sa a yo te kreye konpòtman ki te mete an danje inite kò Kris la.

Apot la rezime twa prensip fondamantal fas ak pwoblèm sa a yo: (a) Chak moun dwe aji avèk yon konsyans ki pwòp; (b) Dwe fè anpil atansyon nan jije oswa kondane lòt yo; (c) moun ki fò espirityèlman pa dwe sèvi yon obstak pou moun ki fèb yo.

B. Definisyon Objektif Yo: Yon Solisyon (14:19-23)

Ka Pòl prezante nan premye pati chapit la devwale baz pou evalye pwoblèm ki rive nan vèsè 19. Men li nesesè pou prezante objektif pou chèche yon solisyon; nan menm tan an, li pa sispann enpòtans pou sinyale priyorite ki dwe gouvène kominyon nan legliz la.

1. "Sa ki kontribye nan lap è ak edifikasyon" (v.19). Pòl anseye nan Women ki lespri ki dwe renye nan kò Kris la. Nan menm tan, moutre ke Bondye, pa mwayen lanmou li, delivre lòm epi ke redanmsyon sa dwe fè efè anndan relasyon entèpèsonèl kwayan yo. Gras ak delivrans nan Kris la, tout moun jwenn libète, men libète sa dwe kanalize nan yon fason ke olye pou l detwi legliz la, li edifye ak ba l fòs. Ebyen, ki valè ki dwe konsève nan sans sa ?

Kè kwayan konprann ke levanjil la libere yo de entèdiksyon sa a ki p a genyen enplikasyon moral, yo rann yo kont de ke "Gouvènman Bondye ki wa a, se pa yon afè manje ak bwè, men se yon keksyon fè sa ki byen, viv ak kè poze ak kè kontan. Bagay sa yo, se Sentespri ki bay yo" (v.17).

Konsa, gen moun ki santi yo alèz pou akonpli yon lis entèdiksyon tankou "pa manyen... pa goute" epi ki mete aksan nan abstinans ak severite. Pou yo menm, konsiderasyon lalwa sa a yo plis enpòtan pase lespri lanmou ak adorasyon ki dwe renye anndan legliz la.

Kisa ki kontribye lapè? Apot la pa tante limite libète a nan dosye ki pa enpòtan yo. Men, li ensiste nan egzèsis libète dwe pran oserye sou zafè negatif ke pwochen nou kapab bay. Si libète sa eseye detwi lapè a, li dwe soumèt li anba yon egzamen ki di. Sonje byen ke moun ki renmen mete lapè a jwenn benediksyon nan men Seyè a (Matye 5 :9)

Kisa ki kontribye ak edifikasyon mityèl la? Nan legliz la ta kapab genyen moun ki preokipe yo pi plis pou detay olye pou lespri lanmou ak konpasyon. Jeneralman preokipasyon sa a yo konn kraze inite ak lapè nan legliz la.

Sa ki kontrè ak edifye a se detwi oswa demoli. Poutèt sa, nou dwe kite akote tout sa ki pa edifye nou epi chèche sa ki ini kò Kris la.

2. Detwi travay Bondye a se peche (v.20). Gen moun ki di Pòl te mal aji paske li te enpoze li "byen fò nan lafwa", pi fò pati nan responsablite li pou l te konsève lapè ak inite anndan legliz la.

Li plis fasil pou di ke yon moun genyen rezon epi, nan menm tan an, kite travay Bondye a detwi. Sa kapab rive ke "manje" oswa "pa manje" se yon bagay ki pwòp, men si ak tout fòs mwen, m goumen pou detay sa aplike nan legliz la epi mwen bliye sa ki nan enterè espirityèl frè parèy mwen an, mwen pa akonpli ak lalwa lanmou epi mwen nan peche.

Yon lòt fwa ankò n ap fè fas ak prensip lanmou an, men fwa sa a se aplike nan sèvis Bondye a. Detwi santiman frè yo pa sèlman domaje frè a, men se pito divize legliz la epi fè Seyè a wont devan mond lan k ap obsève si temwayaj la otantik oswa senpleman gen pou wè ak yon ti gwoup oswa relijyon anplis.

Li difisil pou w defini moun sa yo ki "fèb" ak moun sa yo ki "fò". Nou ta kapab di ke fèb yo nan lafwa se moun sa a yo ki frèt nan chemen Seyè a oswa moun sa a yo ki pèdi konfyans yo nan Bondye akoz de kèk aksyon yo te komèt oswa se pa akoz de kwayan ki konsidere yo gen matirite nan lafwa.

Moun sa a yo ki "fò" nan lafwa petèt pa pèdi konfyans yo nan Bondye. Nan ka legliz kretyen an ki te nan lavil Wòm nan, se asire ke se yo menm ki te konsidere yo te gen anpil konfyans nan Bondye, men yo pa t fè anyen pou yo te kreye amoni anndan kongegasyon an, okontrè, yo te detwi li paske yo te vle enpoze rezon pa yo.

3. Renonse "dwa mwen yo": Yon jès libte (vv.21-22). Pòl di konsa: "Sa ki byen an, se lè ou pa manje vyann, ni bwè diven, ni fè okenn lòt bagay ki kapab fè frè ou tonbe nan peche". Nan tradiksyon Rèn Valera ldi konsa : "sa ki pi bon an se pa manje vyann". "Bon" sa a, menm jan ak "li ta pi bon", vle di ke li ta miyò ; pou gen avantaj olye se dezavantaj. Ala bon sa bon se lè nou kapab sipòte nan nesesite legliz la ak libète nou, oswa nan nesesite frè parèy nou yo !

Libète kretyen an libere mwen anba "Mwen" epi mete bondye nan plas li kòm nouvo chèche lavi mwen. Libète mwen dwe ale akonpanye yon sans responsablite kretyen.

Nan dènye pati vèsè 14 la, Pòl pale de "fèb la". Pòl di konsa si moun ki fèb nan lafwa fv sa oswa lòt la, se sèlman paske li konvenk oswa pa mwayen imitasyon, men se pa pou glwa ak onè Bondye, li nan peche. Sa vle di, dapre Pòl, ni fèb la ni fò a genyen responsablite ki byen serye devan Bondye epi devan legliz la tou.

III. Se Pou Nou Imite Kris La (Women 15 :1-6)

Pwoblèm Pòl trete a, tikras pa tikras menten li li fè yon evalyasyon dapre pwendevi matirite ak lanmou kretyen. Li di ke fòs kretyen an mezire lè li santre libvte li nan sèvis pou moun ki fèb nan lafwa yo. Ann wè kisa sis vèsè sa yo di:

"Nou menm ki fò nan konfyans nou nan Bondye, se pou nou ede sa ki fèb yo pote feblès yo. Nou pa dwe ap chache sa ki fè nou plezi sèlman. Okontrè, se pou nou chak chache fè frè parèy nou plezi pou byen l', konsa n'a fè l' grandi nan konfyans li nan Bondye. Paske Kris la pa t' chache sa ki te fè l' plezi, men dapre sa ki ekri a: Moun ki t'ap joure ou yo, se tankou si se mwen menm yo t'ap joure". "Se konsa, tou sa ki te ekri nan Liv la depi nan tan lontan, yo te ekri yo pou moutre nou anpil bagay, wi, pou bagay nou jwenn ekri nan Liv la ka ban nou pasyans ak ankourajman pou n' ka mete tout espwa nou nan Bondye.Se pou Bondye ki bay pasyans ak ankourajman an fè nou viv byen yonn ak lòt, pou nou ka swiv egzanp nou jwenn nan Jezikri. Konsa, n'a mete kè nou ak bouch nou ansanm pou fè lwanj Bondye, papa Jezikri, Seyè nou an".

"Fè disip la koumanse ak disip. Vin menm jan ak li pa mwayen obeyisans nou nan Seyè a ak Pawòl li; vin gason ak fanm yomenm ki se fwi lanmou ki grandi paske yto plante ak anrasinen nan li. Se pa yon kesyon de "fè" asosyasyon nan relijyon ni pwozelit pou atire lòt moun vini nan kongregasyon nou an. Envitasyon an se ke nou dwe menm jan avèk li pou ke, Sentespri a, nou kapab ranpli nan prezans li epi fè disip pou Seyè a lakay nou, nan vwazinay la, nan mitan zanmi nou ak kamarad travay nou yo epi rive "jous nan dènye bout latè".

A. Responsablite Moun Ki Fò Nan Lafwa A - v.1

Istwa biblik sou Samson an (Jij 13-16), oswa Sayil (1 Samyèl), sèvi pou moutre ke fòs la genyen ladan li responsablite ak danje. Fò yo riske pou vin awogan ak mank de konpasyon pou frè parèy li.

Pafwa fòs kretyen an konn revele ke li fèb pou depann de volonte Bondye epi menm fòs sa a kapab anpeche li wv defo ak feblès li yo. Se poutèt sa, fòs sa a kapab manifeste pwen frajil yo nan lavi kwayan an ki konsidere li fò.

Pòl bay kèk konsvy pou moun ki fò nan lafwa yo:

a) Yo dwe sipòte fèb yo epi ede yo pote chay key o pa kapab pote poukont yo oswa tou, pap pote ;

b) Fòs la mande yon gwo imilite pandan w ap swiv egzanp kretyen ;

c) Moun ki fò nan lafwa yo dwe sipòte sa ki plis fèb yo men se pa detwi yo: "Okontrè, se pou nou chak chache fè frè parèy nou plezi pou byen l', konsa n'a fè l' grandi nan konfyans li nan Bondye". Se moun sa a yo ki egoyis ak gen ogèy ki vle pou yo fè tèt pa yo plezi epi jwenn konpliman nan men moun. "Sa a se peche !" se Pòl ki di sa.

B. "Fè Pwochen W Nan Plezi Nan Fè Sa Ki Bon" - v.2

Li bon pou nou soulinye ke sou pafè atansyon, byen fasil moun ki fèb yo ta kapab devlope yon konpòtman ki depann de moun ki fò a. Moun ki fò a dwe ede kwayan an fè lafwa li fò nan Kris la men se pa nan limenm. Genyen kèk endiferans ki soti nan deklarasyon sa: a) èd la o "pasyans" dwe limite nan yon objektif ki pozitif; b) Tout èd pou fèb yo dwe pou yon titan; fòk gen yon tan ki kontwole epi sa a pa dwe dire jouskaske moun ki fèb nan lafwa a vin fò; c) èd la se pou moun ki fèb yo kapab vin lib, se pa pou yo tankou ti maryonèt.

C. Egzanp Kris La - vv.3-4

N ap repete sou kimoun kwayan an dwe pase tout tan li ap gade a. Pi gwo egzanp libète ak fòs se Seyè. Pasaj sa a di : "Dapre egzanp Kris la". Li pa t "fè tèt li plezi", men li te fè Papa li plezi (Jan 4). Pou Pòl, pa genyen yon doktrin ki plis enpresyonan osijè de libète ak fòs menm jan ak sa Mèt la moutre nan (Filipyen 2 :5-8). Pou apiye agiman li a, Pòl mansyonen Sòm 69 :9 pou demoutre ke Jezi te pote ofans peche limanite nan kwa l te pote a. Se sa ki fò ki manifeste nan lachè a !

Konklizyon

Kisa etid lè Pòl pou pèp women yo te kapab kite pou nou ? Ala bon sa ta bon si nou ta rive pran kèk konesans ladan li, lafwa ak angajman li nan Seyè a koumanse nan ansèyman doktrinal li yo ak pratik ki baze nan sa ke Jezi te kite pou legliz li a ! Mwen ankouraje nou al li tout lèt la epi kontinye antre pou pi fon nan tout ansèyman li yo pou nou rive reyalize yon pi bon ak gwo motivasyon pou grandi nan lafwa ak angajman avèk Bondye.

Ilistrasyon
Li Sanble Ak Kris

Te genyen yon misyonè ki t ap preche sou Jezi epi yo te rive nan yon ti tribi. Lè mesaj li a te fini, yon timoun te pwoche bò kote li epi di:

— Mèske w konnen kote l ap viv ?

— Tigason an reponn: --Men wi, li se zanmi mwen !

— Ou byen avèk li ?

— Wi, ebyen annale.

Yo te travèse tibouk la epi antre nan yon bèl forè. Nan mitan pye bwa yo, te genyen yon ti ajoupa kote fas avèk li te genyen yon nonm aje byen fatige ki te chita. Misyonv a te salye li epi koumanse ak fè ti pale ak li; apre sa li te dekouvri ke granmoun nan se te yon kretyen fidèl, li te tèlman fidèl, li te sanble ak Jezi. Li te diferan epi konpòtman li yo te dakò ak sa Kris ak levanjil li mande a. (Filipyen 2:5-8).

Twazyèm Sesyon Disip Jezikris Yo

Leson 31, 32, 35, 36, 38, 39: Diego Forero, Hesperia, Kalifònya, E.U.A.
Leson 27, 28, 29, 30, 33, 34, 37: Redaksyon an

Leson 27 Levanjil Yo Ak Antrènman Disip
Leson 28 Ki Moun Sa A Yo Ki Te Disip Yo?
Leson 29 Disip Yo
Leson 30 Antrènman Disip: Lanmou Ak Sèvis
Leson 31 Disip Ki Sanble Avèk Kris
Leson 32 Disip Yo Ak Lapriyè
Leson 33 Apèl Kris Pou Fè Disip

Leson 34 Rezon Apèl Pou Fè Disip La
Leson 35 Disip Yo Ak Lavi Nan Tèt Ansanm
Leson 36 Bondye Nan Lavi Disip Yo
Leson 37 Misyon Disip Yo
Leson 38 Sentete Disip La
Leson 39 Disip Yo Ak Sentespri A

Leson 27 | Levanjil Yo Ak Antrènman Disip

Pou aprann: "Ale fè disip pou mwen nan tout nasyon, batize yo nan non Papa a, Pitit la ak Sentespri a. Moutre yo pou yo obsève tou sa mwen te ban nou lòd fè. Chonje sa byen: mwen la avèk nou toulejou, jouk sa kaba." (Matye 28 :19-20)

Objektif: Atravè levanjil yo, konprann pi byen kisa ki ministè disip Jezikris yo.

Entwodiksyon

Bib la se Pawòl Bondye a. Pa gen moun ki konsidere l kretyen ki gen dout sou verite sa a. Natirèlman, gen moun ki pa pataje pwendivi nou an. Pa egzanp, syantis, istoryen ak lengwis (moun ki etidye estrikti nan gramatikal nan divès kalite lang yo) ki pa kretyen yo wè Bib la kòm nenpòt lòt liv ansyen ki gen ansèyman moral pozitif, men pa gen anyen plis.

Ant kenzyèm ak diznevyèm syèk, teolojyen ak lidè yo nan legliz kretyen yo te pran de pozisyon nan relasyon ak nati Bib la. Premye yo te di ke Pawòl Bondye a te tèlman sakre ki pa ta dwe aksesib a kretyen ki òdinè. Se konsa Bib la te vin tounen yon bibliyotèk motif. Se te sèlman moun ki sen ki te kapab ouvè ak li ansèyman l yo. Pèp la pa t pèmèt yo jwi Bib la.

Olye de sa, lòt moun te pran pozisyon ki kontrè. Pou yo Bib la te sèlman yon sèl dokiman pozitif ansèyman moral epi li te yon vye dokiman, yo te dwe soumèt li anba menm kritik literè menm jan ak lòt ki gen menm nati a. Ki bi yo t ap koui dèyè menm ? Detèmine reyalite dokiman yo, dat li te ekri epi si li te soti nan Bondye.

Malgre ke moun sa yo te vle degrade Bib la, tout sa yo akonpli se te afime karaktè li ki soti nan Bondye. Yo menm tou yo te ede kretyen yo pi byen konprann karaktè ak nati Bib la. Granmèsi ak syans enpòtan sa yo, nou konnen ke Bib la soti nan Bondye epi se pou moun; ki vle di, se Pawòl Bondye a ki transmèt pa mwayen pawòl moun.

I. Levanjil Yo Ak Kritik Biblik La

Levanjil yo te tou sibi kalite kritik literè sa a. Byenke fòm soumisyon Pawòl Bondye sa a nan laboratwa a lengwis te fache epi fè eskandal ak kretyen fidèl yo, pita rekonèt rezilta pozitif yo. Pa egzanp, n ap mansyone de nan yo.

A. Bib La Se Pawòl Bondye A

Afimasyon ke Bib la se Pawòl Bondye a, se pa yon bagay ki nouvo pou nou. Depi nan moman kote nou te li paj li yo, nou te aprann ke li te genyen lavi etènèl epi se sèlman nan Bondye yo te kapab soti. Men, nou dwe konprann ke gen lòt moun kip a t gen menm konsèp la sou Bib la. Pa egzanp:

1. Yo te doute ke ansèyman Moyiz te te soti nan Bondye.

2. Yo te doute ke mesaj pwofèt yo te verite. Yo te di ke pwofesi sa yo te ekri apre evènman te fin fèt.

3. Yo te doute ke ansèyman sou Jezi Kris yo. Yo te di ke legliz la mete pawòl ke Jezi pa t janm di.

4. Yo menm doute ke mirak ki rakonte nan levanjil yo se te verite. Yo te di ke disip Kris yo ak legliz primitiv te "envante" mirak yo, sitou sa yo nan rezirèksyon an ak Asansyon Kris la.

Se pa tout moun ki kwè ke Bib la se Pawòl Bondye. Gen moun ki di li se sèlman yon dokiman ansyen ak bon ansèyman. Sepandan, lòt moun di li se yon liv ki pa gen okenn enpòtans pou nou jodi a.

Anba la a n ap jwenn plizyè afimasyon. San konte moun ki refize ke Bib la soti nan Bondye, ekri lèt X. Epi ekri lèt V kote sa a yo ki afime ke Bib la soti nan Bondye.

a. ___Gen kèk moun ki gen dout ke ansèyman Moyiz te soti nan Bondye.
b. ___Se Bondye ki te bay dis kòmandman yo.
c. ___Pwofèt yo te ekri pwofesi yo apre evènman yo te fin fèt.
d. ___Se Bondye ki te rele pwofèt yo pou fè konnen mesaj jijman ak liberasyon.
e. ___Vrè Pwofèt yo te preche sèlman mesaj ke Bondye te revele yo.
f. ___Gen moun ki di ke pawòl Jezikris ki nan Evanjil yo se bagay legliz yo envante pou kenbe ministè Seyè a vivan.
g. ___Mirak Jezikris yo rakonte nan levanjil yo se manti yo ye.
h. ___Se Bondye ki te revele Bib la epi soti nan Sentespri a.

(Lè X la koresponn ak afimasyon a, c, f, g. Lèt V koresponn ak afimasyon b, d, e, h.)

B. Levanjil Yo Se Temwayaj Moun Ki Te Viv Avèk Jezikris

Nan koumansman, rezilta ki te pwodwi pa mwayen etid kritik literè yo te negatif, espesyalman pou moun sa a yo ki te genyen lafwa yo nan pwomès Bondye yo pa t kanpe fèm; sepandan, anmezi ke tan an te pase, etid sa a yo te bay rezilta pozitif.

1. Pawòl Kris yo se pou li. Afimasyon sa a sanble yon repetisyon pawòl ki senp, men ki anvlope yon gran verite.

Nou konnen ke Jezikris pa t kite ansèyman li yo tou ekri. Li te preche yo nan lari yo, nan sinagòg la ak disip li yo. Apre Jezikris te fin moute al jwenn Papa a, ansèyman li yo te repete oralman jouskaske, pèske 40 lane apre rezirèksyon li, evanjelis Matye, Mak, Lik ak Jan te ekri ansèyman li te repete oralman yo. Poukisa?

Premyeman, te gen risk de ke, nan pwosesis transmisyon oral la, pou yo te ajoute pawòl, lide oswa konsèp anven nan mesaj orijinal la. Menm ke, lè tan ap pase, ansèyman evanjelis yo te ekri yo te pase anba menm risk sa. Pa egzanp, Levanjil ke Matye te ekri a te sikile pa mwayen legliz yo; men wi, nan mateyèl li te ekri a te genten fin debachi, donk li te nesesè pou yo te fè lòt kopi.

Sèl fason pou yo te genyen plizyè kopi sou menm dokiman an se te nan bay dikte, travay sa a te sou responsablite sekretè yo. Piga nou sezi si nou jwenn ke nan dikte a gen kèk mo ki pran plas lòt, menm si yo gen menm siyifikasyon. Yon lòt fwa ankò petèt sekretè a pa t tande mo a oswa lide a byen epi li te ekri sa l te santi ki kòrèk la.

Teyolojyen kritik biblik yo te etidye dokiman ki pli ansyen yo nan Nouvo Testaman, ak tout levanjil yo ladan l. Yo te konpare yo ak kopi ki fenk fèt yo epi te kapab distenge pawòl oijinal ke Jezikris te di yo, de sa ki te chanje pou menm siyifikasyon an.

Sa vle di ke Nouvo Testaman nou genyen nan men nou pou kounye a se sanpousan Pawòl Bondye.

2. Kisa evanjelis yo te ye: konpilatè, pèseptè oswa teolojyen Pawòl Bondye a? Yon lòt rezilta etid syantifik ke Pawòl Bondye a te sibi se ke otè sakre yo ---nan ka a a otè levanjil Jezikris yo--- deja pat konsidere kòm "konpilatè" oswa "pèseptè" ansèyman Jezikris, men se pito otè ki te wè lavi ak ministè Jezikris depi yon pwendivi patikilye ak inik.

Se poutèt sa nou te di ke levanjil yo se dokiman istorik ki genyen "gwo kalite", temwayaj moun sa a yo ki te wè avèk Jezikris epi yo te swiv lavi li byen pre. Ann pran ka Mak avèk Lik la. Yo pa t fè pati douz disip Seyè a, men yo te disip moun sa a yo ki te fè yon rankont pèsonèl avèk Kris. Pa egzanp, Mak se te disip Pyè; Lik te akonpanye apot Pòl. Yo tode a te konnen lavi Jezikris pa mwayen antrenè yo. Sa vle di, yo te resevwa enfòmasyon dirèk.

Deja nou wè ke objektif etid lengwistik ak syantifik sa a yo te demoutre ke Bib la te sèlman yon liv ansyen avèk bon ansèyman moral, men se pa Pawòl Bondye. Kisa rezilta yo te ye? Si afimasyon an fo, ekri F nan espas ki vid la; Si li vrè, ekri lèt V.

a. ___Li te detèmine ke ansèyman Jezi Kris la, ekri nan Levanjil yo se mo orijinal Seyè a.
b. ___Etid kritik yo se te tan pèdi.
c. ___Etid y opa t rive jwenn rezilta ki positif.
d. ___Levanjil yo se temwayaj moun ki te wè Jezikri, pale ak li, swiv Jezi byen pre.

Gen kèk moun ki reyalize ke se yon mank de respè ak pèdi tan tou, etid syantifik ak lengwistik ke Bib la te sibi yo. Men, rezilta etid sa a yo te moutre lekontrè. Yo te pozitif epi yo te afime konfyans nou nan pwomès Bondye yo nou jwenn nan Bib la, Pawòl Bondye a menm piplis.

II. Objektif Levanjil Yo

Kisa sa fè pou nou aprann jouskaprezan pou n fè etid sou antrènmam disip? Si nou ta vle konprann lavi disip Kris la ak nati ministè li a, li nesesè pou konprann sa l te moutre disip li yo ak sa li t ap atann de yo. Sèl kote nou kapab al chèche pou kolekte ansèyman l yo konsènan ministè disip la, se nan levanjil yo.

Sa ki bèl la se ke chak evanjelis wè lavi, ministè ak travay disip Jezikris, Seyè nou an ak yon pwendevi ki pèsonèl ak patikilye. Yo chak te ekri l ; evanjil pa yo a ak yon objektif ki detèmine plan. Nan sans sa a, li pi fasil pou nou detèmine, konfòm ak panse evanjelis la, ki travay espesifik disip Kris la.

A. Objektif Levanjil Selon Matye

Matye se te jwif li te ye. Li te eki levanjil li a paske sa te enterese l pou l te evanjelize jwif yo, moun nan menm tè avèk li epi anseye yo doktrin Jezikris la, espesyalman moun sa a yo ki te konvèti nan krisyanis la. Pa egzanp, li te vle eksplike yo:

1. Ke JeziKri te soti nan desandan Abraham ak David.

2. Se poutèt sa, se limenm ki te Mesi yo te pwomèt la ki, avèk lavi li ak ministè li, te akonpli pwofesi Ansyen Testaman yo.

B. Objektif Levanjil Selon Mak

Mak se pat jwif li te ye, se te pito women. Li pa t fè pati 12 disip Jezikris te chwazi yo. Li te resevwa mesaj levanjil la gras ak Pyè. Objektif li lè li te ekri levanjil li a se te pou moutre women yo ke Jezi se te Pitit epi tou sèvitè Bondye a.

C. Objektif Levanjil Selon Lik La

Lik, menm jan avèk Mak, pat fè pati 12 disip ke Jezi te chwazi yo. Li te soti nan ras grèk la. Bi pensipal li a se te pou tout moun te konnen Jezikris kòm Seyè ak Sovè, espesyalman Teofil, limenm ki te zanmi Lik epi yon nonm ki te gen anpil enfliyans politik ak sosyal.

D. Objektif Levanjil Selon Jan

Lè Jan te ekri levanjil pa li a, entansyon li se pa t bay yon yon fè istorik sou lavi Seyè a, men se te pito entèprete ministè Jezikris epi reponn ak nesesite nan epòk li yo.

Pa egzanp, doktrin ki te alamòd nan tan Jezikris yo se te anpil konesans. Sa a te moutre ke lachè, oswa tout sa ki tèrès ak imen, pa t bon; ke Lespri a, pa nati ki soti nan Bondye, te bon. Kwayans sa te anpeche yo aksepte levanjil Kris la paske, nan lespri yo, Bondye, ki se lespri, pa ta janm pran ni renmen pran fòm moun ki pa bon.

Jan te eksplike yo ke Bondye se Kreyatè a epi tout sa l te fè, se bagay ki bon. Se poutèt sa, li vin tounen chè nan Jezikris, se pa sèlman pou l te sove lòm, men tou pou l te sove keyasyon li a, paske nan Kris la nou pral genyen "nouvo syèl ak nouvo tè".

Levanjil yo te ekri ak objektif ki diferan. Ou dwe li chak afimasyon epi, nan espas vid yo, eki non otè ki koresponn objektif sa.

_____ Pa mwayen de levanjil li a, li te vle evanjelize jwif yo. Li te demoutre ke Jezikris se Mesi yo te pwomèt la, ki soti nan desandan Abraham ak David.

_____ Te demoutre ke Jezikris pa t sèlman Pitit la, men tou sèvitè Bondye ki te bay lavi li pou nou.

_____ Te dedye levanjil li a pou Teofil. Li te moutre li ke Jezikris se te Seyè ak Sovè a, se pa t sèlman pou jwif yo, men pou moun lòt nasyon yo tou.

_____ Te moutre ke Jezikris se Bondye nan lachè. Tout moun ki mete konfyans yo nan li, y ap gen lavi etènèl.

Repons yo se matye, Mak, Lik ak Jan, youn apre lòt.

Rekòmandasyon Final Jezikris Pou Disip Li Yo

Pasaj sa a yo te soti nan vèsyon Nouvo Testaman an, sa ki plis enpòtan an se lanmou an.

1. Matye: "Ale fè disip pou mwen nan tout nasyon, batize yo nan non Papa a, Pitit la ak Sentespri a. Moutre yo pou yo obsève tou sa mwen te ban nou lòd fè. Chonje sa byen: mwen la avèk nou toulejou, jouk sa kaba" (28:19-20).

2. Mak: "Ale toupatou sou latè, anonse Bon Nouvèl la bay tout moun. Moun ki kwè epi ki resevwa batèm va delivre. Men, moun ki pa kwè va kondannen" (16 :15-16).

3. Lik: "Nou temwen tout bagay sa yo. Mwen menm, mapral voye ban nou sa Papa m' te pwomèt la. Nou menm, rete lavil Jerizalèm jouk pouvwa k'ap soti anwo nan syèl la va desann sou nou" (24 :48-49).

4. Jan: "Menm jou dimanch sa a, nan aswè, disip yo te reyini nan yon kay. Yo te fèmen pòt yo akle paske yo te pè jwif yo. Jezi vini, li kanpe nan mitan yo, li di yo: benediksyon Bondye sou nou tout! Apre li fin di yo sa, li moutre yo de pla men l ak bò kòt li. Disip yo pa t' manke kontan lè yo wè Seyè a. Jezi di yo ankò: benediksyon Bondye sou nou tout! Menm jan Papa a te voye m' lan, se konsa m'ap voye nou tou. Apre pawòl sa yo, li soufle sou yo, li di yo: Resevwa Sentespri" (20:19-22).

Konklizyon

Menm jan nou pral wè li nan pwochen leson yo, pwendevi chak evajelis anpatikilye ak entèpretasyon lavi ak ministè Jezikris, fòme konsèp oswa lide de kisa ki yon disip Seyè a.

Lik anseye nou ke devwa disip Jezikris la se pote mesaj Non Nouvèl la bay tout moun, espesyalman bay pòv yo. Epi Jan t ap atann pou disip la te preche ak anseye ke Jezikris se Bondye ki vini nan lachè epi sovè mond lan.

Gras avèk a Matye, Mak, Lik ak Jan, nou konprann sa li vle di yo dwe yon disip Jezikri ak travay la ke nou dwe fè jodi a.

"Mwen resevwa tout pouvwa nan syèl la ak sou tè a. Ale fè disip pou mwen nan tout nasyon, batize yo nan non Papa a, Pitit la ak Sentespri a. Moutre yo pou yo obsève tou sa mwen te ban nou lòd fè. Sonje sa byen: mwen la avèk nou toulejou, jouk sa kaba." (Matye 28:19-20).

Kòmantè

Lè Jezi te di pawòl ke Matye 28: 19-20 rakonte nou yo, li te sou wout pou li retounen al jwenn Papa l. Epi avèk tout otorite li te resevwa ki soti anwo, li kite dènye enstriksyon sa yo pou disip li yo:

1. Yo te dwe fè disip, batize epi anseye moun yo pou yo te obeyi tout bagay ke Jezi te anseye. Kòmandman sa a se te akonpanye ak yon pwomès: "Mwen la avèk nou toulèjou, jouk nan fen mond lan".

Kèk mwa anvan Gran Komisyon an, Jezikri te di disip li yo anonse mesaj bon nouvèl Peyi Wa a bay jwif yo sèlman (10: 5-6). Kounye a, misyon disip yo ta gen sijè mondyal, paske Jezikri se Seyè tè a epi te mouri pou peche tout limanite.

Noumenm nou dwe fè menm bagay la. Si nou pa kapab ale nan yon lòt peyi, omwen nou dwe pwoklame Levanjil Kris la bay vwazen nou yo. Disip se pa yon opsyon, men yon lòd pou tout moun ki rekonèt Jezikri kòm "Seyè". Nou tout pa evanjelis, men nou tout te resevwa kado pou itilize nan pwogrè Gran Komisyon an. Si nou obeyi, Senyè a ap kenbe pwomès li. Toujou l avèk nou.

2. Pawòl Jezikris yo konfime reyalite Trinite a. Gen kèk moun ki di ke se teolojyen yo ki te envante konsèp Trinite a. Men, dapre levanjil yo, ansèyman sa a sòti dirèkteman nan Jezikris. Li pa t 'di' batize yo nan non Papa a, Pitit ak Sentespri a, men se te nan non Papa a, Pitit la ak Sentespri a.

Batèm nan se yon Sakreman kote ke kwayan ki vle batize a, senbolik mouri nan peche (lè li antre nan dlo a) epi leve vivan pou viv yon lavi tounèf (lè li soti nan dlo a). Anplis de sa, lè kwayan an batize, li bay temwayaj li konsènan obeyisans li nan Kris la ak volonte pou viv dapre volonte Bondye.

3. Ki jan se Jezikri va ye avèk nou? Dapre Jan 14:26 ak Travay 1: 4, Jezikri va la avèk nou pa mwayen Sentespri a. Se poutèt sa, si nou dwe obeyi kòmandman Senyè a, li pral avèk nou pou anyen pa anpeche pwogrè misyon nou an.

Jezikris Kòm Lidè

Twa eleman karakterize Jezikris kòm lidè:

1. Angajman li ak Bondye. Pa gen dout angajman Jezi ak Bondye ki voye l vin libere mond lan nan peche. Jezi sa a se menm imaj Bondye a, chèf linivè a ak Pitit Bondye a. Divinite li pèmèt li egzèse yon ministè ki pa gen okenn fen. Sentete li pèmèt li antre nan prezans Bondye, paske Kris la pa t fè peche.

2. Solidarite li ak limanite. Inite Pitit Bondye a avèk Papa a pata enpòtan pou nou si menm Jezi sa a pa t nan menm tan yon imen. Pliske li te pase pa mwayen lachè, li te vin solidè, sa vle di, "li te te vin fè youn" avèk nou, soufri doulè nou. Li te patisipe nan evènman ki afekte tout limanite a: lanmò. Li te soufri kondisyon ki afekte nou tout: anba tantasyon peche. Jezi konnen kondisyon nou, paske li se youn nan mitan nou. Se poutèt sa, li pa wont rele nou frè.

3. Ministè delivrans li a. Se sèlman yon "Bondye-imen" te kapab louvri chemen delivrans lan. Se sèlman yon moun ki soti nan Bondye ki te kapab "pote" yon fwa anpil pitit nan laglwa". Fraz sa a soti nan Ebre 2:10. Jezi se otè lavi ki pap janm fini an.

Pawòl Bondye a tradui kòm "otè" vle di sitou "lidè". Mo grèk, literal ki dekri a se chégos vle di "moun ki fè bagay la anpremye a", se sa ki, moun ki koumanse yon bagay. Yon lòt tradiksyon ki posib pou tèks la ta dwe mete aksan sou konsèp Jezi kòm lidè nou. "Fikse je nou sou lidè ... lafwa nou an."

Lòm ki te pèdi totalman oparavan, kounye a gen yon lidè ki ki ouvri chemen lavi ki pap janm fini an pou li.

— Pablo Jimenez.
Bib nan Amerik yo.
No 1, 1993, Vol. 48, p. 10

Leson 28

Ki Moun Sa A Yo Ki Te Disip Yo?

Pou aprann: "Manm Gran Konsèy yo te sezi anpil lè yo wè ki jan Pyè ak Jan te gen konviksyon nan sa yo t'ap di, paske yo te vin konnen mesye sa yo se moun ki soti nan mas pèp la, ki pa t' resevwa okenn enstriksyon. Chèf yo te rekonèt yo tou pou moun ki te toujou avèk Jezi." (Travay 4:13)

Objektif: Konprann ke yon disip Kris dwe rete kanpe bòkote Jezikris epi obeyi li nan tout bagay, preche levanjil wayòm Bondye ak jistis li epi pote pwòp kwa pa li, sa vle di, li dwe soumèt li konplètman anba volonte Kris la.

Entwodiksyon

Dapre istwa nan levanjil yo, douz disip li yo ki te aksepte defi pou yo swiv Jezikris la ak preche mesaj wayòm nan, te moun òdinè. Okenn nan yo pa t lidè relijye, se mwen pou se ta moun popilè nan kominote a.

Yo te genyen pwofesyon, karaktè ak orijin kiltirèl diferan; sepandan, Jezi Kris te fòme legliz la avèk yo, pou yo te kapab mache fè konnen mesaj levanjil la nan lavil Jerizalèm, moun Jide ak nan Samari, nan dènye bout tè a.

Nan koumansman nou te panse etidye disip Jezi Kris yo dapre lòd Seyè a te rele yo a, men nou te wè li pratik pou nou koumanse ak lavi ak ministè disip yo ki te fòme gwoup entim Jezi Kris la (Jan, Pyè, Jak). Apre sa a, nou jwenn Jida Iskaryòt (ki te trayi Mèt la), Toma (ki doute sou rezirèksyon Seyè a) ak lòt disip Seyè a yo.

I. Ti Gwoup Bon Zanmi Jezi Kris La: Matye 26: 36-46; Mak 14:33

Li Matye 26: 36-46. Dapre vv. 36- 37, kilès moun disip yo te ye ki te akonpanye Seyè a? Epi dapre Mak 1:19 ak 14:33 Ki moun pitit Zebede yo te ye?

Depi ke nou te di ke Jan, Pyè, Jak te fòme "sèk zanmi entim" Jezi Kris la, petèt nou kapab panse ke se te disip Seyè a te pi renmen yo. Men, se pa t sa. Nou konnen trè byen ke pa te gen okenn patipri; Se poutèt sa, 12 disip yo ak 70 lòt yo, tout te enpòtan pou li. Si anvan Jezi te pa gade sou figi moun, li pap fè sa jodi a nonplis. Apèl la, misyon ak kwa Seyè a se menm bagay la pou tout moun.

Nou rele li sèk entim paske Jezikris te pèmèt yo temwen moman entim nan relasyon li avèk Papa a, menm jan ak transfigirasyon ak agoni nan Jetsemani an. Epi poukisa se te yo menm epi se pa t lòt disip yo? Pwobableman paske Kris la te wè nan yo konpòtman ki ta ka itil nan premye ane legliz primitiv la.

A. Jan: Disip Li Te Renmen Anpil La

Li te sansib, santimantal nan lespri epi brav. Malgre ke li pa t 'premye moun ki dwe rele disip, sepandan, li te premye moun ki rete ak Mari bò kote Mèt li lè l' te kloure sou kwa. Li te premye moun tou ki te konprann lanmou Bondye pou limanite epi li te retounen lanmou sa bay Bondye nan rete fidèl ak Jezikris, Senyè ak Mèt li.

Jan te gen peche pwason pou pwofesyon. Ansanm ak papa l 'ak frè l, yo te genyen yon ti biznis lapèch epi pwofi yo te jwenn nan te pèmèt yo viv avèk sèten aksè ekonomik (Mak 1:20). Jan te ti frè Jak.

Apre lanmò ak Asansyon Jezi Kris la, li t'ap bay bon nouvèl la nan lavil Jerizalèm epi apre sa a demenaje ale rete nan lavil Efèz. Li te tou yon ekriven byen pwisan. Pami ekri l yo nou gen travay sa yo:

1. Levanjil la Dapre Sen Jan, se entèpretasyon teyolojik lavi, ministè, ak ansèyman Jezi Kris yo.

2. Twa lèt oswa epit, ki avèti legliz la sou fo ansèyman k ap antre nan mitan yo.

3. Epi finalman, pandan ekzil li nan zile Patmòs, li te ekri liv Revelasyon. Objektif liv sa a se te avèti legliz la ke vini Kris la, Pitit Bondye a, se enpòtan epi li te dwe prepare pou resevwa Seyè li epi mari li.

Jan te mouri sou gouvènman Trajan, nan lane anviwon 98-117 a.k.

Apre nou fin etidye sesyon sa a, dapre opinyon w, kisa ki te karakteristik enpòtan Jan?

a. Pou sa ki gen pou wè ak karaktè: _____

b. Pou sa ki gen pou wè ak pwofesyon li: __

c. Kòm disip Jezi Kris: _____
   _____
   d. Kòm ekriven: _____
   _____

B. Pyè: Pechè Lèzòm Nan
Pa gen dout de ke Pyè te fèt tou lidè.
"Li te fèt tou lidè"
Li te entelijan anpil. Li te toujou ap eksprime sa li te kwè. Li pa t kapab "panse ak vwa li ba". Anplis de sa, li te brave pi avèk konpòtman sa li te koz kèk pwoblèm. Sepandan, li te toujou prè pou l te rekonèt erè li. Sonje sa ki te pase apre li te refize Jezi Kris la epi repanti. Pyè te rekonèt ke li te refize Mèt li. Li te imilye tèt li devan Bondye e li te jwenn padon nan men Bondye.

Jezi te konnen panse ak kè disip li yo ansanm epi te wè nan Pyè yon nonm ki te prè pou admèt erè li fè ak peche l yo. Li te imilye li epi mande Bondye mizèrikòd li.

Pyè te rekonèt ke Jezi se te Mesi a, lè li te di: "Ou se Kris la, Pitit Bondye vivan" (Matye 16:16). Sou baz konfesyon sa, Jezi te etabli legliz li a.

Pyè te ekri de lèt. Premye a te fèt ak objektif pou ankouraje legliz la pou ke menm nan mitan pèsekisyon, li kontinye mache fidèl ak Seyè a, avèk yon lavi ki pwòp epi diy pou levanjil Jezi Kris la (1:6-7; 2:12; 3:17). Objektif dezyèm lèt la se te menm jan ak premye a ; anplis de sa, li te avèti legliz la pou l te rejte tout doktrin ki pa baze sou Kris la.

Dapre etid sou pwendevi leson an:
1. Kijan karaktè Pyè te ye? _____
_____
2. Ki konsèp li te genyen sou Jezi Kris? _____
_____
3. Kisa ki te bi de lèt yo? _____
_____

C. De Jak Yo
Nan douz disip yo, genyen de ki te rele Jak, men, pèsonalite yo te diferan. Youn nan yo se te pitit Zebede, yo site non li plizyè fwa nan Bib la; men pou Jak pitit Alfè, yo site non li sèlman kat fwa (Matye 10:3; Mak 3:18; Lik 6:15; Travay 1:13). Yo de a te toujou avèk Kris la chak joue pi patisipe nan ministè gerizon ak mirak.

Jak pitit Zebede a te fè pati sèk entim Jezikris la. Ansanm ak Pyè avèk Jan ki te la nan rezireksyon pitit Jayiris la (Mak 5:37), nan transfigirasyon an (Mak 9:2) epi pandan lapriyè Jezikris la nan Jetsemani (Mak 14:33).

Jak ak Jan te genyen karaktè vyolan epi, se pou sa menm, Jezikris te ba yo ti sounon "Boanerges", ki vle di "pitit loray". Yo te vle okipe yon plas espesyal bòkote Jezikris nan wayòm Bondye a.

Lòt Jak la, pitit Alfè a, ke Ewòd Agripe te koupe tèt li, plis oswa mwens 44 a.K. (Travay 12: 2).

Ou ta kapab ki ke Jak, pitit Zebede ak Jak, pitit Alfè se te de pol kontrè, men yo te mete yo ansanm nan ministè Jezi Kris la. Li posib pou mirak ki te pi gwo a se te inite de mesye sa yo pou travay nan ministè a wayòm Bondye a.

II. Jida, Matye, Simon Zelòt Ak Toma
Matye 10: 4; 9: 9; 10: 3; Lik 6:15; Jan 20:28

Anvan ou ale pli lwen nan etid leson sa a, ekri byen brèf sa ou te aprann sou chak nan disip sa yo:
1. Jida Iskaryòt: _____
2. Matye : _____
3. Simon zelòt la : _____
4. Toma : _____

A. Jida Iskaryòt (Matye 10:4)
Si Jezi te Bondye epi te konnen panse ak entansyon moun, poukisa li te chwazi Jida kòm youn nan disip li yo? Pawòl Bondye a di: "Pou sa ki te ekri a te kapab akonpli". Jida te gen menm privilèj ak tout lòt disip yo. Anplis de sa, li te genyen chans pou l te administre lajan ak kontablite gwoup douz la.

Nou rekonèt Jida Iskaryòt kòm trèt la ak vilen an. Dirije pa satan, li te trèt nonm ki te prè pou bay lavi l pou li a.

B. Matye (Matye 9:9)
Gouvènman Women an te genyen yon sistèm kontribisyon ki te vrèman grav, espesyalman pou jwif yo. Moun sa a yo te dwe peye kontribisyon sou tout bagay, menm sou bagay ki pi piti yo ta vann.

Moun ki te kontwole sistèm nan se te moun ke Ceza te nome, yo menm ki te gen pou chwazi lòt moun pou travay sa. Depi yon pwendevi otorite women yo, li te enpòtan pou jwif yo te nan biwo kontribisyon yo epi se pa yon administratè women.

Men, pou jwif yo li te yon wont ke youn nan konpatriyòt parèy li ki dwe peye yo sèvi taks kolekte anpi an. Moun ki te fè li, te vle pèdi amitye li ak moun yo jwif yo nan resevwa mepriz e menm dwe mete deyò nan sinagòg la.

Sepandan, nan lòd yo resevwa yon salè chak mwa debaz, konsèy ak lajan anplis pou Torsion yo ansyen ki te ekspoze a jwif yo, te gen kèk ki te travay la. Pèp la te ba yo non pèseptè epi youn nan yo se te Matye.

Lè Jezi wè Matye ak li te rele li, li te kite tout bagay pou swiv li. Malgre li te pèseptè kontribisyon, tit ki deja fè li genyen mepri ak trayizon nan mitan pèp li a, Matye te youn nan disip Kris la ki pi eksepsyonèl.

C. Simon Zelòt La (Lik 6:15)

Anvan nesans Jezi Kris la, nan zòn peyi Jide te gen yon mouvman ki te eklate "geriya" jwif, ki objektif la se te chèche liberasyon pèp Izrayèl anba Anpi Women an. Pita te vin gen lòt lide politik ak sosyal ki te leve kanpe, tankou mouvman Makabe yo (162 a.K.) ak pa Jida Galileyen an (6 ap.K. Tavay 5:37), men yo tout te pèdi devan lame Women an.

Men, lespri batay sa te prezan nan tan Jezi Kris la. Apre sa, Simon zelòt la se te youn nan moun ki te kenbe batay liberasyon pèp Izrayèl la sou pye.

Jezi te konnen objektif Simon ak jalouzi li te genyen pou l te reyalize rèv li yo. Li te onèt, brav epi Jezi te bezwen kalite moun sa a yo. Se poutèt sa, li te rele li pou l te vin youn nan disip li yo. Sepandan, batay li te rele l vin fè a te diferan: Chèche liberasyon, se pa sèlman pou pèp Izrayèl la, men pou tout limanite. Se pa yon liberasyon anba yongouvènman ki pou yon titan, men se anpa pouvwa espirityèl tout sa ki mal. Jezi te rele Simon pou libere lòm anba peche.

D. Toma (Matye 10:13; Jan 20:28)

Toma se te youn nan disip yo ki te pi pesimis. Li pa t gen okenn dout ke Jezi se te Mesi a, men li doute ke Mesi a, apre lanmò, pa ta kapab leve soti vivan.

Pou yo kapab konvenk li, Toma te vle mete dwèt li nan mak blesi Jezi Kris la. Men sa a pa t nesesè, paske lè Jezikris te parèt devan li, disip sa a te tonbe sou jenou l 'li di: "Seyè mwen, Bondye mwen" (Jan 20:28).

III. Filip, Natanayèl, Andre Ak Jid, Mak 3:18; Jan 1: 45-51; Matye 4:18

Si nou mansyone Filip, Natanayèl, Andre ak Jide nan dènye sesyon an, se pa paske yo pa t gen anpil enpòtans nan mitan disip Jezikris yo, men se pou fasilite etid mesye sa yo ki te angaje yo nan kòz Jezi Kris la , menm rive nan pwen pou riske lavi yo nan anonse bon nouvèl wayòm Bondye a.

A. Filip (Mak 3:18)

Li te youn nan premye disip yo ke Jezi te rele nan yon fason ki pèsonèl (Jan 1:43). Li te fèt nan rejyon lavil Betsayida e li te peyizan Pyè ak Andre.

Nou ta kapab di ke Filip se premye disip ki te konvenki ke Jezi se te Mesi a. Dapre temwayaj Jan 1:45 ak Matye 16:16, Filip te konn etidye Pawòl la anpil, espesyalman pwofesi yo. Anplis de sa, li te yon evanjelis pèsonèl. Mwen te wè pa gen okenn anpèchman pou jwif kou moun lòt nasyon konnen Jezi Kris la. Pa egzanp, lè yon bann grèk te vle konnen Jezi, ansanm ak Andre li te mennen yo prezante bay Jezi Kris (Jan 12:20).

B. Natanayèl (Jan 1: 45-56)

Li te fèt nan rejyon Kana nan peyi Galile. Li te konnen Jezikri gas ak ministè evanjelizasyon Filip la.

Tankou l', Natanayèl te sansib devan esperans mesyanik la epi fidèl nan etidye pwofesi yo. Nan premye fwa li pa t 'kwè Filip lè li temwaye ke Jezi se Mesi a. Men, lè li te devan Seyè a epi reyalize de konesans pwofetik ke li te genyen sou li, Natanayèl te leve epi swiv Jezikri.

C. Andre (Matye 4:18)

Li te yon disip Jan Batis epi youn nan premye moun ki rekonèt Jezi Kris kòm Seyè ak Sovè. Pou rezon sa a, tankou Filip, li te tou vle pou mennen zanmi ak frè yo al prezante yo bay Jezi Kris. Li te yon bon zanmi paske li te toujou vle pataje pi gwo kado ke okenn moun pa ta kapab resevwa: Lanmou Bondye ki pap janm fini an.

Dènye fwa yo te site non li, se te nan gwo chanm wo a. Dapre tradisyon kretyen an, li te kloure sou kwa nan peyi Lakayi apre li te fin fè yon gwo tavay misyonè.

D. Jid Tade (Mak 3:18)

Tèm Ebre Tade a vle di "brav". Se disip sa a tou te rele Jida Lebe, ki vle di "kè".

Kontrèman ak lòt Jida yo, nonm ki te trayi Jezikris la, Jida Tade te fidèl a Mèt la ak fèm nan lafwa li. Granmèsi ak lafwa sa a, limenm tou te konvenki ke Jezi se te Mesi yo te pwomèt la.

Konklizyon

Pou nou menm li se yon mirak ke Jezikri te rasanble yon gwoup disip ak Karakteristik, abitid, panse, opinyon ak ideyal diferan. Sepandan, transfòme ak pouvwa lanmou Jezi Kris la, yo rive anonse bon nouvèl wayòm Bondye a.

Kòmantè

Deskripsyon ki fèt sou Pyè ak Jan kòm moun analfabèt ak inyoran, reflete pwendevi Gran Konsèy la, chèf prèt yo ak chèf fanmi epi dirèktè lalwa yo. Apot yo te moun Galile, yo pa t 'entelektyèl pwofesyonèl oswa pwofesè relijyon; Se poutèt sa, elokans apòt yo te admirab, paske tout bagay te fèt anba pouvwa ak otorite Sentespri a.

Sou yon bò, men si yo te manke fòmasyon akademik, yo pa t inyoran; konesans espirityèl yo te soti nan syèl la. Nan lòt faz, yo te ansante fizikman, enèjik ak bon sans komen. Foul moun yo te konnen ke yo te disip Jezi Kris. Pou rezon sa, lè yo t' ap pale yo te fè li avèk anpil pouvwa, otorite ak Gran Konsèy la yo tout te tonbe nan konfizyon.

Yon lavi ke Kris transfòme se yon bon temwayaj de sa li ka fè nan lòt moun. Malerezman lidè relijye yo refize kwè nan Kris la epi yo te eseye kache verite a. Nou pa dwe etone si yo repouse kèk nan nou pou koze lafwa nou nan Seyè a. Lè lespri yo fèmen, yo pa vle tande anyen sou bon nouvèl Kris la; men nou pa dwe bay legen. Nou dwe lapriyè pou yo epi kontinye pibliye enfòmasyon sou levanjil la.

Petèt pou kritik nou pral resevwa, pafwa nou pè pale de lafwa nou nan Bondye. Nou gen Pyè ak Jan kòm yon egzanp. Malgre ke yo te anba menas lanmò, yo pa t 'kapab kache lafwa yo nan Kris la.

Sonje Bondye pwomès Jezi Kris la: "Moun ki va kanpe pou mwen devan lèzòm, mwen menm tou, m'a kanpe pou li devan Papa m' ki nan syèl la (Matye 10:32).

Konviksyon an se pa yon enpilsyon presipite. Sa mande kouraj pou avanse pou pi devan malgre krent nou yo epi fè sa nou konnen ki byen. Pa egzanp:

1. Lapriyè mande Bondye pou pouvwa Sentespri a pou w gen kouraj pou w bay temwayaj Levanjil la.

2. Chèche opòtinite pou w pataje levanjil la avèk fanmi w yo epi ak vwazen w yo tou.

3. Sonje byen, lè yo rejte mesaj levanjil la se Kris la moun nan rejte, se pa noumenm.

4. Koumanse bay temwayaj la la kote w ye a: nan travay, katye, lekòl, inivèsite, elatriye.

Kalite Yon Bon Lidè

Yon lidè dwe moutre twa karakteristik:

1. Anvi Pou Fè Siksè

Anndan aspè sa a nou jwenn: "vizyon" ke Bondye bay la ak "misyon" li dwe trase pou reyalize objektif la.

2. Sajès Pou Pran Desizyon

Bon konprann sa ak disènman se Sentespri a ki bay yo (1 Korentyen 2: 9-12). Pou pran desizyon li nesesè pou:

— Genyen yon bon kominikasyon : klè pou kominike vizyon an ak objektif yo.

— Soumèt anba direksyon ak volonte Bondye, Senyè a konnen pi byen pase nou kijan pou l dirije pèp li a.

— Envesti Tan, efò ak lajan: Santi kè kontan nan bay (Lik 6:38).

— Pèseverans: Kanpe fèm ak desizyon fas ak pwoblèm ki rive lè ou gen yon vizyon.

— Otorite: Se konpòtman lidè a ki pou fè tout moun genyen respè pou li.

3. Entèlijans Pou Ke Moun Yo Fè Vizyon Ak Objektif Ke Bondye Te Bay Lidè A Vin Pou Yo.

Nan sans sa lidè a dwe genyen: lanmou (1 Pyè 4:8), imilite (Sòm 138:6) ak otokontwòl (2 Timote 1:7).

—Helio Muñoz

Leson 29

Disip Yo

Pou aprann: "Moun ki resevwa nou, se mwen menm li resevwa. Moun ki resevwa mwen, li resevwa moun ki voye m' lan tou" (Matye 10:40).

Objektif: Konprann siyifikasyon etimolojik mo disip, konsèp li nan de Testaman yo ak nan tan jodi a.

Entwodiksyon

Nan de leson avan yo, nou te wè ke Bib la kòm Pawòl Bondye ki ekri, te pase tès syantifik ak lengwis ki pi solid ki te gen entansyon refize oswa defòme orijin Bib la ki soti nan Bondye.

Grasadye, li te pase tès la. Ki sa ki te rezilta sak te rive yo?

Premyeman, yo revele relasyon ki pèsonèl ak Jewova --Bondye ki gen mizèrikòd, jistis, lanmou ak libète-- ak pèp li te chwazi a, epi pa mwayen limenm, avèk "lòt pèp ki sou latè".

Dezyèmman, rezilta yo revele ke Bib la gen pawò ki bay lavi---delivrans, jistis, mizèrikòd, padon ak lavi etènèl.

De leson avan yo ede nou konprann de aspè enpòtan tou:

1. Rezon ki fè Bib la te ekri, espesyalman levanjil yo.

2. Epi moutre ke Jewova se Bondye menm ki kenbe pwomès li, espesyalman lè premye kretyen yo dezespere pou dezyèm vini Jezi Kris la.

Apre Kris la fin resisite ak moute al jwenn Papa a, legliz la t ap tann pou li te retounen touswit. Yo te pase semèn, mwa, menm plizyè ane epi Kris la pa t retounen.

Legliz poze plizyè kesyon:

— Èske li nesesè pou nou rete ap pase tout soufrans ak pèsekisyon sa a yo?

— Èske se Jezikris se te Mesi yo te pwomèt la reyèlman?

— Si yo te di nou ke menm jan nou te wè l ap moute nan syèl la, kòm nou te wè ale nan syèl la, se konsa li te gen pou l te vini, ebyen, poukisa nou pa konnen anyen de li?

Sa ki plis kritik nan sitiyasyon sa a, se ke lafwa legliz la te koumanse febli sou pwomès Bondye yo. Se poutèt sa, travay n disip yo ki te konnen epi avèk Jezi, ki te konnen ke pwomès Bondye yo ta ka rive vre: te gwo.

Premyèman, pa mwayen ekri l yo, levanjil yo, yo reyafime konfyans lafwa legliz la nan Bondye. Dezyèmman, yo t'ap bay bon nouvèl wayòm Bondye a, mesaj delivrans pou tout moun ki kwè nan Kris la. Epi twazyèmman, yo prezante prèv ki moutre Bondye kenbe pwomès li (Matye 1:22; 2:15, 17, 23; 4:14; 8:17; 13:14, 35; 21: 4; 26:54, 56; 27: 9). Se poutèt sa, pwomès dezyèm vini an gen pou rive vre soti nan yon moman pou rive yon lòt.

Pou noumenm, nou dwe akonpli menm travay la: afime lafwa legliz la nan Kris la ak nan pwomès Bondye yo.

I. Disip La: Pwendevi Jwif La

Nan sesyon sa a nou pral wè ki jan pou nou devlope konsèp disip ki soti nan etimoloji ak ki jan yo konprann Ansyen ak New Testaman yo.

A. Etimoloji

Mo disip la soti nan mo grèk mazetes ak manzano, ki nòmalman vle di elèv, apranti oswa disip.

1. Konsèp disip (mazetes) te atribye pou moun ki te swiv "literalman" ansèyman devan yon otorite ki pi wo nan domèn konesans. Men, gen okazyon ki te prezante lè disip la te kapab mete ansèyman sa yo anpratik.

2. Moun ki te disip (mazetes) tou, se moun ki te manm yon sosyete oswa yon gwoup relijye epi ki te adore oswa swiv yon dye.

3. Nan kontèks relijye ak edikatif nan epòk sa yo, yon lòt karakteristik disip se te kil pou pwofesè li a oswa profesè li.

B. Disip Nan Ansyen Testaman An

Nan Ansyen Testaman an prèske pa gen okenn moun kit e konnen konsèp disip. Ekivalans li nan lang ebre se talmid epi n ap jwenn li nan 1 Kwonik 25: 8 ak Ezayi 8:16.

Nan Ansyen Testaman, yo te konn bay travay disip la yon vye ti kras enpòtans. Rezon fondamantal la se ke relijyon jwif la pat baze sou ansèyman doktrin yo ki etabli pa yon lidè, konsèvatè, pwofèt oswa sakrifikatè. Se

Jewova ki te devwale relijyon jwif yo; se sa ki fè, lidè, pwofèt ak sakrifikatè yo pa t te konsidere tèt yo tankou pwofesè, men temwen ak Pòtpawòl verite ki devwale a.

Malgre ke pa t gen yon lekòl pou disip yo ki te dwe baze sou otorite doktrinal yon pwofesè oswa rabi, ki pa t 'sispann moun k'ap ede nan liv pwofèt yo te konsidere kòm disip oswa talmidim (1 Wa 14:43; 19: 19; 2 Wa 3:11; Jeremi 32:12).

Plis oswa mwens nan lane 300 av.K., konsèp disip la te devlope pi plis. Sou yon bò, lalwa a te vin sijè edikasyon prèske sistematize; sou lòt bò, yo te konsidere rabi a ak gwo respè ak otorite ki baze sou, pa sou nivo entelektyèl li, men entèpretasyon fidèl li sou lalwa a. Se konsa, tankou Ilèl, Chamayi oswa Gamaliyèl, menm si yo te gwo notab, pa te gen okenn otorite si entèpretasyon yo a pa t fidèl ak lalwa a.

Jwif ki te vle pote non rabi te oblije chwazi youn nan doktè lalwa epi fè tout efò pou vin disip oswa talmid li. Sa a te prèske vin yon esklav, paske li te gen espwa ke yon jou li menm tou ta vin Mèt epi, apre sa a, li ta genyen tou yon gwoup disip oswa talmidim.

C. Disip Nan Nouvo Testaman An

Nan Nouvo Testaman (mazetes) itilize sèlman nan levanjil yo ak liv Travay yo.

Nan tan Jezi Kris la li te deja komen pou yon moun te yon disip kèk lidè oswa pwofesè. Pa egzanp, Jan Batis te genyen disip (Matye 9:14; 11:92; Jan 1:35). Farizyen yo te genyen disip tou (Mak 2:18; Lik 5:33). Epi te genyen sa a yo ki te rele disip Moyiz (Jan 9:28).

1. Responsablite disip la.

Nan tan Nouvo Testaman konsèp disip la te gentan etabli byen klè.

    a. Disip yo pat sèlman aprann ansèyman yo teyorikman nan men mèt yo, men tou yo te dwe obeyi ak swiv yo san manke anyen.

    b. Disip la pat enstwi nan yon lekòl oswa sinagòg, men pito se swiv, nan patisipe nan lavi ak desten mèt li.

    c. Pou rezon ki deja endike yo, plis pase yon disiplin teyorik, disip la te la pou reyalize yon ministè kote li te dwe livre tèt li sanpousan.

2. Jezikris ak disip la

Se te yon bagay ki byen nòmal pou yon lidè oswa mèt k ap anseye ak otorite yon doktrin anpatikilye, oswa lalwa Bondye a, kòm nan ka Jezikris (Matye 7:29;21:23; Mak 1:22; 11:28; Lik 20:24), li pap manke moun ki pou swiv li epi pou vin disip li.

Levanjil yo di nou konsa ke lè Jezi te koumanse ministè li, se te kèk disip ki te konn swiv li, men, pami yo, li te chwazi douz pou fòme yon kominote lavi epi pou pataje avèk yo ministè li te vle reyalize a.

3. Kisa Jezi t ap atann de disip li yo?

    a. Pliske Jezi te lage kò li konplètman pou sèvis wayòm Bondye a, pou levanjil lavi ki pap janm fini an (Mak 3:31-35; Lik 4:18-20, 42-44), li patap atann pipiti nan men disip li yo. Apèl pou fè disip la mande yon obeyisans konplèt pou apèl sa.

    b. Angajman pou moun te vin disip Jezikris te radikal. Disip la pa t dwe gade dèyè (Lik 9:61). Li te dwe adopte kondisyon lavi Jezi epi patisipe nan menm desten an.

Nou va etidye pwen sa ak plis detay nan lòt leson.

D. Lòt Disip Jezikris Yo

Apa de gwoup douz la, Jezi te genyen 70 disip (oswa 72), plis yon gwo foul 72), ki t ap swiv li (Lik 10 :1-24). Yo pat fè pati gwoup douz yo, men wi yo te konnen Jezi epi viv anba menm egzijans ak responsablite ke douz yo.

Yo te konnen ke baz pou fè disip la se pat pou dapte yon ansèyman doktrinal, men se te moun nan menm, Jezi ak wayòm Bondye a.

Li chak afimasyon sa a yo epi, nan espas ki vid yo, ekri yon lèt F si opinyon w dapre afimasyon an se fo epi V, si afimasyon an se vrè.

___Nan mo grèk la, disip vle di elèv oswa apranti.

___Yon disip se te manm yon gwoup tou.

___Nan Ansyen Testaman, se disip la ki te konn chwazi mèt li.

___Nan Nouvo Testaman, disip la te konn aprann devwa li nan swiv ak patisipe nan lavi mèt li.

III. Konsèp Disip Jodi A

Nan sesyon sa a, nou pral wè nouvo konsèp fè disip la. Nou pral etidye byen vit ansèyman pwofesè, teyolojyen ak mèt ki te remèt lavi yo pou etidye Pawòl Bondye a.

Objektif la se aplike, sou baz ansèyman Bib la epi espesyalman nan levanjil yo, kisa vin disip Jezikris jodi a ta vle di.

A. Apèl Pou Fè Disip

Koumanse depi nan yon pwendevio biblik, lide apèl pou fv disip la soti nan Jezikris sèlman. Pa egzanp:

1. Jan Batis, farizyen yo epi menm Moyiz te genyen disip. Sa a yo se te moun ki te deside swiv yo pou verite ke yo t ap preche oswa otorite ke yo te genyen. Jan Batis, farizyen yo ak Moyiz –limenm, ki te gentan mouri sa fè byen lontan---yo pa t rele disip yo, men se yomenm ki te chwazi yo.

2. Kòm diferans, Jezikris te chwazi moun sa a yo ki ta dwe vin disip li. Epi pou yo te kapab konprann ke lide pou yo vin swiv li a pa t soti nan disip la, men se pito nan limenm menm, li te di yo konsa: "Se pa nou ki chwazi m', se mwen menm ki chwazi nou, ki mete nou apa pou n' ale, pou n' ka donnen, pou donn nou ka konsève. Konsa, Papa a va ban nou nenpòt kisa n'a mande nan non mwen" (Jan 15 :16).

B. Disip La Patisipe Nan Lavi Ak Misyon Mèt Li A

Patisipe nan misyon Kris la vle di ke:

1. Disip la dwe temwen Jezikris epi patisipe nan lavi ak zèv li yo: "Si yon moun vle mache dèyè m', se pou li bliye tèt li. Se pou li chaje kwa l' sou zèpòl li chak jou, epi swiv mwen" (Lik 9:23).

2. Ant disip la avèk Jezikris te dwe idantifye yo totalman, yon fason ke nenpòt moun ki rejte disip Seyè a, se limenm yo rejte ki te rele yo a: "Mwen pa nan lemonn lan ankò. Men yo menm, yo nan lemonn lan toujou.

Mwen menm, m'ap vin jwenn ou. Papa, ou menm ki apa, pwoteje yo pa pouvwa non ou, menm non ou te ban mwen an, pou yo ka fè yon sèl menm jan ou fè yon sèl avèk mwen"; M'ap lapriyè pou yo tout fè yon sèl. Papa, se pou yo tout fè yonn ansanm ak nou, menm jan ou menm ou nan mwen, mwen menm mwen nan ou. Se pou yo tout fè yon sèl pou moun ki nan lemonn yo ka kwè se ou ki te voye mwen. (Jan 17:11, 21).

"Li di disip li yo ankò: Moun ki koute nou, se mwen menm yo koute. Moun ki repouse nou, se mwen menm yo repouse. Moun ki repouse m', se moun ki voye m' lan yo repouse." (Lik 10:16).

C. Disip La Dwe Preche Mesaj Wayòm Bondye A.

Jezi pa t chwazi disip li yo pou yo te rete avèk li sèlman, men se tou pou pwoklame wayòm Bondye a epi rele lòt moun vin patisipe, pa mwayen temwayaj sou Kris la, nan wayòm Bondye a.

D. Disip La Dwe Bay Lavi Pou Koz Levanjil La

Swiv Jezikris se pa sèlman imite lavi Seyè a, men tou ki genyen ladan li vin egzanp ki vle di swiv Kris la. Nonplis se pa yon abandon sou deyò de tout bagay ki anpeche antrènman disip la, men se pito dispozisyon pou bay lavi pou koz levanjil la.

E. Èske Kesyon Fè Disip La Se Te Sèlman Yon Privilèj Pou Gwoup Douz La?

Dapre istwa ki nan levanjil yo, Jezikris te chwazi douz disip yo pou yo te toujou avèk li, men, misyon pou fè disip se pa pou yo sèlman. Seyè a te rele yon pi gwo gwoup disip (Lik 10 :1-12 ; Matye 9 :37), ke noumenm nou fè pati gwoup sa. Seyè Jezikris rele nou pou nou reyalize menm misyon ak responsablite premye douz disip Jezi yo.

Chwazi repons ki kòrèk la epi ekri lèt ki koresponn nan nan espas ki vid la.

1. ___ Dapre pwendevi biblik, kimoun ki rele moun vin fè disip ?
   a. Jan Batis
   b. Nikodèm
   c. Legliz la
   d. Jezikris

2. ___ Relasyon Jezikris ak disip la genyen ladan li :
   a. Ale nan peyi Izrayèl.
   b. Swiv li sèlman lè gentan.
   c. Patisipe nan lavi ak misyon mèt li.
   d. Etabli yon bon amitye.

3. ___ Youn nan responsablite disip la se:
   a. Abiye tankou Jezikris.
   b. Swiv ansèyman Lik yo.
   c. Pwoklame levanjil wayòm Bondye a.
   d. Batize tout moun.

4. ___Disip la tou dwe :
   a. Bay lavi li pou koz levanjil wayòm Bondye
   b. Chape lè gen pwoblèm.
   c. Bay lavi li pou koz levanjil Jan an.
   d. Aprann chemen lavi etènèl la pakè.

5. ___Kimoun yo te konsidere kòm disip ?
   a. Gwoup douz yo.
   b. Tout moun sa a yo ki obeyi Kris la.
   c. Se sèlman gwoup 70 yo.
   d. Se sèlman moun sa a yo ki te nan gwo chanm wo a.

Konklizyon

Responsablite disip nan epòk Jezi yo avèk sa nan tan jo di a yo, se menm bagay la. Disip Kris la dwe swiv li ak tout konsekans sa pote: Kite fanmi, byen epi menm bay lavi li. Disip la se temwen, se pa sèlman doktrin ke Seyè a te kite pou nou an, men tou pou Kris la menm.

Kòmantè

"Lè Jezi te di sa, se te yon fason pou l te pale nan fòm ki komen nan mitan jwif yo. Jwif yo te kwè ke resevwa moun yo voye a oswa mesaje yon moun se te resevwa moun sa a menm. Resevwa ak onè yon anbasadè se te menm jan ak resevwa wa ki te voye li a. Resevwa ak lanmou mesaje yon zanmi, se te menm jan ak resevwa zanmi sa anpèsòn. Li te afiche konpòtman sa se te pou saj yo avèk moun sa a yo ki te enstriktè verite Bondye a. Mèt yo te konn di konsa: "Moun ki ofri saj yo sèvis li se tankou li ta pote ofrann premye fwi li yo bay Bondye". "Moun ki resevwa moun ki etidye anpil la se tankou li te resevwa Bondye". Si yon sèvitè Bondye se yon vrè sèvitè Bondye, esevwa li se tankou resevwa Bondye ki voye l la.

"Nan pasaj sa a nou kapab rann kont de kisa ki ne nan chèn lavi etènèl la. Se yon chèn ki genyen kat ne:

1) "Bondye nan premye plas, kote ke se lanmou an ki koumanse pwosesis lavi etènèl la.

2) "Nan dezyèm plas la nou jwenn Jezi, ki te pote mesaj la bay lèzòm.

3) "Nan twazyèm plas se mesajè lòm nan, pwofèt Bondye a, kwayan ki sensè a ki se yon bon egzanp pou lòt yo, disip ki aprann ansèyman Matye yo, yomenm k ap transmèt bay lòt moun bon nouvèl ke yomenm menm yo te resevwa.

4) "Nan katriyèm plas se kwayan ki resevwa Pitit Bondye a ak mesaj li a, ki se mesaj Bondye a, epi pandan l ap fè li, li jwenn lavi pou nanm li".

— William Barclay. Nouvo Testaman

Enstriksyon Pou Douz Disip Yo
Matye 10:5-15

1. N ap jwenn premye enstriksyon ke Mèt la te pataje ak 12 disip yo (sèlman nan Matye) se ke y opa t dwe evanjelize payen yo ni moun samari yo (v.5). Sa a ta rive fèt apre lapannkòt, jan liv Travay akonte l la. Men avan yo te kloure li sou kwa a, Jezi te enterese pou ofri wayòm nan bay Izrayèl anpremye (Women 1:16). Mouton pèdi nan mitan pèp Izrayèl la (v.6) te dwe genyen premye opòtinite pou aksepte li kòm Kris li.

2. Mesaj ke yo te dwe preche ("pwoklame") se te: Wayòm syèl yo pre (v.7). Sa a se te mesaj Jezi ak pa Jan Batis la tou.

Nan menm tan yo t ap preche a, yo te dwe adopte yon ministè gerizon pou moun ki malad ak chase demon (v.8). Lòd pou resisite moun ki mouri (ke nou jwenn sèlman nan Matye), pezante yon pwoblèm. Nou kapab di ke Mèt la delege otorite li nan apot yo epi aspè sa vin parèt kòm yon posiblite. Nan okenn istwa nan levanjil yo nou jwenn kote yo te resisite yon moun ki mouri, menm si, Pyè, plizyè lane ape, li te resisite Dòkas (Travay. 9:36-43).

3. Menm kote a genyen lòt enstriksyon espesifik kivini. Pa chèche; tèm grèk la vle di "pa plede ap bouske pou nou", ni "jwenn" lò, ni lajan, ni dyaman nan kòf nou yo (v.9). Senti yo se te literalman "kòf" –kote ke moun te kapab sere yon bagay, kote ki plis asire pou moun pote lajan. Y opa t dwe pote de vètman. Mo grèk la vle di souvètman. Yon fason pou, dapre Mofatt, li te dwe tradwi li kòm "chemiz". Sapat an reyalite ki vle di "sandal". Yo te dwe itilize li, men pa t dwe pote yon dezyèm pè (cf. Mak.6:9).

Ezon pou tout entèdiksyon sa a yo enpòtan. Disip yo te tou prèp pou koumanse yon vwayaj ijan, ki pa t ap dire anpil tan. Klima a te cho anpil epi koutim yo te pèmèt yo resevwa yo byen pou yo jwenn manje ak kote pou yo fè ladesant nenpòt kote yo ta rive a. Yon fason pou yo pa t chaje kò yo ak yon banm pakèt.

4. Si y opa t resevwa yo, yo te dwe souke pousyè sapat yo nan plas la (v.14) kòm sinyal de ke alafwa, Bondye te refize fwaye oswa vil sa paske yo refize yo avèk mesaj li a. Jezi te deklare ke nan jou jijman an, pinisyon Sodòm ak Gomò ap plis lejè pase vil sa (v.15). Nan lane ki fenk sot pase yo, gen anpil moun ki te di osijè "de ansèyman ki byen dous galileyen enb lan". Men nan anpil okazyon Jezi te pale ak vwa sevè osijè de reyalite jijman ki gen pou vini an.

Kòmantè Biblik Beacon.

Leson 30
Antrènman Disip: Lanmou Ak Sèvis

Pou aprann: "Nou menm se pou nou renmen lènmi nou yo, fè byen pou yo. Prete san nou pa mete espwa nou sou renmèt. Se konsa n'a resevwa yon gwo rekonpans. Se lè sa a n'a pitit Bondye ki anwo nan syèl la, paske li menm, li bon ni pou engra ni pou mechan yo" (Lik 6:35).

Objektif: Aprann ke disip la dwe renmen menm jan ak Kris, gen mizèrikòd, epi pou lanmou sa manifeste anvè pwochen li nan yon fason ki sensè epi san enterè, san rete tann anyen kòm rekonpans.

Entwodiksyon

Jezi t ap atann nan men disip li yo, yon obeyisans ki radikal nan apèl ak ministè li. Men nan menm tan an tou, yo chak te dwe manifeste karaktè Sovè ak Mèt la. Sa vle di, yo te dwe aprann vin menm jan ak li.

Leson ke Jezikis te bay yo ki gen pou wè ak lanmou epi sèvis la byen vit te make yon diferans ant siperyorite doktrin kretyen an ak ansèyman lòt doktrin yo. Pa egzanp: "Pran jouk mwen, mete l' sou zepòl nou. Pran leson nan men mwen. Paske mwen dou, mwen toujou soumèt mwen tout bon devan Bondye. Konsa, n'a viv ak kè poze" (Matye 11:29). "Se pou nou gen kè sansib menm jan Bondye, papa nou, gen kè sansib" (Lik 6:36). "Mwen menm, Moun Bondye voye nan lachè a, mwen pa vini pou moun rann mwen sèvis, men mwen vini pou m' rann moun sèvis. Wi, mwen vin bay lavi m' pou peye delivrans anpil moun" (Mak 10:45).

Li chak vèsè yo ankò epi ekri karakteristik prensipal Jezikris yo:

Matye 11:29 _____
_____
Lik 6:36 _____
_____
Mak 10:45 _____
_____

Jezikis te moutre soumisyon ak imilite, mizèrikòd ak yon dezi pou bay sèvis san limit; se poutèt sa, disip yo te dwe menm jan avèk Mèt yo. Epi sa a yo ki te aksepte apèl pou vin disip yo, te dwe prepare:

1. Pou aprann yon nouvo kalite lavi, sa vle di, "genyen yon nouvo kè".

2 Pou sipòte atak yo oswa kritik sosyete a, paske nouvo valè ke Kris te pote yo, yo te kontrè ak valè sosyal ak moral nan epòk sa a yo. Pa egzanp, nan atmosfè kote disip yo te konn fè aktivite yo, wont, trayizon ak twonpe pwochen se te bagay ki te yon pratik nòmal epi sosyete a te aksepte li. Se poutèt sa Jezikris te rele disip li yo, pou yo te anonse mesaj levanjil la epi pou ke yo te viv konfòm ak valè ki pratike nan wayòm Bondye a epi nou dwe mete yo anpratik nan mond sa a.

I. Lanmou Disip La
Lik 6:27-36

Li avèk atansyon. Lik 6:27-36 epi ekri chak nan ansèyman fondamantal vèsè sa a yo:

v.27 _____
v.29 _____
v.30 _____
v.31-34 _____
v.35 _____
v.36 _____

Gwo mesaj Jezikris la ki pote non Benediksyon yo, genyen ladan yo ansèyman ki gen plis revolisyon ke pèsonn moun pat janm preche, paske Jezikris te rejte valè sosyal ak moral mond sa a epi li te devwale kòm règ prensipal, valv wayòm Bondye yo.

Pa egzanp, li te rele moun sosyete a te konn rele malere nan epòk sa a yo moun beni (menm jan sa ap pase nan tan jounen jodi a) paske li te pou yon gwoup sosyal, klas oswa fanmi ki te gen mwens privilèj. Sosyete sa a te konsidere kòm moun beni nan je "chèf" ak "seyè yo" epi te rele yo "byenne". Sepandan, byennere yo, dapre planifikasyon wayòm Bondye a, yo te malere paske yo t ap tann jijman ak lanmò etènèl pou zak ki kontrè ak volonte Bondye yo.

Antrènman disip kretyen an pa transfòme lòm nan pou fè li vin rebèl, paske konpòtman sa se detwi li detwi, men se pito an revolisyonè, pou ke li anseye epi mete anpratik sou tè sa valè wayòm Bondye yo.

Nou pap bliye ke angajman sa a avèk Bondye gen danje ladan li, paske li ale kontrè ak valè moral mond lan. Men danje sa a yo, gen plis valè pase sa nou kapab konpare kòm benefis ki pap janm fini ke elajisman levanjil jistis ak lanmoun sa a gen pou pote. Se pa yon tan pèdi, men se yon viktwa.

Mesaj levanjil wayòm Bondye a envite nou vin rekonèt Jezi kòm Seyè epi pratike yon kalite lavi kote nou kapab wè ke imilite, lanmou ak sèvis dwe akonpli jouk nan dènye konsekans yo.

A. Siyifikasyon Mo Lanmou

Nan grèk la, lang Nouvo Testaman te ekri a, te genyen twa mo ki te tradwi lanmou: eros, filein ak agapan.

1. Eros dekrive lanmou ke moun ki marye yo ekspime.

2. Filein dekrive lanmou ki eksprime ant moun ki pwòch yo, tankou yon papa ak pitit li. Se la lide lanmou filyal la soti tou.

3. Agapan genyen yon siyifikasyon byen espesyal, se limenm Lik 6:27 itilize a.

a. Se yon lanmou ki pap tann rekonpans.

b. Se yon santiman ki aji san enterè, menm ak moun ki fè nou sa ki mal. Agapan se yon lanmou ki pa swete mal rive pèsonn.

c. Lanmou sa bay menm moun ki pa merite lanmou lanmou.

B. Lanmou Kretyen An: Yon Prensip Revolisyonè

San dout, moun sa a yo ki t ap koute ansèyman Jezikris yo epi ki te li Levanjil Lik la, yo te konprann sa Kris t ap anseye nan nan 6:27 la. Men, sevre, yo te konnen ke mete yo anpratik te difisil; sepandan, si yo te vle vin disip Seyè a, yo pa t gen lòt opsyon pase renmen menm jan ak Kris la. Kisa ki te enplikasyon nouvo kalite lavi sa?

Yo ta dwe renmen lènmi yo.

Yo ta dwe fè byen pou moun ki rayi yo.

Yo ta dwe mande benediksyon pou moun ki ba yo madichon.

Yo ta dwe lapriyè pou moun k ap pale yo mal.

Lik 6:29 se yon lòt vèsè ki moutre enpòtans wayòm Bondye yo: "Si yon moun ban nou yon souflèt sou yon bò figi, vire lòt bò a ba li. Si yon moun pran levit nou, kite l' pran chemiz nou tou".

Kisa ki ansèyman pasaj sa a?

Premyeman, li anseye nou prensip pou pa fè vyolans. Disip Kris la pa dwe pran plezi li nan fè vanjans, men pito, li dwe aksepte ak sipòte konpòtman negatif lòt yo, pou nou pa ajoute, rann mal pou yon mal ki gentan fèt.

Dezyèmman, li anseye nou ke disip Kris la dwe kiltive yon konpòtman ak lespri jenewozite.

Sa vle di, li dwe aprann pataje sa li genyen ak pwochen li yo ki pa menm genyen ti bagay debaz yo pou viv.

Jan nou te di sa avan an, ansèyman sa a yo te revolisyonè pou moun ki te koute Jezikris yo epi pou lòt moun ki li levanjil selon Lik la tou, paske règ wayòm Bondye yo kontrè ak règ mond sa a.

Finalman, Jezikris te anseye ke lanmou ak mizèrikòd fini, espesyalman lè se avèk lènmi nou yo. Menm si nou pap atann okenn rekonpans nan men yo, nou dwe renmen yo menm jan epi fè byen avèk yo, paske Bondye gen bon kè ak moun ki fè mal ak mechan yo tou (6:37).

Avan nou ale pou pi devan avèk leson an, Ki opinyon w sou sa nou sot etidye yo la ?

1. Kouman sosyete nou an t ap ye si nou ta mete ansèyman biblik sou lanmou ak mizèrikòd yo anpratik? _____
_____

2. Noumenm ki se disip oswa pitit Bondye yo, kouman n ap pratike prensip wayòm Bondye sa a yo ? (Bay yon repons ki kout).

a. Lakay nou: _____
_____

b. Nan travay, lekòl oswa inivèsite a: _____
_____

c. Nan legliz la: _____
_____

Pou moun ki pat resevwa Jezikris kòm Seyè ak Sovè, oswa k ap viv dozado avèk li, l ap difisil pou l pratike lanmou ak mizèrikòd la. Nou sèlman kapab fè li pa mwayen Jezikris, Pitit Bondye a. Li anseye nou kouman pou nou renmen Bondye ak pwochen nou.

II. Sèvis Disip La
Lik 22:24-30

Nan fèt jwif ak moun lòt nasyon yo te konn selebre yo, moun ki t ap esevwa yo te konn distribye chèz konfòm ak ran sosyal pou chak envite.

Moun k ap resevwa a te konn anpli plas ki prensipal la. Chèz ki sou bò dwat yo te rezève pou envite ki gen plis enpòtans yo. Sou bò goch la, sa ki te swiv li nan enpòtans epi, se konsa sa te ye youn apre lòt, sou bò dwat menm jan ak sou bò goch li.

Li te difisil pou disip yo, pliske yo t ap viv nan atmosfè sa, yo ta panse jouskaprezan konfòm ak kategori ak valè sosyal nan tan sa a yo, espesyalman lv yo t ap diskite osijv de ki plas yo ta pral okipe nan wayòm Bondye a.

Jezikris te toupre yo a, li te tande diskisyon an epi li te konsidere ke sa se te pi bon moman pou l te anseye yo siyifikasyon grandè nan wayòm syèl yo.

A. Kimoun K Ap Pigran Nan Wayòm Bondye A? (22:24)

Repons Jezikris la te genyen ladan li yon ansèyman moral ak espirityèl ki te tèlman wo ke pat janm gen moun ki te konn anseye konsa.

Konsèp evanjelik grandè a kontrè ak konsèp grandè mond sa a. Poukisa? Konfòm ak panse epòk ke Jezi te viv la, rezon yo se te bagay sa a yo:

1. Wa yo nan mond lan nan epòk sa a te chèf tèritwa ki te konn gouvène epi, anjeneral, te konn sèvi ak pozisyon chèf yo pou maspinen ak detwi libète moun, espesyalman sa ki pat dakò avèk li. Malgre sa, se te yon gwo privilèj pou moun te chita bò kote wa a. Moun ki te resevwa onè pou yo envite li vin chita nan plas sa, te okipe yon plas ki enpòtan ak sèten grad devan sosyete a oswa kominote a.

2. Pozisyon sosyal ak politik sa te konn soti nan plizyè mwayen ki diferan. Kèk fwa li te konn eritye, kòm eritay wayal, oswa pa mwayen enfliyans fanmi oswa zanmi, elatriye. Yon fwa ke yo te okipe pozisyon sa, li te defann li menm jan ak pwòp lavi li epi avèk vyolans si sa te nesesè.

3. Sa ki enpresyon an se paske moun sa a yo ki te okipe pozisyon sa a te pote non "byennere", paske yo te kwè ke avèk kalite otorite yo te genyen an, yo t ap fè yon byen pou limanite.

Se pou rezon sa a ke Jezi disip li yo konsa: "Noumenm, nou pa dwe konsa" (22:26). Men, poukisa?

— Jezikris se Bondye, Kreyatè, Seyè ak Sovè. Se poutèt sa, paske yo te sèlman avèk li epi disip li, deja yo te gran non sèlman nan wayòm syèl yo, men tou sou tè a. Men, yo pat dwe sèvi ak grandè sa a nan menm kontèks ak kritè mond sa.

— Pozisyon ki inik li te bay, se ke disip yo pa t dwe kite yo dirije pa prensip mond sa, men se pito pa mwayen prensip ak valè wayòm Bondye a.

— Yo te dwe swiv ansèyman Jezikris yo, Seyè, Mèt ak Sovè yo. Li se egzanp grandè nan wayòm syèl yo. Li te vini sèvi epi bay lavi li pou nou (Mak 10:45). Sa a se grandè disip Jezikris yo dwe chèche.

B. Kouman Nou Kapab Aplike Ansèyman Sa A Yo Nan Tan Jodi A?

Nan wayòm syèl yo sa ki pi enpòtan an se pa "byennere a", oswa moun k ap chèche premye plas yo, men se pito moun ki fè tèt li tounen sèvitè tout moun.

Ansèyman sa a te kontrè ak tout valè ki te etabli nan tan Nouvo Testaman. Epi nou dwe admèt tou ke yo ale nan yon fason ki kontrè ak prensip ki etabli nan sosyete nou an jounen jodi a.

1. Sosyete nou an, kominote oswa vwazinay la ap chèche moun ki kapab ofri èd ak sèvis yo, men se yon vye tikras ki prè pou fè travay sa. Nou toujou ap tann se moun ki pou fè li, paske nou konsidere ke li twò raz pou nou oswa pou ran sosyal nou.

2. Konfòm ak valè wayòm Bondye a, nou pa dwe viv sèlman pou noumenm, men nou dwe viv pou lòt yo tou. Jezikris te ilistre prensip sa avèk lavi e ministè li. Li pa t vini pou moun te sèvi li, men se pito pou l te sèvi moun epi bay lavi l pou nou.

Nou genyen kèk egzanp ki tou nèf osijè de konpòtman kretyen sa sou grande, tankou pa mè Teresa Calcuta. Ministè li avèk sèvis pou lòt yo, yo te mete li nan menm plas ansanm ak wa yo, mandatè ak minis yo ki nan mond sa.

Aplikasyon

Si yo ta mande w ki ansèyman ki pi enpòtan ou te resevwa nan leson sa, kisa ki tap repons ou? _____

_____

Poukisa? _____

_____

_____

Konklizyon

Jezikris te anseye, ni nan pawòl li yo menm jan ak lavi li, ke valè wayòm syèl yo se lanmou ak sèvis. Epi li te vle pou disip li yo pratike yo lakay yo, nan vwazinay, lekòl, kolèj, inivèsite, travay oswa legliz la.

Sepoutèt sa, nou chak dwe chèche opòtinite pou nou mete anpratik sa ki rele lanmou ak sèvis anvè frè parèy nou. Epi lè nou fè li, n ap nan Kris la epi Kris la ap nan nou. Sa a se yon onè ak benediksyon ki pi gwo pase sa ki sou bò dwat oswa bò goch li.

Kòmantè

Lanmou Kretyen

Pou mete lanmou kretyen an anpratik, nou kapab founi nesesite debaz yo pou pwochen nou yo. Li plis fasil pou fè li avèk moun ki renmen nou, oswa ak moun sa a yo ke nou fè konfyans yo. Men kòmandman Bondye yo radikal. Li di ke nou dwe renmen ni moun ki fè nou sa ki mal.

Lè yon moun padone yon lòt, li bay temwayaj ke Bondye padone li. Pakonsekan, li renmen frè parvy li a menm jan Kris renmen l lan.

Se pou nou renmen lènmi nou yo, sa a se kòmandman Kris la. Epi pou reyalize sa, menm jan avèk plizyè lòt ke Jezikris kite pou nou, nou bezwen pouvwa ki pa natirèl ke li bannou pa mwayen Sentespri a. Nou pap janm kapab reyalize li avèk fòs chanèl nou yo. Li te konnen li. Se poutèt sa li te di: "San mwen, nou pa kapab fè anyen" (Jan 15:5). Nan ansèyman sa a yo nou wè lanmou ak senserite Seyè nou an.

Moun ki gen bon kè a pa gen pwoblèm menm si yo joure li epi padone moun menm si yo pa mande l sa. Li tris pou wè ke jalouzi, lanbi ak mank de lanmou separe legliz yo avèk denominasyon yo ki di ke yo kwè nan Jezikris. Si nou ta mete sou kote, konpòtman sa a yo ki pa soti nan Bondye epi nou te chèche konsève inite Sentespri a, yon sèl kò, yon sèl Seyè, yon sèl lafwa, yon sèl Bondye epi Papa tout moun, nou ta mennen plis moun vin konnen verite a ak lanmou Bondye a.

Jwif yo te rayi women yo paske yo te konn fè pèp Bondye a pase mizè, men Jezi te di yo pou yo renmen lènmi yo. Gen kèk ki pat vle aksepte ansèyman sa yo epi yo te vire do yo ale kite Seyè a, paske lè li te di yo pou yo renmen lènmi yo a, li t ap di yo chèche sa ki pi bon pou yo a.

Li pi fasil pou moun Lis a ki mal olye de Lis a Lib yen. Men, konfòm ak lanmou Bondye a, avèk vale wayòm syèl yo avèk kalite lavi tounèf ke kris la vle pou nou viv la, nou pout rete pwochen nou yo menm jan nou ta renmen li trete nou (Lik 6:31), espesyalman si nou se pitit Bondye, rachte pa mwayen san Jezikris.

Kondisyon Bondye Yo
(Detewonòm 10:12-13)

Ni Moyiz, ni Miche yo te poze kesyon sa a: "Kisa Jewova, Bondye w la mande pou w fè?" (Detewonòm 10:12). Pwofèt la reponn: "Tou sa li mande ou, se pou ou fè sa ki dwat, se pou ou gen kè sansib nan tout sa w'ap fè, se pou ou mache san lògèy devan li" (Miche 6:8). Moyiz mete aksan sou genyen yon gwo relasyon ak Bondye, ki mande yon repons total epi egzije senk konpòtman:

1. Ou dwe gen krentif pou Bondye: Krent, respè ak onè devan otorite Bondye. Moyiz pap pale di pou nou "pè" Bondye. Jeneralman siyifikasyon "pè" a negatif; n ap kouri lwen objè ki fè moun pè. Moyiz fè referans aka k genyen anpil respè epi krent pou ofanse li ki soti nan lanmou ke nou genyen pou li.

2. Ou dwe mache nan chemen l yo: Aktivite nan chemen li yo, paske nou dwe swiv "pa Mèt nou an".

3. Ou dwe renmen li: afeksyon pèsonèl kid we ak tout kè e tout nanm ou.

4. Ou dwe sèvi Seyè a: Si nou renmen Bondye, ebyen n ap sèvi li ak menm fòs la, ak tout kè ak nanm ou.

5. Ou dwe obsève kòmandman yo: Sa pa vle di ke nou dwe "mete yon kote" Pawòl Bondye a yon kote ki asire. Sa li mande nou an se mete ansèyman ke Bondye te kite pou nou yo nan Bib la anpratik.

Epi, kisa sa gen pou bay si nou obeyisan fas ak kòmandman sa a yo? Bondye ap beni nou. Benediksyon Seyè a yo anpil pou pitit li ki obeyisan yo.

Leson 31
Disip Ki Sanble Avèk Kris

Pou aprann: "Men mwen menm, men sa m'ap di nou: renmen tout lènmi nou yo, lapriyè pou moun k'ap pèsekite nou" (Matye 5:44).

Objektif: Etidye, konprann epi mete anpratik non sèlman sa li vle di vin disip Kris, men tou se sanble avèk li.

Entwodiksyon

Jezi te chwazi douz disip pou voye yo al akonpli yon misyon nan tout tèritwa douz tribi Izrayèl yo te abite yo. Misyon 12 disip yo te sevè anpil nan koumansman : ale chèche mouton pvdi nan branch fanmi Izrayèl yo. Men, misyon pa t kapab rete anndan sèlman, kidonk bèl pouvwa Seyè a te dwe aonse nan tout nasyon yo (1 Kwonik 16 :24 ; Sòm 97:6) epi pou moun nan peyi byen lwen rekonèt li (Ezayi 66 :19). Poutèt sa, disip Kris yo te resevwa lòd pou ale jous nan dènye bout latè.

Pou yo te ale akonpli misyon sa, Jezi te bay douz disip yo tout sa yo te gen bezwen:

Pozisyon ak otorite (Lik 10:1-4)
Enstriksyon (Lik 10:5-15)
Avètisman (Lik 16-25)
Sekirite (Lik 10 :26-33);

Li te anseye yo ke se pat fasil, men se yon privilèj pou yo ta jwenn yon gwo rekonpans (Lik 10:34-42).

I. Kimoun Sa A Yo Ke Jezi Te Chwazi?
1 Korentyen 1:27-29

"Se konsa, Bondye chwazi moun lèzòm konsidere tankou moun sòt pou l' fè moun ki gen bon konprann yo wont. Li chwazi moun lèzòm konsidere tankou moun ki fèb pou l' fè grannèg yo wont. Li chwazi moun lèzòm gade pou anyen, moun yo meprize, moun ki pa menm egziste pou yo, pou li te ka kraze sa ki gen enpòtans pou moun k'ap viv dapre lide ki nan lemonn. Konsa, pa gen moun ki ka fè grandizè devan Bondye".

1. Li Pa T Chwazi Saj Yo

Saj sou latè yo genyen twòl ògvy pou konesans yo. Li pi difisil pou w bati yon kote ki te deja genyen yon fondasyon ki te fèt ke yon plan original. Saj nan lemond yo rele levanjil la relee pi moun fou pou k ap preche li a, paske yo ranpli ak ògèy epi yo kwè ke ak pouvwa yo, yo genyen tout bagay. Sajès mond lan se pi move obstak pou anpeche moun kwè nan Bondye.

2. Li Pat Chwazi Ni Moun Rich Yo, Ni Sa Ki Te Nan Gwo Pozisyon Yo

Yon eksè byen materyèl kapab mennen moun nan bwè anpil tafya, libètinaj ak yon mank de kapasite pou moun nan konnen kilès li re reyèlman (Matye 19:23, 24; Lik 12:13-21).

Posesyon yo vin tounen yon pati enpòtan nan lavi moun yo epi rann li difisil pou moun nan wè yon pi bon bagay se poutèt sa sakrifis la de enpòtan. (Lik. 18:18-23).

3. Li Pat Chwazi Relijye Yo

Yon moun ta kapab panse ke tanp ak sinagòg la se kote Jezi ta al chwazi disip li yo. Apre tout bagay sa a yo, se la nou panse moun ki plis disponib pou sa yo ta dwe ye.

Seyè a te konnen ke byenfè tradisyonèl yo a pat reyèl ni kòrèk. Se pa t Pawòl Bondye a nan yon fòm original ki te plis enpòtan pou yo, men se pito, "tradisyon gran zansèt yo" (Matye 15:2, 3,6; 7:3-13). Epi to unan tan jounen jodi a, li pi fasil pou yon moun pote levanjil la bay yon moun ki pot ko janm tande pale de Kris, pase yon moun ki doublé anndan yon tradisyon "kretyen".

4. Li Pat Chwazi Politisyen Yo

Politisyen yo te konsantre epi yo tout te konn aji dapre sa k ap bon pou yo pèsonèlman. Si Kris te chwazi lidè politik pami women yo, jwif yo patap ladan l epi, si pami jwif yo, women ak moun lòt nasyon yo te rete deyò. Nenpòt li ta chwazi, lòt rès yo t ap toujou rete deyò.

Obsève diferans ki genyen ant yon "kwayan" ak yon "disip":

Kwayan	Disip
Tout Disip Se Kwayan	Se Pa Tout Kwayan Ki Se Disip
Tann Pen Ak Pwason	Se Pechè
Batay Pou Grandi	Batay Pou Li Repwodwi
Yon Kwayan Se Bagay Moun Jwenn Nan Travay	Se Fè Yo Fè Disip
Mande Manje	Ofri Manje
Renmen Nan Krèm Nan	Se Yon Sakrifis Vivan
Bay Yon Pati Nan Sa L Posede	Bay Yon Pati Nan Lavi Li
Kapab Tonbe Nan Woutin	Se Revolisyonè
Chèche Pou Yo Renmen Li	Fè Efò Pou L Ankouraje Lòt Moun
Tann Yo Ba Li Travay Pou Fè	Pran Responsablite Yo
Plenyen Ak Reklame	Obeyi Epi Rann Tèt Li
Aji Dapre Sikonstans Yo	Pwofite Sikonstans Yo Pou L Egzekite Lafwa Li
Mande Pou Yo Vizite Li	Vizite Lòt Yo
Chèche Pawòl Pwomès Pou Lavi Li	Chèche Lavi Pou L Akonpli Pwomès Pawòl La
Konsantre Nan MWEN Li	Konsantre Sou Lòt Yo
Li Chita Pou L Adore	Mache Ak Viv Nan Adorasyon
Itil Pou Fè Kontwòl	Itil Pou Miltipliye
Twouble Pa Mwayen Soukous Mond Lan	Transfòme Mond Lan
Tann Mirak	Travay Mirak Yo
Se Yon Trezò	Se Yon Envèsyon
Plen Tanp Lan	Pran Mond Lan
Pran Swen Bagay Ki Lakay Yo	Elaji Kote L Ye A
Etabli Entèlijans	Kraze Modèl Yo
Reve Ak Legliz Ideyal La	Aji Pou Genyen Legliz Ideyal La
Objektif Yo Se Antre Nan Syèl La	Objektif Li Se Genyen Nanm Pou Syèl La
Sa Ki Gen Matirite A Vin Tounen Disip	Moun Ki Gen Matirite A Vin Tounen Minis
Li Sèlman Renmen Preche Levanjil La	Fè Tèt Li Vin Tounen Disip Pa Mwayen Levanjil La
Ale Nan Kanpay Pou Li Kapab Ankouraje	Ale Nan Kanpay Paske Li Gen Kouraj
Ap Tann Revèy	Fè Pati Revèy La
Gen Pwomès Pou L Alèz	Yo Pwomèt Li Yon Kwa
Se Asosye	Se Sèvitè
Enpoze Kondisyon Yo	Di "Men Mwen"

Konpare vèsè biblik sa a yo epi ekri non 12 apot Jezi yo: Matye 10:2-4; Mak 3:13-19; Lik 6:14-16.

_____
_____
_____

II. Karateristik Yon Disip Ki Sanble Ak Kris

A. Prè Pou Avanse Nan Lafwa.

"Li wè de kannòt bò rivaj la; pechè yo te desann atè, yo t'ap lave senn yo. Jezi moute nan yonn nan kannòt yo ki te pou Simon. Li mande l' pou l' vanse yon ti kras nan fon. Antan Jezi chita nan kannòt la, li t'ap moutre moun yo anpil bagay" (Lik 5:2, 3).

Kimoun ki ta chwazi yon pechè pwason kòm lidè? Poukisa Jezi te chwazi pechè pwason pou vin disip li? Paske malgre yo pat konn ba yo valè, yo te deside epi yo te toujou disponib. Li te vle demoutre yo ke "foli Bondye a pi saj pase lèzòm, epi sa ki fèb nan Bondye pifò pase lèzòm" (1 Korentyen. 1:25, 27). Li te vle moutre ki rezilta sa genyen ladan li lè moun nan prè.

B. Jezi Se Sèl Fondman Li
(1 Korentyen 3:11)

Jezi pa t rele moun pou l te konstwi sou yo, men se pito moun sa a yo ke li te kapab konvèti an nan fondman lavi yo menm. Sa moun pa konprann nan fv disip la se ke anpil moun panse ke Seyè a vle pou nou edifye lafwa nou sou sa nou ye ak genyen. Men lafwa nou pa dwe konstwi sou yon baz imen. Se Jezi ki dwe fondman an (1 Korentyen 3:10-12).

Jezi pa chwazi nou, pou sa nou ye ak sa nou genyen, men se pou sa li kapab fè nan nou.

C. Li Kite Tout Bagay Pou L Vin Swiv Kris
(Lik 5:11)

"Se konsa yo te rale kannòt yo mete bò lanmè a, epi kite tout bagay, yo t al swij Jezi".

Gen yon moun ki te di ke, levanjil ki pa fè mal, se pa levanjil li ye. Pou moun ki santi li difisil pou l renye lavi peche l ap mennen pou l al swiv Jezi, pa kapab vin disip li. Seyè chwazi moun li vle pou mete fè sèvis li, men tou l ap atann yon repons ki pozitif, deside ak brav. Epi pa gen dout de ke moun sa a yo ke Bondye te chwazi pou sèvis li a, pi plis li renmen yo epi pi plis li t ap atann de yo yon repons ki san kondisyon.

D. Li Vle Bati Yon Lavi Tounèf Nan Jezi.

"Dapre favè Bondye te fè m' lan, mwen travay tankou yon bon enjenyè, mwen poze fondasyon an. Yon lòt ap bati sou li. Men, se pou chak moun veye kò yo pou yo konnen ki jan y'ap bati. Paske fondasyon an deja la: se Jezikri. Pesonn pa ka poze yon lòt. Gen moun k'ap sevi ak lò, osinon ak lajan, osinon ak bèl wòch ki koute chè pou bati sou fondasyon an. Gen lòt menm k'ap sèvi ak bwa, ak zèb chèch, ak pay.

Men, se jou jijman an n'a wè ki kalite travay chak moun te bay. Se jou sa a ki va devwale kalite travay chak moun te fè. Paske jou sa a, se nan mitan dife l'ap parèt. Dife a pral sonde travay chak moun. L'ap fè wè kalite travay yo. Si dife a pa boule travay yon moun bati sou fondasyon an, moun sa a ap resevwa rekonpans li. Men tou, si dife a boule travay yon moun, moun sa a ap pèdi travay li. Men li menm, l'ap sove, tankou yon moun ki chape nan yon kay k'ap boule" (1 Korentyen 3:10-15)

Lòm natirèl la gen tandans bati sou bon konprann lòm. Sa soti nan pwòp sa li konnen ak konprann. Li toujou ap tann konpliman zèv li yo. Men, vrè disip la konprann ke plan Bondye te trase pou lavi li a san mank epi li sèlman dwe konstwi pou l reyalize li.

E. Konn Travay Nan Tèt Ansanm Ak Lòt Moun

Yo fè asosye yo ki te nan lòt kannòt la siy vin ede yo. Yo vini; de kannòt yo te sitèlman plen pwason, yo te prèt pou koule (Lik 5:7).

Disip yo te konn travay nan tèt ansanm. Pechè pwason sa a yo pat moun ki te konn rete poukont yo pou youn peche yon pate pi fini. Si nou vle pran plis pase yon pwason alafwa, nou dwe aprann peche ak trivye epi mete tèt nou ansanm ak lòt moun. Trivye Pyè ak Andre t ap voye a te rele anfiblestron (Matye 4:18), literalman, se te yon trivye ki te kapab voye nan dlo a de pi sou zèpòl epi ki te tan an yon sèk epi li te koule akoz de pèz li.

Mo a soti nan anfi, "toutotou", epi ballo, "voye, lanse".

Sa a se yon egzanp san manke sou kijan nou dwe vin pechè lòm. Yon liy ak yon kwòk twonpe pwason yo ki panse se manje li ye epi yo pran yo, men y ap goumen pou lavi yo, avan yo mouri. Trivye a pran yo tou vivan. Pou nou atrape lèzòm tou vivan, nou dwe mete ponyèt lanmou toutotou, pa mete kwòk yo nan bouch yo.

F. Li Abitye Travay Di (Lik 5:5)

— Mèt, tou te pase tout nwit la ap travay byen di epi nou pa peche anyen non –Se sa Simon te di--. Men, kòm ou mande m li, m ap voye trivye a.

Yon pechè travay di. Se pat yon ofisyèl. Jezi pat rele moun ki pat gen anyen l ap fè. Li te rele moun ki ki anbisye ke l te jwenn ki okipe nan travay yo te ba yo fè.

G. Li Swiv Enstriksyon Yo San Doute
(Jan 21:6)

— Voye trivye a sou bò dwat konnòt la epi n ap peche yon bagay. Se konsa yo te fè li epi yo tèlman pran anpil pwason, yo pat kapab rale trivye a.

Youn nan evidans ki pi klè pou idantifye vrè disip yo de Jezi se obeyisans. Si yon moun di konsa li se vrè disip epi li fè sèlman sa l santi ak vle, nou kapab doute de li: Zèv li yo moutre sa ki kontrè a.

Kòm disip Kris, nou pran responsablite epi nou dwe genyen yon kè ki dwat. Yo dwe koute chak detay nan enstriksyon Seyè a, paske obeyisans nou moutre si tout bon vre nou renmen Jezi. Bondye ri lè nou obeyi li ak tout kè nou, sa a se, lè nou fè nenpòt bagay Bondye mande nou fè san plenyen ni rezèv, lè nou pa kite bagay yo san fèt lè nou di: "M pral lapriyè pou sa", men pito nou obeyi menm kote a.

Dapre Mak 3 :13-15, Kisa ki te twa aspè ki plis enpòtan nan misyon Jezi a ki fè li te chwazi apot yo ?

1. _____
2. _____
3. _____

Angajman Mwen Kòm Disip Jezi:

Apre mwen fin aprann sa ki dwe fèt epi se yon disip Jezikris, mwen pran angajman pou m....

_____
_____
_____
_____
_____
_____
_____
_____
_____
_____
_____
_____
_____
_____
_____
_____
_____
_____
_____
_____

Non: _____
Dat: _____

Se pou Seyè a ede m reyelize li...

Leson 32
Disip Yo Ak Lapriyè

> **Pou aprann:** "Mande, y'a ban nou. Chache, n'a jwenn. Frape, y'a louvri pou nou. Paske, nenpòt moun ki mande va resevwa. Moun ki chache va jwenn. y'a louvri pou moun ki frape" (Matye 7:7-8).
>
> **Objektif:** Etidye ak konprann plas enpòtan lapriyè genyen nan lavi disip Kris yo.

Entwodiksyon

1. Jezi rakonte yo parabòl sa a pou l' te moutre yo nesesite pou yo toujou lapriyè san yo pa janm dekouraje:

2. Vwala, se te yon jij ki te rete nan yon lavil; li pa t' pè Bondye ni li pa t' respekte pèsonn.

3. Nan menm lavil sa a, te gen yon vèv ki te konn vin bò kot jij la. Vèv la te toujou ap di li: Rann mwen jistis kont moun ki nan kont avè m' lan non.

4. Pandan lontan jij la te refize fè sa pou li. Men, yon lè li di nan kè l': Se vre, mwen pa pè Bondye, ni mwen pa rete ak moun.

5. Men, fanm sa a ap plede nwi mwen. M'ap rann li jistis, konsa la sispann anbete mwen.

6. Jezi di: Nou tande sa move jij la di!

7. Bon! Eske Bondye pa ta regle zafè pitit li yo, moun li menm li chwazi yo, lè y'ap rele nan pye l' lajounen kou lannwit? Eske l'ap pran anpil tan pou l' ede yo?

8. M'ap di nou sa: L'ap regle zafè yo vit vit. Men, lè Moun Bondye voye nan lachè a va vini, èske la jwenn moun ki gen konfyans nan Bondye ankò sou latè? (Lik 18: 1-8).

Objektif lapriyè se pou nou kapab konnen Bondye pi byen, se pa sèlman pou Bondye kapab konnen bezwen nou yo. Nan fason nou lapriyè dakò ak volonte Bondye a, li revele nou Pawòl ak anseye nou yon bann gwo bagay nou pa konnen (Jeremi 33: 3).

Lè nou lapriyè, Seyè a pral lonje men pwisan li yo pou beni nou. Si nou imilye nou devan Bondye, nan fen lapriyè nou an, n ap leve kanpe tankou gwo solda.

Lapriyè se relasyon ki pi entim ke nou kapab etabli ak Bondye demonstrasyon an te vin pi enteresan lè nou wè ke Jezi te toujou ap lapriyè. Sa te esansyèl paske li t'ap chèche restore ras limanite ki te pèdi dwa yo akoz de dezobeyisans nan Jaden Edenn nan.

Nan pasaj sa yo nou jwenn kijan lavi lapriyè Seyè Jezi te ye. Li te priye anvan li kòmanse ministè li, pandan ministè li, lè l ap chwazi disip li yo, lè l t ap fè yon mirak, lè li te pou kont li, nan fen ministè li sou tè a, pandan li te sou kwa a epi lapriyè depi nan syèl la. Ekri devan chak pasaj, jan sa apwopriye, pou ki moman chak lapriyè sa a yo fè referans:

- Lik 6:12-13 _____
- Matye 14:23 _____
- Lik 22:39-40 _____
- Jan 19:30 _____
- Ebre 7:25 _____
- Mak 1:35 _____
- Lik 5:16 _____
- Matye 4: 2 _____

I. Enpòtans Lapriyè

Menm jan li te ye pou Jezi, pou chak disip li yo, lapriyè a ta dwe esansyèl nan lavi li. Ann wè kisa lapriyè a te vle di pou Seyè a:

1. Se te priyorite li yo:

"Li te leve byen bonè nan maten, li te toujou fè nwa... li t'ap lapriyè" (Mak 1:35).

Si ou li vèsè ki anwo yo, ou pral sonje ke Jezi te konn leve fè sèvis depi byen bonè nan maten nan vilaj Kapènawòm nan (Mak 1: 32-34; Lik 4: 40-41). Sepandan, li te leve devanjou paske lapriyè a se te priyorite li. Eske lapriyè, ak dezi pou gen entimite ak Bondye genyen premye plas nan kè nou? ¿ Èske w konn leve bonè pou w lapriyè? Sa kapab rive ke gen anpil moun ki leve byen bonè pou yo fè anpil bagay, men prèske pa janm lapriyè. Ezayi te deklare: "Lannwit, se ou menm m'ap chonje. Lide m'ap travay sou ou. Paske lè w'ap jije sa k'ap pase sou latè moun ki sou latè resi konnen sa ki rele jistis..." (Izayi 26: 9).

2. Li te iranplasab: "... li te ale nan yon dezè, epi lapriyè" (Mak 1:35).

Lapriyè a se pa yon opsyon. Li se yon nesesite. Jezi te kapab rete ap repoze nan maten epi pase rès maten an ap dòmi rive jouk solèy leve paske lannwit anvan an li te sèvi tout yon foul moun epi sètènman fizikman li te dwe fatige anpil. Sepandan, li leve byen bonè yo lapriyè ke pa gen anyen ki te kapab ranplase entimite li ak Papa a.

Jozye te twonpe tèt li pa mwayen moun lavil Gabawon yo lè li te pran desizyon san li pa t konsilte Bondye (Jozye 9: 14-16). Pwofèt Eli te soti kouri devan Jezabèl lè li pa t 'lapriyè epi kite menas move fanm sa a te anvayi li (1 Wa 19-1-3).

Tout sa ki fè nou mete lapriyè sou kote, l ap pèsekite nou epi mennen nou nan echèk. Pa gen anyen ki kapab ranplase entimite nou avèk Senyè a. Nou dwe priye chak maten kòm si pa gen anyen ki te rive jodi a. Lapriyè pa gen okenn ranplasman.

3. Se te yon disiplin: " Nan granmaten, byen bonè, li pa t' ankò fè klè…(Mak 1:35).

"Apre sa, Jezi soti, li al mòn Oliv la, jan l' te konn fè a. Disip yo swiv li. Lè l' rive, li di yo: Lapriyè pou n' pa tonbe anba tantasyon. Epi li kite yo, li al pi devan, distans yon moun kab voye yon wòch konsa. Li mete ajenou, li pran lapriyè" (Lik 22: 39-41).

Lè lapriyè sispann vin yon chay epi vin tounen yon disiplin, lè sa a li vin pwisan ak efikas. Yon bagay ke pratike chak jou epi toutan nan menm bagay la, sa vin tounen yon disiplin. Jezi pa t lapriyè pa okazyon. Pa li a se te yon abitid. Apre sa, tout abitid ki byen aplike vin yon lwa.

Anpil moun pa reyalize plis bagay paske yo pa toujou rete nan lapriyè. Pa gen anyen ki kapab koute plis pase fè lapriyè vire nan yon disiplin. Pafwa nou sèlman lapriyè lè nou santi nou anvi priye, se kòm si lavi kretyen an depann de sa yon moun santi oswa pa santi.

Vwa ki domine nan vwayaj nou nan Kris la mennen nou nan obeyisans ki vini atravè lapriyè. San obeyi nou pa ka lapriyè epi san lapriyè nou pa kapab obeyi. Lapriyè ak obeyisans vwayaje ansanm nan menm karil epi vè menm objektif.

Jezi pa t ap kapab leve byen bonè jou sa a, apre fin pase prèske tout yon nwit ap svvi moun, si lapriyè a pa t yon disiplin pou li.

4. Se sa ki te enspire l: "Lè yo jwenn li, yo di l' konsa: -Tout moun ap chache ou wi. Men li reponn yo: -Ann al yon lòt kote, nan lòt bouk yo nan vwazinaj la. Fòk mwen fè yo konnen mesaj la tou. Se pou sa menm mwen vini" (Mak 1: 37-38).

Ekilib ak rezon Seyè a te domine nan ministè li a byen enpresyonan. Èske li pa t ap pi fasil pou li ta rete ak moun ki deja te konnen l, ki te wè bèl bagay li t ap fè lannwit lan olye pou l te ale yon lòt kote nan vwazinay la pou mache preche ak sèvi moun? Malgre ke li ta byen renmen rete a, ta sanble ke anmezi li lapriyè Papa te ba li lòd pou ale nan lòt zòn yo.

Lapriyè a fè Bondye gide ak kondwi nou nan direksyon ak kote li vle pou nou ale. Lè nou rete nan prezans li, la esplike nou kote li vle pou n ale ak sa l ap atann pou nou fè. Apot Pòl te viv yon eksperyans ki sanble (Travay 16: 6-10) epi li te gide pa Bondye pou ale Masedwàn menm si li te planifye pou ale nan lavil Bitini. Atravè lapriyè nou resevwa direksyon.

II. Benefis Nan Lapriyè

A. Lapriyè Bay Bon Direksyon An

Pandan tan lapriyè nou, Bondye ban nou adrès egzak kote nou ta dwe ale, li di nou sa nou dwe fè ak ki jan nou ta dwe fè li. Nou jwenn nan 2 Samyèl 5: 17-19: "Lè moun Filisti yo vin konnen yo te mete David wa pèp Izrayèl la, yo tout yo leve pou y' al mete men sou li. Lè David pran nouvèl la, li desann al kache nan yon fò. Moun Filisti yo rive, yo pran tout fon Refayim lan pou yo. David pale ak Seyè a, li mande l': -Eske se pou m'atake moun Filisti yo? Eske w'ap lage yo nan men m'? Seyè a reponn li: -Wi, atake yo. M'ap lage yo nan men ou".

B. Lapriyè Bay Konfyans (Sòm 56: 9-11)

Lè nou priye Bondye, genyen yon lespri lafwa ak konfyanski ede nou asire ke deja jwenn laviktwa, menm si nou poko wè li jouskaprezan, prèv bagay sa nou pa wè a (Ebre 11: 1).

Lè nou priye, nou aprann depann de Bondye epi se pa de tèt nou.

Lafwa kote lapriyè a soti a se li ki kapab deplase montay pwoblèm yo, kraze gwo zotobre yo, geri nou, delivre nou anba afliksyon, ban nou kè poze, ede nou kwè ke fanmi nou ap rive rasanble you tout ansanm nan pye Kris la ak kominote nou an kapab jwenn levanjil la.

C. Lapriyè Bay Laviktwa

Jezi pa t ale pran yon ti repo apre lagè espirityèl nan jou tantasyon an (lapriyè), men imedyatman li te antre annaksyon.

Jozye 6: 1-24. Nan Jeriko Jozye pa t fè pi plis pase sèlman rele jouk miray ranpa a te tonbe. lame li a te antre nan vil la, l 'al kay an kay, de chanm pou ale nan lòt chanm pou ranfòse pozisyon izrayelit la.

Nou dwe akonpaye lapriyè ak aksyon, apre yo fin lapriyè nou an, nou dwe soti al pèsekite lènmi an kouk nou mete men sou li epi detwi li, jouk rive lage moun li te mete nan prizon tankou: fanmi nou yo ak kominote nou an.

III. Lènmi Lapriyè Yo

(Adapte ak kamarad nan lapriyè, John C. Maxwell, 1996)

Jezi rakonte yo parabòl sa a pou l' te moutre yo nesesite pou yo toujou lapriyè san yo pa janm dekouraje: Vwala, se te yon jij ki te rete nan yon lavil; li pa t' pè Bondye ni li pa t' respekte pesonn. Nan menm lavil sa a, te gen yon vèv ki te konn vin bò kot jij la. Vèv la te toujou ap di li: Rann mwen jistis kont moun ki nan kont avè m' lan non. Pandan lontan jij la te refize fè sa pou li. Men, yon lè li di nan kè l': Se vre, mwen pa pè Bondye, ni mwen pa rete ak moun.

Men, fanm sa a ap plede nwi mwen. M'ap rann li jistis, konsa la sispann anbete mwen. Jezi di: Nou tande sa move jij la di! Bon! Eske Bondye pa ta regle zafè pitit li yo, moun li menm li chwazi yo, lè y'ap rele nan pye l' lajounen kou lannwit? Eske l'ap pran anpil tan pou l' ede yo? M'ap di nou sa: L'ap regle zafè yo vit vit. Men, lè Moun Bondye voye nan lachè a va vini, èske la jwenn moun ki gen konfyans nan Bondye ankò sou latè? "

1. Peche ki pa konfese

"Se pou nou konfese peche nou yo yonn bay lòt. Se pou yonn lapriyè pou lòt, pou nou kapab geri. Lè yon moun ap viv dwat devan Bondye, lapriyè moun sa a gen anpil pouvwa "(Jak 5:16).

Peche ki pa konfese a se petèt obstak ki pi komen lapriyè epi frennen pwisans lapriyè w yo. Kòm pwovèb la di: lapriyè anpeche nou fè peche epi peche anpeche nou lapriyè.

Si w ap ebèje peche nan lavi ou, konfese li kounye a epi resevwa padon Bondye a. Detache w de sa w ap evite a ki anpeche w kominike avèk Bondye.

2. Mank Lafwa

"Jezi reponn yo: Sa m'ap di nou la a, se vre wi: Si nou

te gen konfyans nan Bondye, si nou pa t' gen doutans nan kè nou, se pa sèlman sak rive pye fig frans lan nou ta fè. Men, nou ta ka di mòn sa a: Wete kò ou la. Ale jete tèt ou nan lanmè. Sa ta fèt vre. Si nou gen konfyans nan Bondye, n'a resevwa tou sa n'a mande l' lè n'ap lapriyè" (Matye 21: 21-22).

Mank lafwa a fè yon efè negatif ki enkwayab nan lavi kretyen an. San lafwa, lapriyè a pap gen pwisans. Nou kapab wè ke Jezi pa t kapab opere okenn mirak nan Nazarèt paske moun yo pa t genyen lafwa (Mak 6:1-6).

Lafwa se reyèlman yon bagay ki gen pou wè avèk konfyans. Jezi reponn li: "Epi nenpòt kisa ou mande nan lapriyè, kwè, n'a resevwa". Anpil fwa moun yo souvan neglijan pou yo mete konfyans yo nan Bondye. Men, chak jou yo konte sou lòt moun san yo pa poze kesyon, moutre yon konfyans ki fè Bondye plezi pou resevwa de yo. Reflechi sou li. Moun yo ale nan doktè ke yo pa menm ka pwononse non yo, resevwa yon preskripsyon ke yo pa kapab li, pran li pote bay yon famasyen ke yo pa janm wè, yo jwenn yon medikaman ke yo pa konnen epi bwè li!

Poukisa li pi fasil pou mete konfyans nan sa moun pa konnen yo pase pou yo mete konfyans yo nan yon Bondye ki fidèl ak yon Bondye damou nan tout aspè? Repons lan se ki kote nou mete konfyans nou. Anpil moun mete konfyans yo nan zanmi yo, mari oswa madanm, lajan oswa tèt yo. Se vre wi, nan nenpòt bagay, se sèl Bondye ki pap fè yo defo, men menm yon kantite minimòm lafwa nan li kapab deplase montay.

3. Dezobeyisans

"Konsa, zanmi m' yo, si konsyans nou pa kondannen nou, nou gen yon gwo lasirans devan Bondye.Tou sa n'a mande l', la ban nou l', paske nou menm nou fè tou sa li mande nou, nou fè sa ki fè l' plezi" (1 Jan 3: 21-22).

Si n ap devlope nan yon relasyon ak Bondye epi vin moun ki fò nan lapriyè, nou dwe obeyi. Konsève nou byen lwen peche a pa ase. Ni lafwa. Si nou konfese ak bouch nou di nou kwè, men aksyon nou yo pa moutre yo ak yon deplwaman de obeyisans, sa a pwouve feblès nan kwayans nou an. Obeyisans yo ta dwe rezilta natirèl de konfyans nan Bondye. Nenpòt moun ki obeyi Bondye, li mete konfyans li epi li obeyi.

4. Pa padone

"Konsa, pyè te rapwoche kote Jezi epi mande li : --Seyè, si yon frè nan legliz la fèm yon bagay ki mal, konbyen fwa mwen dwe padone li ? èske se sèt fwa sèlman ? Jezi te reponn li : Sa pa ase pou padone frè w la sèt fwa sèlman. Ou dwe padone li youn ak lòt fwa; sa vle di, toujou" (Matye 18 :21-22).

Lwa ebre a egzije moun padone ofans twa fwa sèlman. Lè Pyè te ajoute sèt fwa, li te wè ke l t ap padone menm plis pase sa ki nan règ la. Petèt li te sezi lè l te tande repons Jezi a : « Mwen pa di w jouska sèt fwa, men se jouska swasanndis fwa sèt fwa ».

Jezi te eseye moutre Pyè ke padon an se pa yon dosye matematik. Ni anpil pawòl. Se yon kesyon de konpòtman kè kote ke Sentespri a ban nou pouvwa pou nou padone. Poukisa padon an tèlman enpòtan? Nou jwenn repons la nan Matye 6.14-15: « Si nou padonnen moun lè yo fè nou mal, Papa nou ki nan syèl la va padonnen nou tou. Men, si nou pa padonnen moun lè yo fè nou mal, Papa nou p'ap padonnen peche nou yo non plis».

Padone pou w kapab jwenn padon se de marasa ki pa kapab separe. Lè yon moun pa vle padone yon lòt, li domaje tèt li paske mank madon sa kapab vin chèf li epi pwodwi tristès nan lavi li. Epi avèk yon kè plen tristès ke mank padon pwodwi, moun pa kapab antre nan lapriyè epi jwenn benediksyon. Padon an pa sèlman pèmèt kè ou fè sa ki byen, men tou, pou limyè fèt tou.

5. Rezon ki pa kòrèk yo

"Menm lè nou mande, nou pa resevwa anyen, paske nou mande mal. Nou mande bagay ki pou satisfè pwòp dezi pa nou sèlman. Ala moun pa gen konfyans nan Bondye! Eske nou pa konnen lè nou zanmi lemonn, se lènmi Bondye nou ye! Moun ki vle zanmi lemonn, li vin lènmi Bondye"(Jak 4: 3-4).

Lè rezon nou yo pa bon, lapriyè nou yo nonplis. Jak 4.3 di konsa:

" Menm lè nou mande, nou pa resevwa anyen, paske nou mande mal. Nou mande bagay ki pou satisfè pwòp dezi pa nou sèlman". Lè nou priye, Bondye pale ak nou, epi moutre nou motif nou an. Si nou aji ak fyète, pè, egoyis, pou pwò anvi, konvenyans, elatriye. Bondye ap moutre nou li chak fwa nou vle tande li. Men, si nou vle, l ap chanje rezon sa yo.

6. Se sèvi zidòl

"Se konsa, Seyè a pale avè m', li di m' konsa:
-Nonm o! Moun sa yo lage kò yo bay zidòl nèt. Yo kite zidòl pran nanm yo pou fè sa ki mal. Yo met nan tèt yo mwen pral kite yo vin mande m' konsèy? Enben, pale ak yo, di yo konsa: Men mesaj Seyè sèl Mèt la voye ba yo: Tout moun nan pèp Izrayèl la ap lage kò yo bay zidòl yo nèt, yo kite zidòl pran nanm yo pou fè sa ki mal. Lèfini, y'ap vin jwenn pwofèt Bondye a! Se mwen menm menm, Seyè a, k'ap ba yo repons yo merite poutèt kantite zidòl y'ap sèvi yo."(Ezekyèl 14: 3- 4).

Lè pifò moun panse ak zidòl, imaj taye ke anpil moun adore tankou dye yo vini nan lespri yo. Men, yon estati kapab nenpòt bagay nan lavi ki kanpe ant noumenm avèk Bondye. Zidòl la vini sou anpil fòm tankou lajan, karyè, timoun yo ak plezi.

Tcheke pwòp lavi ou. Eske gen yon bagay ke w te mete pi wo pase Bondye? Pafwa li difisil pou w di l. Youn nan fason pou w konnen si gen zidòl nan lavi ou se mande: "Èske mwen ta prèt pou m kite bagay sa a si Bondye ta mande m fè sa?" Gade konpòtman w fas ak karyè w la ak senserite, tout byen ak fanmi w. Si gen bagay ou pa ta kite poutèt Bondye, y ap bloke aksè w genyen pou w rive kote Bondye a.

7. Move relasyon ak lòt moun

"Menm jan an tou, nou menm mari, nan tout bagay se pou nou viv byen ak madanm nou paske yo pi fèb pase nou. Ba yo tout respè yo merite, paske yo menm tou y'a resevwa menm lavi avèk nou tankou yon favè nan men Bondye. Konsa, anyen p'ap antrave lapriyè nou"(1 Pyè 3: 7).

Plan Bondye a gwo anpil. Li renmen tout moun epi li vle pou nou enterese ak lòt moun epi li gen sousi ak lapenn lè nou neglije lòt moun yo.

Lapriyè pote anpil avantaj. Youn nan yo se ke li ede nou aprann renmen lòt moun epi lòt la se ke li pwodwi konpasyon nan nou, ki pa konpetisyon.

Reponn kesyon sa yo:

1. Ki nan obstak yo nan lapriyè ki pi fasil? Poukisa?

- Peche ki pa konfese
- Mank lafwa
- Dezobeyisans
- Pa padone
- Rezon ki pa kòrèk
- Sèvi zidòl
- Move relasyon ak lòt moun

2 Ki benefis yon kominikasyon sensè ak Bondye ofri nou pa mwayen lapriyè.

Leson 33
Apèl Kris Pou Fè Disip

Pou aprann: "Mwen se pye rezen an, nou se branch yo. Moun ki fè yonn avè m', moun mwen fè yonn ak li, l'ap donnen anpil, paske nou pa kapab fè anyen san mwen" (Jan 15:5).

Objektif: Konprann ke Jezikris te chwazi ak rele nou pou ke nou vin disip li epi ministè disip la se preche mesaj levanjil wayòm Bondye a, ki genyen ladan li Sali a avèk gerizon lòm, Jezikris te mande pou disip li yo te kite tout bagay epi vin swiv li.

Entwodiksyon

Lè nou gade nou kapab di ke, li te enposib pou mesaj levanjil wayòm Bondye a ta pibliye atravè lemond ak efò ministè yon sèl moun, nan ka sa a, Jezikri. Seyè a te okouran de sitiyasyon sa a, ki te koze pa limit pou l te vin fèt nan lachè. Pou rezon sa, li te oblije rele disip epi fòme yo pou yo te kapab anonse bon nouvèl la nan lavil Jerizalèm, bay moun Jide, Samari ak nan dènye bout latè.

I. Evènman Ki Te Pase Anvan Ministè Piblik Li

Lè Jezi te kòmanse ministè piblik li nan rejyon Galile a, li te anba oryantasyon ak pouvwa Sentespri a. Bagay sa te rive anvan evènman sa yo:

A. Batèm Jezi A (Lik 3: 21-22)

Avèk predikasyon mesaj Jan Batis la te te genyen yon mouvman renesans san parèy ki te eklate. Akòz pwoblèm politik ak sosyal jwif yo t ap fè fas, yo te sonje pwomès Bondye yo pa mwayen pwofèt yo. Se te pwomès wayòm libète a ak jistis epi, jan sa pat janm fèt anvan, moun jwif yo t ap rete tann akonplisman wayòm sa a ak manifestasyon an nan jou Seyè a.

Dapre Matye 24, mansyone kèk siy ki pral rive anvan jou Seyè a:

v.5 _____

v.7 _____

v.11 _____

v.14 _____

Esperans pou pwomès sa, yon wayòm jistis ak lapè a te gwo anpil. Lè yo te tande mesaj Jan Batis la ki t ap anonse apwochman wayòm Bondye a ak kondisyon yo pou antre ladan li, plizyè santèn jwif te konfese peche yo epi batize.

Batèm Jan t'ap anonse a se te pou repantans, pou padon peche. Ebyen, Jezi pa t 'yon pechè, poukisa li te kite Jan batize li? Gen moun ki di li te fè li, pou l te fè Mari manman li plezi, men vrèman pa gen okenn baz biblik ki apiye tèz sa a. Sèl rezon ki reponn kesyon ki poze a se ke Jezi te gen disènman moman espirityèl ke konpatriyòt li yo t ap viv.

Nou te di talè a gras ak predikasyon Jan Batis la, ypon mouvman apwochman vè Bondye te pran nesans. Sitiyasyon sosyal, ekonomik ak relijye nan peyi Jide te rive nan dènye bout li ; anplis de sa, yo te déjà pèdi tout espwa yo nan fòs lòm ki te pwomèt libète. Sèl opsyon yo te genyen devan yo se te: Tounen vin jwenn Bondye paske wayòm Bondye a pèske rive.

Jezi wè ouvèti pèp jwif la anvè Bondye epi li te reyalize ke se te moman poul te fè ministè delivras ak liberasyon li a piblik. Jezi te idantifye li ak mouvman revèy espirityèl la. Antan li t ap betize a, li te konfime nan ministè l epi resevwa pouvwa Sentespri a (Matye 3:16).

B. Tantasyon Jezi A (Lik 4: 1-13)

Nan koumansman ministè li a, Jezi te pase youn nan pi gwo difikilte ki genyen, tantasyon nan dezè a.

Pandan 40 jou nan dezè a, Jezi te fè fas ak sa nou n ap fè fas chak jou nan lavi nou: Batay espirityèl ant pouvwa Bondye a ak pa satan an. La a, lè li moutre obeyisans li anvè Bondye Papa a, Jezi te ejte chemen fanatik, pouvwa ak glwa, pou l te soufri sou kwa a paske li renmen nou.

Li istwa ki nan Lik 4 :1-12 la ankò, epi idantifye chak tantasyon ke yo te ofri Seyè a: fanatik, pouvwa ak glwa. Eksplike poukisa:

4:1-4: Li te ofri li _____

Poukisa? _____

_____

4:5-8: Li te ofri li _____

Poukisa?_____

_____

4:9-12: Li te ofri li _____
Poukisa? _____
_____

Pa gen dout de ke dezyèm tantasyon an (Lik 4 :5-8) te ofri Jezi tout pouvwa sou tout wayòm sou latè. De lòt tantasyon yo, san distenksyon, gen pou wè ak fanatik ak glwa ke Jezikis ta genyen si l te obeyi lènmi an.

Lè li te soti ak viktwa anba tantasyon an, Jezikris te geri malad yo, "epi fanatik li yo te gaye toupatou sou latè" (Lik 4 :14).

II. Kimoun Ki Rele Moun Vin Fè Disip? (Jan 15:15-16)

Kimoun ki rele nou vin fè disip la ? epons lan klè : Jezikris, Pitit Bondye a.

Apot Jan konfime li. Dapre Jan 15:16, disip yo pat dwe bliye kimoun ki te rele yo nan ministè pou fè disip la. Se poutèt sa li te di yo konsa: Se pa noumenm ki te chwazi mwwen, men se mwen menm ki te chwazi nou".

Dapre lide ki degaje nan Jan 15:16, Ak ki objektif Jezikris te chwazi disip li yo?
1. _____ epi _____
2. _____

Menm si nou rele tèt nou kretyen, si nou pa bay fwi, nou pa disip Kris, paske ansèyman disip kretyen an karakterize pa mwayen fwi li bay. Anplis de sa, nou pa dwe bliye ke Seyè a pwomèt pou li toujou la ak nou "chak jou, jouskakske mond sa a fini".

Prezans Seyè a garanti rezilta l ap atann de disip li yo, paske prezans ap akonpanye ak yon pouvwa sinatirèl : pouvwa Sentespri a. Epi bay yon mesaj ki gen lavi ki pap janm fini: levanjil wayòm ak jistis Bondye a. De bagay sa a yo kondwi nan delivrans total limanite a.

Ann gade pwen enpòtan sa a yo.

A. Jezikris Ak Prezans Sentespri A (Lik 4:18)

Pandan batèm Jezi a, Li te resevwa pouvwa Sentespri a pou l te kapab pote laviktwa kont lènmi an, se pa sèlman nan dezè a, men tou nan ministè li sou latè.

Li Lik 4 :18, epi ekri rezon ki fè Bondye te ranpli Jezikris ak pouvwa Sentespri a:
1. "Li te chwazi m _____ ;
2. Li voye mwen pou m _____ ;
3. Pou m _____ ak _____ ;
4. Pou mete nan _____ ;
5. Pou m preche _____ ".

Dapre opinyon w, si nou menm ki disip Jezi yo, nou genyen pouvwa Sentespri a, èske li posib pou nou reyalize menm ministè a? _____

Si repons lan se WI, kouman nou pral reyalize li ? Pa egzanp:

a. Kouman n ap preche bon nouvèl la bay pòv yo ? _____
_____

b. Kouman nou pral geri moun sa yo ki gen kè yo atriste epi fè prizonye yo konnen yo lage? _____
_____

c. Ta kapab fè avèg yo wè ankò? _____
_____

d. Ki predikasyon ki pou ane agreyab Seyè a? _____
_____

Si repons kesyon a, b, c ak d kòrèk, èske w gen kèk baz biblik ki sipòte repons ou yo? Li pasaj biblik sa a yo: Matye 1, 8; Mak 3:14; 6:12-13; Lik 9:1-2; 10:17-20; 1 Korentyen 12:4-11.

Èske w kwè ke disip ki anba pouvwa Sentespri a prepare pou reyalize minitè yo te rele l pou l te akonpli a? _____
_____

Piga nou bliye ke nou se sèlman sèvitè, pòt pawòl ak enstriman nan men Bondye. Pou lanmou ak mizèrikòd li, se limenm ki fè tout bon zèv.

B. Jezikris Ak Mesaj Delivrans Lan

Jan Batis ak Jezikris te genyen yon misyon ak yon menm mesaj: wayòm Bondye a. Se pandan, nan fason yo te prezante l la te diferan.

1. Jan Batis ak mesaj li a. Dapre istwa Lik la, Jan Batis te ale nan rejyon Jouden an ap preche batèm repantans pou padon peche yo.

Pou fason li te preche, moun yo te enpresyone anpil, paske li te di yo konsa: "Jenerasyon pèvès!, kimoun ki te moutre nou pou nou kouri soti anba jijman ki gen pou vini an?" (Lik 3:7). "Epitou, rach la tou pare pou koupe rasin pyebwa yo. Nenpòt pyebwa ki pa bay bon donn, yo pral koupe sa, jete nan dife" (3:9).

Fas ak kalite mesaj sa a, te gen akseptasyon ak krent. Epi tout moun t ap mande: "Kisa nou pral fè ?" (3:10).

2 Jezikris ak mesaj li a. Apre yo te fin mete Jan Batis nan prizon, Jezi te kontinye ak menm mesaj la. Mak 1 :14-15 di konsa: "Apre yo te fin mete Jan nan prizon, Jezi ale nan peyi Galile pou l' te fè konnen Bon Nouvèl Bondye voye a.

Li t'ap di yo konsa: -Jou a rive. Koulye a, Bondye ki wa nan syèl la ap vin pran pouvwa a nan men li. Tounen vin jwenn Bondye. Asepte Bon Nouvèl la!"

Twa pwen enpòtan nan mesaj Jezikris la :

Anpremye, se te yon mesaj ki pale libète ak lavi etènèl.

Andezyèm, se te yon apèl pou repantans, pou yon "chanjman mantalite". Se te yon apèl pou fè volonte Bondye.

Twazyèmman, se te yon apèl pou moun vin kwè nan levanjil la tou. Sa vle di, yo te dwe mete konfyans yo sanpousan nan pwomès Bondye yo.

Pandan ke mesaj Jan Batis la se te sou kondannasyon ak destriksyon paske wayòm Bondye a te prèske rive, mesaj Jezikris la se te levanjil bon nouvèl libète ak lavi ki pap janm fini an.

C. Jezikris Ak Pouvwa Sou Maladi Yo (Lik 4:31-44)

Moun yo te sezi wè gwo pouvwa Jezikris la. Nan menm tan an gen moun ki te mete tèt yo apa pou chase demon, men metòd yo t ap itilize yo te fèt anba manipilasyon emosyonèl nan repetisyon ki gen maji ki byen long. Epoutan, yon pawòl Jezikris te sifi epi moun nan te tou libere anba demon an.

Men, Jezikris te gen pouvwa sou maladi fizik yo tou. Bib la di ke moun malad yo te leve al jwenn Jezikris epi, limenm, li te mete men sou yo, epi geri yo.

D. Jezikris Ak Pouvwa Sou Lanati A (Lik 5:1-11)

Jezikris te moutre pouvwa li pou kalme tanpèt epi fè van sispann soufle. Sepandan, disip li yo te konprann ke pouvwa ak otorite li te ale pi lwen. Epitou, menm lè kondisyon lapèch la pat tèlman bon, pa mwayen Pawòl Jezi a, Pyè te pran yon bon kantite pwason nan trivye li jouskaske trivye a te te chire.

Pou nou rezime, n ap di ke Jezikris te genyen Sentespri a, li te preche yon mesaj ki te sove, li te gen pouvwa sou maladi espirityèl ak fizik ak pouvwa ak otorite sou lanati. Sa a se Kris la ki te rele epi kontinye ap rele moun vin fè disip.

III. Kisa Kris Ofri Disip Li Yo (Lik 18:18-20)

Lik 18:18-30 rakonte nou istwa yon jennonm rich ki te vle posede epi, si sa te posib, achte wayòm Bondye a. Li te ale devan Jezikris epi mande li : "Bon Mèt, kisa poum fè pou eritye wayòm Bondye a ?"

Anvan jennonm nan te jwenn repons, Jezikris te fè yon "yon egzamen espirityèl".

Kisa ki te anndan egzamen espirityvl sa ? (Lik 18:20): _____

Kisa ki te repons jennonm nan ? (Lik 18:21): _____

Lè Jezi tande sa, li di l konsa: "Ou manke yon bagay toujou: vann tou sa ou genyen, separe lajan an bay pòv. Apre sa, wa gen yon richès nan syèl la. Epi vin swiv mwen" (18:22).

Jennonm nan te leve li ale tou tris paske li te rich. Pyè te sezi lè Jezi te ofri li "trezò nan syèl la" epi li te di Kris la konsa: "Tande, men nou kite tou sa nou te genyen pou nou swiv ou". (18:28) ; nan lòt mo, "kisa ou ofri nou, noumenm ki kite tout bagay nou yo pou vin swiv ou ?"

Si nou vle vin disip Jezikris, kisa n ap atann de li ? oswa, kisa Kris ofri nou ?

A. Li Ofri Nou Yon Misyon Pou Nou Akonpli

Kris la rele nou vin fè disip pou nou kapan envesti lavi nou pou koz wayòm Bondye a.

B. Li Ofri Nou Yon Kwa

Menm jan ak douz disip yo, Jezikris rele nou pou nou mache avèk li epi resevwa ansèyman li yo, oryantasyon, e menm, pou nou menm pataje lavi ak desten li.

Jezikris te di konsa : "Si yon moun vle mache dèyè m', se pou li bliye tèt li. Se pou li chaje kwa l' sou zèpòl li chak jou, epi swiv mwen" (Lik 9:23). Pran kwa nou an vle di imilye nou chak jou devan Seyè a epi depann de li konplètman.

Anba kondisyon sa yo, èske w prè pou w vin disip Kris? _____

1. Si repons ou a pozitif, kijan w ap fè sa ?
_____
_____

2 Si repons ou a negatif, Poukisa ?
_____
_____

Konklizyon

Jezikris, Pitit Bondye a, rele nou pou nou vin fè disip. Epi nan menm tan an li di nou konsa : "Sa m ap di nou la a, se vre wi: Nenpòt moun ki kite kay li, osinon madanm li, osinon frè l', osinon papa l' ak manman l', osinon pitit li poutèt peyi kote Bondye Wa a, moun sa a gen pou l' resevwa plis pase sa depi nan tan sa a, epi nan tan k'ap vini apre sa a li gen pou l' resevwa lavi ki p'ap janm fini an" (Lik 18:29-30).

Kòmantè
Pye Rezen An Ak Moun K Ap Okipe Pye Rezen An

Mwen se pye rezen an, nou se branch yo. Moun ki fè yonn avè m', moun mwen fè yonn ak li, l'ap donnen anpil, paske nou pa kapab fè anyen san mwen (Jan 15:5).

Fè yon sèl ak Kris vle di:
1. Kwè nan Pitit Bondye a.
2. Resevwa kòm Seyè ak Sovè.
3. Fè sa Bondye di nan Pawòl li.
4. Rete nan kominyon ak Bondye ak kominote kwayan yo, oswa, legliz la.

Moun k ap travay nan domèn pwodiksyon fwi yo konnen ke, anplis moun nan dwe mete angrè nan tv a, genyen de fòm oswa teknik pou pwoteje pye bwa ki bay fwi yo pou yo kapab bay anpil fwi. **Premyeman**, toujou ap netwaye branch la de tout sa ki kapab anpeche fwi yo soti. Epi **dezyèmman**, toujou ap taye tout ti branch ki pa itil yo.

Mesaj la se ke pitit Bondye ki pa bay fwi yo, oswa k ap eseye bloke lòt sa yo ki vle bay fwi, y ap koupe ak pwisans sa k ap pwoteje li a.

Fwi ke Kris la ap tann de nou an, anplis nou dwe mennen nanm nan pye Seyè a, se yon kalite lavi ki dakò ak volonte Bondye – yon kalite lavi ki pote fwi Lespri a.

Anpil eseye fè tèt yo pase pou bon ak sensè, men Jezikris di nou ke sèl fason nou kapab pote fwi se lè nou fè yon sèl avèk li, menm jan branch la kole nan kò pye bwa prensipal la. Brancha k Kris nou pa genyen fwi.

Menm jan chèf jaden rezen an kontan lè pye rezen li yo pote anpil fwi a, se menm gen lajwa nan kè Seyè a lè li wè pitit li yo fè yon sèl avèk li epi pote anpil fwi.

Pa egzanp, ann wè kijan fwi lajwa ak lanmou nan kretyen ki fè yon sèl ak Seyè a manifeste.

1. Lajwa nou genyen nan Seyè a ede nou travèse advèsite nan lavi sa san nou pa mouri anba presyon an. Gen lajwa paske se nan Jezikris esperans nou ye. Malgre tout pwoblèm n ap rankontre chak jou nan lavi, nou gen kè kontan paske nou fè yon sèl ak Kris.

2 Lanmou kretyen an se lòt fwi, rezilta inyon nou avèk Seyè a. Nou dwe renmen nou youn lòt menm jan Kris la renmen nou an epi te bay lavi li pou nou. Pèsonn ankò pap bay lavi li pou yon lòt moun nan fason Jezi te fè l la, men gen lòt fason mou demoutre lanmou kretyen an. Pa egzanp, koute, ede, egzòte, ankouraje, bay, elatriye. Bay tout lanmou ou kapab epi apre sa, bay yon ti bagay ankò. Jezi te di ke nan mond sa yo va rayi nou, men nou dwe renmen ak ede.

Si nou pa bay fwi se paske gen yon bagay ki Sim ache byen. Moun ki pa bay fwi, moutre ke li pa konnen Jezikris, oswa pa fè yon sèl ak li.

Objektif lavi kretyen an se pote fwi, nan ka sa a, lajwa ak lanmou Bondye. Kèk fwa Bondye ap wè ke nou bezwen netwayaj de moun sa a yo ki anpeche nou pote fwi. Se pral di anpil, men li nesesè, pou ke nou kapab bay fwi annabondans.

Kontèks Sosyal Jezikris

Jezikris te fèt nan Betleyèm nan Jide (Matye 2:1) epi li te grandi Nazarèt, yon ti bouk ki pa t gen anpil enpòtans ki te nan pwovens Galile. Fanatik nan vil sa te mete aksan sou kòmantè Natayèl la ki te di: "èske yon bagay ki bon kapab soti Nazarèt"? (Jan 1:46). Nan menm tan an tou, jwif yo pa t kwè ke Mesi a te kapab soti nan Galile (jan 7:41), paske yon pwofèt pat janm konn soti la (Jan 7:52).

Se konsa, Jezi te soti nan yon vil ke sosyete a pat bay valè, nan yon fanmi ki pa rich. Li te viv la ansanm ak fanmi, zanmi san li pat demoutre anyen. Lè konpatriyòt li yo te wè kote li t ap anseye, yo te kontan epi t ap mande : "èske sa a se pa bòs chapant lan, pitit Mari, frè Jak, Jozèf, Jid ak Simon?" (Mak 6:3).

Jezikris te resevwa nan fwaye li ak nan sinagòg la non sèlman mesaj ansyen pwofèt izrayèl yo, men tou la a menm li te aprann literati powetik ak bon konprann epi dekouvri valè ak enpòtans lalwa Moyiz la.

Menm si li pat genyen yon preparasyon fòmèl pou egzèse yon gwo dosye nan administrasyon pèp la oswa pou vin lidè nan sinagòg la, li pat menm soti nan fanmi sakrifikatè wo nivo, otorite li te soti nan pouvwa ak mizèrikòd Bondye ki te manifeste pa mwayen mirak, gerizon, liberasyon anba demon. Se te reprezantasyon wayòm Bondye a ki te rive.

— Samuel Pagan.
Bib Nan Amerik Yo, N0. 5, 94.
Vol. 49, pp.7-10 (rezime)

Leson 34
Rezon Apèl Pou Fè Disip La

Pou aprann: "Sou tout wout nou, bay mesaj sa a: Gouvènman Wa ki nan syèl la prèt pou rive. Geri moun ki malad. Fè moun mouri yo leve. Geri moun ki malad ak lalèp. Chase move lespri yo. Se gratis nou resevwa, se gratis tou pou nou bay" (Matye 10:7-8).

Objektif: Konprann ke Jezikris te rele disip li yo pou yo te kapab toujou avèk li, jwenn preparasyon pou ale preche levanjil wayòm Bondye a, avèk otorite ak pouvwa Sentespri a pou geri malad yo epi chase demon yo.

Entwodiksyon

Nan epòk Jezikris la t ap viv la, yon disip se te moun sa a ki tefè pati yon kominote relijye oswa yon lekòl filozofi. Pa egzanp tigwoup relijye jwif yo –tankou asen yo (ke moun konnen jodi a sou non Qumran) te genyen plizyè disip. Lekòl filozofik yo –tankou nogtisis la, epikiris, elatriye. – yomenm tou yo te gen disip. Nan ka sa yo, disip yo te chwazi lekòl, gwoup relijye oswa Mèt ke yo te dwe fè pati. Anpil fwa disip la te santi admirasyon sa akoz de bon konprann ak otorite mèt yo, ke li te menm rive adore li. Pa egzanp, Hillel, Shamai ak Gamaliel yo te genyen disip ki te rive afiche konpòtman sa nan swiv yo.

Finalman, objektif disip sa a yo se te swiv mèt gwoup relijye oswa filozofik epi aprann tout sa ki te aneye, paske limenm tou li te vle rive vin lidè yon toue pi genyen disip oswa elèv yo.

I. Disip Jezikris Ak Responsablite Yo (Jan 13:15-16)

Lè Kris te koumanse ministè li, siyifikasyon fè disip la chanje radikalman. Pa egzanp, dapre ansèyman levanjil yo, ann gade sa:

A. Ansèyman Wayòm Bondye Yo Enkondisyonèl

Disip Jezikris yo dwe resevwa ansèyman Seyè a, aprann yo epi mete yo anpratik "mo apre mo". Sa se paske prensip wayòm Bondye a yo san kondisyon. Lanmou, lajistis, lapè, padon, mizèrikòd ki se baz kote ansèyman levanjil la apiye –yo pa negosye sa.

Sa pat fèt menm jan ak disip yon antrenè oswa mèt yon mèt filozofi. Malgre li te dwe obeyi tout règ gwoup oswa mèt la te mete pou moun swiv, li te kapab poze kesyon sou ansèyman ke li t ap resevwa epi, lè tan fin pase, konstwi pwòp lekòl filozofi oswa tigwoup relijye pa li.

B. Disip Kris La Aprann Pandan L Ap Swiv Mèt Li

Disip yo, pa mwayen obeyisans apèl Jezikris te fè a, yo te rive fòme yon pati nan nouvo lòd soyal ak espirityèl: wayòm Bondye a.

Sitiyasyon sa a te tounèf pou yo, paske valè ak prensip wayòm Bondye yo byen kontrè ak pa mond sa. Poutèt sa, vin fè pati manm gwoup douz disip yo te genyen ladan li pratike yon nouvo kalite lavi ke moun pa t kapab aprann nan sinagòg ni nan sal klas lekòl, seminè oswa enstiti biblik, men se pito pandan n ap swiv Wa epi Seyè nouvo wayòm sa.

Mesaj levanjil yo se yon prèv de sa nou fenk sot di la yo. Pa egzanp, disip Kris yo te aprann valè ak prensip wayòm nan, se pa t nan yon sal klas, men se pito pandan y ap swiv Jezikris ---nan chemen an, pandan yo t ap mache pou ale nan tibouk ak vil yo pou anonse mesaj wayòm syèl yo. Istwa prèch sou montay la (Matye 5:17:1), ansèyman sou jou repo a (Matye 12:1-14) ak parabòl yo se egzanp, ant anpil lòt, yon kalite lavi ki nouvo manm wayòm Bondye a te dwe adopte.

Avèk sa, nou vle di ke wayòm Bondye a se fè disip, se pa konsèp oswa ansèyman filozofik, men se pito yon kalite lavi tounèf ke moun kapab aprann nan swiv Jezikris chak jou.

C. Disip La Pa Plis Pase Mèt Li

Nou wè ke youn nan motivasyon disip tigwoup jwif oswa gwoup filozofik yo se te rive vin tankou Mèt yo epi, si sa te posib, vin plis pase li ak nouvo konsèp ak ansèyman –pou yo te kapab antoure nan mitan disip pa yo pita.

Dapre levanjil yo, disip Jezikris la pap janm kapab menm jan ak Mèt li, paske apèl ak vokasyon li se sa: vin disip Seyè a.

Dapre sa nou sot wè nan leson sa a, reponn kesyon sa a yo:

1. Kimoun ki disip Jezikris Jodi a? Mete repons ou wè ki kòeèk la nan yon won, epi apre sa, di poukisa:

    a. Sèlman pastè yo.
    b. Sèlman antrenè lekòl dominical yo.
    c. Sèlman moun ki mache nan denominasyon m nan.
    d. Sèlman moun ki aksepte Kris kòm Seyè ak Sovè li.
    Poukisa? _____

2 Èske fè disip oswa swiv Kris la jodi a diferan ak sa levanjil yo dekrive a? Kisa w di sou sa? _____

Responsablite disip Kris yo nan tan kounye a se menm ak pa sa ki te nan tan lontan yo. Diferans lan se epòk ak sikonstans yo. Sa a yo te chanje, men se pa mesaj delivrans, jistis ak lapè a.

II. Pou Fè Kisa Jezikris Te Rele Disip Li Yo Mak 3:13

Gwo antrenè jwif yo tankou Hillel, Shamai ak Gamaliel te genyen anpil disip ki t ap swiv yo, men avèk objektif sa a yo:

Premyeman, pliske Hillel, Shamai, Gamaliel ak lòt yo te jwenn anpil respè pou konesans yo ak entèpretasyon lalwa jwif la, anpil nan disip yo te chwazi yo, menm jan Pòl di li, pou enstwi nan "pye" gwo lidè sa yo.

Dezyèmman, objektif disip sa a yo lè yo te chwazi antrenè yo se te pou rive vin menm jan ak yo, pou yo te genyen disip tou yon jou.

Jezikris te chanje konsèp fè disip la nan yon fason ki radikal. Byen diferan de lidè relijye jwif yo nou sot site la a yo, li te chwazi ak rele disip li yo "pou yo te kapab mache avèk li, pou voye yo al preche epi pou yo te genyen otorite pou geri moun malad epi chase demon yo" (Mak 3:14)

Yon travay konsa te mande moun ki te prè, se pa sèlman pou resevwa fòmasyon akademik, men tou pou pataje ministè ak lavi Mèt ki te rele yo a.

Se poutèt sa, Jezikris te rele douz disip yo avèk plizyè objektif.

A. Li Te Rele Yo Pou Ye Te Mache Avèk Li

1. Depi nan Jenèz nou wv ke Bondye pa t kreye lòm pou l te viv dozado avèk li. Bondye te kreye Adan avèk Èv pou l te toujou rete nan kominyon avèk yo. Sepoutèt sa li te konn vizite yo chak moman nan Jaden an epi pale avèk yo. Nan ka sa a se pat chwa lòm pou l te viv toupre Seyè a, men se te chwa pa Bondye.

2. Nou li nan Sòm 34:18: "Seyè a kanpe toupre moun ki dekouraje yo, li delivre tout moun ki te pèdi espwa". Youn nan gwo benediksyon Bondye yo se ke li rete toupre moun ki nan bezwen yo.

Lè nou fè yon etid sou relijyon payen yo, nou wè ke fo dye yo pat janm konn été kote moun ki fèb, ni moun ki gen kè yo atriste, men se pito kote moun ki pwisan, brav nan lagè. Bib la okontrè anseye nou ke Bondye rete bò kote moun ki bezwen èd, sa ki kwè e menm sa ki k pa kwè nan li, pou devwale lanmou li epi pou rekonèt li kòm Bondye ak Sovè.

3. Sòm 145:18 di konsa: "Seyè a kanpe toupre moun k'ap rele l', toupre tout moun k'ap rele l' ak tout kè yo". Sa a se yon lòt temwayaj dezi Seyè nou an pou l rete bò kote lòm, espesyalman moun sa a yo ki nan bezwen.

4. Travay 17:24-27 afime ke Bondye se Kreyatè noue pi responsanblite nou se chèche li, "menm si anreyalite vre li pa lwen okenn nan nou".

Konsa, nou ta kapab site vèsè apre vèsè pou nou moutre ke objektif Seyè a se te toujou rete bò kote lòm. Se poutèt sa, nou pa dwe sezi paske Jezi te ele disip li yo pou yo te"mache avèk li".

Apati de objektif sa a, nou dwe konprann verite sa yo:

— N ap konnen Kis la pibyen si nou rete pipre li chak jou. Gen de fason pou konnen yon moun. Premyeman, pa mwayen referans pèsonèl li; dezyèmman, etabli yon zanmitay ak dyalòg ki diab avèk li, sa vle di, pase valè tan ki posib bò kote moun sa a. Nan fason sa a n ap konnen karaktè, fidelite li, objektif ak plan li yo.

Maryaj se yon egzanp fason sa a pou moun konnen lòt moun. Koup sa a yo ki genyen yon maryaj ki ansante, anmezi tan ap pase youn vin plis konnen lòt pase premye jou a, semèn oswa mwa mayaj. Epi apre 5, 10 oswa 15 lane maryaj, zanmitay sa vin pi solid, paske youn vin konn lòt chak jou pi plis, yo fidèl youn ak lòt epi yo pa sèlman pataje objektif ak plan yo, men tou youn ede lòt pou reyalize yo.

Jezikris te rele disip li yo pou yo te mache avèk li. Kòm Pitit Bondye, li te konnen disip li yo trèbyen epi li te vle pou yo fè yon sèl avèk li.

Osijè de sa, kisa pasaj biblik sa yo anseye nou? Ekri repons ou yo nan espas ki vid yo.

1. Jan 15:4 _____
2. Jan 15:5 _____
3. Jan 15:7 _____
4. Jan 15:10 _____
5. 2 Jan 9 _____

Se sèlman Sen ou konnen Kris la pibyen nou idantifye nou avèk li e ministè li. Lè nou konnen yon zanmi, nou idantifye nou avèk li, nou ansanm avèk li nan moman kè kontan ak pwoblèm, nou pataje rèv ak objektif. Nou kriye tou lè l ap kriye epi ri lè l ap ri, nou prè pou nou defann li nan nenpòt sa ki ta rive.

Se menm bagay la ki dwe pase nan relasyon nou avèk Seyè a. Disip ki fè yon sèl ak Seyè a ap rive idantifye li, se pa sèlman avèk li kòm moun, men tou avèk mesaj ak misyon li, l ap prè pou li defann koz levanjil Kris la, "nan nenpòt sa ki ta rive".

Kisa Bib la di osijè de sa ? Ekri repons ou yo nan espas ki vid yo .
1. 1 Ja 2:6 _____
2. 1 Jan 2:28 _____
3. 1 Jan 3:2 _____

Pou rezime, pou yon moun konnen yon lòt moun, li enpòtan pou pase yon bon valè tan ansanm ak moun sa. Anmezi nou pase plis tan bò kote Jezi, n ap konnen li pi byen.

Kalite relasyon oswa kominyon ap posib pa mwayen lekti Pawòl Bondye a (Sòm 119 :18), lapriyè a ke se dyalòg avèk Bondye, lwanj ak kominyon avèk legliz la.

Nou pa dwe doute ke prezans Bondye la avèk nou ; nou dwe mande l sa. Nou dwe mande Seyè a pou l mache avèk nou chak jou.

B. Li Te Rele Yo Pou Voye Yo Al Preche (Mak 3 :14)

Preche vle di anonse, pibliye, deklare, pwoklame, pwofetize yon mesaj ke yon lòt moun voye. Fòk nou di tankou lòm, li te enposib pou Jezikris poukont li te akonpli devwa ke Bondye te voye li vin fè a. Se poutèt sa li te chwazi yon gwoup moun, li te rele yo pou yo te mache avèk li epi pou yo te kontinye ministè ke Papa a te ba l reyalize a.

Yon pastè te rakonte nou ti istwa sa: "Avan Jezikris te moute al jwenn Papa a, satan te mande li:

"Èske w mete konfyans ou nan disip ou yo? Èske y ap reyalize ministè preche levanjil nan tout mond lan ?"

Jezikris te reponn li: "Pa enkyete w, y ap reyalize misyon mwen ba yo a".

Satan di konsa: "E si yo echwe –ou gen lòt plan ?"

Seyè a te reponn : "Mwen pa gen lòt plan ke plan sa a, w ap wè, yo gen pou reyalize misyon mwen ba yo a. Yo va preche mesaj levanjil la pou tout tan ak tout tan, jouskaske mwen retounen ankò ak tout pouvwa avèk glwa pou etabli wayòm Bondye, Papa mwen".

Se vre wi. Jezikris pa genyen lòt plan. Menm jan li te rele disip li yo pou vin preche levanjil la, li rele nou tou –oumenm avèk mwen –pou yon menm ministè. Epi li konfye ke n ap fè li.

Li pasaj biblik sa a yo epi eksplike byen brèf sa yo chak anseye nou :
1. Ezayi 61:1-3 _____
2. Matye 3:1-3 _____
3. Matye 4:17 _____

Kòm pitit Bondye ak disip Jezikris epi, dapre Travay 8 :5, 35; 9 :20; 10 :36. Ki responsablite nou genyen jodi a ? _____
_____

C. Li Te Rele Yo Pou Yo Te Kapab Genyen Otorite Pou Yo Geri Malad Ak Chase Demon Yo (Mak 3:15)

Jezi te enkyete anpil non sèlman pou sitiyasyon espirityèl ak etènèl lòm, men tou pou sitiyasyon kounye a ak titan k ap pase a tou. Li te konnen ke lanmò li sou kwa a t ap sove moun ki repanti yo epi mete lafwa nan li yo anba peche yo, men tou li te konnen ke lanmò li tap libee ak geri maladi fizik ak emosyonèl yo. Pwofè Ezayi te déjà anonse verite sa : "Men, se pou peche nou kifè yo te mete san l' deyò konsa. Se akòz mechanste nou kifè yo te kraze l' anba kou konsa. Chatiman ki te pou nou an se sou li li tonbe. Se konsa li ban nou kè poze. Avèk tout kou li te resevwa yo, li ban nou gerizon" (53:5). Epi kèk ane pita, apot Pyè raple legliz la rezon ki te fè Jezikris mouri (1 Pyè 2:24).

Jezikris te konnen ke mesaj levanjil la te kont, non sèlman pouvwa sou tè yo, men tou, sitou pouvwa espirityèl yo. Nan pale de menm sijè a, apot Pòl te di konsa: "Paske, se pa ak moun nou gen pou nou goumen. Men, se ak move lespri ki nan syèl la, ak chèf, ak pouvwa, ak otorite k'ap gouvènen nan fènwa ki sou latè a" (Efezyen 6 :12).

Se poutèt sa Jezikris te prepare disip li yo ak tout otorite epi pouvwa, pou "geri malad ak chase demon yo".

Konklizyon

Anvan nou fini leson an, nou vle raple w ke Jezikris te rele disip li yo pou ke yo te mache avèk li, li te ba yo yon mesaj pou yo pwoklame, men tou li te ba yo pouvwa ak otorite pou pote mesaj Sali a ak gerizon espirityèl ak fizik pou lòm.

Kòmantè

Mesaj Wa A

Mesaje wa a yo te gen anpil bagay pou yo te di ak fè:

1. "Yo te genyen pou yo te anonse gwo wayòm Bondye a. Jan nou te wè a, wayòm Bondye a la kote yo fè oswa egzekite volonte Bondye, menm jan ak nan syèl la. Jezi se te sèl moun ki te obeyi volonte Bondye a san manke anyen. Se poutèt sa a, se nan limenm wayòm Bondye te vini pou lèzòm.

2 "Men, travay douz disip yo pa t diminye pou di bagay sa a yo. Yo te dwe geri malad, leve moun ki mouri, swaye moun ki gen lèp yo, chase demon. Tout kòmandman sa a yo dwe entèprete ak yon doub siyifikasyon. Yo dwe entèprete fizikman, paske Jezikris te vini pote lasante ak gerizon pou kò lèzòm. Men tou yo dwe entèprete li espirityèlman, paske yo dekrive chanjman ke Jezikris opere nan nanm lòm.

a. Yo dwe geri malad yo. Mo ki tradwi "malad" la byen fò. Siyifikasyon li nan lang grèk la vle di fèb. Lè Jezikris antre nan lavi yon nonm, li ranfòse volonte feblès li, li sipòte rezistans fèb la fas ak tantasyon yo, bay ba ki tonbe nan defayans yo fòs. Jezikris ranpli feblès lòm nou ak pouvwa li ki soti nan Bondye.

b. Yo dwe leve moun ki moui yo. Lè Jezikris antre nan lavi yon nonm, li resisite li. Li fè bonte ak jistis ke peche te touye yo vin tounen vivan ankò.

c. Yo dwe netwaye moun ki gen lèp yo. Douz disip yo te dwe netwaye moun ki te plen tach yo. Tout moun kapab tache lavi yo avèk peche. Yo kapab sal lespri yo, kò yo avèk konsekans peche yo. Jezikis kapab netwaye nanm ki tache avèk peche. Li kapab ofi lòm medikaman ki bon pou peche a. Jezikris netwaye peche lòm avèk pwòpte ki soti nan Bondye a.

d. Yo te dwe chase demon yo. Moun ki genyen demon nan li a se yon nonm ki te anba grif pouvwa malen an; li te sispann dirije pwòp tèt li ak zak li yo; pouvwa malen ki te abite nan li a te fè l tounen esklav li. Jezikis pote libète ki soti nan Bondye a pou moun ki anba jouk esklavaj dyab la. Epi mete yo sou moun".

— *William Barclay. Nouvo Testaman. Vol.I, pp.382-383.*

Jezikis, Modèl Lidèchip

Nou jwenn nan Kris la modèl lidèchip ke nou dwe swiv nan lavi nou tankou kretyen. Sa a yo se kèk bagay nou kapab fè pou nou aplike modèl Jezi a:

1. Swiv li, vin yon disip. Yon disip se pa yon elèv. Elèv la ale nan yon lekòl, li chita, li pran leson an epi ale lakay li, Disip la okontrè, se moun sa a ki swiv mèt li epi aprann sou egzanp li. Yon etidyan nan yon lekòl se yon elèv; yon apranti yon bòs chapant se yon disip.

Moun ki t ap swiv Jezi yo te rele "disip" paske yo te swiv mèt yo nan chemen an, yo te aprann anpil de pawòl menm jan ak aksyon li yo.

2 Angaje nou avèk misyon Jezikris la. Jezikris te tèlman angaje li avèk misyon li ke li te menm mete de kote lajwa ke divinite li te ofri l, "li te soufri sou kwa, pase lawont". Se nan fason sa a tou, lidè kretyen an dwe mete tout detay ki distrè li sou kote, pou okipe li de apèl ak misyon li.

Bondye bannou misyon pou nou geri yon mond ki divize akoz de peche. Legliz la se enstriman Bondye pou pwoklame rive wayòm Bondye a, yon lòd tounèf kote peche, vis, grangou, mizè ak pobrete pap gen plas ankò.

Sepandan, pafwa nou bliye misyon nou. Nou pran l pou nou, nou kite li fèmen anndan nou, difeans politik, rezistans pou chanjman ak anvi pouvwa, nan kèk okazyon anpeche nou akonpli misyon nou jan sa dwe ye a.

Leson 35

Disip Yo Ak Lavi Nan Tèt Ansanm

Pou aprann: "Toulejou, yo tout reyini ansanm nan tanp lan; yo te konn separe pen an bay tout moun nan kay yo, yo te manje ansanm avèk kè kontan san okenn pretansyon" (Travay 2:46).

Objektif: Nan limyè premye jou legliz kretyen an, etidye ak konprann eleman ki antre ki te kontribye nan kwasans rapid li ak anvayisman li nan tout anpi women an.

Entwodiksyon

41 Anpil ladan yo te kwè sa Pyè t'ap di a, yo te resevwa batèm. Jou sa a, te gen twamil (3.000) moun konsa ki te mete tèt yo ansanm ak disip yo.

42 Yo pase tout tan yo ap koute sa apòt yo t'ap moutre yo, yo t'ap viv ansanm tankou frè yonn ak lòt, yo reyini pou separe pen an bay tout moun, epi yo t'ap lapriyè.

43 Tout moun te gen krentif devan kantite mirak ak bèl bagay apòt yo t'ap fè.

44 Tout moun ki te kwè yo t'ap viv ansanm yonn ak lòt. Yo te mete tou sa yo te genyen ansanm.

45 Yo vann tè yo ak tout byen yo, yo separe lajan an pami yo tout, dapre nesesite chak moun.

46 Toulejou, yo tout reyini ansanm nan tanp lan; yo te konn separe pen an bay tout moun nan kay yo, yo te manje ansanm avèk kè kontan san okenn pretansyon.

47 Yo t'ap fè lwanj Bondye. Tout moun te renmen yo. Chak jou Bondye t'ap mete lòt moun li t'ap delivre yo nan gwoup la.

— *Travay 2:41-47*

Gwo ogmantasyon nan legliz la se, sèlman yon alonjman nan metodoloji biblik la. Li te koumanse ak legliz primitiv la, men Jan Wesley ak fondatè lòt legliz aminyen-wesleyen yo ki te vin apè yo te itilize li nan yon fason ki te tèlman pwisan ke menm jodi a li kontinye ap bay bon rezilta.

Gwo ogmantasyon ki rapid nan legliz la se pa yon bagay ki nouvo. Dapre liv Travay apot yo, legliz pimitiv te ogmante nan 1 a 12, de 12 a 120, de 12 a 500, de 500 a 3,000, de 3 000 a 8,000 epi konsa pazapa rive konte plis pase de mil milyon kretyen nan tout nasyon ki nan mond lan.

Apot Pòl ak lidè legliz Pimitiv yo, nenpòt kote yo te konn ale, yo te konn mennen moun yo bay Kris la, yo te konn ede yo fè lafwa kanpe fèm nan Bondye ak obeyisans nan lafwa yo nan Jezikris, li te anseye yo epi moutre yo obeyi kòmandman Kis yo epi voye yo al chèche lòt yo tou pou reyalize Gran Komisyon an (Matye 28:19-20).

Objektif tout disip ki sanble ak Kris yo dwe anvayi mond la pou ede sove moun sa a yo Bondye mete sou wout yo. Mond lan dwe konnen travay delivrans lan pa mwayen disip li yo. Men se pa paske nou konn al legliz, oswa paske nou "fò" nan Bib la, oswa paske nou priye byen oswa preche ak bèl pawòl, yo pral aksepte bon nouvèl levanjil la.

Non! Mond lan bezwen sibi yon anvayisman kretyen ki angaje yo, prèt pou demoutre, avèk aksyon yo, lafwa yo.

Bondye te bannou yon pwomès ki pwisan e ki pap janm fini. Li te pwomèt bannou fòs ak pouvwa Sentespri a pou nou fè evanjelizasyon mondyal. Men se responsablite nou pou nou pwoklame levanjil la nan fason pou Sentespri a kapab konvenk yo yo de jijman, de jistis ak peche. Men, kouman nou kapab rive fè li?

I. Relasyon Ak Monn Ki Antoure Nou Yo

Poutèt sa, li nesesè pou n travay avèk kèk prensip ki te konn pratike nan legliz primitiv la epi egalman ki kontinye pratike nan legliz Kris la de jenerasyon an jenerasyon.

Prensip 1: Zanmitay

19 Mwen lib, mwen pa esklav pesonn. Men, mwen fè tèt mwen esklav tout moun pou m' ka mennen mezi m' kapab vin jwenn Kris la.

20 Lè m'ap travay nan mitan moun ki jwif, mwen viv tankou yon jwif pou m' ka mennen yo vin jwenn Kris la. Mwen pa anba lalwa Moyiz la. Men, mwen viv tankou si m' te anba l' lè m'ap travay nan mitan moun ki anba lalwa a, pou m' ka mennen yo vin jwenn Kris la.

21 Konsa tou, lè m' nan mitan moun ki pa konnen lalwa Moyiz la, mwen viv tankou yo san m' pa okipe lalwa a, pou m' ka mennen yo vin jwenn Kris la. Sa pa vle di pou sa mwen pa obeyi lalwa Bondye a. Paske mwen menm, mwen anba lalwa Kris la.

22 Avèk moun ki fèb nan konfyans yo, m'ap viv tankou si mwen menm tou mwen te fèb, pou m' sa mennen yo vini. Konsa konsa, mwen fè m' tout jan ak tout moun pou m' ka sove kèk nan yo pa tout mwayen posib.

23 Mwen fè tou sa poutèt bon nouvèl la, pou m' ka resevwa pa m' nan benediksyon l' yo.
— *1 Korentyen 9:19-23.*

Fason ke ou fè relasyon ak lòt moun se yon baz fondamantal pou w kapab enpresyone lavi yo. Pou w rive jwenn piplis jan sa posib, sonje ke w se limyè nan mitan fènwa.

Anpil disip pa genyen siksè nan ministè yo, paske yo pa konn kouman pou yo fè bon aksyon ak moun yo. Nou dwe aprann etabli bon relasyon.

Se pou nou sonje ke kesyon fè disip la se yon relasyon entim ak Bondye avèk lòt yo tou; se potèt sa mwen dwe aprann etabli relasyon ni ak Bondye, ni ak lòt moun, sa ap depann de devlopman mwen kòm disip Jezikris.

Etidye 1 Samyèl 25:1-12 epi fè pwòp konklizyon pa w osijè de elasyon entèpèsonèl yo: _____
_____
_____

Prensip 2: Konpasyon

15 Konsa, move dezi a travay nan kè li, li fè l' fè peche. Lè peche a fin fèt, li bay lanmò.

16 Frè mwen renmen anpil yo, pa twonpe tèt nou sou bagay sa a.

17 Tout pi bèl favè, tout pi bon kado nou resevwa, se anwo nan syèl la yo soti, nan men Bondye ki kreye tout limyè. Bondye pa janm chanje, ni li pa gen anyen ki ta ka sanble yon chanjman nan li ---Jak 2:15-17.

Kisa sa itil yon moun ki di li se yon disip Kris epi ki asiste legliz, si lè l wè yon moun avèk yon bezwen ke l kapab ede moun nan rezoud li, li pa ede moun nan?

Yon disip Kis dwe toujou prèt pou ede yon moun li wè ki nan bezwen. Gen kèk ki pa sèlman bezwen byen mateyèl, yo bezwen tan w tou, yo bezwen yon zèpòl kote pou yo apiye, yon zòrèy ki kapab koute byen sa y ap di yo.

Li nan Lik 10:25-37 parabòl bon samariten an, dekrive chak pèsonaj yo epi eksplike kisa ki te konpòtman yo: _____
_____
_____

Prensip 3: Sèvis La

10 Chak moun dwe pran kado Bondye ba yo a pou yo rann lòt yo sèvis. Konsa, tankou bon jeran, n'a pran kado Bondye yo, ki divès kalite, n'a fè yo travay.

11 Si yon moun ap pale, se pou l' pale tankou si se te pawòl Bondye li t'ap di. Si yon moun ap rann sèvis, se pou li fè l' ak fòs Bondye ba li. Konsa, nan tout bagay lwanj lan va pou Bondye, gremesi Jezikri. Se pou Jezikri tout lwanj ak tout pouvwa pou tout tan. Amèn.
— *1 Pyè 4:10-11*

Si w konn fè yon bagay, si w kapab bay nenpòt moun sèvis, fè sa san tan anyen kòm rekonpans. Moun yo bezwen wè Kris atravè noumenm. Pa egzanp, si w ev yon vwazen k ap eseye repare machin li epi ou se mekanisyen, ofri li èd ou san kondisyon. Sa se lafwa annaksyon. Se pou moun konnen yon bagay sou lafwa w pa mwayen zèv ou nan bay sèvis.

Li Lik 22:24-30. Kris la te moutre byen klè kisa sa vle di sèvi Bondye. Kondisyon pou vin pi gran, pou okipe responsablite, pou genyen rekonesans pami lèzòm, reponn kesyon sa a yo:

Kouman mwen kapab vin premye a?

Kisa mwen touprèt poum kite poum sèvi Bondye?

Nan kisa modèl Bondye a fè diferans ak modèl mond lan?

Kisa konpòtman nou dwe ye lè n ap sèvi lòt yo?

Prensip 4: Pwoklamasyon Levanjil La

"Koulye a, Bondye, gade ki jan y'ap fè nou menas. Bay sèvitè ou yo fòs pou yo ka fè konnen mesaj ou a avèk konviksyon" (Travay 4:29).

Prensipal misyon disip Seyè Jezikris se pwoklame Pawòl li a bay tout kreyati a (Matye 28:19). Fas ak yon bann nesesite nan lemond, anpil ideyoloji fo ki parèt ki afekte lespri limanite gravman, gen nesesite pou pwoklame levanjil verite Jezikris, deja li se "chemen an, verite ak lavi". Repons tout bezwen limanite se nan Pawòl Bondye a n ap jwenn li, se limenm sèl ki kapab detwi fo panse sa a yo epi renouvle lespri yo avèk pouvwa Sentespri a. Nou dwe pataje mesaj Sali a bay chak moun. Pwomès pou rive vin fè pati pèp Bondye a se pou yo tou.

Moun yo bezwen rekonèt moun ki devwe pa mwayen sa yo fè. Lè w vin fè zanmi ak yon lòt moun epi li remake ou se yon moun ki devwe kòm disip Kris ke avèk kè kontan ou pale de lanmou Kris la ki te ranmase w, l ap anvi konnen moun sa ki te transfòme w epi ba ou kè poze a.

Li chapit 7 nan liv Travay la kote yo rakonte istwa defans ak lanmò Etyèn, premye moun yo te lapide ak wòch nan legliz Kris la epi dekrive ak pwòp mo pa w, kijan l te prezante defans lafwa li.

Kijan li te prezante defans lafwa li?

Poukisa moun ki te koute defans li yo te fache konsa?

Kouman w ta dekrive pasyon Etyèn pou pwoklame Levanjil Kris la?

Prensip 5: Lafwa

4 Pyè ak Jan fikse je yo sou li, epi Pyè di li: Gade nou.

5 Nonm lan pran gade yo; li te kwè yo tapral ba l' kichòy.

6 Lè sa a, Pyè di li: Mwen pa gen ni lajan ni lò. Men, sa m' genyen an, m'ap ba ou li. Nan non Jezikri, moun Nazarèt la, leve ou mache.

7 Li pran men dwat li, li fè l' kanpe. Menm lè a tou, pla pye enfim lan ak zo jwenti pye l' yo vin fèm.

8 Li fè yon sèl sote, li kanpe sou de pye l', li pran mache. Li antre nan tanp lan avèk yo, li t'ap mache, li t'ap ponpe, li t'ap fè lwanj Bondye
— Travay 3 :4-8.

Lafwa se karakteristik prensipal yon disip Kris. Moun ki nan antouraj li yo bezwen konnen yon moun ki ranpli ak lafwa ki kapab kondwi li nan lapè nan mitan toumant yo. Gen anpil toupre w la ki kokobe k ap rete tann yon moun vin ba yo pou yo leve, pou yon moun ba yo yon pawòl esperans pou fiti yo, pou yon moun anseye yo mete konfyans yo nan Bondye. Men, pa sèlman di yo, "aji lafwa w", men pito se pou w moutre w se yon moun ki plen ak lafwa nan pouvwa Seyè a, ki deklannche yon pawòl ki gen lavi, yon pawòl ki genyen pwisans pou li leve nan non Jezi.

Mo lafwa (nan grèk pistis) kapab vle di kwayans, konfyans, fidelite. Lafwa biblik la se pa konfyans nan lòm oswa nan pwòp tèt ou, men se pito nan Bondye. Lèzòm kapab kwè ke Bondye egziste epi, sepandan, pa genyen kominyon ni kominikasyon avèk li. Se poutèt sa yo bezwen yon moun ki ki gen anpil lafwa ki pou ede yo devlope menm kalite lafwa a.

Lafwa sèl nan sans konnen Bondye san reponn li nan aksyon ki make obeyisans, se yon relijyon ke menm demon yo kapab genyen (Jak 2 :19-22). Men, lafwa sa a se pa lafwa ki sove a. yo sèlman tranble men yo pa desann yo devan Bondye. Jan Wesley di konsa: "Sa moutre ke ou genyen menm lafwa ak demon yo, yo tranble devan atansyon toumant etènèl yo. Men kalite lafwa sa byen lwen pou jistifye oswa pou sove moun sa yo ki genyen li".

Dekouvri nan pasaj sa yo, sèt rezon ki fè w ta dwe pataje lafwa w epi ekri yo anfas yo chak.

1. (Jenèz 26:24)_____

2. (1Wa 17:13) _____

3. (2 Wa 6:16) _____

4. (Ezayi 41:10) _____

5. (Ezayi 43:1-3) _____

6. (Matye 10:30-31) _____

7. (Travay 1:17-18) _____

Dokimantal an videyo "Discovery Channel" sou douz disip Jezi yo

Mesaj Jezikris la ale pilwen, travèse syèk, pou plizyè moun tousenp ke Seyè a te chwazi kòm disip epi pataje avèk yo pandan l ap akonpanye yo nan objektif yo soti nan yon lavi pou antre nan mond miyò. Menm Bondye epi Papa a te vin mouri, paske li te renmen tout limanite li te vin tounen lòm sou latè, pou ke nou genyen lavi epi lavi ankantite nan gras ki soti nan Bondye, avèk tout sa li te kreye, nan wayòm ak richès kreyasyon l lan kapab administre ak entegrite ak jistis sosyal, pou tout nan lanmou ak lapè, nan chak nasyon, pou gouvènè li yo. Se poutèt sa pinisyon Bondye vini an jijman sou nasyon yo. Mwen kwè ke jouskaprezan nou pa poko konprann anyen sou wayòm Bondye a ke Jezikris te pale de li a.

https://www.youtube.com/watch?v=mo7zv151MsQ

Leson 36 — Bondye Nan Lavi Disip Yo

Pou aprann: "Tou sa ki ekri nan Liv la, se nan Lespri Bondye a yo soti. Y'ap sèvi pou moutre moun verite a, pou konbat moun ki nan lerè, pou korije moun k'ap fè fòt, pou moutre yo ki jan pou yo viv byen devan Bondye" (2 Timote 3:16).

Objektif: Konprann ki plas pawòl Bondye a okipe nan lavi devosyonèl ak devlopman espirityèl disip Kris la.

Entwodiksyon

Lè pou premye fwa li te envite Jezikris antre nan lavi w pou vin Sovè pèsonèl ou, li te ba w dwa pou w vin pitit Bondye. Kòm manm nan fanmi Bondye a, ou dwe fè yon rankont pèsonèl ak Jezikris.

Atravè rankont sa, ou genyen yon responsablite pèsonèl pou devlope yon vi ki pwisan, fò ak gwo relasyon ak Kris. Kòm rezilta devlopman li, l ap konvèti an disip Kris.

Menm kote a li kapab poze tèt li kesyon: Poukisa li enpòtan pou devlope yon gwo relasyon ak Kris? ki zouti mwen genyen ki disponib pou sa epi kouman mwen kapab itilize yo?

De chemen asire w siksè rechèch fòs nan kris la. Yo se Pawòl Bondye a avèk gid Sentespri a.

Yon disip Kris dwe toujou mete aksan sou Pawòl Bondye a, pa mwayen anpil etid biblik:

31 Jezi di jwif ki te kwè nan li yo: Si nou kenbe pawòl mwen yo nan kè nou, nou se disip mwen vre.

32 N'a konnen verite a, lè sa a verite a va ban nou libète nou.

— Jan 8:31-32

Metòd Esdras la pou plante lavi li sou Pawòl Bondye a te gen pou wv ak etid, pratike ak anseye: "Esdras te pase tout tan li ap etidye lalwa Seyè a. Li t'ap swiv tou sa ki ladan l'. Li t'ap moutre pèp Izrayèl la tout lòd ak tout regleman Seyè a" (Esdras 7:10).

I. Kisa Pawòl Bondye A Ye?

Idantite Pawòl Bondye a dwe koumanse pandan l ap fè nou konnen relasyon ki egziste ant Jezikris ak Bib la. Li vèsè sa a yo epi konpare yo:

Jezikris	Bib la
Jan 1:14	2 Timote 3:16
Travay 19:13	
Ebre 1:10, 12	Matye 24:35
1 Jan 5:11-12	Jan 6:65
Kolosyen 1:13,16	Ebre 11:3
Efezyen 1:7	1 Pyè 1:23-25
1 Jan 1:9	Jan 15:3
Jan 5:22	Jan 12:48

Sou yon etid ki toukout sou tèks nou sot wè yo, nou ta kapab fini pou di ke:

1. Nenpòt atak kont Bib la se kont Jezikris (Jan 5:39).

2. Kwasans espirityèl la mande pou Jezikris ak Pawòl Bondye (ekri ak pale) pa janm separe (1 Pyè 2:2-3).

3. Bib la pa dwe itilize sèlman tankou yon mwayen pou chèche enfòmasyon (1 Tesalonisyen 1:5).

4. Nenpòt konsèp osijè de Jezi se fo si li pa fè yon sèl ak Pawòl Bondye a (Matye 24:23-24).

Konsa, nou kapab wè ke Pawòl ke Bondye itilize pou pale de eksperyans li nan mond lan, ke Pawòl ki te ekri epi rive nan men nou jodi a atravè istwa ak Pawòl ki te tounen lachè epi te abite pami nou, yo pa diferan ak kontni e karaktè, men, nan reyalite, tout sa yo se youn epi menm bagay.

Konsa, nou kapab wè ke Bondye itilize Pawòl li pou mond egzistans li a.

II. Kisa Sa Vle Di Ranpli Lavi Mwen Ak Pawòl Bondye A?

Ranplisay avèk Pawòl Bondye a posib nan lavi w nan yon fason ki pratik. Pawòl Bondye pale oswa ekri ap kapab atache nan nanm ou atravè plizyè fonksyon —sa vle di, nan lespri w, volonte ak emosyon w yo --, lè w tande li, li l, etidye oswa memorize li.

Dènye objektif la se alimante lespri ke Bondye te mete nan ou a lè li te kreye w ak imaj li epi sanble avèk li pou reflete lespri Bondye a.

Sepandan, nan pwen sa a genyen de faktè ki enteresan pou nou konsidere:

1. Si Pawòl Bondye a, pale oswa ekri a, refize, li genyen jouskaprezan yon efè nan nanm ak lespri.
2. Lè Pawòl Bondye a, pale oswa ekri a, aksepte, li pa sèlman afekte lespri a, men tou ede mete sans ak ekilib ant nanm nan avèk fonksyon li yo.

Pawòl Bondye a pa antre nan lavi nou sou deyò, men tou Kris manm, Pawòl Bondye ki tounen lachè a, ap viv nan kè chak kwayan, jwenn ekspresyon ak akonplisman li lè li viv lavi w atravè lespri a, nanm ak kò chak kwayan: "Paske, Bondye vle fè moun pa l' yo konnen tout richès ak tout bèl pouvwa ki nan sekrè li te sere pou moun ki pa jwif yo. Men sekrè a: nou menm moun ki pa jwif yo, Kris la ap viv nan kè nou tou, li ban nou espwa nou gen pou n' patisipe nan bèl pouvwa Bondye a" (Kolosyen 1:27).

III. Kouman Poum Ranpli Lavi Mwen Av Pawòl Bondye A?

Ann konsidere kat metòd nan etid sa ki osijè de kouman pou ranpli lavi ak Pawòl Bondye a :
1. Koute Pawòl Bondye a
2. Li Pawòl Bondye a
3. Etidye Pawòl Bondye a
4. Medite Pawòl Bondye a

Fè yon ti poze kounye a epi deside lè w fin dekouvri metòd sa a yo w ap koumanse pratike yo.

WI____ NON_____

1. Koute Pawòl Bondye A

Bondye vle pou pèp li a koute vwa li. Nan Revelasyon 2 ak 3 nou jwenn kote sa repete sèt fwa: "... moun ki gen zòrèy pou tande, tande sa Lespri a di legliz yo" (Revelasyon 2:7, 11, 17, 29 ak 3:6, 13, 22). Pwòp apeti Pawòl la ogmante se anmezi w ap koute li atravè etid Pawòl ke pastè ak antrenè w yo fè.

Sis Metòd Pratik Pou Koute Pawòl Bondye A Nan Yon Fason Ki Efikas

1. Prepare w pou w koute
   a. Repoze ase, manje byen epi fè egzèsis.
   b. Mete tan apa pou lapriyè
   c. Poze tèt ou kesyon : Kisa mwen konnen osijè de sa ? Epi, ki kesyon mwen genyen osijè de sa ?
   d. Eseye panse davans sou sa predikatè a pral di.
   e. Kenbe zam ou yo nan menw: Bib, kreyon, kaye nòt, makè epi si sa posib mande yon kopi predikasyon an.
2. Chita nan ban devan pi pre predikatè a jan sa posib.
3. Eseye detèmine pwen prensipal yo ki demoutre tèm nan.
4. Ou kapab koute byen rapid de sa oratè a vle pale. Pran avantaj sou diferans sa epi fè bagay sa :
   a. Fè yon ti panse sou dèyè de kisa l ap eseye pale
   b. Fè yon ti panse sou avan de kijan w ta kapab aplike sa nan lavi w.
5. Se pou w toujou pran nòt de sa w tande. Jeneralman 80% nan sa moun tande gentan bliye depi nan 24 trè.
   a. Ekri ekriti ki itilize yo.
   b. Ekri pwen prensipal yo.
   c. Ekri egzanp ak ilistrasyon ki bay yo.
   d. Ekri nenpòt bagay ki enpresyone w.
6. Deside kouman w kapan aplike mesaj ou te tande a nan lavi w epi fè plan pou sa.

Dapre sa ki anlè a, prepare w pou w "koute Pawòl Bondye a avèk atansyon". Pran nòt sou pwochen predikasyon dimanch lan pou aplike sa w te aprann nan.

2. Li Pawòl Bondye A

Nan Revelasyon 1:3 Bondye di nou l ap beni moun ki li Pawòl li a. La a genyen yon diferans ant li ak etidye Pawòl la. Nou li Pawòl la pou nou genyen yon lide sou Pawòl Bondye a. Li a bay plezi epi gen bagay nèf ou vin konnen. Li Bib la kapab enpresyonan epi bay benefis si nou konprann objektif li epi aplike konsèp li yo.

Yon dialòg mande de patisipan debaz: Pandan youn ap pale, lòt la ap koute. Pou ke yon dialog pase byen, wòl moun k ap pale a ak moun k ap koute a dwe klè ant patisipan yo. Si w sèlman li Bib la epi ou pa lapriyè, pa genyen dialog. Si se lapriyè w lapriyè men ou pa li Bib la, pa genyen dialog nonplis.

Dyagram sa eksplike relasyon enpòtan ki genyen ant li Bib la ak lapriyè. Konsèp sa a toujou la nan lekti biblik la, menm jan sa endike nan diagram nan.

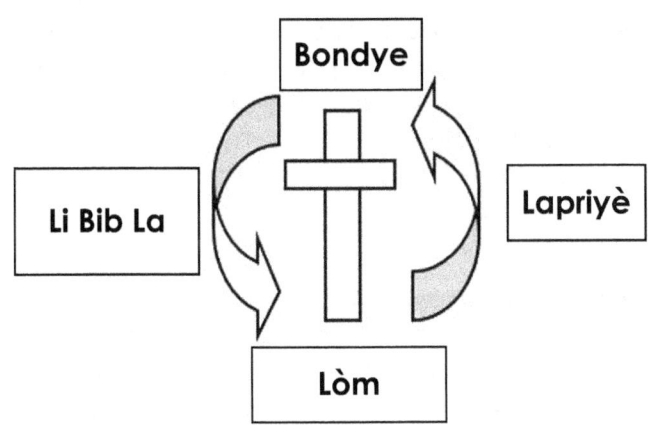

Dyalòg la vin efikas se lè w kite Bondye pale avèk ou pa mwayen lekti nan Bob la epi ou reponn pa mwayen lapriyè. De konsèy pou reyalize yon lekti biblik efikas pou kwasans espirityèl ou ki dekrive pi devan an.

A. Make Bib Ou A

Lè w li nan Bib ou a, make tout sa ki fè w sezi. Se kapab yon dout, yon konviksyon oswa detay espesyal. Asie w ke se Sentespri a ki moutre w li, Bondye ap pale avèk ou!. Apre w fin li ak make Bib ou a, retounen al gade sa w te make a epi reponn Bondye nan lapriyè. Kite lapiyè w la baze sou sa k te fè w sezi yo, nan fason sa a, lekti biblik la app ran lòt dimansyon.

Se poutèt sa lekti biblik la fè sezi, bay plezi, fè moun vin konnen bagay ki tounèf epi itil.

B. Devlope Yon Plan Lekti Ki Dirab

Chèche jwenn yon plan lekti biblik ki kapab ede w fè swivi apre w fin fè lekti. Apre w fin li yon chapit nenpòt liv anpatikilye, make li kòm sa k te li deja epi toujou konsidere plan lekti a pou w kapab gade li chak jou. Sonje ke lekti biblik ou dwe fèt chak jou.

1. Koumanse li ak make Bib ou a Jodi a menm.
2. Toujou konsidere plan pou fè lekti a touprè pou w make li.
3. Pataje avèk fanmi w oswa nan selil ou a sa w te li ak aprann.

C. Etidye Pawòl Bondye A

De lèt nan Nouvo Testaman te ekri pou moun nan lavil Tesalonik yo. Lè nou li lèt sa a yo, sa fè nou sezi pou wè ki kalite kretyen ke Bondye te leve la a. Sepandan, kretyen nan Bere yo, yo te plis dominan pase moun Tesalonik yo, paske yo te resevwa mesaj la ak plis anbisyon epi chak jou yo te etidye Pawòl la: Travay 17:11. "Jwif Bere yo te gen pi bon santiman pase sa Tesalonik yo, yo te resevwa pawòl la byen vit san traka. Chak jou yo t'ap egzaminen sa ki te ekri nan Liv la pou wè si sa Pòl t'ap di yo a se vre."

Etid sou Pawòl Bondye a ede nou dekouvri verite sou Bondye. Lè w ekri sa w dekouvri nan Bib la (karakteristik diferan de etid biblik), kapab ede w òganize panse w yo, pou w kapab fè yon pi bon aplikasyon pratik Pawòl Bondye a nan lavi ou. Gade twa fason ki senp, men efikas, pou etidye Bib la.

1. Kisa vèsè sa di?

Apre w fin chwazi yon pòsyon anpatikilye pou w etidye li, ekri sa li di a ak pwòp mo pa w.

2. Nan ki kontèks?

Li chapit ki anvan ak sa ki apre pòsyon w chwazi a. Ekri ak pwòp mo pa w kisa ki kontèks (istorik, jeyografik, sosyal, kiltirèl, elatriye.) Ke li te ekri a.

3. Kisa ki genyen nan pasaj sa a mwen kapab aplike nan lavi mwen? Ekri avèk mezi, patik ak pèsonèl fason ou kapab aplike pasaj sa nan lavi w.

Pou pipiti, fè yon etid nan Bib la chak semèn, pandan w ap aplike konsèy ki anvan yo.

Pwobableman, prensip kip lis efikas ke yon disip kapab itilize pou ranpli lavi li ak Pawòl Bondye a se toujou ekri li nan fon kè li, sa vle di, aprann li. Anpil moun ki te bay lavi yo pou yo te apann sa ki nan Bib la bay temwayaj ke se te pi bon richès nan lavi yo kòm kretyen (Sòm 119:9-11).

Menm Jezi te aprann sa ki nan Bib la, menm jan nou wè sa nan Matye 4:4-10 pandan tantasyon l lan.

Aprann sa ki nan Bib la se yon eksperyans epi ki kapab amelyore. Sepandan, sekrè pou rive aprann sa ki nan Bib la avèk siksè nan yon fason ki dirab li base sou dezi kè moun nan.

Èske w vle fè sa reyèlman?

Èske Bondye vle pou w toujou aprann Pawòl li?

Yon fwa ke w kapab reponn kesyon sa a yo nan yon fason ki pozitif, w ap prè pou w koumanse chemen ki plis enpresyonan k ap pèmèt nou toujou pare pou n' defann tèt nou chak fwa yon moun mande nou esplikasyon sou espwa nou gen nan kè nou an (1 Pyè 3:15).

Pa mwayen esplikasyon kèk konsèp senp, pita w pral fè eksperyans ak emosyon pou w dekrive sekrè ki kache nan Pawòl Bondye a nan kè w.

Kouman Nou Ka Aprann Pawòl Bondye A?

1. Kòmanse aprann yon vèsè:
   a. Li l plizyè fwa byen fò.
   b. Fè efò pou w konprann sa otè a te vle di, gade li byen gade.
   c. Aplike vèsè sa nan lavi w nan yon fason ki pratik.
2. Chèche aprann vèsè a:
   a. Mande Bondye pou li ede w.
   b. Travay nan fè referans ak premye fraz la.
   c. Apre sa, ajoute dezyèm fraz la.
   d. Kontinye ajoute tout fraz ki manke yo jouskaske w fini li.
   e. Fini ak refeans lan ankò.
   f. Kontinye ak egzèsis sa plizyè fwa nan jounan an, anmezi sa posib.
   g. Mande yon moun pou ede w gade si w ap prann li.
   h. Revize si vèsè a deja rete anrejistre nan memwa w epi prè pou w itilize li lè sa nesesè.

Ou kapab itilize metòd espesifik pou aprann Pawòl Bondye a ke w santi w plis alèz. Sa ki enpòtan se pou w kapab aprann epi sèvi avèk yo.

Padan w ap sèvi ak pensip yo sot bay yo, apann senk vèsè sa yo:
— Lik 9:23, Swiv Kris
— Jan 8:31, Pawòl la
— Mak 1:35, Lapriyè
— Ebre 10:25, Ale legliz
— Mak 16:15, Temwayaj

Ekri yo chak nan yon ti papye epi mete yo anndan Bib ou a. Konsa tou ou dwe genyen kèk kopi nan bous oswa pòch chemiz ou pou w kapab toujou gade li chak jou. Kòmanse aprann yon nouvo vèsè chak semèn pou pipiti.

D. Medite Pawòl Bondye A

Bondye vle pou pèp li a mete tan apa ki ase pou medite Pawòl li. Bib la byen klè osijè de sa:

Se pou pawòl ki nan liv lalwa a toujou nan bouch ou. Se pou w'ap kalkile yo nan tèt ou lajounen kou lannwit, pou ou ka viv dapre sa ki ekri nan liv la. Se konsa w'a mennen bak ou byen. Tout zafè ou va mache Byen.

— Jozye 1:8

Ala bon sa bon pou moun ki pa koute konsèy mechan yo, ki pa swiv egzanp moun k'ap fè sa ki mal, ki pa chita ansanm ak moun k'ap pase Bondye nan betiz, men ki pran tout plezi l' nan lalwa Seyè a, k'ap repase l' nan tèt li lajounen kou lannwit.

— Sòm 1:1-2.

A. Rezilta Meditasyon An

Rezilta meditasyon nan Pawòl Bondye, ede nou fè yon pratik byen laj nan Pawòl la, Meditasyon se "dijesyon espirityèl". Se zouti ke nou genyen pou nou genyen Pawòl Bondye a byen lwen tout teyori ki pa bon. Se sa k ap fè nou sispann viv kòm moun ki toujou ak koute, men pito moun ki fè sa ki ekri yo. (Jak 1:12, 25).

San meditasyon ak aplikasyon pratik, se koute, li oswa etidye, oswa menm aprann Pawòl Bondye a, se ta yon egzèsis mantal ki senp. Pa janm twonpe tèt ou oswa Bondye paske w pa aplike Pawòl li nan lavi w nan yon fason ki pratik ak mezirab.

B. Aplikasyon Pratik

Twa konsèy sa a yo ape de w fè yon aplikasyon pèsonèl de Pawòl Bondye a.

1. Priye Bondye pou li ba ou yon aplikasyon espesifik epi moutre w kijan pou w mete li anpratik.
2. Depi Bondye fin pale w, ekri nan ki pati espesifik ou kapab aplike li nan lavi w. Sèvi ak yon pwonon sengilye (Mwen). Jeneralman aplikasyon w konn gen relasyon ak lòt moun oswa Bondye.
3. Ekri espesifikman kisa Bondye genyen nan pasaj sa a pou lavi w. Ki pati nan lavi w ki kapab touche ak Pawòl sa. Si sa nesesè pou w mande kèk moun padon, oswa padone lòt moun. Si sa nesesè pou chanje konpòtman fas ak kèk sitiyasyon ki ta prezante, ou kapab fè sa, elatriye...

Pandan kat semèn ki gen pou antre yo, fv pi bon aplikasyon ki posib sou sa w te medite nan Pawòl Bondye a.

Medite sou devosyonèl ou genyen chak jou, sou prèch dimanch lan, sou tèm selil la oswa sou vèsè w te aprann nan. Asire w ke aplikasyon w lan Pratik epi kapab mezire.

Leson 37

Misyon Disip Yo

Pou aprann: "Li di yo: Rekòt la anpil, men pa gen ase travayè pou ranmase li. Mande mèt jaden an pou l' voye travayè nan jaden l' lan" (Lik 10:2).

Objektif: Konpann ke misyon disip yo genyen ladan li preche mesaj levanjil, lapè ak gerizon paske travayè yo pa anpil, menm jan anbasadè ak reprezantan Seyè a nan mond lan.

Entwodiksyon

Lè nou pale de disip Jezikris yo, nou panse ak douz disip yo ki te avèk li pandan prèske pifò tan nan ministè li epi nou bliye yon pi gwo gwoup moun ki tap swiv li, moun Kris te rele tou epi voye yo al prepare chemen an, anonse mesaj wayòm Bondye a.

Bib la di ke gwo foul moun te konn swiv Jezikris, li posib se te paske yo te bezwen wè ak konnen oswa paske yo te vle vin disip li (Lik 9: 57-62; 14: 25-33). Epi nan mitan yo, Seyè a te chwazi swasannndis pou fè yo ale tout vil la ak tout kote li menm li te vle ale (Lik 10: 1).

Nan Bib la, nimewo 3, 7, 10, 12 ak 70 yo senbolik. Pa egzanp, ann konsidere siyifikasyon nimewo 70.

1. Se te nimewo ansyen yo te chwazi yo pou ede Moyiz (Nonb 11: 16-25).

2. Nan Nouvo Testaman an, se te nimewo manm Gran Konsèy la, ki te koresponn ak "Tribinal Siprèm nan" nan peyi nou yo.

3. Men, sitou li sinyale administrasyon Bondye nan mond lan, tankou nan swasanndis semèn yo nan Danyèl (Dànyèl 9:24; Jenèz 46:27; Nonb 11:16; Jeremi 25:11).

Pou rezime, ki ministè 70 disip yo te dwe reyalize? _____
_____

Swasanndis disip yo se te mesaje lapè, yo te reprezante Jezikris epi moun ki pote kè kontan ak felisite anndan ministè yo te voye y al reyalize a.

I. Ijans Misyon An Avèk Mankman Disip Lik 10:1-4

A. Ijans Ministè A (Lik 10:1-2)

Misyon swasanndis yo te kouvi pi gwo tèritwa pase pa douz disip yo. Epi fas ak ijans ministè ki rekòmande a, menm avèk eleksyon swasanndis yo, travayè ki pou akonpli misyon evanjelizasyon an te twò piti.

Pliske ministè Jezikis la isit sou latè ta brèf, mesaj wayòm nan te dwe preche tout kote. Twa lane se te tan ke Seyè a ta pran pou prepare disip li yo pou misyon evanjelistik la.

B. Rekòt La Anpil (10:2)

Pou Jezikris, tan an te deja prè pou rekòt la. Pou rezon sa a, li te di disip li yo konsa: "Rekòt la anpil se vre". Yo pat benwen pigwo eksplikasyon. Yo te konprann trèbyen enpòtans ki genyen travay nan moman rekòt ak gwo defisi sa konn lakòz lè yo pa ranmase rekòt la nan lè li.

Te genyen anpil pou ranmase epi disip yo te konnen ke li pat gen tan pou l pèdi. Lè Bib la pale de rekòt la, jeneralman sa gen aplikasyon espirityèl.

Pa egzanp, li vèsè biblik sa a yo pa gen pou wè ak teren an, semans ak rekòt. Jwenn aplikasyon espirityèl la ladan yo:

Oze 10:12 _____
_____

Matye 9:37 _____
_____

Mak 4:29 _____
_____

Jan 4:53-36 _____

Dapre Oze 10:12, tan an te favorab pou chèche Jewova. Epi nan pasaj Matye 9:37, Mak 4:29 ak Jan 4:35-36, Jezikris te fè referans ak teren an ki te prepare pou yon bon rekòt espirityèl.

C. Mande Seyè A...Voye Travayè Nan Rekòt La (10:2)

Sa se yon lòd. Fas ak ijans misyon delivrans lan, li nesesè pou genyen plis moun, oswa menm jan Jezikris te di, plis "travayè" ki prè pou angaje yo avèk Kris pou pote mesaj levanjil la.

Menm si latè ak tout sa ki ladan l se pou Bondye, nan menm teren sa, mechan simen move zèb; se poutèt sa, yo bezwen plis travayè pou travay nan rekòt la. Se pou rezon sa ke

Jezikris di pou nou priye mande "mèt rekòt la" pou l voye plis travayè.

Misyon nou se pa sèlman preche levanjil, men tou se priye epi mande Bondye pou plis moun obeyi li epi epi reyalize misyon preche mesaj wayòm Bondye a.

D. Piga Nou Pote Ni Sak Ni Alfò (10:4)

Ijans pou predikasyon levanjil la moutre ke disip yo te dwe pote sèlman sa ki te nesesè pou akonpli misyon an. Li fasil pou yo wè yo ap goumen ak pwoblèm lavi epi pèdi objektif angajman nou yo avèk Seyè a. Li rele nou epi, si nou fidèl, l ap pwoteje nou epi bannou nesesite ki nesesè yo.

Li vèsè biblik sa yo epi site non ki sèvitè Bondye te rele, ak rezon ki fè li te abandone angajman ke l te fè ak Bondye a:

1 Wa 3:3; 11:1-6 _____
_____

Jij 13:1-5; 16:4-5, 20-22 _____
_____

Matye 26:47-50; 27:3-6 _____
_____

Apèl Bondye a avèk angajman nou avèk li se yon bagay ki sakre. Nou pap refize li pou anyen nan mond sa.

II. Mesaje Lapè Ak Gerizon
Lik 10:5-9

Nou te di ke Bondye te rele swasanndis disip yo pou yo te reyalize menm travay evanjelistik pase douz disip yo, men avèk kèk diferans.

Lè yo preche mesaj wayòm nan, mesaj levanjil lapè ak gerizon an, yo ta prepare chemen pou Jezikris nan vil ak kote li ta prale pou akonpli ministè ke Papa l te ba li a.

A. Mesaje Lapè (10:5)

Seyè a se yon Bondye ki bay kè poze epi li vle pataje lapè li a avèk nou, pou nou kapab pataje li avèk pwochen nou yo tou.

Dapre Bib la, kisa kè poze a ye? Pou reponn, ann li Sòm 29:11; 119:165; Ezayi 48:18 _____

Dapre Travay 10:36; Women 5:1; Efezyen 2:14; Kolosyen 1:20, Pa mwayen kimoun nou jwenn kè poze sa? _____
_____

Bib la di ke lapè a se yon kado Bondye (Sòm 29:11; 119:165; Ezayi 48:18) e nou remèsye Jezikris (Ezayi 53:5; Travay 10:36; Women 5:1; Efezyen 2:14; Kolosyen 1:20).

Nenpòp ki kote n ale, misyon nou se pote levanjil lapè ke Bondye te bannou. Kisa pasaj sa a yo te anseye nou osijè de sa?:

Mak 9:50 _____
_____

Women 14:19 _____
_____

1 Korentyen 7:15 _____
_____

Ebre 12:14 _____
_____

B. Mesaje Gerizon An (10:9)

Li Matye 9:1-8 epi di byen brèf, si mesaj levanjil la se pou sove nanm sèlman li ye oswa tou pou gerizon fizik? Poukisa? _____
_____

Nou souliye bagay sa yo:

1. Mesaj levanjil Bondye a genyen ladan li, pa sèlman Sali espirityèl la oswa tou pou gerizon fizik la.

2 Non sèlman Jezi te ekyete li pou aspè lavi espirityèl moun yo, men tou pou nesesite fizik ak materyèl yo.

Nou menm nou pa dwe limite mesaj levanjil la nan branch espirityèl la, paske li laj anpil. Anpil fwa nou enkyete nou plis pou aspè espirityèl la pwochen nou yo epi nou bliye nesesite fizik ak materyèl yo. Li posib pou nou pa genyen repons ak solisyon rapid pou nesesite sa yo; sepandan, li enpòtan pou moutre yo ke Bondye nou kwè nan li a, prewokipe li non sèlman pou aspè espirityèl yo, men tou fizik, materyèl ak emosyonèl lòm.

III. Yon Avètisman Ki Soti Nan Bondye
Ak Kè Kontan Pou W Vin Disip
Lik 10:13-24

Kò devwa swasanndis yo te dwe prepare teren nan vil ak bouk kote Jezi ta gen pou l ale. Men Seyè a te di yo ke yo pap toujou byen akeyi die pi mesaj Jezikris la pap tèlman byenvini. Se poutèt sa ke anvan swasanndis disip yo ta fistre nan premye jou ministè yo, li te deja avèti yo ke yo ta fè fas ak konpòtman k ap repouse yo, endiferans ak enkredilite bò kote moun yo.

A. Avètisman Ki Soti Nan Bondye A (10:16)

1. "Moun ki koute nou, se mwenmenm li koute" (10:16). Pwofèt Ansyen yo te sinyale ke moun pa wè Bondye, men moun tande li. Mesaj

pwofetik la te di: "Koute, Izrayèl, Jewova Bondye w la".

Men nou dwe remake ke "koute" Bondye oswa mesaj ki soti nan Bondye, pa dwe "koute" pasif, men pito aktif. Moun ki tande mesaj Jewova, dwe obeyi Pawòl li epi mete li anpratik.

2. "Epi moun ki repouse nou, se mwen menm li repouse" (10:16). Mesaj ke Jezi te bay disip li yo se te pou yo preche ak anseye. Si moun yo te refize mesaj levanjil wayòm sa, yo pat sèlman repouse sèvitè ki preche a, men tou Kris, sous mesaj la.

3. "Epi moun ki repouse mwen, li repouse moun ki voye m nan" (10:16). Moun ki refize mesaj levanjil la, li t ap refize sèvitè ki te preche li a; Kris, sous mesaj sa; epi, nan dènye pozisyon, Bondye Papa a, n ap kondane nou pou lanmò etènèl.

Sepoutèt sa, lè disip la preche mesaj levanjil wayòm nan, ki tande epi aksepte li, genyen lavi ki pap janm fini an. Men, si li refize li, li kondane pou lanmò etènèl.

B. Lajwa Disip La (10:17-24)

Chwazi kòm mesaje lapè ak gerizon ak anbasadè Kris, se motif gwo kè kontan. Dapre Lik 10 :17-20, Kisa ki rezon yo ? _____
_____
_____

1. Demon yo tonbe (10 :17). Avèk Kris lènmi an tonbe epi disip yo se kanal oswa entriman Bondye pou gwo viktwa sa. Men, li nesesè pou n sonje ke viktwa sa se pa ak pouvwa disip yo, men se pito nan "non Jezikris". Disip la dwe toujou preche mesaj Sali a nan non Pitit Bondye a.

2. Non disip yo ekri nan syèl la (10 :20). Menm si nou menm disip kris yo nou kapab kontan paske nou genyen satan nan batay la, pi gwo kè kontan nou se paske non nou ekri nan liv lavi a.

Nan vil Wachinntonn, D.C. (ISA), genyen yon gwo miray ki konstwi nan memwa sòlda nòamerikèn ki te mouri nan lagè nan peyi Vyètnam yo. Non yo tout ekri la. Chak ane, gen plizyè mil moun ki vwayaje pou al vizite moniman sa nan memwa sòlda yo ki te bay lavi yo nan lagè sa.

Non nou pa ekri nan yon miray menm jan nou sot di l la, men se pito nan liv Bondye a, kòm yon souvni de ke Satan te pèdi batay, paske Jezikris te pete batay la pou nou pou bannou lavi etènèl.

Revizyon

Li afimasyon sa yo avèk atansyon epi, ekri **F** si afimasyon a fo, men **V** si afimasyon an vrè nan espas vid yo.

___ Misyon 70 yo te pi enpòtan pase pa 12 disip yo.

___ Jezikris te chwazi 70 disip yo paske fòk te genyen plis travayè pou rekòt la.

___ Mesaj levanjil la genyen lapè ak gerizon tou.

___ Gen ijans pou predikasyon levanjil la.

Ranplis espas vid yo avèk repons ki kòrèk yo:

1. Rekòt la _____, se poutèt sa se yon ijans pou nou preche levanjil la.

2. Jezikris di nou ke _____ Bondye pou l voye travayè nan rekòt la.

3. Moun ki refize levanjil la, refize Jezikris tou.

Konklizyon

Sa ki pi bèl nan misyon Kris bannou an se ke, lè nou gen viktwa, li fete ansanm avèk nou. Satan pèdi batay epi levanjil la preche pou Sali plizyè milye moun.

Levanjil sa pote lavi ki pap janm fini an, gerizon ak viktwa sou satan. Se yon misyon ke anpil moun refize, men nan menm tan, anpil aksepte li.

Misyon ke Kris bannou an pote lapè ak gerizon. Nou se anbasadè li sou latè.

Kòmantè

Sove Pou Anonse Sali A

"Rekòt la anpil, men pa gen ase travayè pou ranmase li. Mande mèt jaden an pou l' voye travayè nan jaden l' lan" (Lik 10 :2).

Apre li te fin chwazi douz disip, Jezikris te rele yon gwoup swasanndis disip pou prepare chemen nan vil yo kote li ta genyen pou l te pase pita. Disip sa a yo pat genyen diplòm noblès; akademikman, se pa yomenm ki te plis prepare ni plis kapab; yo pat fè pati klas ekonomik ki avanse a nonplis. Yo te moun senp ak komen. Ebyen, poukisa Jezikris te rele yo? Yon sèl bagay ki te kapasite yo pou misyon sa a se te angajman yo avèk Kris epi vizyon pou rive preche tout moun.

Jezikris te voye 70 disip yo depade, pou yo te kapab ale tout kote epi pou yo te kapab rive genyen anpil moun avèk levanjil wayòm nan.

Yo pat janm eseye akonpli misyon an san èd Moun ki te rele yo a. Yo te dwe depann de pouvwa ak otorite Seyè a, men tou yo te dwe priye mèt rekòt la pou voye "plis travayè nan rekòt la".

Jezikris te toujou chèche fason ki tounèf pou l te bay mesaj levanjil wayòm Bondye a. Noumenm tou nou dwe chèche fason pou nou fè levanjil la rive jwenn moun sa yo ki pa konnen Kris. Nou bay de konsèy pratik:

1. Ankouraje legliz la lapriyè Bondye pou l voye plis travayè pou evanjelizasyon.

2. Ekri yon lis zanmi ke w vle pale ak yo sou levanjil Sali a epi priye pou yo chak jou, jouskaske Bondye, pa mwayen Sentespri a, pale nan kè moun nan pandan l ap konvenk li de peche epi mennen vin repanti pou yon relasyon pèsonèl avèk Kris kòm Sovè ak Seyè li.

Si nou fè kalite ministè sa, Seyè a ap ajoute tout moun sa yo ki dwe sove, se pa avèk frenn ni lame, men se avèk pouvwa Lespri li.

Travay evanjelizasyon an, se sèlman moun sa yo ki konfese ke Jezikris se Seyè ak Sovè epi santi konpasyon pou k ap viv anba esklavaj peche ki kapab fè li. Nan ministè wayòm Bondye a pa gen chomaj. Bondye gen travay ase pou moun ki angaje yo avèk koz Kris la. Si nou fè travay la byen, rekonpans lan va gran, paske nou va tande l ap di konsa: "Sa se bèl bagay. Ou se yon bon domestik ki travay byen. Paske ou fè ti travay sa a byen, m'ap mete ou reskonsab pi gwo zafè toujou. vin fè fèt avèk mèt ou" (Matye 25:21).

Misyon Swasanndis Yo
Lik 10:1-20

Seyè a te chwazi yon lòt gwoup swasanndis disip (v.1). Lik pa vle di ke Seyè a te voye 70 sa yo avan, men pito li te ba yo komisyon pou fè gwoup 12 la vin piplis ke li te déjà voye anvan. Lik se sèl levanjil ki rejistre evènman sa; men tou se limenm sèl ki mete aksan (nan tout detay li yo) sou ministè nan Pere a kote li soti. Li vle di anpil pliske Jezi te genyen anpil disip ki te merite konfyans. Byen souvan nou bliye si li te genyen anpil moun ki t ap swiv li ki te fidèl.

Depi nan vèsè 2 pou rive nan 16, Jezi bay 70 disip li yo enstriksyon. Pifò se menm bagay oswa sanble ak sa li te déjà bay douz disip yo.

1. Mwen voye nou tankou mouton nan mitan chen mawon (v.3). Ala yon kontradiksyon: Mouton yo soti pou al retire mouton nan bouch chen mawon!

2. Pa pote ni sak, ni alfò, ni sandal (v.4) Yo te genyen yon misyon ki te enpòtan anpil epi biznis wa a te mande lejète. Gade tou kòmantè ki pale de Matye 10:9 la.

3. Pa salye pvsonn moun nan chemen. Sa fè referans ak salitasyon long yo epi ki nwi ke moun nan mwayen oryan yo te konn fè souvan. Yo pat kapab gaspiye tan ki enpòtan paske yo te tèlman preokipe nan misyon yo, ke devosyon sensè l la ta dwe parèt klè pou tout moun ki ta rankontre avèk yo.

Swasanndis disip yo retounen avèk anpil lajwa, pandan y ap di konsa: Seyè, menm demon yo obeyi nou (v.17). Yo te enpresyone pou pouvwa mirak ke yo te kapab egzèse. Yo te santi yo kontan anpil lè yo sonje rezilta yo te fè yo. Men Jezi te moutre yo (v.20) ke lajwa a te mal plase paske anfaz yo a pat nan plas ki kòrèk la. Sepandan, li pat repwoche yo paske yo te kontan lè yo wè wayòm satan kraze.

— *Kòmantè Biblik Beacon*

Leson 38

Sentete Disip La

Pou aprann: "Fè yo viv pou ou nèt gremesi verite a. Pawòl ou se verite a". (Jan 17:17)

Objektif: Konprann ke karakteristik prensipal kwayan an pou l vin disip Kris se yon lavi nan kwasans espirityèl ak sentete kòm eksperyans sanntifikasyon total li ke Sentespri a ba.

Reponsablite Disip Yo Devan Bondye
2 Korentyen 3:18

"Nou tout, nou pa kouvri figi nou; nou tankou yon glas k'ap fè moun wè pouvwa Bondye a: konsa chak jou n'ap transfòme, pouvwa li ap grandi nan nou, jouk tan n'a rive sanble nèt ak Seyè a. Sa se travay Seyè a. Lespri Bondye".

Entwodiksyon

Seyè a rele nou anvan, epi apre sa, li mande nou pou nou abandone tout lòt bagay yo. Li mande nou pou nou imilye nou pou nou kouri lwen tout dezi chanèl nou yo. Li di konsa: "Lè sa a Jezi rele foul moun yo ansanm avèk disip li yo, li di yo konsa: -Si yon moun vle mache dèyè m', se pou l' bliye tèt li, se pou l' chaje kwa l' sou zepòl li epi swiv mwen" (Mak 8:34). Sa a se yon apèl pou sakrifye tout bagay ki nan lavi nou sou lotèl Bondye. Se yon apèl ki pou di non ak lavi payen an epi swiv Jezikris sensèman.

Bondye vle beni nou nan tout pati nan lavi nou, men tou, volonte li se ke nou menm, disip li yo, nou renmen li, obeyi epi fidèl avèk li. Sa vle di ke volonte Bondye a se pa sèlman ranpli nou avèk benediksyon, men nou menm tou dwe akonpli avèk devwa nou yo kòm pitit li yo.

Gras Kris la delivre nou anba peche, men li pa neglije responsablite nou devan Bondye. Yon lòt kote, Sentespri a ede nou nan pwosesis kwasans nou an apre sanntifikasyon an, men kòm nouvo kreyati nan Kris la, kwayan yo, nou dwe pran responsablite pèsonèl nou pou aksyon nou yo epi pou fason n ap viv nan mond ki antoure nou an. Ak pawòl pa nou yo, lè kwayan an pran pwòp desizyon li yo, dwe rann kont pou aksyon li yo devan Bondye.

Transfòmasyon lòm nan pa fèt imedyat, se yon pwosesis k'ap grandi tikras pa tikras tankou limyè douvanjou. Nou pote abitid ki atache ak ansyen fason nou te konn viv yo, men, Bondye ki bon, li bannou zouti ki bon pou transfòmasyon nou.

Premye a nan yo se san Kris la pa mwayen limenm nou te jwenn libète sou ansyen fason nou te konn viv la.

Dezyèm nan se Sentespri a ki abite nan nou pa mwayen Jezikris, limenm ki konvenk nou anba jistis, de jijman ak peche epi tou anseye nou, enstwi nou, korije ak egzòte nou pou nou viv kòm disip ki sanble ak Kris.

Bondye bannou tout sa ki nesesè pou nou vin transfòme, men nou fèt pou nou obeyisan ak mache nan sentete pou nou reyalize li.

Nan pasaj biblik sa yo, ki entèpretasyon li bay volonte Bondye a?

Sòm 143:10
Matye 12:50
Matye 26:42
Jan 7:17

I. Kouman Pou N Fè Volonte Bondye?

Nan chapit 12 lèt moun nan lavil Wòm yo, Pòl mete aksan pou moutre ke prensipal responsablite kwayan an se viv nan sentete paske sa se volonte Bondye epi, pou sa, nou dwe devlope twa karakteristik ki enpòtan nan lavi yon disip Jezi.

1. Konsekrasyon

"Se sak fè, frè m' yo, jan Bondye fè nou wè li gen kè sansib pou nou an, se pou nou ofri tout kò nou ba li tankou ofrann bèt yo mete apa pou Bondye, bèt yo ofri tou vivan epi k'ap fè Bondye plezi. Se sèl jan nou dwe sèvi Bondye tout bon" (Women 12:1).

Konsakre nou pou Bondye vle di remèt li lavi nou pou fv bon, agreyab ak bèl volonte li olye nou fè pa nou. Sa vle di ke nou dwe prezante tèt nou kòm "sakrifis vivan"ò devan li.

Lè nou fèt yon lòt fwa, nou dwe rekonèt ke nou pa chanje soti nan aswè pou rive maten; transfòmasyon total la ap fèt sèlman nan rezirèksyon final la, men Lespri a k ap viv nan nou an se limenm k ap bannou pouvwa pou nou sispann pratike peche nan yon fason ki volontè. Konsakre pou Kris la genyen ladan li yon efò, yon sèl etanp. Se pa janm sa mond lan ofri nou an. "Pa kite peche donminen sou kò nou ki gen pou mouri a, pou l' fè nou fè tou sa kò a anvi fè. Pa lage okenn pati nan kò nou nan peche, pou peche a pa sèvi avè l' pou fè sa ki mal. Okontrè, tankou moun ki delivre anba lanmò epi k'ap viv, ann lage kò nou nan men Bondye. Wi, mete tout pati nan kò nou nan men Bondye pou l' ka sèvi ak yo pou fè sa ki byen" (Women 6:12-14).

2. Karaktè

"Pa fè menm bagay ak sa moun ap fè sou latè" (Women 12:2).

Nou dwe viv separe de koutim moun nan tan kounye yo, nou pa dwe fè menm bagay ak moun k ap viv nan tan jounen jodi yo, si yo pap viv anba volonte Bondye. Nou dwe travay pi di kòm moun k ap viv anba volonte Bondye.

Devlope karaktè Kris la se travay ki plis enpòtan nan lavi disip la, paske se sèl bagay n ap pote avèk nou pou rive nan letènite. Jezi te kite prèch sou montay la byen klè pou moutre ke rekonpans lavi etènèl nan syèl la pral baze sou karaktè ke nou devlope ak demoutre osit sou latè.

Pòl te di Timote ke objektif ansèyman li a se te devlope karaktè moun li te anseye yo: "W'ap ba yo lòd sa a, pou yo ka rive gen renmen ki soti nan yon kè ki nan kondisyon pou sèvi Bondye, nan yon konsyans trankil ak yon konfyans sensè nan Bondye" (1 Timote 1:5 VJ). Pòl te di Tit menm bagay la: "Ou menm, se pou tou sa w'ap moutre moun dakò ak bon mesaj la" (Tit 2:1).

Lè nou konprann kouman Bondye sèvi ak sikonstans yo pou devlope karaktè, nou kapab reponn kòrèkteman lè Bondye mete opòtinite pou nou, pou konstwi karaktè a. Bondye konstwi karaktè nan lavi nou nan kite nou fè eksperyans ak sitiyasyon kote nou tante pou fè egzakteman sa ki kontrè pou gen yon karaktè patikilye. Devlopman karaktè a toujou anvlope yon chwa. Lè nou pran desizyon ki kòrèk la, karaktè nou grandi piplis menm jan ak pa Kris la.

Chak fwa nou chwazi reponn yon sitiyasyon nan fason Bondye, olye nou swiv enklinasyon natirèl nou, nou devlope karaktè a. Pou rezon sa, li pèmèt tout sikonstans nan fòmasyon karaktè a: konfli, desepsyon, pwoblèm, tan sechrès ak dezas.

3. Angajman

"Men, kite Bondye chanje lavi nou nèt lè la fin chanje tout lide ki nan tèt nou" (Women 12:2).

Pòl itilize tèm grèk "metamorphousthe" ki vle di chanjman de kondisyon ak fòm. Lè yon chanjman pwodwi anndan lespri nou, ap gen chanjman nan fason n ap konpòte nou. Lafwa bay kretyen yo dènye rezon espesifik de tout angajman.

Lè nou di "kretyen angaje", gen rès objektif ki rete. Nou kwè ke non "kretyen"ò genyen ladan li yon angajman. Vrè kretyen an pa sèlman konfese lafwa li, men pito li transfòme li kòm zèv ki gen relasyon ak valè ke li pwofese a. Yon lafwa san zè ta kapab yon lafwa mouri, oswa yon lafwa ki fo.

Angajman se pa akonplisman kèk presèp oswa senbòl. Se mete anpratik sa Jezi te di ak viv. Lavi kretyen an genyen ladan li soumisyon anba mesaj redanmtè Jezi a.

Nan sa ki fondamantal pou mesaj kretyen an, anpil fwa nou pral "naje kont kouran dlo", si nou vle fè relasyon ak lafwa nou. Jezi di ke yo te rele nou pou vin sèl mond lan (sa ki bay gou a), men, si sèl la pèdi gou l', ak kisa pou yo ba li gou ankò? Li pa vo anyen ankò. Se jete pou yo voye sa jete deyò, pou moun pile sa anba pye yo? Angajman kretyen an se pa yon obligasyon ki soti lwen. Li soti anndan nou epi se pral yon bagay k ap ede nou tankou lòm epi bannou kè kontan. Tout kè kontan otantikman imen ak kretyen dwe solidè, poutèt sa li tèlman pwòch pou renonse ak sakrifis la, pou lanmou li genyen pou lòt yo.

"Yon domestik ki konnen sa mèt li vle, men ki pa janm pare epi ki pa fè sa mèt la vle, domestik sa a anba kou" (Lik 12:47). "Mezanmi, koulye a nou se pitit Bondye. Nou poko konnen egzakteman sa nou pral tounen. Men, nou konnen lè Kris la va parèt nou pral tounen tankou l', paske nou pral wè l' jan l' ye a" (1 Jan 3:2).

Analize pasaj sa yo epi, ak pwòp pawòl ou yo, dekrive angajman ke chak pèsonaj yo te pran devan Bondye ladan yo:

Nonb 32:12 _____
_____
2 Wa 22:3 _____
_____
Filipyen 3:7-8 _____
_____

II. Kijan Nou Kwè Espirityèlman

Rive vin menm jan ak Jezi se yon pwosesis nan kwasans lan ki long ak dousman. Matirite espirityèl la pa fèt yon sèl kou ni vit; se yon devlopman ki fèt etap pa etap epi tikras pa tikras k ap dire tout rès lavi w.

"Se konsa, zanmi m' yo, nou tout nou te toujou obeysan lè m' te la avèk nou. Koulye a m' pa la ankò, se lè sa a pou n' pi obeyisan: toujou fè jefò pou nou ka fin sove nèt, avèk krentif pou Bondye, avèk soumisyon devan li. Paske, se Bondye menm k'ap travay tout tan nan kè nou. Se li ki ban nou anvi fè sa ki pou fè l' plezi ansanm ak fòs pou nou ka fè l' vre" (Filipyen 2:12).

Gen de Gen de pati nan kwasans espirityèl la: rive akonpli ak pwodiksyon.
- Rive akonpli se responsablite nou.
- Pwodiksyon se wòl ke Bondye devlope.

Kwasans espirityèl la se yon efò nan kolaborasyon ant noumenm ak Sentespri a.

Pou grandi espirityèlman, li nesesè pou pase etap sa yo, yo menm k ap gide byen dousman chak fwa piplis vè yon lavi ki plen ak sentete.

Premye Etap: Chanje Fason W Panse

"Pa fè menm bagay ak sa moun ap fè sou latè. Men, kite Bondye chanje lavi nou nèt lè la fin chanje tout lide ki nan tèt nou. Lè sa a, n'a ka konprann sa Bondye vle, n'a konnen sa ki byen, sa ki fè l' plezi, sa ki bon nèt ale" (Women 12:2).

Panse kijan Jezi te prezante de aspè:

A. Premye aspè chanjman sa genyen ladan li abandone panse inyoran yo, yo menm ki egoyis.

B. Dezyèm aspè pou panse menm jan ak Jezi a genyen ladan li koumanse medite avèk matirite, mete aksan sou lòt yo, se pa nan oumenm.

Dezyèm Etap: Fè Yon Sèl Ak Verite A

"Jezi di jwif ki te kwè nan li yo: Si nou kenbe pawòl mwen yo nan kè nou, nou se disip mwen vre. N'a konnen verite a, lè sa a verite a va ban nou libète nou." (Jan 8:31-32).

Pou nou fè yon sèl avèk verite Bondye a, nou dwe:

A. Aksepte otorite li

Desizyon ki pi enpòtan ou kapab pran jodi a se rezoud dosye otorite ki dwe sa ki pafè pou lavi w la.

B. Resevwa verite a
- Resevwa Pawòl Bondye a.
- Li Bib la chak jou.
- Etidye Bib la.
- Sonje Pawòl Bondye a.
- Reflechi chak jou sou Pawòl la.

C. Aplike prensip li yo

"Koulye a nou konn bagay sa yo. benediksyon pou nou si nou fè menm jan an tou" (Jan 13:17).

Twazyèm Etap: Viv Nan Sentete

"Benediksyon pou moun ki sipòte eprèv li ak pasyans. Lè la fin pase anba eprèv yo, la resevwa pou rekonpans lavi Bondye te pwomèt tout moun ki renmen li yo" (Jak 1:12).

Sentete a dekrive pozisyon tounèf nou nan Kris la. Li te chwazi nou pou te kapab vin "sen epi san tach devan li" (Efezyen 1:4). Kò nou yo se tanp Sentespri a epi nenpòt kote li rete li fv l vin sen. Se pandan, konpòtman nou melanje avèk verite sa pafwa. Nou konfime kòm moun ki jis, men se pa tout fwa yo nou aji tankou jis.

Pwoblèm nan se paske anpil kretyen pa wè tèt yo jan Bondye wè yo a. Yo di konsa: "mwen pa yon vrv sen, men nonplis tèlman pechè". Konsa, yo pran plas yo nan mitan. Men, anreyalite, pa gen anyen ki kapab rete nan mitan sentete ak peche. Ou se, oswa yon bagay oswa yon lòt.

Pou nou Po unan sentete nou dwe kite Sentespri a viv nan nou epi fè chanjman ki nesesè yo. Bondye konnen ke avèk pwòp efò pa nou, nou pap kapab viv nan sentete, se poutèt sa li bannou Sentespri a pou nou kapab genyen lespri pouvwa, lanmou ak kontwòl ki enpòtan pou kapab viv jou apre jou pote viktwa sou tantasyon epi rete sen fas ak tout kontaminasyon.

"Tout tantasyon nou jwenn sou chemen nou, se menm kalite tantasyon tout moun jwenn sou chemen yo tou. Men, Bondye li menm toujou kenbe pawòl li: li p'ap kite yo tante nou yon jan ki depase sa nou ka sipòte. Men, lè nou va anba tantasyon an, la ban nou fòs pou nou ka sipòte l', pou nou ka soti anba li" (1 Korentyen 10:13).

Kijan Pou Nou Venk Tantasyon:

1. Pa pran presyon.
2. Rekonèt sa ki tante w la.
3. Mande Bondye èd nan lapriyè.
4. Konsantre atansyon w nan yon bagay ki diferan.
5. Devwale batay ou a bay pastè w, bay yon zanmi ki konsakre oswa bay yon ti gwoup.
6. Kenbe tèt ak dyab la epi l ap kouri devan w.

Reponn kesyon sa yo pandan w ap svvi ak kèk pasaj biblik:

Èske tantasyon an se menm ak peche?

Kilè peche a antre nan kè lòm?

Kouman peche a pran nesans?

Kisa ki konsekans peche a?

Leson 39

Disip Yo Ak Sentespri A

Pou aprann: "Moun ki pou vin ankouraje nou an, se Sentespri. Se Papa m' k'ap voye l' nan non mwen. Sentespri sa a va moutre nou tout bagay, la fè nou chonje tou sa m' te di nou" (Jan 14:26).

Objektif: Koupran kimoun Sentespri a ye avèk ministv li, ke kouman li te beni Jezikris, nou menm tou ki se disip yo nou dwe resevwa benediksyon sa pa mwayen menm pouvwa Sentespri a pou nou kapab al reyalize apèl nou an nan fè disip.

Entwodiksyon

Bondye pa janm bay sèvitè l yo yon ministè san li pa ranpli yo ak Sentespri a anpremye, donk, se limenm Sentespri a ki prepare yo pou akonpli plan Bondye yo.

N ap site kèk egzanp pou nou demoutre sa n ap konfime a:

1. Lè Bondye te rele Abraham, li te toujou ap konfime l pwomès li yo epi, nan chemen, li te anseye ak fòme li pou l te vin gwo lidè pèp Seyè a (Jenèz 12:1-3; 13:16-18 ; 18:1-14).

2. Se menm bagay la ki te pase ak Moyiz. Seyè a te pran swen li depi lv li te toupiti. Anplis de sa, li te prepare l pou l te kapab vin liberatè pèp li a.

3. Lè Bondye te mande pou yo konstwi tabènak la, li te ranpli moun ki te dwe reyalize travay sa avèk Sentespri li (Egòd 31:1-11).

N ap kòmanse etid la pandan n ap bay repons ak kesyon an:

I. Kilès Sentespri A Ye?

Pandan anpil ane yo pa t anseye tèm Sentespri a. Se te plis oswa mwens nan ane 1900 lè yo te mete atansyon sou tèm biblik twazyèm Pèsòn Trinite a.

A. Sentespri A Se Yon Moun Li Ye (14:16-17)

Menm jan nan ebre Ansye Testaman an (ruach) tankou nan grèk nan Nouvo Testaman (pneuma), mo ki tradwi Lespri a elaji pou fè referans ak Lespri Bondye e avèk lespri lòm. Nan toude lang yo li vle di "van, lè oswa respirasyonc". Si nou ta genyen Ansyen Testaman sèlman, etid nou sou Sentespri a patap konplèt. Men gras ak Nouvo Testaman, nou kapab konnen kilès Sentespri a ye pi byen toujou. Se yon moun ki soti nan Bondye menm jan Bondye Papa a ak Jezi ki se Pitit la.

Lè nou sèvi ak konsèp moun, nou pa fè referans ak kò fizik, men piton ou vle pale de yon bagay ki gen konsyans rasyonèl, volonte, objektif ak santiman. Nouvo Testaman anseye nou ke Sentespri a se yon moun li ye.

Li pasaj biblik sa a yo epi, nan espas vid yo, ekri karakteristik pvsonèl Sentespri a.

Women 8:14 _____
Matye 10:20 _____
Jan 14:26 _____
Travay 5:3-4 _____
Efezyen 4:30 _____
Travay 16:6 _____
Jan 15:26 _____

Sentespri a gide nou, pale, anseye, yo ba l manti epi li atriste, anpeche nou, temwaye, elatriye. Sa vle di, aji epi sibi trètman tankou yon Moun.

B. Sentespri A Se Bondye (Matye 28:19)

Nouvo Testaman anseye nou ke Sentespri a se yon moun, men tou se Bondye, yon moun ki soti nan Bondye. Menm jan Kris la se Bondye, Sentespri a se Bondye tou. Se twazyèm Moun nan Trinite a.

Osijè de sa, kisa pasaj biblik sa a yo anseye nou?

Travay 11:16 ; 2:33 ; 1 Tesalonisyen 4:8 ____
_____

C. Ministè Sentespri A Nan Legliz La

Liv Travay la se gwo sous pou etidye Sentespri a nan legliz la. Rive Sentespri a nan jou Lapannkòt la, se te evènman ki te ini disip yo nan kominyon ki genyen legliz kretyen an ladan li.

Sentespri a se sous pwisans legliz la. Kisa vèsè sa a yo anseye nou?
Travay 9:31 _____
Efezyen 2:18-20 _____

D. Ministè Sentespri A Nan Mond Lan

Tout sa ki gen pou wè ak byenfè nan yon sosyete ki tèlman pèvèti, dwe gen pou wè ak enfliyans Sentespri a, enfliyans ke moun ki pa konnen Jezikri kòm Seyè ak Sovè yo pap admèt. Gen yon moun ki te di ke Sentespri a se "konsyans invèsèl" nan lòm.

Kisa vèsè sa a yo di ?
Jan 16:1-11 _____
Revelasyon 22:17 _____

I. Jezikris Te Ranpli Ak Sentespri A (Lik 4:18-19)

"Lespri Bondye a sou mwen. Li chwazi m' pou m anonse bon nouvèl la bay pòv yo. Li voye m' pou m' fè tout prizonye yo konnen yo lage, pou m' fè tout avèg yo konnen yo kapab wè ankò, pou m' delivre moun y'ap maltrete yo" (Lik 4:18).

Pasaj sa a moutre kisa ki te ministè Jezikris, menm sa disip yo te dwe swiv la.

A. "Lespri Bondye A Sou Mwen" (4:18)

Kòm svvitè ak disip Jezikris, nou pa kapab fè eksè pou nou reyalize travay Seyè a si anvan nou pa asire ke Sentespri a anndan nou chak. Nan pwen ki te vini anvan an, nou te wè ke Sentespri a anseye nou, gide, prepare ak sanntifye nou pou nou rive reyalize travay Seyè a ak pouvwa e otorite. Sa vle di nou sipoze gen travay sa ki fèt anndan nou:

1. Nou dwe asire de Sali nou. Li enposib pou nou disip Kris si nou pa asire si nou sove. Pou nou asire nou de Sali nou, nou dwe repanti de peche nou yo, konfese yo devan Bondye epi resevwa padon li. Depi nan moman sa Bondye jistifye nou, li fè nou vin pitit li epi nou vin disip Jezikris tou.

2. Nou dwe konsakre nou pou Seyè a. Yon fwa Jezikris fin bannou Sali a, yon sèl bagay nou kapab fè kòm rekonesans mizèrikòd ak lanmou li, se konsakre nou pou li epi mete lavi nou apa pou sèvis Kris ak levanjil wayòm Bondye a.

Nan moman kote nou konsakre nou an se di n ap di li konsa : "Mwen vle di w mèsi Bondye, pou Sali ke w te ban mwen an. Se poutèt sa, mwen mete lavi mwen apa pou toujou sèvi ak obeyi w". Gen lòt moun ki rele konsekrasyon an soumisyon konplèt ak viv chak jou pou Seyè a. Nou dwe aksepte dominasyon Kris la nan lavi nou.

3. Nou konsakre nou sanpousan nanpou Jezikris, nou mete lavi nou anba kontwòl li. Epi dominasyon li manifeste pa mwayen Sentespri a.

Nou dwe konprann ke Jezikris se pa sèlman Sovè nou, men tou se Seyè nou epi li vle fè kò nou tounen tanp li. Li posib pou nou rele tèt nou disip Kris, men si nou pa genyen Sentespri a nan nou, nou pap gen otorite ak pouvwa pou pou n akonpli ministè li te bannou an.

Nan mo ki diferan, li nesesè pou Seyè a beni oswa sanntifye nou konplètman avèk Sentespri li. Se poutèt sa Jezikris te di konsa : "Lespri Bondye a sou mwen", epi li te koumanse ministè li sou latè. Nan menm fason sa a, l ap enposib pou nou reyalize travay Seyè a si Sentespri a pa nan nou.

B. Ki Ministè Lespri Seyè A Bannou?

Nou te déjà di ke lè Seyè a bannou yon ministè, li prepare nou anvan pou nou reyalize travay la. Sa rive se lè Jezikris ranpli nou avèk Sentespri a epi depi lè sa nou angaje ak fòme pou akonpli ministè levanjil la ak otorite. Ki ministè sa ke nou dwe reyalize a ?

Li yon lòt fwa ankò Lik 4:18-19, epi site senk branch prensipal nan ministè a ke Jezikris te vin akonpli nan mitan nou :

a. _____
b. _____
c. _____
d. _____
e. _____

Kounye a ann konsidere byen vit chak branch sa a yo ke Lik te site yo.

1. Anonse non nouvèl la bay pòv yo. Déjà nou konnen ke levanjil vle di "bon mesaj" oswa "bon nouvèl". Ebyen, nou dwe anonse levanjil sa bay pòv yo anvan. Poukisa se bay pòv yo anvan ? Paske, yo menm, menm si se ta pou nesesite espirityèl oswa materyèl, se yo ki toujou prèt pou koute mesaj Sali a.

Nou dwe eksplike : Gen anpil moun ki pòv materyèlman, men akoz de ògèy yo, li difisil pou yo rekonèt si yo gen bezwen Seyè a. Yon lòt kote, gen kèk moun ki byen ekonomikman, men ki rekonèt povrete espirityèl yo epi rive fè rankont ak Kris.

2. Pou geri ki gen kè yo nan tristès. Se ministè konsolasyon pou moun sa yo ki gen kè yo boulvèse pa move sikonstans lavi sa: Fistrasyon, tribilasyon oswa peche epi ki bezwen gerizon espirityèl ak emosyonèl.

3. Fè tout prizonye yo konnen yo lage .... Libee moun ki fèmen nan prizon lavi yo. Espesyalman sa yo ki nan prizon, alkòl, kolè, tristès, elatriye. Sa vle di, fèmen nan prizon ak anba tray akoz de peche ak pouvwa Satan.

4. Fè avèg yo wè ankò. La a, Lik ap pale de yon avèg espirityèl, men tou li fè referans ak avèg fizik. Si nou kwè ke Jezikris geri ak restore, I ap fè li espirityèl menm jan ak fizik tou.

5. Fè yo konnen ke lè a rive pou Bondye vin delivre pèp li a. Ekspresyon "lè a rive pou Bondye" li fè referans ak ane repo jwif yo te konn fete chak 50 an (Levitik 25:8). Nan ane sa, pami lòt evènman yo, tout esklav izrayelit yo te konn libere. Epi tou lè Bondye te konne resevwa moun sa yo ki te konn tounen vin jwenn li ak yon espri repantans ak konfesyon. Se te yon ane lajwa.

III. Lavi Ki Ranpli Ak Lespri A

"Dènye jou fèt la, se li ki te pi enpòtan. Jou sa a, Jezi kanpe devan foul moun yo, li di yo byen fò: Si yon moun swaf dlo, li mèt vin jwenn mwen, li mèt vin bwè.

Moun ki mete konfyans yo nan mwen, y'ap wè gwo kouran dlo k'ap bay lavi koule soti nan kè yo, jan sa ekri nan Liv la. Jezi t'ap pale ki jan moun ki kwè nan li yo tapral resevwa Sentespri. Lè sa a, Sentespri pa t ankò desann sou pesonn, paske Jezi pa t ankò moute nan syèl la" (Jan 7:37-39).

Lavi ki ranpli ak Lespri a, menm jan ak lavi tounèf la, li dekrive sou fòm ki diferan nan Bib la. Moun sa yo ki temwaye osijè de eksperyans yo tout tan elaji tèm sa yo:

- Pèfeksyon kretyen (Matye 5:48)
- Sanntifikasyon total (1Tesalonisyen 5:23)
- Sentete kretyen (Women 6:22)
- Lanmou san tach (1 Jan 4:16-18)
- Transfòme nan imaj ki soti nan Bondye a (2 korentyen 3:18)
- Sentete nan kè (Travay 15:9)
- Piyay benediksyon (Women 15:29)

Bondye pa kapab travay ak yon kè ki kontamine paske li sen, menm si se pou yon kwayan, se poutèt sa li kontinye ap chèche jwenn lòm pa mwayen Sentespri a nan kè chak kwayan, déjà ke prezans sa netwaye oswa pwòpte kwayan an de peche li. Vokabilè grèk "katharidzo" vle di netwaye oswa pwòpte epi se pawòl la ki te itilize ki te pase nan jou Lapannkòt la. Lavi ki ranpli ak Sentespri a koumanse lè nan Kris yo ranpli ak Sentespri a (Travay 1:5; 2:4 ; Efezyen 15:29) lavi sa pèmèt nou viv lib de peche, jouskaske nou rive genyen yon kè ki san tach paske nou rete kote Bondye.

Li pasaj sa a yo epi obsève ki aksan Bondye mete sou sentete a :

Travay 15:8-9 (VJ)

Jak 4:8 (VJ)

1 Tesalonisyen 5:23-24 (VJ)

Pouvwa Sentespri a se yon nan tèm ki plis refize nan ansèyman kretyen kounye yo. Pou nou konprann kisa sa vle di nou dwe rekonèt ke:

a. Sentespri a se yon moun li ye, se pa yon enfliyans.

b. Moun ki fèt yon lòt fwa a resevwa pouvwa Sentespri a nan moman konvèsyon li nan Kris la. Men egzistans peche original la avèk Sentespri a nan kè moun nan deklannche yon batay epi, alafwa, batay la pwodwi limitasyon.

c. Nan kè yon kretyen ki ranpli ak Sentespri a, kote konfli a te déjà netwaye, Sentespri a travay ak libète pou bay pouvwa epi enfliyanse nan lavi li ak tout fòs.

d. Pouvwa Sentespri a pa vini sou lafòm, men se avèk yon objektif: obsève yon lavi ki jis devan Bondye pou rive akonpli Gran Komisyon an (Travay 1:8)

Etidye ak analize pasaj sa yo ki pale osijè de travay Sentespri a nan transfòmasyon kè lòm:

— Li ede nou nan feblès nou (Women 8:26)
— Li lapiyè pou nou (Women 8:26)
— Li anseye nou (Jan 14:26)
— Se yon Lespri verite (Jan 16:13)
— Li gide nou (Jan 16:13b)
— Li bay kretyen yo fòs (Travay 9:31)
— Konvenk, de peche, jistis ak jijman (Jan 16:8-11)
— Li konn tris (Efezyen 4:30)
— Netwaye lavi nou (Matye 3:11)
— Bay pouvwa pou nou sèvi temwen tout kote (Travay 1:8)
— Bay pouvwa pou nou konvenk peche (Women 7:17-20)
— Pral bannou yon vizyon tounèf (Travay 2:17)

Konklizyon

Prezans Sentespri a nan kè nou se pa yon sekrè ki kache. Sentespri a vini soulechan epi manifeste pou bay fwi atravè konpòtman nou. Fwi Lespri a bay la li parèt klè de debòdman li deyò tankou anndan. Kounye a nou konpann pi byen kisa ki te ministè Jezikris la, se menm nan ke disip li yo te dwe kontinye. Pwogram li te genyen devan li pat fasil epi li pat kapab reyalize ak zam lachè, men pito se avèk pouvwa ke Bondye bay Pitit li a Jezikris: pouvwa Sentespri a.

Ebyen, kisa Jezikris ap atann de disip li yo?

1. Moun ki konfese ke Bondye se Seyè a.
2. Moun ki konfese ke Kris la se Mesi ki te pwomèt la epi ki aksepte li kòm Seyè ak Sovè.
3. Moun ki angaje yo avèk Gran Komisyon an.

Moun ki ranpli ak Sentespi a. Si Jezikis, Pitit Bondye, te toujou bezwen prezans Lespri Bondye a, se piplis pounou bezwen sa nou menm? Èske w prè pou w vin disip Kris?

KATRIYÈM SESYON: WA EBRE YO
Otè : José Pacheco, Ann soumèt, Missouri, I.S.A.

Leson 40	Izrayèl Rejte Bondye	Leson 47	Avaris San Mezi Akab La
Leson 41	Viv Wa A!	Leson 48	Fidelite Ak Obeyisans Jozafa
Leson 42	Echèk Wa Sayil	Leson 49	Ezekyas, Ankouraje Yon Revèy
Leson 43	Kouwònman David	Leson 50	Manase: Imilye, Pini Ak Padone
Leson 44	Pi Bon Desizyon An: Repantans	Leson 51	Jozyas Renouvle Kontra Epi Refome Nasyon An
Leson 45	Saj Ak Fou Nan Menm Tan?	Leson 52	Jou Seyè A
Leson 46	Idolatri Jewoboram Nan		

Izrayèl Rejte Bondye

Pou aprann: "Seyè a di Samyèl ankò: -Ou mèt koute tou sa pèp la di ou. Paske se pa ou menm y'ap voye jete, se mwen menm menm y'ap voye jete. Yo pa vle m' pou wa yo ankò" (1Samyèl 8:7).

Objektif: Analize koz ki te pouse Izrayèl chèche pwòp chemen li; distenge ant direksyon Bondye ak presyon ke mond lan mete pou fòse nou ale lwen volonte Bondye.

Entwodiksyon

Nan tan pou pase nan etid la, Samyèl te yon granmoun ki te genyen 60 ane anviwon. Li te déjà pase 40 ane ap travay kòm jij nan peyi Izrayèl. Pou fè diferans de anpil lidè, Samyèl te relijye anpil epi akonpli avèk ofis lidè politik ak espirityèl pèp la.

Men te vin genyen yon jenerasyon tounèf ki te parèt nan pèp Izrayèl la ki te vle yon chanjman. Reprezantan pèp izrayèl yo te al kote li avèk demann sa : "Lè sa a, tout chèf fanmi ki te reskonsab pèp Izrayèl la sanble, y' al jwenn Samyèl lavil Rama. Epi yo di l': -Gade! Ou fin granmoun. Pitit ou yo pa swiv egzanp ou te ba yo. Koulye a, chwazi yon wa pou gouvcnen nou, jan sa fèt nan tout lòt peyi yo" (1 samyèl 8:4-5). Reyaksyon li te natirèl epi negatif: "Sa pat fè Samyèl plezi" (1 Samyèl 8:6).

Jozye te mouri anviwon ane 1,375 av.K. epi Samyèl te beni Sayil kòm wa nan ane 1,050 av.K.

I. Wa Yo Nan Peyi Izrayèl
1 Samyèl 8:1-3; 12:9-11

A. Peryòd Wa Yo

300 ane sa a yo nan istwa peyi Izrayèl la, se te nan peryòd jij yo, se te yon tan ki te gen anpil gouvènman. Nou li Bib la: "Nan tan sa a pa t' gen wa nan peyi Izrayèl la. Chak moun te fè sa yo pito" (Jij 21:25).

Apre lanmò Jozye, Izrayèl pa t genye yon gouvènman santral; pa t genyen okenn moun ki te ranpli tout kondisyon ki nesesè yo pou vin ranplase yon si gwo lidè brav. Chak tribi te koumanse bliye tout sa Bondye te fè pou yo pa mwayen ansyen zansèt yo. Pliske yo te bliye Bondye, yo te tonbe nan sèvi zidòl byen vit menm jan ak lòt nasyon yo. Prensip moral yo te fin pèdi nòmalman, sa te fè ke nasyon an tou te koumanse tonbe nan degraba.

B. Eche, Soufrans, Delivrans

Pandan 300 zan, dosye istwa Izrayèl la te toujou ap repete: peche epi resevwa pinisyon jis li ; li te repanti epi apre sa li te libere. Liv Jij yo rejistre "yon sesyon ki genyen sis apostazi; sis peryòd esklavaj anba lòt nasyon yo ; sis lapriyè pou mande liberasyon epi sis liberasyon" (Purkiser).

C. Jij Yo

Chak fwa Izrayèl te repanti, Bondye te leve yon lidè ki te òganize lame a kont lènmi ak moun ki t ap peze li yo. Sa yo bazikman se te lidè militè ke Bondye menm te chwazi pou libere yo anba opresyon lènmni an. Yo pat chwazi yo pou pozisyon yo, ran oswa eritaj familyal. Pandan twa syèk sa yo, Bondye te leve yon total de 15 ak 16 jiz nan peyi Izrayèl.

II. Samyèl, Dènye Nan Jij Yo
1 Samyèl 3:10-14; 7:15-16

A. Jenès Li

Nou jwenn istwa nesans ak anfans li nan chapit 1-3. Pliske li te yon timoun ki te gen paran li yo ki espirityèl anpil, li te fonksyone nan tanp Silo a.

Depi toupiti, Samyèl te demoutre yon yon entèlijans espirityèl ekstraòdinè. Bib la di nou konsa: "Men li menm, lè li rive bò estati zidòl yo ki toupre lavil Gilgal la, li tounen vin jwenn Eglon. Li di l' konsa: -Monwa, mwen gen yon komisyon pou ou, men fòk pa ta gen lòt moun la. Lè sa a, wa a di moun ki te la yo: -Kite nou pou kont nou! Tout moun ki te la avè l' yo soti. Wa a te chita nan chanm pa l anwo kay la, kote ki te fè fre anpil. Eyoud pwoche bò kote l', li di l' konsa: -Se yon mesaj Bondye ban m' pou ou. Wa a leve kanpe. Eyoud lonje men gòch li, li rale ponya a bò kwis pye dwat li, epi li sèvi wa a yon kou nan vant" (1 Samyèl 3:19-21).

B. Jij La

Samyèl te vin moute kòm lidv pandan de kriz envazyon yo. Filisten yo te maspinen lame Izrayèl la ki te genyen nan tèt li pitit eli yo. Filisten yo ki te gen anpil otorite, te pote ale lach alyans lan. Lè Eli te pran nouvèl sa, li te fè kè epi li tou mouri menm kote a (4:18).

Ventan apre (7:2), lè samyèl te genyen anviwon 20 tan, li te fè tout pèp la reyini nan Mizpa, kote Izrayèl te repanti epi ofri sakrifis bay Jewova. Pandan yo te nan reyinyon sa, lame filisten yo vin atake yo. Bondye te voye yon toumant kout zèklè ak kout loray pou fè yo pè jouskaske yo te kouri tounen pou kite pèp Izrayèl la trankil. Pou pwofite sikonstans sa, izrayelit yo kouri dèyè yo epi pran yo bat yo byen bat (7:1-12).

De dènye vèsè yo ki nan chapit 7 yo bannou yon rezime sou peryòd Samyèl kòm wa nan peyi Izrayèl.

II. Bannou Yon Wa
1 Samyèl 8:4-7, 19-22

A. "Kòm Samyèl Te Fin Granmoun" (8:1-5)

Nou pa konnen egzakteman ki laj Samyèl te genyen nan epòk sa; gen moun ki di ke li te genyen anviwon 60 tan. Nou konnen ke li te mouri byen lontan anvan lanmò Sayil (1 samyèl 25:1). Nan nenpòt fason, li te déjà pat kapab egzèse fonksyon li epi te kite pouvwa a nan men de pitit li yo.

Jenerasyon wa sa yo pat swiv egzanp papa yo; li te aksepte fè rakèt epi fè move jijman. Sa te fè sitiyasyon an te vin tèlman grav, moun pèp Izrayèl yo te fè yon manifestasyon nan lane 1,050 av.K.

B. Samyèl Fache (8:6)

Bib la di konsa: " Men pawòl sa pat fè Samyèl plezi: Bannou yon wa ki pou jije nou".

Repons Samyèl la te demoutre yon santiman lachè. Samyèl te fè eksperyans ak yon refi ki pèsonèl pliske li te sèvi pèp Izrayèl pandan prèske tout lavi li (v.7). Lè nou gade, entansyon pèp la se te svlman genyen yon gouvènman lapè menm jan ak pa Samyèl la ki te yon trankilite ki te dire prèske 50 tan.

Kòm pwofèt, granmoun sa te konnen ke Bondye te genyen yon plan pou Izrayèl. Izrayelit yo te genyen yon gouvènman "teyokratik", oswa yon gouvènman ke se Bondye menm ki dirije li ("demokrasi" vle di ke gouvènman tonbe anba men pèp la). Bondye t ap atann pou pèp la te gouvène tèt li atravè lalwa ke li te bay Moyiz la. Se pandan, pèp la refize direksyon Bondye pou direksyon lòm.

C. Direksyon Ki Soti Nan Bondye (8:7-8)

Bondye pa limite pa sikonstans pou li akonpli plan li yo. Samyèl te dwe aprann leson sa pandan ministè li. Devan yon sitiyasyon tankou sa nou dekrive a, li te fè pi bon sa li te kapab: "Li te lapriyè nan pye Bondye".

Bondye te reponn menm kote a: "Koute vwa pèp la nan tout sa yo di ou". Lapriyè a tou se te yon balzamo pou santiman blese li yo paske Bondye te di li: "Paske se pa oumenm yo rejte a, men se pito mwen menm, pou ka pa gouvène yo".

Lapriyè a te reprezante premye pa pou jwenn solisyon pou yon nouvo pwoblèm. Sa ki tounèf pou nou, pou Bondye li ansyen. Li bay oryantasyon ki nesesè pou nou kapab soti venkè. Sèl kondisyon li mande se toujou rete nan tèt kole avèk li.

D. Yon Avètisman Fidèl (8:19-22)

Se pa tout chanjman ki bon. Responsablite lidè kretyen yo se gide nouvo kwayan yo pou yo pran desizyon yo ak bon konprann. Bondye te di Samyèl konsa: ' 'Tou fè yo konnen ki jan yon wa pral boule ak yo" (v.9).

Samyèl te eksplike moun pèp Izrayèl yo ke yo pat kapab genyen yon gouvènman santral epi nan menm tan an libète konplèt yo t ap jwi nan moman an. Wa a te fè ta fè entèferans ak lavi yo, ak pa pitit li yo pandan li t ap fè yo tounen sòlda epi pwòp pèp li (vv.11-12). Pitit fi yo ta dwe travay pou yo tou (v.13). Anplis de sa, yo ta dwe bay wa a pi bon nan tè yo posede yo, anplis de peye kontribisyon sou sa yo rekòlte yo, rekòt ak gadinay yo (vv.14:17).

Apre li te fin avèti yo li di konsa: ' "Jou sa a, n'a rele anmwe pou wa nou an, wa nou

menm n ava chwazi a. Men lè sa a, Seyè a p'ap okipe nou" (v.18).

Men, nati lòm nan pèsiste. Nou vle reyalize koze pan ou malgre tout avètisman. " Men pèp la te derefize koute Samyèl. Yo t'ap di: -Non! Se yon wa nou vle pou gouvènen nou, pou nou kapab menm jan ak tout lòt nasyon yo. Wa nou an va gouvènen nou, l'a mache alatèt lame nou lè nou pral nan lagè, l'a mennen batay nou pou nou" (vv.19-20).

Konklizyon

Samyèl te konnen ke Izrayèl te pan yon move desizyon, men tou Bondye patap abandone yo. Lavi a pa menm apre yon move desizyon, men li toujou bon pou nou eseye fè volonte Bondye olye nou sispann sèvi li konplètman. Li tris pou yon moun mete plan Bondye yo dekote, me se pi grav lè moun nan refize plan li yo ki te déjà modifye.

Kòmantè

Pou anpil ane, Samyèl se te reprezantan Bondye nan mitan pèp Izrayèl la. Li te tavay pandan tout lavi li anfavè yo. Se te lojik ke fas ak demand lan, bò kote yon wa, Samyèl te santi li rejte. Bondye te console Samyèl lè li te fè li konnen ke moun ki te vrèman rejte a se te limenm. Izrayèl te bliye tout benediksyon li te resevwa nan men Bondye epi li te deside imite lòt pèp k ap viv nan vwazinay li yo.

Demand pèp la te vle di, mete yon nonm nan plas Bondye. Bondye obeyi ak demand lan pou plizyè ezon, pami yo, petèt sa ki pi fò a se te limenm kit e kreye lòm ak libète pou l chwazi.

Bib la fè nou konnen ke Seyè a renmen libète. Lòm te kreye pou l' te itilize chwa li vle epi pran youn oswa lòt chemen, men si li pa ta kapab fè chanjman nan opsyon sa. Moun sa a yo ki pran chemen repantans epi aksepte Bondye kòm wa lavi li ap gen krentif pou li, y ap obeyi epi, yon jou, y ap avèk li pou toutan.

Izrayèl te rejte Bondye... epi malgre sa li ba yo yon gwo wa ki plena k apaans pou ini nasyon an ak etabli yon wayòm ki ta pèmèt li viv nan mitan yon epòk vyolans.

Jodi a, lè n ap obsève desizyon Izrayèl la, nou ann kont ke li te fè mal. Bondye pa kapab anplase pa lòt moun!

Jozye, Lidè Enpòtan Nan Istwa Izayèl

Non Jozye a vle di: "Seyè a se Sali a". Li te kolaboratè epi moun ki te vini apre Moyiz, gran chèf pèp Bondye a. Non li te chanje de Oze pou Jozye, ki vle di Bondye se Sali a (Nonb 13:16).

Lè li te genyen 40 tan li te resevwa komisyon poul te al fè espyon nan Kanaan ansanm ak 11 lòt izrayelit. Se sèlman Jozye avèk Kalèb ki te wè Kanaan "avèk je Bondye"; lòt dis yo te sèlman wè gwo zotobre tout kote. Lè Jozye ak Kalèb te pote rapò yo bay pèp la, yo te tante lapide yo anba kout wòch, men Bondye te defann mesye yo ak gwo pouvwa li epi, sitou, poutèt lafwa yo nan li. Seyè a te bayo lavi epi pwomèt yo y ap antre nan tè pwomès la.

Karantan pita, lè Moyiz te mouri, Jozye te konsakre kòm lidè pèp la. Sou twazyèm jou a li te gentan ap travèse jouden an avèk pèp la; li te dejan genyen yon bèl plan kijan pou yo te antre pran Kanaan.

Lè Jozye te fin vye granmoun, li te reyini nan Sikèm epi egzòte yo pou yo pat abandone Seyè a. Jozye te moui lè li te genyen 110 zan. Li te antere nan Tinnat-Sera.

Samyèl

Samyèl, ki te genyen non li ki te vle di "Bondye yo te mande li", se te pwofèt ki te pi pwisan nan epòk jij yo nan peyi Izrayèl. Se te pitit Èlkana avèk Àn, fanm ki pat ka fè pitit la. Àn te lapriyè nan pye Bondye pou te bali yon pitit gason, epi Bondye te tande lapriyè li. Samyèl te fèt, epi yo te remèt li apre li te fin sevre nan tete, anba direksyon sakrifikatè Eli, limenm ki te genyen pou enstwi li nan chemen Seyè a.

Kòm yon timoun, Bondye te ele li epi mete je ak men l yo sou li. Lè li te vin grandi, depi Dan rive jous Beèseba, tout moun te rekonèt li kòm pwofèt, espesyalman paske Bondye te devwale sa nan Silo.

Lè Eli te vin mouri, jan Seyè a te dil sa pa mwayen Samyèl, se menm Samyèl ki te pran responsablite ak lidèchip nan tèt pèp Izrayèl la. Li te fè anpil efò pou pèp le te tounen vin jwenn

Bondye, paske l t ap mache lwen volonte Bondye.

Akoz de pitit li yo ke li pa t kapab di yo otan ni gouvène epi, fas ak menas nasyon payen yo ki tap viv nan vwazinay yo, granmoun yo avèk rès pèp la mande yon gouvènman ki gen wa. Bondye te pase Samyèl lòd pou te beni Sayil kòm wa nan peyi Izrayèl.

Samyèl te gen opòtinite pou l te vin sakrifikatè, jij, pwofèt epi fondatè anpi a. Wòl prensipal li se te òganizasyon wayòm nan.

Poukisa Bondye Vle Vin Wa Lavi Nou?

Bondye vle vin wa lavi nou pou l kapab renmen nou epi bannou yon lavi ki pibon. Anpil moun vle viv san Bondye ni lalwa. Gen lòt ki prèt pou vin wa tèt yo nan syèk sa. Nan fè nwa a nou jwenn Wa tout wa yo, ap kriye ak men li lonje, ap priye pou ke nou apwoche vin jwenn li. Ala difisil sa difisil pou konprann rezilta tèt di ak avègman anpil moun, sitou apre yo fin wè sa ansyen zansèt yo te pase pou dezobeyisans yo devan Bondye.

Lanmou Bondye a kontinye atravè anpil syèk. Li vle pou vin wa nou pou bannou lavi ki pap janm fini an, sekirite, prezans li manm nan move jou lia k sentete kòm yon kalite lavi. Iin ou kite pou Bondye vin wa nou, l ap pran responsablite li avèk nou. N ap toujou anba pwoteksyon li.

Nou Vle Vin Tankou Tout Moun!

Te genyen yon tiganmoun ki te konn travay latè ki te abite nan yon forè avèk madanm li ak pitit li yo ki te déjà fin gran. Yo te soti nan yon peyi byen lwen pou yo te vin rete la. Yo t ap viv byen lwen enfliyans defans wayal la ki te distenge nan distans lan. Pasòn moun pat konn pase nan zòn sa, pèsòn pa t gen enterè pou al viv la ni al anmègde lavi vye ganmoun marye sa yo ak fanmi yo. Men, se pitit yo ki te koumanse di:

— Papa, poukisa nou pa kapab genyen yon wa menm jan ak tout lòt moun yo? Ann bati yon paviyon nan limit defans lan. Wa a va defann nou nan ka nou ta andanje epi konsa nou ta kapab chèche kote pou nou kache dèyè mi yo.

— Pitit mwen yo… jouskaprezan nou viv byen, lib epi nou pa manke anyen. Mwen pan swen nou depi lè nou te piti epi mwen chèche tout sa nou gen bezwen pou nou viv chak jou. Nou se pitit mwen epi nou pa dwe banm rekonpans, men wa a gen pou mande nou obeyisans pou pwoteksyon l ap bannou an. Pitit li yo replike:

— Nou bezwen genyen yon wa, menm jan ak lòt fanmi yo! Nou bezwen yon wa!

— Fanmi an te bati paviyon an sou teren wa a. Yon vye tikras tan apre, minis ekonomi an te rive epi mande yo yon pati nan rekòt yo pou mete nan grenye wa a, yon pati nan bwa yo ak yon pati nan fwi yo te ranmase yo pou prepare tab Gran Dam nan. Pita, minis defans lan te vin di yo konsa ke wa a voye anonse yo ke l ap prepare li pou ale nan lagè kont yon lòt wayòm lènmi. De pigran pitit yo te dwe prezante tèt yo nan lakou palè a pou defann seyè yo.

— Ann retounen kote nou te ye anvan an, --- pitit yo rele: papa!

— Se enposib. Wa a ta voye nou al touye. Ou konnen byen ke nou genyen pou nou ta peye yon gwo pri, sa a se lalwa lèzòm. Lè nou t ap viv byen lwen lòtbò a, lavi nou te senp, nou te lib epi nou te santi nou se pou youn lòt tankou yon fanmi. Bondye te toujou pran swen nou. Poukisa nou te bezwen yon wa si nou te déjà genyen youn?

Leson 41

Viv Wa A!

Pou aprann: "Tansèlman, Seyè a, Bondye nou an, va kanpe avèk nou si nou gen krentif pou li, si nou sèvi l', si nou koute sa li di nou, si nou fè tou sa li mande nou fè, si nou menm ansanm ak wa k'ap gouvènen nou an nou fè volonte li nan tou sa n'ap fè." (1 Samyèl 12:14)

Objektif: Obsève piplis fidelite dirab Bondye anvè pèp li a.

Entwodiksyon

Lavi Sayil te plen ak difreans. Pa gen okenn moun ki te genyen yon kòmansman plis remakab nan misyon yo te chwazi pou l te akonpli a.

Gen anpil bagay pou moun admire nan karakteristik jèn Sayil. Se Bondye ki te chwazi li pou yon travay byen enpòtan ; li te byen kapab rive vin moun ki plis fè siksè pami tout wa yo, si li te kontinye jan li te kòmanse a.

I. Sayil: Konsakre Pa Bondye
1 Samyèl 9:1-10:10

Kisa sa anseye nou lefèt ke Bondye, malgre li fè sa li vle, li te aksepte demand pèp la ?

Pèp Izrayèl te soufri anpil anba men pitit Samyèl yo ki te avaris (8 :3). Konsa, ansyen yo te chita pale avèk Samyèl pou mande li yon wa jan lòt nasyon yo te genyen l lan (8 :5)

Menm si demand lan pat fè Samyèl plezi, Seyè a te di pwofèt la konsa: "Seyè a di Samyèl ankò: -Ou mèt koute tou sa pèp la di ou. Paske se pa ou menm y'ap voye jete, se mwen menm menm y'ap voye jete. Yo pa vle m' pou wa yo ankò. Depi lè mwen te fè yo soti kite peyi Lejip la, se sa ase y'ap fè m'. Y'ap vire do ban mwen, y'ap sèvi lòt bondye. Se menm bagay la y'ap fè ou jòdi a tou. Se poutèt sa, koute sa y'ap di ou. Tansèlman, avèti yo pou mwen. Tou fè yo konnen ki jan yon wa pral boule ak yo" (8:7-9).

Apre li fin repwoche pèp la yon lòt fwa ankò, Samyèl te resevwa enstriksyon nan men Bondye: "Bayo yon wa" (8:22).

A. Bondye Chwazi Sayil (9:1-10:1).

Apre Samyèl fin voye ansyen yo tounen lakay yo, li te tann direksyon Bondye. Sa a pat pran anpil tan poul l te vini.

Sayil avèk domestik li a t ap chèche kèk bourik ki te pèdi ki te pou Sis. Ape yo fin tèlman chèche, domestik la te ba l konsèy pou al konsilte Samyèl. Pandan tan sa, Bondye te déjà devwale Samyèl ke wa peyi Izrayèl la t ap chèche li. "Men nonm mwen t'ap pale ou la. Se li ki pral gouvènen pèp mwen an" (v.17).

Pwofèt la te di jèn Sayil konsa ke yo te déjà jwenn bourik papa li yo, men li te dwe rete pou yon fèt sakrifis. Apre sa, li te di l ke se limenm Bondye te chwazi pou vin gouvène nasyon an. Nan demen maten Samyèl vide lwil sou tèt Sayil ansekrè epi fè li konnen ke Bondye te chwazi li pou vin wa nan peyi Izrayèl.

B. Bondye Ranpli Sayil Avèk Lespi Li (10:2-16).

Lè Sayil fin di Samyèl orevwa, "Bondye fè Sayil tounen yon lòt moun nèt" (10 :9). Lè Sayil rive lavil Gibeya ak domestik li a, yon bann pwofèt vin kontre avè l'. Lespri Bondye a desann sou li epi li pran danse, li pran bay mesaj tankou yo (v.10).

Konsa, mete sou don ak talan li yo (1 Samyèl 9 :2), onksyon Bondye te ajoute. Pèsonalite ak kapasite yon moun ta genyen pou sèvi li yon vye tikras si moun sa pa resevwa touche Lespri Bondye a.

Samyèl te rasanble pèp la nan Mizpa pou kouwone Sayil wa piblikman. La a pwofèt la te pale byen klè, avèk avètisman pou move desizyon yo.

C. Bondye Rejte

Samyèl, fas ak demann Izrayèl ki te vle yon wa, li te santi ke yo te rejte li (1 Samyèl 8). Sepandan, Bondye te di li ke se pa pwofèt la pèp la te rejte, men se pito limenm Bondye paske Samyèl se te reprezantan li.

Gen anpil moun lè yo preche, anseye oswa bay temwayaj, yo santi yo refize pèsonèlman lè efò espirityèl yo refize, men reyèlman, moun ki refize a se pa mesaje a, men se pito moun ki voye mesaje a.

D. Yo Bliye Favè Li Yo

Samyèl te raple pèp la gwo mèvèy Bondye te fè nan mitan yo. Pwofèt la te fè yo sonje ke Bondye te libere yo nan esklavaj peyi Lejip epi anba anpil lòt lènmi pandan tan jij yo; epi tou li te delivre yo anba kalamite ak tribilasyon. Pèp Izrayèl la, olye yo mete konfyans yo nan pouvwa Bondye, yo te prefere mete konfyans yo nan pouvwa lòm.

II. Sayil: Enb Nan Lespri
1 Samyèl 10:20-26

Kisa reyaksyon Sayil la devwale nou lè li te fin eli kòm premye wa nan peyi Izrayèl ?

A. Eli Nan Tiraj

Samyèl te chwazi fè tiraj pou chwazi wa Izrayèl. Chak tribi te prezan epi se pa Bejamen an ki te jwenn chans lan. Apre sa, brancha fanmi Bejamen yo, fanmi Natri te jwenn ; apre sa, Cis ; finalman Sayil.

B. Otonegasyon

Sayil t al kache, li pa t vle yo jwenn li (v.22). Apèn nou kapab imajine nou sa Sayil te kapab santi pandan pwosesis sa. Konpòtman li moutre imilite li byen klè. Li pat kapab kwè ke Bondye te kapab chwazi li kòm wa peyi Izrayèl.

III. Sayil: Yon Nonm Admirab
1 Samyèl 10:23-24

Nan kisans aparans Sayil te enspire konfyans ak onètete nan je pèp la ?

A. Gwo Pòtray

Figi Sayil te parèt brav ; lè li te kanpe menm kote ak Samyèl, tout moun te obsève ke "depi sou zèpòl pou rive anlè, li te piwo pase tout pèp la" (v. 23).

Gen plis pase estati, fòs fizik ak bon aparans, pou ke yon lidèchip ive reyalize avèk siksè. Moun ki genyen yon gwo estati santi l kontan epi li kapab konbine li ak jantiyès epi kalite espirityèl yo.

B. Bondye Ki Chwazi Li

Prezantasyon Samyèl bò kote Sayil te bay pèp la sekirite ankò pou moutre ke se Bondye ki te chwazi pitit Cis la : "èske nou pa wè moun Bondye chwazi a, pa genyen pèsòn tankou l nan tout pèp la non ?"

Pèp la te reponn menm kote a epi avèk anpil kv kontan : "Viv Wa a !"

C. Atiran Nan Responsablite (10:25-26)

San dout, pwofèt la te repete yon pòsyon nan avètisman li yo nan 1 Samyèl 8:11-18 epi tou resite Detewonòm 17:14-20, kote nou jwenn lalwa Bondye a pou konpòtman wa a. Apre sa, Samyèl te voye pèp la tounen lakay yo.

Se klè ke Sayil te kapab kòmande yon lame san l pa mete inifòm wa. Kalite lidè l yo pat depann de aparans otorite, men pito kalite pèsonèl pwisan ke l te genyen. Gen anpil moun ki lidè pou wòl yo okipe. Lòt menm se lidè pou yon senserite nan kè ki fasil pou santi, men ki difisil pou dekrive.

IV. Sayil: Konpasif Nan Lespri

Kouman Sayil te demoutre karaktè noblès li nan premye ane gouvènman li ?

Aparamman se pa tout moun ki te dakò ak chwa nouvo lidè peyi Izrayèl la. Li pwobab pou te genyen kèk anbisyon, byen petèt gen plizyè lòt ki te vle se te yomenm ki te pou vin gouvène nasyon an.

Lidè yo nan nenpòt branch nan lavi,y opa jwenn kritik plis egzajere pase moun sa yo tou ki "anvi" epi ki lage kò yo anba tristès dezi echèk moun nan pou genyen menm wòl ke lòt la te genyen an.

A. Silans Fas Ak Kritik

Sòl te konsyan de opozisyon moun ki pat vle wè li yo; men, "li te oblije dakò" (v. 27). Kritik ki pa jis, li pa bon epi difisil pou sipòte. Men Sòl te prè pou rete tann, konfye ke Bondye t ap defann ministè li a.

B. Pitye Pou Lènmi An

Chapit 11 lan rakonte premye defi nan lidèchip Sayil al avèk premye viktwa li fas ak premye kriz la.

Sayil te aji byen deside. Ansanm ak izrayelit yo, li te òganize fòs li yo fè twa branche pi, nan yon atak sipriz, yo te blese ak maspinen moun peyi Amon yo.

Pèp la t ap mande pou yo te touye tout moun ki te kont Sayil nan peyi Izrayèl, Men, Sayil di yo konsa: "Nou p'ap touye pesonn jòdi a. Paske jòdi a se jou Seyè a delivre pèp Izrayèl la" (v.13). Samyèl te rasanble pèp la yon lòt fwa ankò, kontra wayòm nan te renouvle " epi pèp la ak tout Sayil te kontan anpil anpil" (v.15).

Konklizyon

Wayòm Izrayèl la avèk wa li a te kòmanse byen. Sayil te genyen tout kalite yo pou l te reyalize siksè ki pibèl la, si l te deside obeyi Seyè a.

BIYOGRAFI

Wa Sayil

Lè Izrayelit yo mande pou yon wa, Bondye gade sou Sayil, nan branch fanmi Benjamen nan lavil Gaaba, li bay lòd pou l chwazi pa Samyèl. Kòmansman li te byen, men akoz de ògèy li, li te tonbe nan dezobeyisans devan Bondye epi tou pou jalouzi li te pote sou David, ke li te pèsekitè ak tout limenm, paske David te gen anpil fanatik nan tout pèp la. Malgre David te moutre li prèv fidelite ak respè, jalouzi Sayil yo te avegle nanm li avèk kè li.

Sayil te wo, bèl pòtray, janti, kalite esansyèl, espesyalman pou yon moun Bondye taka chwazi. Malerezman Sayil pat konnen kijan pou l te kiltive kalite sa yo. Li te komèt yon krim espirityèl paske li te genyen yon konsèp de plis pase sa li te dwe genyen.

Bondye te ba li chans pou lmte vin premye wa nan peyi Izrayèl, men, li te vle fè bagay yo nan fason pa yo. Ape lanmò Samyèl, filisten yo ann kont ke Bondye pat ansanm avèk Sayil ankò epi yo te deside atake. Si Sayil te lage kò li nan men Bondye, li tap tounen maspinen yo ankò. Malerezman epi nan gwo tristès li t al konsilte yon divinèz oswa adivin, nan Endò, malgre nan kòmansman ministè li, li te mete tout moun ki te konn fè maji ak divinò deyò nan peyi Izrayèl. Diskou wa ki te pè ap tranble a te san pozisyon ak kò li: "-Mwen nan gwo tèt chaje: Moun Filisti yo ap fè m' lagè. Epi Bondye vire do ban mwen. Li pa pale avè m' ankò, ni nan rèv, ni nan mesaj pwofèt yo. Se poutèt sa, mwen fè rele ou pou ou ka fè m' konnen sa pou m' fè" (1 Samyèl 28 :15).

Li klè ke twopèt jijman pou dezobeyisans lan te deja fè tande son mòtèl li.

Lè batay sou montay Gilbowa te rive epi filisten yo te prè pou yo detwi fanmi Sayil la. Premye moun ki te tonbe yo se te pitit li yo. Apre sa, Sayil te blese epi mande sekirite l la pou touye li. Paske l pa t vle fè sa, se limenm ankò ki touye tèt li pandan li lage kò li sou nepe li te genyen pote a.

APLIKASYON PRATIK

Ministè Padon Ak Rekonsilyasyon Nan Legliz La

Atravè tout istwa sakre yo nou jwenn kote Bondye te toujou ap fè alyans avèk lòm, men lòm te toujou vyole yo, pandan y ap kouri ale lwen Kreyatè a. Konsa, Bondye menm nan sentete ak jistis li fè pwovizyon pou chak moun ki kapab eksperimante padon ak rekonsilyasyon an.

Nou menm, kòm legliz, nou dwe asime ministè padon ak rekonsilyasyon sa ke Bondye menm te remèt nou. Mesaj levanjil la pote lapè. Si Kris se lapè nou, lapè sa dwe pataje ak lòt moun. Objektif Kris la se bannou lapè epi li aksesib pou tout moun, san gade sou koulè, ras, sitiyasyon sosyal oswa ekonomik. Kris te resisite pou fini avèk diskòd, fè lènmi, jalouzi ak rayisab.

Kolosyen 1 :20-21 pale nou de travay delivrans lan ki te posib pa mwayen san Kris la. Men malge ke Kris la te bay lapè ak ekonsilyasyon sa, konbyen moun, pandan plizyè ane ki pote valiz boure ak rayisab, rankin ak fistrasyon ? Genyen anpil nan yo apre yo fin dechaje tristès yo, yo pale de travay netwayaj Sentespri a. Sa a kontrè ak lapè e restorasyon ke Kris te bay la.

Legliz la avèk nou, nou dwe prepare pou nou bay repons avèk imilite. Si gen yon obstak, sa dwe chèche byen rapid yon restorasyon. Kapasite pou padone a, menm jan yo te padone nou, li enpòtan pou nou anpil.

ORIJIN BIBLIK

Bondye Avèk Sentespri A Nan Ansyen Testaman (Vide Lwil La)

Ansyen Testaman genyen ladan li 86 referans ak Lespri Bondye oswa Seyè a nan dezyèm vèsè nan Bib la (Jenèz 1:2) di konsa: "Lespri Bondye t'ap plane sou dlo ki te kouvri tout latè". Nan panntatek la, Jij ak 1 ak 2 Samyèl, 14 pasaj.

Ant Ezayi ak Ezekyèl, 28. Sòm sis fè referans ak rès referans ki nan lòt liv yo.

Mo "lespri" soti nan mo ebre ruach ki vle di lavi, souf, van epi fè referans ak pouvwa epi grandè Bondye.

D. William Geathouse divize pa Ansyen Testaman yo fè twa gwoup: (1) Referans aktivite Lespri a nan mond lan anjeneral; (2) sa a yo ki pale de Bondye epi aji depi davans nan mitan pèp li a epi, (3), referans ak Mesi a avèk lè a (oswa dispansasyon) lespri a.

Ansyen Testaman fè plizyè referans ak lwil kòm Senbòl Sentespri a, ki te itilize pou vide sou moun tankou (sakrifikatè, wa oswa pwofèt yo) oswa objè ki te konsakre pou sèvis Bondye. Lwil la toujou sanble ak santtifikasyon ak pouvwa Sentespri a. Moun ki te resevwa kòn lwil la te dwe mete tèt li apa, konsakre pou Bondye.

"Moun ke Bondye chwazi a" se te tit ofisyèl sa yo ki egzèse gouvènman anba lòd Seyè a. Chwazi soti nan mo ebre mashiach. Se konsiderab ke nan Nouvo Testaman transliterasyon grèk mashiach se Mesi epi genyen menm siyifikasyon an.

Sòm 51:11 ak Ezayi 63:10-11, genyen yon sans moral ak espirityèl: restore, netwaye, konsakre. Se te yon mesaj davans de travay delivrans ak sanntifikasyon Kris la.

Sentespri a se Twazyèm Moun nan Trinite a, ki anseye nou, gide, bannou pouvwa, otorite ak sentete pou nou viv konfòm ak volonte Bondye.

Leson 42

Echèk Wa Sayil

Pou aprann: "Lè sa a, Samyèl di l' konsa: -Dapre ou, kisa Seyè a pito: yon moun k'ap ofri bèt pou boule nan dife, k'ap fè tout kalite ofrann bèt pou li, osinon yon moun k'ap fè sa li di l' fè a? Konn sa tande! Pito yon moun fè sa Seyè a di l' fè a pase pou l' touye bèt ofri pou Bondye. Pito yon moun soumèt devan Bondye pase pou l' ofri bèl belye chatre pou Seyè a." (1 Samyèl 15:22).

Objektif: Konprann ke rezilta dezobeyisans lan se echèk espirityèl, se poutèt sa nou dwe evite tout sa ki anpeche nou sèvi Bondye ak pwochen nou.

Entwodiksyon

Yo te jwenn nan Sayil tout kondisyon yon moun te kapab mande pou yon bon wa. Li te genyen konfyans pèp la. Tout bagay ta sanble li tap genyen yon gouvènman ki long epi efikas.

Menm kote a, yon pwoblèm ki grav mete pye nan lavi li. Malgre tout opinyo li enposib pou konprann echèk trajik premye wa peyi Izrayèl la. Pwoblvm nan se paske Sayil te kite l dirije ak dezi foul moun yo. Chak fwa Sayil te soti nan volonte Bondye, se te pou yon sèl motif : dezi pou l te moun plezi epi vin popilè (1 Samyèl 13:11 ; 15:25 ; ak 18:8).

I. Echèk Total Sayil La
1 Samyèl 15:10-15

Kisa ki te nati ak okazyon echèk total Sayil la?

Se pat pou premye fwa Sayil te dezobeyi Bondye (1 Samyèl 13:8-14), sepandan, evènman sa mete etanp sou echèk total ak final Sayil.

A. Yon Lòd Ki Klè Pou Disparisyon

Volonte Bondye a te klè; pat gen okenn plas pou dout. Moun pèp Amalèk yo, ki te genyen yon nivo imoralite byen woki te menm jan ak kansè k ap manje kò lòm (Levitik 18 :2-25), yo te dwe detwi. Konsènan sa, Bondye te bay enstriksyon ki byen klè nan 1 Samyèl 15 :3.

B. Obeyisans Pasyèl

Pandan li te fè zanmi seneyen li yo ki te abite nan minan moun Amalèk yo (v.6), Sayil te ataque ak detwi ansíen lènmi Izrayèl la. Li te kapab akonpli lòd Bondye klè; sepandan, Sayil te akonpli komisyon an ak mezi.

Yon etid ki fè konparezon de 1 Samyèl 27:8 ak 30:1, pral moutre nou ke Sayil te konfòme li sèlman nan fè atak kont kapital la san goumen ak pwovens ki nan alantou yo.

Anplis de sa, li pran wa Agag touvivan, sa ki pimal nan koze a, limenm avèk pèp la, yo padone li. Sanble ke l te fè sa pou gwo retou li a gen plis fòs. Apre sa, yo te konsève tou animal ki te gra yo, epi detwi sèlman sa ki te "mèg ak lèd yo". Nan sa, Sayil sanble avèk anpil moun ki jodi a vle "achte" Seyè a avèk yon obeyisans pasyèl oswa limite. Li enpòtan pou sonje ke obeyisans pasyèl la sensèman se pa obeyisans epi byento l ap pase pou yon dezobeyisans konplèt.

C. Mankman Nan Responsablite

Sayil, kòm Ananyas ak Safira plizyè syèk pita (Travay 5:1-10), te deklare Samyèl obeyisans frivòl li fas ak volante Bondye. Men, manti grav li a tapral parèt aklè devan tout moun. Pwofèt Bondye a te reponn: "Ki tout bri mouton ak bèf m'ap tande nan zòrèy mwen konsa ?" (v.14)

Otojistifikasyon an, yon karakteristik ki sanble ak pa Sayil la, li te enb ankò nan repons li a: "Anhan! Se bèt sòlda mwen yo pran kay moun Amalèk yo. Yo pran pi bèl mouton yo ak pi bèl bèf yo, yo pa touye yo pou yo te ka ofri yo bay Seyè a, Bondye ou la. Men, yo touye tout rès yo nèt tankou yon ofrann pou Bondye" (v.15). Li pat konfese pati pa l la nan obeyisans sa. Li te defann tèt li lè li te di ke yo te konsève animal yo se pou yo te kapab ofri sakrifis bay Seyè a.

II. Pyèj Popilarite A
1 Samyèl 15:20-21

Èske opinyon ak dezi moun yo se motif ki sifi pou abandone lafwa? Poukisa ?

A. Sayil Abandone Responsablite Li (15 :21)

Sayil te diskite lè Samyèl te kontrekare li, Samyèl di li te obeyi lòd Bondye, menm si li te konsyan ke l te sove lavi Agag. Sepandan, yon lòt fwa ankò li te bay pèp la chay la pote paske yo te sove lavi animal yo; men Sayil se te wa a, kidonk, li te kapab mande pèp la pou yo obeyi Bondye.

B. "Seyè Bondye A La"

Vèsè 15 ak 21 yo moutre yon chanjman etranj nan fason Sayil pale. Déjà li pat pale de Bondye l la, men se pito sa te vin "Seyè Bondye w la". Dezobeyisans lan te separe li ak Bondye. Sayil te déjà pa kapab pale de yon relasyon avèk Bondye nan premye pèsòn.

Pa kapab genyen yon relasyon entim ant Bondye ak moun ki te pèmèt peche antre nan lavi li (1 Jan 1:6-7). Se menm jan tou ke relasyon ant moun ki marye yo fini lè gen sa ki rele enfidelite, pa kapab genyen yon relasyon entim ak Bondye lè yon moun ap mache nan dezobeyisans.

III. Obeyisans Ak Sakrifis
1 Samyèl 15:22-26

Nan ki fòm Samyèl konpare valè relatif sakrifis yo avèk pa dezobeyisans volonte Bondye a? Poukisa Samyèl pat aksepte konfesyon soulafòm Sayil la?

Rezon ke Sayil te bay osijv de mouton ak bèf moun pèp Amalèk yo, sanble sen ak agreyab. Pèp la te pran bèt yo "pou ofri sakrifis bay Seyè Bondye w la nan Gilgal". Men, repons Samyèl la nan vèsè 22 a te kont pretansyon Sayil la. Li eklèsi, san dout, ke obeyisans devan Bondye plis enpòtan pase sakrifis yo.

A. "Obeyisans Pi Enpòtan Pase Sakrifis Yo" (15:22)

Sanble ke anpil moun nan peyi Izrayèl te panse ke Bondye ta satisfè avèk seremoni adorasyon piblik yo. Samyèl pa t rejte sakrifis sa yo, men se sa ki manke entegrite ak devosyon moun ki ofri li a. Sakrifis sa yo se te abominasyon devan Bondye (Ezayi 1:13-18). San obeyisans, sakrifis yo pa vo anyen.

Konbyen moun nan legliz la ki depann de "sakrifis yo" sèlman? Sa vle di, yo depann de tradisyon relijye yo, de akonplisman ak tout "regleman" epi ak tout angajman piblik yo, men, yo pa obeyi Bondye.

B. "Rebelyon An Se Menm Jan Ak Peche Divinasyon An" (15:23)

Anba lalwa Moyiz la, peche divinasyon ak idolatri te genyen pèn lanmò. Men Samyèl demoutre ke rebelyon ak tèt di se peche ki grav menm jan ak sa yo.

Regretman an se yon doulè nou santi pou peche nou te komèt yo. Nan ka sa a, sanble Sayil pa t genyen regretman pou dezobeyisans li devan Seyè a. Epi menm si Bondye te rejte li, li te prewokipe pou opinyon moun: "Mwen peche, se vre! Men, pa fè m' wont devan tout chèf pèp mwen an, devan tout pèp Izrayèl la. Tounen avè m' pou m' ka fè sèvis pou Seyè a, Bondye ou la" (v.30)

Anvi pou gen popilarite Sayil la te grav anpil. Pa genyen okenn ipokrizi ki pi gwo si w kapab konsève souri foul moun yo. Li tap mande Samyèl pou l te mete tèt ansanm avèk li nan rebelyon li a.

C. Tristès Mond Lan Pwodwi Lanmò (2 Korentyen 7:10)

Pa genyen okenn peche ki twò gwo pou Bondye pa padone, se sèlman peche kont Sentespri a (Mak 3:28-30). Vrè repantans lan se pa pou yon motif de sa peche a kapab koz kòm rekonpans, men se pito pou doulè ke moun nan santi apre peche a. Sayil te eseye evite konsekans ke l te koumanse sispèk (li ta pèdi twòn nan). Pi gwo preokipasyon li se pa t pou l te fè Bondye plezi, men se te pito fè pèp la plezi.

D. Peche A Resevwa Pwòp Rekonpans Li

Pinisyon Bondye pou peche se pa enjistis. Nan chak ka, lòm kondane pwòp tèt li pandan li pat menm merite lavi ki pap janm fini an (Travay 14:16). Bondye te rejte Sayil paske li te rejte Bondye anvan (Jan 3:19).

Konklizyon

Solisyon pou travay nan wayòm nan epi evite echèk espirityèl, se mache nan men Bondye epi viv nan obeyisans konplèt devan li. "Objektif tout kretyen k ap grandi se vin sanble ak Bondye. Pou nou rive reyalize sa, nou dwe maache menm jan Jezi te konn mache a (1 Jan 2:6). Nou pa dwe sezi paske gen yon moun ki te di konsa: "Se te yon gwo koze pou m te vin sove; pigwo sa se paske mwen vinn sanntifye; men pi gwo mèvèy nan lavi se mache ak pale avèk Jezi chak jou" (Vizite lafwa kretyen nou, p.492).

Enpòtans Obeyisans Anvè Bondye Nan Lavi Kretyen

Dietrich Bonhoeffer, teyolojyen alman ki te mouri nan teren konsantrasyon an, te di konsa: "Se sèlman kwayan ki obeyisan, sèl moun ki obeyisan ki kwè". Se vre ke pa genyen pèsonn moun k ap kapab fè eksperyans ak yon konsekrasyon konplèt si se pa mwayen obeyisans. Tout bagay nan lavi mande disiplin.

Sa a dwe vlope opòtinite, respè pou lòt moun, obeyisans, soumisyon, imilite, elatriye.

Obeyisans anvè Bondye ak legliz la fv nou apwoche bò tab kominyon an, de akonpayman, nan separe pen an. Obeyisans lan dwe kòm fwi k ap soti nan pyebwa Bondye. Konsa, menm jan pa kapab genyen fwi san pyebwa, pa kapab genyen obeyisans san soumisyon, san kominyon.

Nou kapab di ke obeyisans lan se sonje ke lafwa baze ak tout fòs li sou pwovizyon Bondye pou Sali ak sanntifikasyon nou. Sepoutèt sa, sèk konpòtman ki aksepte devan prezans Bondye se sa ki deklare totalman, konplètman depann de Bondye, pou li kapab fè volonte li nan lavi nou.

Bondye te moutre nou lanmou li lè l te voye Jezi vin mouri sou bwa Kalvè a. Ki pi gwo obeyisans pase sa ? Kris la te aksepte plas nou an epi sove nou anba peche, pou nou kapab resevwa delivrans Seyè a.

Yon kretyen kip a obeyi Bondye, se yon fistre, ki pa genyen gras Bondye. Ou poko janm kapab pote laviktwa paske w pa prè pou w peye pri a: Swiv Kris jouk nan dènye konsekans yo. Soumèt ou konplètman anba obeyisans Bondye.

Obeyisans Anvè Kreyatè A

Nan teren Ajantin ak nan vale Bolivi gen yon zwazo ki fabrike nich li avèk labou melanje avèk pay. Nich la genyen de pati ladan li epi genyen fòm yon recho, poutèt sa yo bay zwazo sa non, bòs recho. Pou travay pasyan ak dirab pou li te fè melanj lan pou konstwi nich la kont van ak toumant, ti zwazo piti sa senbolize travayè ki brava k pèsistan.

Men okontrè, gen lòt zwazo ki rele tigri, ki sanble ak zòtolan. Ti zwazo sa pwofite absans bòs recho a pou al mete ze nan nich la pou yo kouve ak kale pa mwayen sa ki pat mete l la.

Yon lejand kanpès rakonte ke yo te dwe, ke lè pre koup bòs recho yo te rankontre, yo te pase kondisyon pou youn al chèche labou a epi pou lòt la rete ap konstwi epi veye kal la. Epi se konsa yo te fè li. Men, lejand lan rakonte ke detanzantan, kòm you toude a te vle jwi lanati ansanm, yo te kite nich la pou yon titan, ke zòtolan te pwofite pou ponn ze li a la. Lejand lan fini pou l di k esa te pase bòs recho a paske yo pat obeyi konsèy Kreyatè a. Pou tout travay sa yo ak sakrifis pou konstwi yon bon travay, pou vin kouve ze zòtolan.

Konsèy: Kretyen an dwe obeyi Bondye totalman ; pou sa pa rive ke apre l fin bati yon si bèl fwaye, pou dezobeyisans, li bay lènmi an posiblite pou ponn jèm mechanste li, dout oswa neglijans.

Lanmò Sayil

Sayil, pou lanmisyon li, Bondye te rejte li epi, Bondye te voye Samyèl al vide kòn lwil la sou tèt David kòm wa peyi Izrayèl.

Sayil, gwo solda lagè, nan dènye batay la, li te jwenn konsekans ki grav. Tèt di li te ye, li te vyole tout prensip yo epi sa pat konsène li kite vètman li yo ak lòt bagay pou al wè yon divinò. Li pat konsidere ke Bondye te rejte tout idolatri ak lespri divinèz. Se te pito, fin fou pou dezi li, li te ale nan Endò pou konsilte yon divinèz.

Li te mande divinèz la pou l te fè lespri Samyèl parèt. Li te konnen byen ke yon kilt pou mò se te yon peche grav, men lespri li te déjà pèdi tout rezon. Li te déjà pèdi tout sans moral epi te aji déjà tankou moun fou. Anpil kòmantv di konsa ke Sayil pat wè Samyèl, li te sèlman kite li dirije pou tout sa fanm nan t ap di li.

Sayil te dezobeyi Bondye epi, pou vye fot sa li te fè devan moun Amalèk yo, li te lage chay la sou pèp la epi pat pran responsabli te li. Sayil te tande pawòl tèrib yo : "Demen, oumenm avèk pitit ou ap mouri. Demen w ap ansanm avèk mwen". Sayil pat kapab ankò, li te tonbe san fòs.

Li te wè nan tout fasad vye konpòtman li epi nan lespri li, li te pran fyèv, apre li fin pase yon bon tan nan klète, li te dwe rann li kont de sa ki te anvayi l la. Li te rejte fizik ak espirityèlman.

Peche a te bouche lespri li epi fv li avèg. Tout limyè te etèn pou nonm sa ki te kapab genyen tout bagay. Li te jwenn onè, richès, respè, fanatik, men li pat janm kapab domine ògèy ak rebelyon li.

Pwòp nepe li ta travèse li pou l pèdi lavi li, men li te déjà blese ak sikonbe pa mwayen glwa pasaje, pou chanalite li. Anbisyon ak pouvwa li te domine a.

Leson 43

Kouwònman David

Pou aprann: "Gouvènman li p'ap gen finisman. Nan peyi l'ap gouvènen an se va kè poze san rete. L'ap chita sou fotèy wa David la. L'ap gouvènen peyi wa David la. L'ap fè gouvènman an byen chita, l'ap ba li bon pye paske l'ap fè sa ki dwat. Li p'ap nan patipri, depi koulye a jouk sa kaba. Se Seyè ki gen tout pouvwa a ki soti pou fè tou sa rive vre" (Ezayi 9:7).

Objektif: Konprann ke Bondye fidèl avèk pwomès li yo epi vle itilize nou pou akonplisman plan li yo.

Entwodiksyon

Eksperyans David atravè tout ane ke Sayil te pèsekite li yo san rezon, li moutre desizyon li pou bay Bondye premye plas nan lavi li. Li te refize klèman pou pran yon chemen fasil. Se te pa eksperyans pèsonèl li te kapab ekri: "Mwen tande jan anpil moun ap pale m' mal. Kote m' pase mwen pè. Yo mete tèt yo ansanm sou do m', y'ap fè konplo pou yo touye m'. Men, Seyè, se nan ou mwen mete tou konfyans mwen. Se ou ki Bondye mwen. Lavi m' nan men ou. Delivre m' anba lènmi m' yo, anba moun k'ap pèsekite m' yo" (Sòm 31:13-15).

I. David: Wa Izrayèl
2 Samyèl 5:1-3

Ki pwomès Bondye te fè David epi kijan li te akonpli?

A. Kouwònman Nan Ebwon

Tribi yo te rasanble pou fè yon fèt pou twa jou epi pou kouwone dezyèm wa peyi Izrayèl la, David. Vye divizyon ak rayiman te gentan bliye. Se te yon tan ki te gen anpil lajwa (2 Kwonik 11 ak 12). Se yon benediksyon lè pèp Bondye a onore ak rekonèt travay lidè yo.

B. Baz Lwayote A

Ansyen yo ki te nan mitan Pèp Izrayèl yo te konnen kijan sa te enpòtan pou rasanble pèp Bondye a. Pwovèb lari a di konsa: "Nou se zo ak chè w". David pa t yon etranje; se te youn nan yo.

Pèp la tou te prete atansyon ak biyografi David yo. Tout moun te konnen yo. men sa ki te plis enpòtan se ke ansyen yo ki te nan mitan pèp la te konnen ke men Bondye te disponib pou David pou li te gouvène Izrayèl (v.2). Pi gwo kondisyon pou w mete lidè apa pou dirije nan nenpòt nivo nan legliz Kris la, se rekonèt prezans Bondye nan lavi yo epi chèche fè volonte li.

II. Evènman Ki Te Anvan Kouwònman David La
2 Samyèl 1-4

Kisa ki dwe konpòtman kretyen an lv li okipe wòl responsablite anndan ministè legliz la?

Vèse 4 ak 5 yo se yon espès de rapèl sou 2 Samyèl 1-4. Kouwònman David nan Ebwon te pase sèt ane edmi apre lanmò Sayil nan Gilbowa. Pou David se te lòt peryòd chita tan ak preparasyon nan silans.

A. Koudeta Militè Abnè A

Nan 2 Samyèl 2 nou li ke lè Abnè, kouzen Sayil la avèk jeneral ki pi pwisan an, te pran nouvèl lanmò wa yo a, li te pran pitit sayil la ki te pi piti a, Isbosèt epi mete kòm wa sou Izrayèl, sof Jida. Tribi peyi Jida te pi pito David, ke li te chwazi kòm wa epi avèk Ebwon kòm kapital nouvo wayòm nan.

Sanble ke Abnè se te vrè fòs dèyè twòn Isbosèt la ki sanble sèlman yon ti poupe twèl. Sa ki verite a se ke li te gouvène sèlman pou dezan (2 Samyèl 2:10), pou sa ki fè referans ke otorite pou rès tan te nan men Abnè ak lame li a.

B. Pouvwa Ki Ogmante Nan Peyi Jida

Lagè a te deklannche ant de gwoup yo nan nasyon an. Ta sanble ke David pat patisipe ladan l, men se pito sèvitè li yo ki te reyalize li. Yon gwo konpetans pèsonèl te eklate ant jowab chèf, kòmandan chèf lame peyi Jida ak Abnè, lidv lòt tribi yo.

Se enpresyonan pou nou wè gwo konsèp David te genyen de Sayil kòm moun Seyè a te chwazi. Menm si li te rekonèt ke plan Bondye a se pou li te gouvène nan plas Sayil, men detanzantan li te abandone responsablite li, e sa te fè Sayil mal –lè li te kapab fè li –oswa leve men kont Isbosèt.

C. Echèk Gouvènman Abnè A

De aksyon trayizon ak asasina te fini avèk divizyon nasyon an. Anmezi tan t ap pase, Abnè te rekonèt ke koz lakay Sayil la te pèdi epi te pran mezi ki nesesè pou obeyi favè David. Jowab te pwofite opòtinite a epi sasinen lènmi li a pa mwayen trayizon.

Pita, de nan kapitèn Isbosèt yo, yo te antre kote l ap dòmi epi sasinan wa pandan l t ap repoze nan kabann li, petèt te malad.

Avèk lanmò pitit Sayil la, divizyon an te rive nan fen li. Fanatik Isbosèt yo avèk Abner te kouri al jwenn David byen vite pi ofri li kontra. Izrayèl te vin fè yon sèl anba dominasyon yon sèl lidè.

III. David Etabli Sou Twòn Izrayèl
2 Samyèl 5:10-12

Ki faktè ki te kontribye pou yo te mete David kòm lidè san diskisyon sou twòn peyi Izrayèl ?

A. Kwasans David La (5:10)

Lide ki devwale nan vèsè sa a se ke pozisyon David nan twòn nan te vin pifò toujou epi pouvwa li te vin pi ogmante chak jou. Vrè eksplikasyon de tout sa David te vin ye, chita nan ekspresyon sa: "Seyè a te ansanm avèk li".

B. Zanmitay Avèk Iram

Alyans avèk Iram nan te enpòtan paske Izrayèl te bezwen matyèpremyè ak travayè ki gen konprann pou gwo plan edifikasyon ke David te kòmanse. Iram avèk moun li yo tou te jwe yon wòl byen enpòtan nan konstriksyon tanp lan pandan gouvènman Salomon an.

C. Bondye Avèk Sèvitè Li Yo

Nan tout siyal pwosperite ak benediksyon sa yo, David te konprann ke Bondye "te dakò mete li pou gouvène Izrayèl" (v.12) ; eke li pat nan bèl plas sa pou bon kalite li te genyen, men pito paske Bondye te chwazi li pou misyon sa.

David tou te konprann ke pozisyon li se pat yon fason pou l te wè pwòp tèt pa li, men pito se te pou moun yo ta genyen direksyon ak lapè.

Li enpòtan pou n remake ke lè yon responsablite nan legliz la vin tounen yon bagay pèsonèl, plan Bondye a pa rive akonpli epi responsablite a vin tounen yon pwen fèb olye de pwen fò. Chak lidè nan legliz la dwe rekonèt ke fonksyon yo se mwayen pou ke benediksyon Bondye vide sou pèp li a.

IV. Kontra Bondye Avèk David
2 Samyèl 7:8-17

Kisa ki te pwomès Bondye te fè David yo?

David te pase 33 ane nan Jerizalèm epi etabli wayòm li an byen solid lè li te fè vini lach alyans lan. Nan mitan estabilite politik ak espirityèl, gen yon preokipasyon tounèf ki te pran David. Wa a te di pwofèt Natan konsa: "Gade! Mwen rete nan yon kay bati ak bwa sèd, men Bwat Kontra Seyè a se anba yon kay twal li ye" (7:2).

Premye repons Natan se te David te fè sa li te santi paske Seyè a te ansanm avèk li. Sepandan, nan sware sa a Bondye te bay Natan yon mesaj pou wa a.

A. Yon Gwo Non (7:9)

Bondye te pwomèt David ke non li se youn nan non ki t ap popilè anpil pami lèzòm. Mezi grandè David la ta itilize pou konpare tout lòt wa nan Ansyen Testaman yo. Jezikris, nan fanmi lòm, li te soti nan ras David.

B. Yon Plas Asire Ak Yon Pwomès (7:10-16)

Bondye te pwomèt Izrayèl ke li tap ba l repo de lènmi l yo epi li tap pral etabli la san li pa sekwe.

Nan mitan pwomès jenerasyon wa David la, Bondye te pwomèt wa a : "Se pitit ou a ki va batik ay la nan non mwen, epi mwen va konfime twòn wayòm li".

Konklizyon

David te mete konfyans li nan pwomès Seyè a. Li te konnen ke Bondye te pwomèt li ke li t ap vin wa peyi Izrayèl. Konfyans li te pèmèt li soufri pandan anpil ane pandan li t ap tann ke Bondye akonpli plan li.

Epi se konsa sa te pase. Li te vin wa. Pandan wayòm li an, Izrayèl te vin pifò jouskaske li te rive byen wo pandan wayòm Salomon an, pitit David la. Men sa ki te plis enpòtan, nou wè ke se atravè ras david ke Bondye te etabli yon wayòm ki la pou toutan paske se te nan branch fanmi li Seyè nou an Jezikris te fèt.

Li nesesè pou nou swiv Bondye, toujou mete konfyans nan pwomès li yo malgre sikonstans nou yo.

RESOUS
BIYOGRAFI
David, Wa Izrèyèl La

Non David la vle di "byen renmen", se te pitit Izayi. Li te viv jenès li nan Betleyèm nan peyi Jida epi se li menm ki te pi piti nan 8 pitit paran li yo (nan jeneyaloji Jida a, yo sinyale sèt, yo kwè ke lòt la te mouri san desandans).

David te cheve koulè jòn epi byen parèt, li te kout (1 Samyèl 16:12), ak gwo fòs fizik epi gwo atirans pèsonèl. Pliske se limenm ki te pi piti, se limenm ki te oblije la pou pran swen mouton fanmi an; depi tou piti li te moutre valè pou fè fas ak lòt bèt ki te vini pou devore mouton li yo. Li te genyen yon gran talan pou l jwe mizik, li te fò nan jwe flit. David te konpoze chan ak sòm lwnj pou Seyè a.

Anba lòd Bondye, Samyèl te vide lwil sou tèt David, ansekrè, kòm wa peyi Izrayèl. Li te fè sa ansekrè pou de rezon: pou prezève lavi li kont kolè Sayil epi pou l te ka prepare li pou travay li tapral genyen pou pi devan. Lè yo te fin vide lwil la sou tèt David, Lespri Seyè a te vini sou li.

Lè David te jwe flit li a, mizik la te rive chase move lespri ki t ap toumante Sayil la pou yon titan. Kòm rezilta, Bondye te ouvri pòt pou ke David te kontinye bò kote wa epi, nan fason sa, li te jwenn opòtinite pou rekonèt fason pou dirije yon nasyon.

David te vin gen gwo non lè li te touye gwo zotobre Golyat. David te fè li sèlman paske Bondye te ansanm avèk li. Popilarite David la te reveye jalouzi lakay wa Sayil ki te, nan plizyè okazyon te tante touye li. Sayil te pèsekite li tankou yon bèt epi David te kouri ale nan lòt zòn. Malgre David te genyen plizyè opòtinite pou l te touye wa a, li pat fè sa paske, devan je David, se Bondye ki te chwazi Sayil.

Lè Sayil mouri, David te vin wa. Menm sa nan kòmansman, se te tribi Jida sèlman ki te rekonèt li kòm wa, pita, tout Izrayèl te te bay wa ki se moun Bondye chwazi a lonè.

Li te kòmanse gouvènman li nan Ebwon epi gouvène pandan sèt ane edmi.

TRAS ISTORIK
Lagè Sivil Nan Peyi Izrayèl
2 Samyèl 2:8-4:12

Lè Sayil te mouri, David te dwe kouwone kòm wa, déjà Bondye te genten genyen li konfime nan fason sa, men Abnè, kouzen Sayil la ak youn nan jeneral ki pi pwisan yo, li te mete Isbosèt sou twòn nan, katriyèm pitit Sayil la.

Abnè te kòmanse yon kanpay kont Jida, men li te soti al rankontre li, fas ak pi Gabawon an, Jowab, nive epi youn nan kòmandan lame David yo. Chak lame yo te chwazi 12 jèn gèrye epi nan fen batay chanpyon yo, tout 24 jèn sa yo te mouri kote nepe youn te travèse lòt. Te genyen yon gwo batay ki te eklate nan vale Elkat-azirim oswa "savann kouto file". Sèvitè David yo te touye lame Abnè a.

Abnè te pete kouri devan Abisayi ak Asayèl, frè Jowab la. Yo te konsidere Asayèl kòm yon moun ki te konn kouri, li te rive mete men sou Abnè, men jèn gason an te tonbe anba plat devan fòs ak eksperyans jeneral la. Abnè ak li a te kouri epi pèsekitè yo te kanpe lè yo te rankontre ak fòs lame Asayèl la. Abnè te mande lapè, paske te genyen anpil moun ki te gentan mouri epi si sa te kontinye se t ap yon labatwa. Jowas te aksepte epi toude lame yo te retounen nan baz yo.

Lagè ant frè yo te kòmanse. Konfli yo te anpil epi rayiman an chèf militè yo te kòmanse ap ogmante. Branch fanmi David yo te vin pifò, men branch fanmi Sayil yo t ap pèdi fòs chak fwa piplis (3:1). Gouvènman Abnè a te pèdi fòs chak jou piplis epi ofri alyans avèk wa David (3:12), li te aksepte, avèk kondisyon pou l te ba li Mikal, pitit fi Sayil ke l te marye a (3:13). Abnè te akonpli kondisyon an epi te ale avèk yon ekip 20 gason.

Lè li te fin soti nan prezans David avèk lapè, Jowab te rive, ki t al nan yon misyon lwen palè a epi li te fache anpil ak voye chèche Abnè. Lè li te vini, li te tonbe mouri pa mwayen trayizon Jowab ak frè li Abisayi (3:30). Eskiz la se te vanje lanmò Asayèl. David te fè byen vit pou deklare inosans li epi madichonnen Jowab ak branch fanmi li pou trayizon li te komèt la.

Pita Isbosèt te tonbe anba nepe de nonm ki te soti nan branch fanmi peyi Jida pandan yo panse ke yo t ap fè David yon favè epi, konsa yo te panse ke yo ta resevwa yon rekonpans. David te fache anpil paske yo te touye yon nonm jis (4:11); se sa ki fè, li te bay lòd pou yo touye tout moun ki te touye Isbosèt yo pou gwo krim yo te komèt (4:12).

Yon fwa tout evènman sa yo te vin parèt klè, ansyen ki t ap viv nan mitan pèp Izrayèl yo te fè byen vit pou ale jwenn David epi priye li pou l te vin wa yo. Depi nan moman sa epi pou 40 ane, Izrayèl jwenn lapè ak pwopesperite.

Ministè Pwofèt Yo

Pwofèt la se te moun ki te angaje li pou kominike volonte Bondye bay pèp la. Bondye te pwomèt nan Detewonòm 18:18 ke li ta pral leve pwofèt pou yo. Nou wè yon bèl modèl nan Moyiz, pou onksyon li, doktrin, ansèyman ak respè pou lalwa.

Bondye te chwazi, prepare ak rele pwofèt li yo pou yo te anonse bay pèp la mesaj ke li te vle ba yo. Se pa t yon ministè ki te kapab pase de jenerasyon an jenerasyon. Pèp la te konnen pwofèt yo pa mwayen sinyal yo oswa mirak yo te fè e pou mesaj yo te konn preche. Pa gen dout de ke anpil nan pwofèt sa yo se te fo; ebyen, si sa a se te ka a, Bondye ta mande fo pwofèt yo regleman oswa menm pèp la ta angaje yo pou kraze yo anba wòch.

Chemen San Parèy Bondye Yo

Apre yon bon tan ap dirije legliz nan yon tibouk, pastè a te prepare li pou dirije yon legliz ki nan vil la. Se yon sèl bagay ki tepreokipe li: li pat janm kapab konvenk yon granmoun plen defo pou asiste nan legliz la.

Dimanch nan jou predikasyon an, tout legliz la t ap tan nouvo pastè a ke yo te deja remake li ta rive ta nan premye sèvis li. Move imaj pou yon moun ki pral kòmanse dirije nan yon nouvo legliz. Moun kip lis pa gen pasyans yo te kòmanse paka kontwole kòlè yo, men sipriz la te gwo anpil paske lè pastè a te rive, li te genyen granmoun pès la ansanm avèk li.

Tout bagay te pase konsa. Pandan nouvo pastè a t ap travèse larivyè a, toupre bò kote granmoun nan t ap peche pwason an, kannòt li a te chavire. Nan moman sa, pastè a te voye kò l nan dlo pou sove moun sa ki t ap mouri a.

Granmoun nan te di li konsa: -- Mwen dwe w lavi mwen !

Kòman mwen kapab peye w li? Ou sove lavi mwen.

-- Ann ale legliz avèk mwen.

Granmoun nan di: -- Ale legliz!

Mwen pat janm vle ale! -- Men, se oumenm ki te mande mwen kijan ou kapab peye mwen li. M ap rive nan legliz la ta, men siw akonpanye mwen, y ap konnen rezon ki fè mwen rive ta konsa.

-- Men, mwen te toujou di lòt pastè a ke m pa tap janm ale legliz la. Kisa l ap di mwen si l wè mwen rive avèk ou ?

-- Pa enkyete w. San dout l ap santi li kontan anpil lè li wè w rive.

Malerezman anpil nan nou ap tann jouskaske kannòt nou koule pou nou mande Seyè a pou li sove nou. Nou pa dwe tann pou nou rive jouk nan dènye bout la!

Leson 44 — Pi Bon Desizyon An: Repantans

Pou aprann: "David di Natan konsa: Wi, mwen rekonèt mwen peche kont Seyè a! Lè sa a Natan di l' konsa: Bondye sèl Mèt la p'ap pini ou pou sa ou fè a, ou p'ap mouri." (2 Samyèl 12:13).

Objektif: Comprender que todos los hijos de Dios tenemos la responsabilidad de cumplir con las leyes divinas".

Entwodiksyon

Istwa pèp Izrayè la ta kapab diferan, si pwofèt Natan pat repwoche David nan okazyon espesyal la.

Youn nan pasaj n ap genyen pou nou etidye kòm kontèks, se Sòm 51. Sòm sa a, se David ki te ekri li, se te yon kri amè nan pye Bondye pou mande mizèrikòd ak padon li (vv.1-4). Li moutre ke pwoblèm nan se pa peche l la sèlman, men tou se nati peche li a, ki koz rebelyon li kont Bondye (vv. 5, 7,10).

Nou sezi anpil fas ak gwo gras Bondye nan padone peche kèlkeswa jan li te grav. Se sèlman Bondye nan lanmou li te kapab reponn lapriyè restorasyon ak netwayaj yon kè ki anba tray.

I. Parabòl Akoze A
2 Samyèl 12:12-16

Poukisa David pat kapab keche "peche li pafè" devan je Bondye? Èske nou ta kapab tèlman koken pou nou ta kache yon peche pou Bondye pa wè li epi pou nou pa peye konsekans yo?

Yon fwa ankò, Bondye te itilize resous lachè mou demoutre nati Omnisyans li epi sen. Mesaj li te bay Natan an pat fasil pou moun te kominike, lè nou konsidere jan de moun ki te gen pou resevwa mesaj la. David te genyen gwo pouvwa nan men li kòm wa. Li te kapab deside lavi oswa lanmò moun ki nwi li epi Natan se pat eksepsyon.

A. Ti Mouton Nonm Pòv La (12:1-4)

Avèk anpil syans, pwofèt la te rakonte David parabòl sa:

Vwala te gen de nonm ki t'ap viv nan yon lavil. Yonn te rich, lòt la te pòv. Nonm rich la te gen mouton ak bèf an kantite. Pòv la menm pa t' gen pase yon sèl ti mouton li te achte. Li swen li. Se anndan lakay li ansanm ak pitit li yo ti mouton an grandi. Se nan asyèt malere a menm ti mouton an te konn manje. Se nan gode l' li bwè dlo. Se sou janm li li konn dòmi. Ti mouton an te tankou yon pitit fi pou li.

Yon jou, yon vizitè vin rive lakay nonm rich la. Nonm rich la pa t' santi kouraj li pou l' te pran yonn nan mouton l' yo osinon nan bèf li yo pou l' fè manje bay vizitè a. Li pran ti mouton malere a, li fe manje ak li bay vizitè ki te lakay li a (12:1-4).

Lizay parabòl se yon metòd ki pote bon rezilta. Pa mwayen yomenm, Jezikris te devwale anpil verite ke si se pat atravè yo, yo pa t ap aksepte yo. Parabòl yo entwodwi mesaj li a depi anvan li prezante li. Li enpresyone moun k ap koute yo paske li fè yon rapò ak verite ki soti nan Bondye a avèk sa k ap pase chak jou nan lavi.

B. Kolè Wa A (12:5-6)

Menm kote a David te reyaji fas ak enjistis nonm rich la. Li move nan tout limenm epi fè konnen ke moun ki fè sa merite lanmò epi li ted we peye moun ki viktim nan kat fwa plis pou zak sa. Nou fache byen vit pou peche yo pandan setan nou rete endiferan osijè de gravite pa nou yo. Nou wè erè lòt moun byen klè san nou pa rann kont kijan pa nou yo menm pimal. Nou defann nou pou peche nou yo epi kondane lòt yo byen sevè.

II. "Nonm Sa A Se Oumenm"
2 Samyèl 12:7

Kisa ki plis enpòtan nan lavi kretyen: bèl fò nou pale ak panse oswa egzanp nou bay ak aksyon nou yo?

A. "Se Oumenm"

Lè li te fin tande reyaksyon David, pwofèt la te devwale verite ki te kache nan parabòl la : "Nonm sa a se oumenm". Wa a te jije ka li a avèk pwòp pawòl li yo. Li te déjà pat kapab inyore peche li, ni tèt pa li, ni Bondye, ni mesaje Bondye a.

B. Senserite Ak Lanmou

Pèp Bondye geneyn kòm responsablite pou pataje mesaj Bib la fidèlman, paske sa fè fas avèk yo ak nesesite yo genyen. Bib la revela lanmoun Bondye ak konpasyon li pou pechè yo. Yon moun tèt chaje pap janm resanti senserite de yon doktè ki avèti li sou kèk maladi ki touye moun. Li pap kapab santi si Sentespri a devwale li move kondisyon espirityèl li ye a non plis.

III. Move Konsekans Peche Yo
2 Samyèl 12:9-10

Kisa mesaj Natan an revele nou osijè de konsekans peche?

A. Lalwa Pou Simen Ak Rekòlte A

Peche a genyen de klas konsekans nan lavi moun ki komèt li a. Anndan kè a, pechè a santi li koupab epi wont devan Bondye. Sou deyò, konsekans yo parèt sou yon chenn reyaksyon ki pwobab pap janm fini.

Pa gen moun k ap peche pou l pa jwenn pinisyon epi, menm si repantans lan bannou sekirite de padon Bondye, li pwobab pou efè peche ki komèt la toujou rete prezan nan lavi nou (Galat 6:7).

Ala bon sa ta bon pou yon moun pa ta pran tout manti sa yo nan men dyab la, ki di konsa: "Peche a pa bay twòp pwoblèm, paske Bondye toujou padone". Peche a kite blese ki tris nan lavi ak nan nanm. Sèlman nou dwe wè konsekans terib peche David la menm apre repantans ak padon li, pou konnen ke lalwa simen an ak lalwa rekòlte a kontinye debou nan anpil ka. Sa pase konsa paske peche a pa fèt nan yon fason ki demapa, li afekte lòt yo epi deklannche yon chenn rezilta ki negative anpil.

B. Nepe A Nan Kay La

Peche David la te deklannche yon seri de fòs kit e attire dezas, trayizon, krim ak rebelyon nan pwòp fanmi li. Dega ak san koule nan wayòm nan jouskaske sa fini. Istwa a ta diferan si David ta kenbe tèt ak tantasyon an.

IV. Rezilta Pozitif Repantans Lan
2 Samyèl 12:13-14

Kisa ki reyaksyon nou lè Bondye konfwonte nou pou peche nou ?

A. "Mwen Te Fè Peche Kont Seyè A" (12:13)

Repantans David la te fèt vit epi sensè. Revelasyon peche li a pa mwayen pawòl Natan yo retire mas la, kote peche li a te kache dèyè l la.

Pliske tout peche ki komèt se kont Bondye, li enposib pou nou plase yo kòm "gwo" ak "piti". Gen kèk peche ki plis terib pase lòt nan konsekans yo, men tout peche divize lòm avèk Bondye epi bay rezilta kondannasyon etènèl, sof moun ki konfese ak abandone pa mwayen repantans ak senserite.

B. "Seyè Pa Pini W Pou Peche W La, Ou Pap Mouri" (12:13)

Senserite repantans David la parèt nan repons Natan an: "Seyè a pap pini w pou peche w la; ou pap mouri" (v.13). Genyen yon ekriven kontanporen ki di ke Ansyen Testaman an moutre nou ke Bondye renmen nou, pandan ke Nouvo Testaman endike nou konbyen Bondye renmen nou. "Men, si nou rekonèt devan Bondye nou fè peche, nou mèt gen konfyans nan li. Paske l'ap fè sak gen pou fèt la: la padonnen tout peche nou yo, la netwaye nou anba tou sa ki mal" (1 Pyè 1:9 ; Women 6 :23).

C. Bondye Padone, Men Konsekans Peche Yo Ap Kontinye (12:14)

Menm nan moman kè kontan padon an, nyaj trajik konsekans yo te kouvri syèl David. Peche li a te jwenn padon epi te sove lavi li ak nanm li, men, pitit li a ta mouri (v.14).

Konklizyon

Genyen yon bèl ekilib ant jistis ak lanmoun Bondye. Lanmoun Bondye pa janm kont jistis li.

David te peche epi li te anba dominayon konsekans peche li yo. Se kòmsi tout bagay te soti byen pou David, men Bondye pa t kapab fè kòmsi li pat wè peche wa epi li te voye Natan pou konfwonte li avèk verite a.

Resous
Kisa Peche A Ye?

Vokabilè amatyoloji soti nan mo grèk Harmartia, ki etid doktrin peche a. Hamartia vle di "transfè oswa depase Bondye, oswa pa fè sa ki dwe fèt la, fè erè". Li vle di yon zak oswa desviye objektif la oswa limit Bondye sinyale a. Li enpòtan anpil pou nou konnen ke zak peche ke nou komèt yo avèk tout volonte nou, akoz de nan kondisyon peche ke nou tout nou te fèt. Nati peche sa konsidere kòm peche depi nesans oswa rasin tout peche.

Peche depi nesans lan se yon viris ki antre nan volonte Adan avèk Èv pou dezobeyi Bondye epi fè rebèl kont volonte li. Li pa la pou toutan, déjà li genyen kòmansman li nan bagay ki la pou fè mechanste, limenm ki toujou kont Bondye ak Sali ke l te ofri limanite a.

Peche a kontamine tout ras limanite a epi anpeche li genyen lavi ki pap janm fini an. Peche a se double oswa tòde, se vyole lalwa Bondye a san rete. Se pa rete fidèl ak moun sa a ki toujou rete fidèl la.

Li enposib pou moun evite kondannasyon peche a. Pawòl Bondye di konsa ke peche a peye nou kach, li bannou lanmò (Women 6 :23) epi lanmò sa li la pou tout moun, paske tout moun fè peche (Women 12 :5). Pawòl Bondye a di tou ke lòm mouri nan mechanste ak peche li yo (Efezyen 2:1). Separe nou avèk Bondye.

Pou nou retabli yon relasyon oswa kominyon avèk Bondye, li nesesè pou nou rekonèt peche nou yo epi repanti pandan n ap mande Seyè a padon. Se sèlman konsa, lanmou, gras ak padon Bondye ap vin nan kè nou ankò.

Jistis Ak Lanmou Bondye A

Dr. R. Orton Wiley di konsa: "Lanmou Bondye a se anvi pou pataje sentete a epi dezi sa jwenn satisfaksyon sèlman lè li wè ke moun sa a yo ke li t ap chèche yo vin sen". Anplis de sa, li di ke lanmou sa a manifeste sou de fòm: 1) Lanmou san kondisyon ki manifeste nan fason ke Bondye patisipe nan kontantman li pou tout limanite; 2) lanmou pou fè plezi ki prezante nan fòm ke Bondye kominike ak rejwi nan sentete pitit li yo.

Lanmou Bondye a vle yon kominyon, yon zanmitay, yon relasyon entim avèk moun sa yo k ap chèche Sali a avèk sentete ke Seyè a ofi. Lanmou Bondye a se tankou yon monnen, avèk de fas. Nan yon fas w ap jwenn mizèrikòd li; men nan lòt fas la se jistis li. Lanmou ak mizèikòd Bondye tann pou tout moun vin pran Sali a; men kòm li jis, li dwe pini peche a.

Kèk nan pasaj bilik yo ki pale de jistis Bondye yo se:

"Se pou nou gen krentif pou Seyè a yon jan ki san repwòch. Epi se tout tan pou nou gen krentif sa a. Jijman Seyè a se verite, yo pa janm nan Patipri" (Sòm 19:9).

"W'ap gouvènen tout bagay avèk jistis san patipri. Nan tout sa w'ap fè ou pa janm bliye jan ou renmen nou. W'ap toujou kenbe pwomès ou te fè nou yo." (Sòm 89:14).

"Mwen se Bondye ki pa nan patipri. Se mwen ki ka delivre moun" (Ezayi 45:21).

"Lè sa a, Bondye va bay chak moun sa yo merite dapre sa yo fè" (Women 2:6).

"Ou menm ki wa tout nasyon, plan travay ou yo dwat, se verite yo ye" (Revelasyon 15:3).

Pwofèt Natan

Non Natan vle di "se (Bondye) ki te bay". Pwofèt sa te viv pandan gouvènman David ak Salomon.

Lè David te vle bati tanp Seyè a, li te al konsilte Natan anpremye, li te plante enspirasyon nan wa ak ankourajman pou kontinye nan volonte Bondye a. Li te ba l akò li pou pwojè konstriksyon tan plan, men tou Bondye te fè wa a konnen pa mwayen de pwofèt Natan, ke ke se pa ta David ki ta genyen privilèj pou dirije tanp Bondye a. Se premye fwa nonm san antre nan sèn (2 Samyèl 7:2).

Yo te vin plis rekonèt Natan tou pou kouraj li te genyen pou l te sinyale peche adiltè ak masak David la (2 Samyèl 12:1-15). Konsekans peche sa yo te grav anpil pou nasyon iszrayèl la epi, Natan, nan obeyisans devan Seyè a, li te oblije fè l konnen sa.

Lè Salomon te vin fèt, Natan te ba l non Jedidya, ki vle di "Seyè a enmen li" (2 Samyèl 12:25). Yon titan pita, Adoni, pitit agi (1 Wa 1:5), li te vle okipe twòn ke David te mete apa pou Salomon, men Natan te anpeche li epi te konseye Batcheba, David ak Sakrifikatè Sadòk, pou Salomon te pwoklame (1 Wa 1:11-45).

Natan tou te kolabore pou yo te rive reetabli kil la nan tan plan epi avèk èd Gad, saj bon wa Ezekyas la, li te òganize kil mizik nan sanntyè lakay Seyè a (2 Kwonik 29:25).

Se pa piplis bagay ke nou konnen osijè de pwofèt notab sa, men tikras entèvansyon li yo demoutre ke se te yon gran gason, fidèl, onèt, ranpli ak bon konprann epi brav. Wa David te ba li anpil valè, san dout se pou tout bon kalite ke Natan te genyen yo.

Lalwa Yo Se Pou Tout Moun

Nan tout ti blag ki te bay osijè de jeneral ki te libere Sen Maten an gen youn, ki pale de gwo referans sevè li te genyen sou lalwa. Li te bay lòd pou okenn santinèl pat antre nan depo kote yo te mete minisyon zam yo ak nenpòt ki eskiz la. Rezon an se paske pousyè ki nan bòt yo te kapab fè ti dife volan lè yo mete pye yo atè a oswa sou nenpòt lòt metal epi fè boutik dinamit yo eklate. Si youn te dwe fè li, li te oblije abiye tankou sivil epi antre an sandal ki senp.

Yon jou Sen Maten te kanpe fas ak santinèl la. Jeran an te eksplike li ke li te gen lòd pou l pat kite pèsòn poun ki genyen rad militè pase antre la. Jeneal la te moutre li ke l se chèf ejim nan, limenm menm ki te bay lòd la. Sòlda te reponn li: "Jeneral mwen, lòd mwen resevwa a pa di ke Jeneral Sen Maten kapab antre ak tout inifòm sou li. Lòd mwen genyen an di ke pèsòn pa kapab antre ak inifòm".

Jeneral late chanje inifòm li epi mete lòt ad ke yo te chèche pou li tou pre a. Pita li te bay santinèl la yon bèl ekonpans pou brav li te brav nan sa li t ap fè a. Lalwa Bondye yo tou pa chanje epi la pou toutan.

Leson 45
Saj Ak Fou Nan Menm Tan?

Pou aprann: "Lè Salomon konmanse granmoun, medam yo pran tèt li, yo fè l' al sèvi lòt bondye. Li pa sèvi Seyè a, Bondye li a, ak tout kè li ankò, jan David, papa l', te fè l' la" (1 Wa 11:4).

Objektif: Konprann ke don Bondye bannou yo, nou dwe itilize yo avèk lafwa nan obeyisans devan Bondye.

Entwodiksyon

Jou David yo te prèske fini kòm lidè.

Pwofèt Natan te konnen pwomès David te fè Salomon an ak plan Bondye te genyen pou moun ki t ap vin wa a. pwofèt la te voye Batcheba, manman Salomon al kote wa a epi fè li sonje plan ak pwomès li: bay Salomon twòn Izrayèl la. Natan tou te fè wa a sonje gwo anvi li yo pou moun ki t ap vin ranplase li a te eseye vyole pa Adonija.

Finalman, nan obeyi lòd wa a epi, apre l fin rive Giyon, sakrifikatè Zadòk vide kòn lwil la sou tèl Salomon, tout pèp la te pran rele lè yo te sonnen twonpèt wayal la: "viv wa Salomon!" (1 Wa 1:39).

I. Bondye Ak Salomon
1 Wa 3:3-5

Kisa Salomon te mande lè Bondye te chwazi li kòm wa?

A. Kalite Salomon Yo

Si te genyen yon jèn avèk tout kalite espirityèl yo, se te moun ki te vini apre David la. Papa li te rele li Salomon, "trankil la", epi pa mwayen enstriksyon Bondye yo, Natan te rele li Jedidyas, "moun Bondye renmen an" (2 Samyèl 12:24-25). Li te grandi nan palè lakay wa a nan lavil Jerizalèm epi li posib pou moun ki te konn enstwi li a se te Natan.

B. Mande Nenpòt Sa W Vle, M Ap Ba Ou Li (3:5)

Menm si Bondye te parèt devan li nan rèv, nou dwe kwè ke sa ki te vin anvan rèv la se te anvi Salomon osijè de travay ke Bondye te ba l fè a. Bondye pap bay moun ki pa gen kè yo ouvri pou li konplètman revelasyon.

C. "Bay Sèvitè W Bon Konprann" (3:9)

Yon konfesyon konsa ki soti nan imilite ak lafwa. Bondye te mete li sou twòn nan; konsa, pa t gen plas pou ògèy pèsonèl. Men tou kòm Bondye te rele li vin sèvi, li te kwè ke Bondye ta ba li fòmasyon pou travay la.

Èske se pa kwayans klè sa nou dwe afiche lè Bondye rele nou vin fè sèvis li ?

II. Konstriksyon Tanp Lan
(1 Wa 5-8)

A. Yon Antrepriz Espirityèl

Enterè espirityèl nouvo wa a te manifeste ni nan konstriksyon tanp lan, ni nan sakrifis Gabawon an. Yon ti tan apre Salomon te fin chita sou twòn nan, li te kòmanse ak travay kontriksyon kay Bondye a. Se te antrepriz ki te plis enpòtan nan gouvènman li a.

Anplis de rezèv pèsonèl yo, wa David te sanble 5 mil milyon dola anviwon pou konstriksyon tanp lan (1 Kwonik 22:14).

B. Tanp Lan Konstwi

Apre plizyè mwa preparasyon ak anpil atansyon, Salomon te koumanse konstriksyon tanp lan. Sa te pase sou kat lane gouvènman li.

Wòch yo te sèvi pou bati Tanp lan te pare depi nan min wòch kote yo te jwenn yo a. "Konsa, pandan yo t'ap bati Tanp lan pa t' gen ankenn bri mato, bri sizo, ni bri ankenn zouti fè" (1 Wa 6:7). Apre sèt ane edmi, sou onzyèm ane gouvènman Salomon an, konstriksyon tanp lan te fini.

C. Yon Moniman Espirityèl

Tan plan te sinyale yon nouvo dimansyon espirityèl ke nasyon an te jwenn.

Bondye te pwomèt Salomon : "Lè w'a fin bati tanp lan, si ou mache dapre lòd mwen, si ou fè sa m' di ou fè, si ou kenbe tout kòmandman mwen yo, m'a fè pou ou tou sa mwen te pwomèt David, papa ou. M'ap rete nan mitan peyi Izrayèl la, mwen p'ap janm lage yo" (1 Wa 6:12-13).

III. Antrepriz Salomon
1 Wa 4-10

Kisa ki antrepriz enpòtan yo ke Salomon te rive fonde sou gouvènman li a?

A. Lamanjay Pou Ofisyèl (4:22-23)

1 Wa 4:22-23 dekrive gwo kantite manje nesesè ki te sou dispozisyon moun ki te nan palè a –madanm, pitit, sèvitè ak sèvant, ofisyèl, jeran, vizitè, elatriye. Chak jou ye te bezwen 8 mil kilo mezi farin, 30 bèf ak 100 mouton, anplis de bèt volay tankou zwazo. Yo fè remak ke pou kantite pwovizyon sa yo, li te sifi tankou pou bay plis pase 40 mil moun manje.

B. Gwo Kay Salomon Yo (7:1-12)

Apre tanp lan te fin bati sou onzyèm ane gouvènman li an, li te kanalize enèji ak resous pèp la pou bati pwòp palè pa li, sa ki te egzije li 13 lane travay.

Li te bati nan Jerizalèm tou "Kay rak bwa Liban" (yon salon pou diskou ak depo); "ti tonèl twòn nan" (yon salon pou jijman); "yon kay pou pitit Farawon an" (1 Wa 7:1-12). Nan zòn deyò palè a, wa a te bati gwo defans militè tou pou pwoteje lavil la.

C. Maren Pou Komès (9:26-27)

"Wa Salomon te bati yon bann gwo batiman lavil Ezyongebè ki te toupre Elat, bò lanmè Wouj la, nan pòsyon tè ki pou Edon an. wa Iram te voye kèk moun peyi l' ki te bon maren pou sèvi ansanm ak moun Salomon yo sou batiman yo". Nan lòt kote nou li ke kannòt sa yo te pote Ofi "bwa sandal" ak "bèl wòch" (10:11); "lò, ajan, mafil, makak ak pentad wayal" (10:22).

D. Kontribisyon Ak Enjistis (9:15)

Vizitè etranje yo te sezi wè pwosperite ak richès Izrayèl. Men se pa tout bagay ki te konn mache byen nan peyi a jan sa te sanble a. Nan 1 Wa 9:15 nou li ke : "Wa Salomon te fè moun fè kòve pou bati tanp Seyè a ak palè pa l' la, pou mete ranblè plen bò solèy leve lavil la ak pou bati gwo miray lavil la. Li sèvi ak moun kòve yo tou pou l' rebati lavil Azò, lavil Megido ak lavil Gezè".

Menm si moun yo te kapab viv lakay yo avèk trankilite de ke pa gen lènmi ki t ap vin anvayi yo, anpil nan yo te separe de fanmi yo epi antre nan travay pou leta.

IV. Trajedi A
(1 Wa 11:4-8)

A. Lotèl Pou Lòt Fo Dye Yo (11:7)

Dènye jou Salomon yo te vin fv plezi ak tout moun ki te ale lwen Bondye yo t ap tann nan. Lè Salomon te dezobeyi kòmandman Bondye a epi marye avèk prennsès moun lòt nasyon yo, li pat panse abandone Bondye –li te marye avèk yo avèk sèl objektif pou te fè gouvènman li a vin pifò. Men lè jèn ak bèl ti mandanm li an ki soti nan peyi Ti a te mande li yon lotèl pou fo dye li a, li pat kapab refize li. Li te vle konsève favè li, li ta dwe fè l plezi. Konsa, yo te bati lotèl la. Apre sa, li te koumanse ap egzije Salomon pou al adore avèk li—Yon rèn pa t dwe al adore poukont li.

Dosye a pa t fini la. Madanm li yo ki te soti nan peyi Amon ak Mowab yo te mande li menm bagay la tou pou fo dye, fanmi wayal yo tou te dwe satisfè. Youn apre lòt, yo te plante lotèl nan tout gouvènman an. Nan fason sa a, Salomon te ale lwen Bondye.

B. Lòt Zidòl Yo Ranpli Espas Ki Vid La

"Seyè a move sou Salomon paske Salomon te vire do bay Seyè a, Bondye pèp Izrayèl la. Atout Seyè a te parèt de fwa devan Salomon" (11:9).

Bondye te vizite Salomon defwa ak yon manifestasyon glwa avèk benediksyon li. Li te konnen sentete Bondye, men adorasyon Salomon te konn ofri bay Bondye a te san valè epi san moral. Salomon te fè sa ki mal, anpil mal lè l te dakò bati lotèl fo dye yo.

Konklizyon

No upa konnen si Salomon te repanti. Pa genyen okenn kote nan Bob la ki endike no usa. Refleksyon an moutre nou ke byen kòmanse a pa asire w yon Sali final. Li posib pandan n ap rive nan fen an, nou pèdi chemen an; ki fè nou ale lwen Bondye epi nou pèdi syèl la. Li enpòtan pou nou sonje tou ke konsekans echèk nou yo fè lòt moun soufri. Echèk Salomon an te fè efè sou pitit awogan ak malfèktè li a, li menm ki pat renmen byen pou Izrayèl. Li te fè efè sou divizyon wayòm nan tou, sa te bay yon bann mò kòm rezilta pandan 10 ane lagè sivil.

Resous

Karakteristik Tanp Salomon Te Bati A

"Wa a pale ak pwofèt Natan, li di l' konsa: Gade! Mwen rete nan yon kay bati ak bwa sèd, men Bwat Kontra Seyè a se anba yon kay twal li ye" (2 Samyel 7:2).

Natan te fin bay otorizasyon li, men pita Natan, anba lòd Seyè a, li te di wa a konsa:

"Kounye a la, ou panse ke w ap fè yon kay kote pou m rete"? (v.5).

Objektif David la te bon, kòrèk, men twò prese, deja se te yon dezi natirèl ak chanèl, men li pat chèche direksyon Bondye. Li te panse ak kwè ke se te volante Seyè a, men David pat kapab bati kay pou Seyè a paske se te yon nonm ki te konn fè anpil lagè (1 Kwonik 22:8-9). Se Seyè a ki te chwazi Salomon pitit David la pou bati tanp lan.

Konstriksyon kay Seyè a te koumanse sou katriyèm ane gouvènman Salomon epi li te dire sèt ane edmi (1 Wa 6:1-38). Iram, wa peyi Ti, te bay bwa liban ak bòs fewoni yo. Salomon te fè yon apèl, (li te bay moun travay) tankou 30 mil izrayelit ak 150 mil kananeyen. Chèche travay yo se te 550 epi yo te genyen 3,300 enspektè.

Tan plan te bati sou kolin Moriya. Plan tan plan te repwodwi tabènak la, ak sèl diferans dimansyon yo ki te de fwa pi gwo ak dekorasyon an ki te pi bèl.

Mezi andedan koude 60 (27 m.) Longè, 20 lajè (9 m.) ak wotè 30 (13.5 m.). 1 Wa 6:2). Mi yo te fèt ak wòch andesen (v.7), do kay la ak bwa sèd (v.9), etaj la nan pichpen ak mi yo sèd-pano ak lò (1 Wa 6:20, 22, 30). Sou mi yo yo te fè mete pòtre Cheriben, pla ak flè. Lye sen an (Debi), te 20 pye (9 m.) nan kwen (1 Wa 6:16, 20).

Bwat Kontra a te nan lye sen an (1 Wa 8:6), anba zèl de gwo pòtre zanj cheriben wotasyon bwa oliv epi kouvri ak lò. Chak mezire 10 koude (4.5 m.) wotè. Longè chak zèl te 5 pye tou. Zèl sou deyò yo te touche miray yo epi de lòt yo te kontre ansanm. Yon miray bwa sèd, ki kouvwi ak lò nan tou de bò yo, te separe kote ki apa (hekal) de Debi a. Lye sen an te mezire 40 pye nan longè (18 m.), 20 nan lajè (9 m.) Ak 30 nan wotè (13.5 m.).

Tan plan te genyen de lotèl, lakou ki te anndan te fèt pou sakrifikatè yo epi, yon gwo lakou pou pèp la. Lotèl ki fèt ak bwonz lan se pou sakrifis yo, li te nan lakou sakrifikatè yo, toupre lanmè bwonz lan, kote sakrifikatè yo te konn benyen. Te genyen 10 sous dlo plis pou yo te lave vèso sakrifis yo.

Wa Salomon

Salomon ki te gen non li ki vle di "trankilite", se te pitit David ak Batcheba. Li te fèt nan lavil Jerizalèm.

Adenyas, pitit David la te vle pran twòn nan, men Natan te anpeche li. Nan ane 970 av.K., Salomon te kouwone kòm wa epi gouvène pandan 40 ane. Li te touye Adenyas paske li te vle detwi li. Li te marye ak pitit fi wa peyi Lejip la epi mennen li nan lavil Jerizalèm (1 Wa 3:1).

Lè Salomon t ap ofri sakrifis bay Seyè a, Seyè a te di l pou l te mande nenpòt sa li te bezwen. Salomon te reponn : "Seyè, mwen bezwen bon konprann ak entelijans pou m fè jistis". Bondye te reponn lapriyè li a (1 Wa 3:2-28).

Apre plizyè kanpay lagè, Salomon te desann li anba nasyon payen yo ki te vwazinay avèk li, li te vin antoure ak yon bann lidè ki gen anpil konesans, li te konstwi yon lame pwisan epi, pou li te pi byen dirije, li divize wayòm nan fè 12 tribi.

Li te enterese ak regleman pou fè sèvis pou Seyè a. Se te yon nonm ki te genyen anpil konesans nan lèt ak lasyans, li te renmen lanati, flè ak animal. Vizyon avèk gwo plan epi li gen anpil popilarite pou gwo sajès li te genyen. Echèk Salomon an te soti nan dezobeyisans li devan Bondye.

Salomon te genyen yon kantite de mil madanm, anpil nan yo se te prennsès payen yo te ye, idolat, ke avèk yo li te marye sèlman pou objektif politik. Yo te bati lotèl yo epi Salomon te ede yo adore, nan fason li te tonbe nan apostazi.

Nonm saj sa a te aji tankou moun fou. Echèk li a pat tankou yon kout zèklè, men pito tikras pa tikras. Se nan menm fason sa a, kominyon li ak Bondye te koumanse bese. Salomon te fè 40 ane ap gouvène epi li te mouri nan ane 931 av.K.

Sitiyasyon Politik, Ekonomik Ak Relijye Nan Tan Salomon Yo

Salomon te bati gwo antrepriz kòmèsyal ki te la pou komès ak enpòtasyon materyèl pou gwo travo piblik yo. Li te kontwole komès nan oksidan an avèk yon baz naval nan Mediterane a. Li te domine wout kòmèsyal Sid la epi gouvènman li a te vin pi rich chak jou.

Nan tan Salomon, espesyalman nan premye ane gouvènman l la, pèp la te viv yon pwosperite ekonomik ak lapè. Lejip, Lazi ak Babilòn pat jwenn pwisans ekonomik, sosyal ak gèrye Izrayèl.

Jerizalèm se te yon bèl vil, nou jwenn tanp ki pi chè la a ke nasyon sou latè yo pa kapab ni imajine yo. Enterè li chak anea k rezèv lò li te gwo anpil.

Nan Megid n ap jwenn echèk jènjan wa Salomon. Nan Azò li te genyen vil li ki te plen ak machin. Nan Ezyon-gebè n ap jwenn bèl tras maren komèsyal Salomon an, ki te plase nan gòlf Akaba nan lanmè Wouj.

Èseke Ou Depann De Bondye?

Asanble dyab yo te rasanble pou chèche yon pi bon fason pou yo ataque gwoup kretyen ki te konstwi nouvo selil nan bouk la. Nan mitan opinyon youn ak lòt, yo fòme lòd satanik ki ta pou al atake a.

Prè avèk tout ekip li, espesyalis ki la pou simen zizani an te la. Li fè apèl ak tripotay. Lòt espesyalis nan lòt gwoup la bon nan sèvi ak zam ki rele egoyis la. Pli lwen nan pran angajman pou pwovoke ak konsève ògèy.

Menm kote a youn nan yo di:

— Poukisa se mwen menm ki pou ataque moun ki depann de bondye? Petèt, se oumenm ki dwe ale, o gwo Satan. Mwen te eseye li deja mwen pat kapab.

Ou genyen rezon, kretyen sa yo se yon bann zo di, pou tout bagay yo depann de Bondye epi sa fè yo rete lwen peche. Nou pa kapab goumen ak moun konsa... men se pou nou ale epi atake. Si nou rive divize yo, yon bagay va pase. Li ta bon, se konsa pou l ta ye. Se pou nou retounen byen vit pou pote rapò ban mwen. Epi Satan fini asanble a.

Leson 46
Idolatri Jewoboram Nan

Pou aprann: "Lè eprèv tonbe sou yon moun, lè l' anba tantasyon, moun sa a pa dwe di se Bondye k'ap tante li. Paske, menm jan Bondye pa janm anba tantasyon pou fè sa ki mal, konsa tou Bondye pa ka tante pesonn pou fè l' fè sa ki mal. Men, lè yon moun anba tantasyon, se pwòp move dezi moun lan k'ap rale l', k'ap pouse li" (Jak 1:13-14).

Objektif: Konprann ke imoralite ak fo relijyon pa satisfè, men pito detwi ni rich ni pòv la.

Entwodiksyon

Epòk an lò ak pouvwa pèp Izrayèl pou tout tan te fini ak lanmò Salomon. Pitit David la pale ak simen semans dezinyon ki pwodwi yon rekòt destriktif.

I. "De Tibèf Anlò"
1 Wa 12:25-30

Ki nati peche Jewoboram te lage nan wayòm nò a ?

A. "Li Te Bati..Sikèm...Penyèl" (12:25)

Jewoboram se te yon bòs mason ki te genyen anpil eksperyans, epi se te tèlman vre, ou wè premye zèv li yo se te rekonstriksyon ak ranfòsman Sikèm. Apre sa, li te fè l vin kapital li, li te pran siyifikasyon li kòm avantaj sant relijye. Jewoboram te te rekonstwi epi ranfòse Penyèl tou (oswa Pensèl), nan lès Jouden an. Jewoboram te travay di anpil pou l te rekonstwi ak ranfòse vil sa a yo.

Se tris paske Jewoboram pa t fè efò sa yo pou te konstwi valè moral ak espirityèl Izrayèl. Se pito, travay nan konfizyon espirityèl ki mennen li nan sèvi zidòl.

B. "Sakrifis Nan...Jerizalèm" (12:27)

Menm si Jewoboram te rekonstwi Sikèm ak Penyèl, li te konnen ke se te Jerizalèm ki te rete kòm sant relijye izrayelit yo, limenm ki anndan limit wayòm Jida. Se la tanp salomon an te ye. Yo te atann pou tout gason izrayelit yo ki gen bon sante t al nan fèt pak la nan Jerizalèm, Lapannkòt ak tabènak la twa fwa pa ane.

C. "Epi Lè Li Te Fin Fè Lide Sa" (12:28)

Ta sanble ke Jewoboram te panse nan fason sa :

1. Moun li yo pat dwe kontinye asiste fèt chak ane ki te konn fèt nan lavil Jerizalèm yo, pou krent ke moun li yo t al mache dèyè Woboram (v.27).

2. Te genyen yon gwo fòs 2.a tache moun nan lafwa relijye a.

3. Izrayelit yo pata kontante yo pou yo viv nan yon vid espirityèl. Yo te abitye adore Bondye.

Pou l evite moun yo ale nan lavil Jerizalèm epi nan menm tan an konsève yon devosyon relijye ki ta satisfè bezwen yo, wa a te fè de tibèf an lò.

D. "Yon Bon Kantite Nan Nou Te Moute" (12:28)

Yon kòmantaris rele tibèf an lò Jewoboram yo, "fo dye pou enterè". Legliz nan tan kounye a yo anba risk pou chèche fason pou yo alèz ak enterè pèsonèl la twòp.

Ralf W. Sockman notes que "gen kèk bon metòd ke legliz la etidye pou atire moun yo, fason pou fè mesaj li byen akeyi, kouman sèvi avèk kè kio blese yo, touche Gran Medsen ki konn geri a.

Men fòk nou sonje ke Legliz Bondye a dwe kontwole nesesite moun yo olye pou y ap karese pwòp dezi yo; dwe fè moun nan vin bon epi se pa sèlman pou l santi li byen" (TIB). Ann fè atansyon pou ke kòm legliz, nou pa konstwi pwòp "tibèf an lò nou".

E. "Epi Sa Se Te Rezilta Peche" (12:30)

Gen kèk Genk i fè konnen ke Jewoborap pat gen entansyon kondwi nasyon an nan idolatri epi tibèf an lò yo se te sèlman kèk senbòl Bondye pèp Izrayèl la. W. F. Albright fè konprann ke tibèf an lò yo se te sèlman pedestal "Se sou yo Yave (Jewova) envizib la te ye". Men nou dwe sonje ke aksyon Jewoboram yo bay idolatri kòm rezilta. Li te konnen ke Bondye te pale kont adorasyon imaj taye (Egzòd 20:4-5). Li te konnen istwa tibèf an lò Arawon te fè ak kondannasyon ki so vini pa mwayen Moyiz (Egzòd 32:19-35). Epi malgre sa, Jewoboram te fè imaj taye an lò pou lye adorasyon Izrayèl yo.

De tout fason, aètisman ekriven an te klè "Sa a se te rezilta peche".

II. Sakrifikatè Yo Ak Fèt Relijye Yo
1 Wa 12:31-33

Nan ki lòt fason Jewoboram te itilize relijyon an pou pwòp avantaj politik li?

A. "Plas Ki Wo Yo... Sakrifikatè Yo" (12:31)

Apre li fin leve tibèf an lò yo, Jewoboram fè plis efò pou l te kraze fòs relijye ki te ini nasyon pa l la ak Jida. Li te chwazi nenpòt sakrifikatè nan mitan pèp la epi bati kay pou adore nan plas ki wo yo. San dout li te konnen ke se sèlman jenerasyon Arawon yo ki te kapab vin sakrifikatè (Egzòd 28:1; Nonb 3:10), men li pat prete atansyon ak kòmand sa ke Bondye te bay.

Li klè ke Jewoboram pat anpeche Izrayèl genyen lavi relijye li. Men li te oryante yo pou yo te adore dapre pwòp anvi pèsonèl yo.

B. Epi Jewoboram Te Fè Yon Gwo Fèt (12:32)

Jewoboram te etabli yon fèt tou, nan plas fèt tabènak yo, li menm kit e konn selebre le 15 nan setyèm mwa (Levitik 23:33-44). Li te chwazi le 15 sou wityèm mwa, pou nouvo fèt nan peyi Izrayèl la.

Li mete akote gran tradisyon relijye pèp ebre a epi pwoklame tèt li otorite relijye nasyon li a. epi li te fè sa paske li te egoyis – li te vle konsève lwayote pèp la jan l ye a. Sa pa t enterese li vyole kòmandman Bondye a.

III. "Li Pa T Abandone...Move Chemen Li"
1 Wa 13:1-14:20

Poukisa se yon danje lè yon moun pa bay avètisman Bondye yo valè?

A. Jewoboram Pat Abandone Move Chemen L Lan (13:33)

Genyen yon pwofèt nan tribi Jida ke nou pa konnen non li, te ale Betèl, youn nan sant adorasyon tibèf an lò Jewoboram yo. Lè li rive li te koumanse pale kont lotèl ki te la epi anonse nesans Jozyas (pou pwofesi a te akonpli, 2 Wa 23:15-20). Jewoboram te bay lòd pou arete li epi se poutèt s amen li te sèch (oswa kokobe, 1 Wa 13:4). Wa a te mande pwofèt la pitye epi men l te geri.

Menm apre eksperyans men sèch la epi evènman etranj nan sediksyon ak lanmò pwofèt Jida (13:11-32), Jewoboram li pat reyaji fas ak avètisman yo ni fè efò pou abandone move chemen l yo. Okontrè, li te etabli plis sakrifikatè epi menm li menm te jwe wòl sakrifikatè (13:33).

B. "E Sa A Se Rezilta Peche" (13:34)

Nan vèsè ak nan chapit 14 la, otè sakre a di byen klè ke, destriksyon espirityèl fanmi Jewoboram se akoz de dezobeyisans wa a.

Konklizyon

Pa Jewoboam yo te kontinye nan dezobeyisans devan Bondye, yo dekrive byen brèf nan Jak 1:14-15: "Men, lè yon moun anba tantasyon, se pwòp move dezi moun lan k'ap rale l', k'ap pouse li. Konsa, move dezi a travay nan kè li, li fè l' fè peche. Lè peche a fin fèt, li bay lanmò". Anvi egoyis yo tante lanbisyon lòm. Menm jan sa te pase avèk Jewoboram, lanbisyon an envite nou moute sou twòn lavi nou pou kapab vin wa. Lè nou fin wa, ebyen nou tanmen reklame dwa ki pou Bondye yo pou nou. Nou viv konfòm ak plan nou yo, nou pa viv dape kòmandman Bondye yo.

Menm jan peche te mennen lavi Jewoboram nan destriksyon an, se menm jan l ap mennen no unan lanfè, si nou obeyisan devan Bondye epi nou pa fè volante li.

Resous
Sikèm

Non lavil Sikèm, ki okipe yon plas byen enpòtan nan istwa Izrayèl, li vle di "zepòl". Li te direksyon toupre mòn Jerizim (Jij 9:7). Abraram te kanpe toupe Sikèm (Jenèz 12:6) lè li te anba dominasyon kananeyen yo. Jakòb te jwenn eve yo la, yo menm li te achte yon teren nan men yo. Pita yo te antere zo Jozèf nan zòn sa. Tribi Izrayèl yo te rasanble nan vale Sikèm nan pou koute lekti nan liv lalwa Bondye a (Jozye 24:1). Nan zòn sa a, 10 tribi yo te rejte Roboram epi pwoklame Jewoboram kòm wa sou Izrayèl (1 Wa 12:1-19).

Penwèl

Non penwèl la se yon chanjman de Penyèl ki vle di "fas Bondye" (Jij 8:8). Li idantifye li avèk tulul edh-dhahab (oswa monti an lò, kòmantè biblik Beacon, p. 384), ki te nan trasjòdani, yon distans de wit kilomèt de larivyè Jabòk la.

Jakòb te bay zòn sa non sa kote li te goumen ak zanj Bondye a paske li di konsa:

"Mwen wè Bondye fas a fas" (Jenèz 32:24-31). Nan epòk Jij yo, gen yon gwo kay ke Jedeyon te bati (Jij 8). Pita Jewoboram I te ranfòse li(1 Wa 12:25).

Betèl

Betèl ki vle di "kay Bondye", se te yon lavil nan peyi palestin, nan lwès Ayi, sou Sid zòn Silo (Jij 21:19). Kananeyen yo te rele li "limyè", men Jakòb te chanje non li paske se la li te resevwa yon vizyon sou Bondye. Epi li te mete yon wòch kòm sinyal ki te sèvi l pou zòrye, pou rele plas la "kay Bondye" (Jenèz 28:19).

Moun Betèl yo te ede moun Ayi yo nan dezyèm atak Jozye a(Jozye 8:9). Izrayelit te kouri antre nan vil sa pou al kmonsilte seyè a (Jij 20:18-26). Samyèl te fè yon pakou nan moman li t ap gouvène.

Lè wayòm nan te vin divize, Jewoboram te bati yon lotèl pou anpeche izrayelit yo t al Jerizalèm pou adore Seyè a (1 Wa 12:29-33).

Dan

Nan tan lontan, Dan te pote non Lesem. Li te sitye nan vale fètil Kanaan, toupre Liban. Tribi Dan an te mete men sou li. Moyiz te konpare li avèk yon ti lyon pou atak sevè li yo kont lènmi an, menm jan li fè li pou detwi Lay peyi Bazan (Detewonòm 33:22).

Jewoboram te bati lòt lotèl nan zòn sa pou pèp la te kapab pa ale nan lavil Jerizalèm pou adore Seyè a.

Woboram

Non Woboram nan vle di "pèp la vin pwisan" oswa "moun ki fè pèp la vin pwisan". Se te piti saj Salomon ak Naaman, amonit la, men li pat genyen menm sajès avèk papa li. Nan Sikèm li te pwoklame wa sou 12 tribi Izrayèl yo ; sa te fè se li menm ki te dènye wa ki te soti nan branch fanmi David.

Li te pèsiste nan fè tèt di ant tribi Nò ak Sid. Pèp la te soufri ak kontribisyon byen chè ke Salomon te egzije epi te mande wa Roboram pou l te soulaje moun anba chay sa. Roboram te fè pèp la rete tann twa jou pou bay repons li. Li te mande ansyen konseye Salomon yo konsèy anvan, yo menm ki te di l pou te koute pèp la. Apre sa, li te mande jèn parèy li yo konsèy, zanmi anfans li yo epi, apre l fin tande yo, Woboram te di pèp la konsa: "Wi, w'a di yo: Papa m' t'ap peze nou anba chay lou, mwen menm m'ap mete sou chay la ankò. Papa m' te bat nou ak fwèt" (mwen menm m'ap pase fwèt la anba sann pou m' bat nou).

Kòm rezilta, 10 nan 12 tribi yo deside pa fè pati branch fanmi David ankò epi, pandan y ap pase, yo kraze Adoram anba wòch, ajan kontribisyon an.

Yo te konnen 10 tribi sa yo sou non wayò dinò, oswa Izrayèl. Yo te konnen lòt de tribi yo kòm wayòm Sid, oswa Jida.

Jewoboram

"Pèp la te vin ogmante anpil", se sa non Jewoboram nan vle di, pitit Nabat ki soti nan tribi Efayim. Se te premye wa nan wayòm dinò a, kote li te gouvène pandan 22 ane.

Jewoboram se te fonksyonè Salomon. Yon jou pwofèt Ayia te chire palto nèf la fè 12 mòso. Li te bay Jewoboram 10 mòso, pou te anonse ke Jewoboram tapral gouvène 10 tribi. Salomon ki te konprann mesaj pwofetik la, li te vle touye Jewoboram, men li te kouri al mawon nan peyi Lejip epi retounen apre lanmò Salomon.

Lè divizyon an te vin leve ant de wayòm yo epi avèk krentif pou pèp li a pat ale adore Seyè a nan lavil Jerizalèm, li te mete sou pye de tibèf an lò nan Dan ak Betèl, lye estratejik wayòm dinò a. Se konsa idolatri a te kòmanse nan plas adorasyon Seyè a. Apre sa li te mete tout levit yo deyò epi pifò nan yo te ale Jida, akoz de idolatri ki te genyen nan tribi Izrayèl.

Yon pwofèt te rele kont lotèl nan Betèl la epi, lè Jewoboram te lonje men li sou pwofèt la, men an te sèch. Pita, men Jewoboram nan te vin refè, men li te kontinye nan idolatri li. Pou rebelyon li, fanmi li te tou fini nan pitit li Nadab.

JEWOBORAM I SE TE PREMYE WA wayòm dinò peyi Izrayèl, li menm ki te lage divizyon nan tribi yo apre lanmò Salomon. Li te gouvène yon teritwa ki te genyen dis tribi nan mitan pèp Izrayèl la. Yo rakonte istwa li nan premye liv wa yo. Li te renye pandan syèk x av.K., pwobableman ant 928 ak 910 av.K.

Kontèks

Dapre 1 Wa 11:26-39, Jewoboram se te pitit Nabat, ki te soti nan tribi Efrayin ak nan vil Sereda. Non manman li se te Sawoua (li menm ki te pral rete vèv pita). Se te yon fonksyonè Salomon. Anba enfliyans pwofèt Ayia, li menm ki te pwofetize sou kijan 10 tribi dinò Izrayèl yo ta pral dirije, koumanse prepare li pou vin konvèti kòm wa 10 tribi dinò yo; men pliske sa te parèt byen klè, li te chape poul li ale nan peyi Lejip (1 Wa 11:29-40), kote li te ye pou yon tan anba pwoteksyon Sisak.

Apre lanmò Salomon, konfli ekonomik yo te ogmante. Konpòtman ògeye Woboram parapò ak 10 tribi dinò yo, te vin deklannche yon rebelyon epi Jewoboram te retounen nan nan Izrayèl fè bri kòm wa (1 Wa 12:1-20).

Seyè a te gentan pale ak Jewoboram osijè de divizyon wayòm nan pa mwayen de mesaje li. Se konsa li te deklare: Divizyon sa a dwe fèt paske nou abandone mwen, epi nou adore Astawòt fo dye moun peyi Sidon yo, chemòs fodye moun peyi Mowab yo, Molòk fo dye moun peyi Amon yo; epi nou pa mache nan chemen mwen yo, pou nou f sa ki dwat devan mwen, ak kòmandman mwen yo, ak lalwa mwen yo, menm jan papa nou David te fè li (1 Wa 11:33).

Li te endike Jewoboram ke wayòm nan pat dwe divize anvan Salomon te fini gouvène. Seyè a te ajoute ankò: "Men, mwen pa t' wete gouvènman tout peyi a nan men l'. M'ap kite l' gouvènen konsa jouk li mouri. M'ap fè sa pou li poutèt David, sèvitè m' lan, yon nonm mwen te chwazi, yon nonm ki te mache sou lòd ak kòmandman mwen yo. Men, m'ap wete gouvènman tout peyi a nan men pitit gason l' lan. M'ap ba ou dis branch fanmi pou gouvènen" (1 Wa 11:34,35)...

Leson 47 — Avaris San Mezi Akab La

> **Pou aprann:** "Eli al kanpe devan pèp la, li di yo: -Kilè n'a sispann woule de bò! Si se Seyè a ki Bondye, se li pou n' sèvi. Si se Baal ki Bondye, se li pou n' sèvi! Men pèp la pa di yon mo" (1 Wa 18:21).
>
> **Objektif:** Konprann ke Bondye voye pwofèt pou fè fas ak mechanste a epi pa gen anyen ki pi bon pase konfye nan pwovidans Bondye.

Entwodiksyon

Yon ti tan avan avyon ki t ap dirije li pou Beirut la te ateri nan lavil Atèn, youn nan pasaje yo, Jozèf Pasatou, te kòmanse rele paske li pat kapab respire; se klè ke li te santi l byen mal. Depi nan aryopò a yo te kouri al lopital avèk li byen ijan, men li te gentan mouri depi avan yo te ba li swen. Otorite yo te dekouvri ke Pasatou te trangle paske li li te itilize yon soutyen ki byen sere kote l te pote yon bann relò swis nan kontrebann.

Efò kontrebandis pwofesyonèl sa pou vyole lalwa te koute l lavi li. Men yon moun pa toujou peye tèlman di epi menm kote a pou peche li komèt nan sosyete a. Byen souvan, lèzòm vyole lalwa kote ke yo wè lajistis pa kondane yo. Se pandan, pa gen moun ki pap jwenn pinisyon. La Bib fè konnen ke: "Tout sa yon moun simen, se sa li va rekòlte" (Galat 6:7).

I. "Ban Mwen Jaden Rezen W Lan" 1 Wa 21:1-12

Kilè yon dezi onèt vin chanje an lanbisyon?

A. "Nabòt..Te Genyen Yon Jaden Rezen" (21:1)

Wa Akaba k larenn Jezabèl te genyen yon bèl palè, kòm 30 kilomèt nan nò lavil Samari, nan Jizreyèl, nan plenn Esdrayelon. Tou pre richs li a te genyen yon jaden rezen ki te pou yon nonm ki te rele Nabòt, yon izrayelit ki te genyen anpil krentif pou Bondye. Wa Akab te panse ke pou kote li rete a, jaden rezen an t ap byen itil li kòm richès epi ta jwenn tè a pou fè "yon bèl jaden legim". Sa te fè wa a te mande Nabòt pou chanje li pou ba li yon lòt pi bon jaden rezen, oswa peye li yon bon kantite lajan pou tè li a. Sa sanble yon bèl pwopozisyon kòmèsyal.

B. "Se Pou Seyè A Pwoteje Mwen" (21:3)

Sepandan, Nabòt pat dakò pou objektif relijye, vann richès li te resevwa kòm eritaj. Dapre lalwa Moyiz la, chak pòsyon tè te dwe pou posesyon fanmi an, li menm ki dwe pase de pitit an pitit (Levitik 25:23-28). Si yon moun te dwe vann pòsyon pa l la, li te dwe reachte li epi remèt posesyon an bay fanmi an nan ane jibile a (Levitik 25:8-10). Li pat dwe fè okenn vant dirab andeyò de fanmi an (Nonb 36:7).

C. Wa Ki Fistre A (21:4)

Wa Akab te santi li desi paske Nabòt te refize òf li a. Li te retounen nan palè a "tris epi byen move". Mac Laren obsève avèk sekirite pou l di: "konpòtman enfantil Akab la se karakteristik yon nati ki fèb...4 mil oswa 8 mil m kare se te yon afè ki piti anpil kòm pou tonbe nan eta sa; gen mwens bagay nan lavi ki gen valè sifi pou key on nonm saj epi fò santi li dezole nan kouraj li nan fason sa".

D. "M Ap Ba Ou Jaden Rezen An" (21:7)

Lè Jezabèl te wè wa a, li te mande li kisa ki te pase. Lè l te tande repons wa a, gen yon souri dyabolik ki trase sou lèv Jezabèl epi li mande: "èske se oumenm ki wa sou Izrayèl kounye a?" Si w bezwen ti jaden rezen sa ki pap menm gen valè a, poukisa w pa pran li? Apre sa, Jezabèl te ajoute: "Kouman! Se pa ou ki wa nan peyi Izrayèl la ankò? Leve non, monchè! Manje manje ou, fè kè ou kontan. Mwen pral ba ou jaden rezen Nabòt la. Jezabèl ekri kèk lèt, li siyen non Akab anba yo, li sele yo ak so wa a, epi li voye yo bay chèf fanmi ak otorite ki rete lavil Jizreyèl menm kote ak Nabòt (vv.9-10).

Men sa li voye di yo nan lèt yo: Sanble tout moun pou yon sèvis jèn. Mande Nabòt pou li dirije sèvis la. Lèfini, jwenn de vakabon, fè yo vin kanpe devan l' pou yo akize l'. y'a di li derespekte Seyè a ansanm ak wa a. Lè sa a, n'a pran Nabòt, n'a trennen l' andeyò limit lavil la, n'a kalonnen l' wòch jouk li mouri. Chèf fanmi yo ak otorite lavil Jizreyèl yo fè tou sa Jezabèl ba yo lòd fè nan lèt yo. Yo fè konnen yo pral fè sèvis jèn. Yo fè tout pèp la sanble, yo mete Nabòt devan pou dirije sèvis la (vv.11-12).

II. Lanmò Nabòt
1 Wa 21:13-15

A. "Nabòt Mouri Anba Kout Wòch" (21:14)
Yo te twouve Nabòt koupab. Yo te trennen li mete deyò lavil la epi se la yo te kraze li anba kout wòch –pou yon krim ke li pat janm komèt. Ala vid kòd levitik la vid nan prezans yon zak konsa!

B. Danje Avaris La
Men Jezabèl ak Akab genyen anpil moun k ap imite yo jounen jodi a. Piga nou sezi ke Kris ta di: "Fè atansyon. Veye kò nou pou lajan pa pran tèt nou. Paske, se pa anpil byen ki garanti lavi yon nonm, li te mèt rich kont kò li" (Lik 12:15). Avètisman sa apwopriye nan moman materyalis sa ke n ap viv la.

III. Eli Fè Fas Ak Akab
1 Wa 21:17-24

A. "Desann pou w ka fè fas avèk Akab" (21:18)
Bondye te konnen plan Jezabèl yo. Akab te panse li te kapab kache devan seyè a? Eli te rive nan jaden rezen an avèk yon mesaj jijman pou wa.

B. "Mwen Pran Ou" (21:20)
Lè Akab te vin reprann li de sipriz la, pawòl li yo devwale tò li. "Ou pranm vre wi lènmi mwen?" Pwofèt la te replike nan yon fason ki afimatif: "Mwen pran vre".

Ala etranj sa etranj enh! Moun ki fè mal yo depi yo wè yon moun siprann yo, jeneralman yo panse moun nan se lènmi yo! "Limyè fidèl, moun ki gen pitye ki soufri, se bon zanmi moun ki fè mal. Pi move lènmi kè ki plen peche se vwa ki tante li komèt peche, oswa damou nan fè pwòp tèt li plezi" (Alexander Maclaren).

C. "Mwen Deklare Malè Sou Ou" (21:21)
Akab pat jwi de jaden rezen l lan pou anpil tan. Plezi peche yo pa la pou anpil tan. Epi sa ki te plis, pran yon tè pou yon mòd "jaden legim" li te koute plis ak pi plis pase sa l te vo. Kounye a pwofèt la te pwononse jijman Bondye sou Akab. Ni Akab, ni Jezabèl ta genyen yon final ki grav (vv.19,23). Pinisyon pou krim kont Nabòt la ta dwe terib vrèman. Pawòl la di ke moun sa yo ki simen van gen pou rekòlte gwo toubouyon (Oze 8:7).

D. "Akab Te Mache Imilye" (21:25-29)

1. "Li te poudre tout kò li avèk san dife" (v. 7). Akab te Akab te santi l dezole anpil pou deklarasyon Eli a nan jaden rezen an. Menm mesaj Natan pou David, verite a penetre nan kè koupab li a tankou yon manchèt. Li te chire rad wayal li yo epi li te imilye li avèk sann, jeneralman ki koud avèk po bèt. Li te fè jèn epi "mache imilye" (v. 27). Vilgat Laten an, yon vèsyon nan Bib la, di ke li te mache nan tristès. Pa gen dout ta sanble pou panse de repantans li ak senserite.

Sepandan, Jezabèl pat moutre okenn sinyal repantans epi li te soufri jijman jan Eli te pwofetize l la (v.23; 2 Wa 9:36).

2 "Pliske li imilye li" (v.29). "Mizèrikòd li yo pap janm sispann" (Plenn 3:22). Bondye te gen pitye pou Akab epi li te padone li paske wa a te imilye li (oswa repanti). Bondye te di Eli konsa ke jijman an va antre pita nan fanmi Akab, lè pitit li a antre nou pouvwa a (v. 29). Yo ta jwenn pinisyon, se pa pou peche papa yo, men se paske yo te prefere mache nan move chemen.

Konklizyon
Malerezman pasaj nou etidye la se pa yon kont. Se istwa ki kontinye ap repete nan lavi gason ak fanm tankou nou. Petèt detay yo pa twò dramatik, men prensip yo.

Kesyon Eli te poze akab avèk pèp li a nan Mòn Kamèl se te : "Kilè n'a sispann woule de bò! Si se Seyè a ki Bondye, se li pou n' sèvi. Si se Baal ki Bondye, se li pou n' sèvi! Men pèp la pa di yon mo" (1 Wa 18:21).

Anpil moun ki bò kote nou vle fè menm jan ak izrayelit yo ---pa reponn Pawòl la (18:21). Men silan lan mete yo ansanm avèk pwofèt Baal yo, yo menm ki te detwi. Desizyon nou se nan Bondye oswa Baal, lavi nou gen pou fè manje pou "chen yo" (v.19). Men si nou chwazi Bondye, menm jan Eli te fè li, yon jou nou va rive devan li avèk viktwa.

Resous
Eli
"Eli" vle di "Seyè a se Bondye mwen". Se te youn nan gran pwofèt yo, yon tisbit moun peyi Galaad. Li te pwofetize kont Akab, wa ki te anba anba enfliyans Jezabèl, madanm li ki soti ti, li te vin konvèti an yon adoratè Baal. Li te anonse yon gwo sechrès kòm pinisyon pou apostazi l la. Apre sa Eli te al kache yon kote ki byen lwen kote se kòbo ki te konn pote manje ba li. Pita li tal Sareta, kote ke yon vèv ki te prèt

pou mouri ak tout yon sèl pitit li te genyen, te pataje dènye ti manje l te genyen an avèk Eli. Poutèt sa, Bondye te beni li annabondans. Anmezi grangou a te dire nan Sareta, lakay vèv sa a pat janm manke pen chak jou.

Apre sa Seyè a te bay Eli lòd pou ale wè Akab epi, avèk demann pwofèt la, Akab te rasanble tout pèp la avèk pwofèt Baal yo. Lè li te ofri sakrifis li a bay Jewova, Seyè a te glorifye li epi te moutre chèf prèt Baal yo ke pouvwa Jewova a pi sipeyè pase tout lòt ti fo dye. Dife Bondye a pat sèlman boule sakrifis la, men tou, lotèl wòch la.

Yo te mennen tout pwofèt Baal yo nan vale Cison kote yo te touye yo. Se depi lè a pèp la te rekonèt ministè pwofèt Eli a. Ape sa lapli a te vini ak favè Bondye ki te retounen.

Jezabèl te move anpil pou lanmò pwofèt li yo, li te deside touye Eli, li menm ki te kouri tèlman li te pè. Li te jwenn kote poul te kache nan yon twou wòch, men Seyè a te fè l soti pou l te kontinye ak ministè li. Apre sa, li te ba l lòd pou l te vide lwil sou tèt Asayèl, wa Siri a ak Jeou, wa peyi Izrayèl pou te pini apostazi moun pèp Izrayèl yo. Kout lanmò Akab te pran nan kan batay la, nan Ramòt peyi Galaad, li te make kòmansman pinisyon ke Eli te pwofetize kont kay wa a.

Lè ministè li te prèske rive nan bout li, Eli te voye palto li a sou Elize pou fè li konnen ke li te dwe kontinye ak misyon an. Apre sa, li te moute nan syèl tou vivan, san li pa mouri.

Repantans Nan Ansyen Testaman

Nan Ansyen Testaman nou jwenn plizyè fason, pa mwayen yo menm jwif yo te konn moute repantans sensè yo devan Bondye. Pa egzanp :

1. Jèn nan se yon fason pou moute repantans. Pandan 70 ane pèp la te konn fè jèn nan katriyèm mwa, senk, sèt ak dis (Zakari 8:19), plenyen pou destriksyon tanp lan.

Lalwa Moyiz la te genyen yon siyifikasyon osijè de sa : ' "N ap gen pou nou dechire kè nou" (Levitik 16:29). Li te dwe yon estati ki pa chanje. Yo te fè li nan moman kote ki genyenm yon gwo afliksyon nasyonal (Jij 20:26) ak kalamite (Jeremi 36:9).

2. Lòt, pa mwayen lizay sann dife a. Li fèt nan yon mare koryas, anjeneral Goat cheve. Li te chire nan lapenn ak chagren ak itilize souvan pwofèt yo ansanm ak prizonye yo. Pafwa yo mete yo sou yon lòt rad, epi, nan kèk ka, dirèkteman nan po a, ki pwodwi blesi ak doulè. Ki te fè wa Akab. Se poutèt sa, Bondye te moutre mizerikòd li retade jijman an.

Adorasyon Baal La

Nan lang Babilòn nan, Belu oswa Bel, te vle di "mèt". Se te non kèk dye peyi Kanaran. Adorasyon li te soti nan Merodak oswa Marduk, fo dye lavil Babilòn nan. Baal se te prensipal dye kananeyen yo, Astoret, madanm li, deyès prensipal li. Tanp li yo anjeneral toujou ansanm. Sakrifikatè fanm yo se te pwostitye sakre epi mesye yo te soti nan sodòm, omosekyèl.

Bel Merodak Babilòn nan se te dye solèy ak ak Baalshemain, "seyè nan syèl". Yo te konn adore Baal tankou dye solèy ak dye destriktè. Kòm dye solèy, paske zèklè li yo te bay koulè ak limyè sou moun k ap adore li yo; kòm dye destrikatè, paske zèklè li yo kon retire retire vejetasyon limenm ankò li pwodwi. Konsa yo te konn ofri sakrifis ba li pou kalme li nan tan grangou ak lòt pwoblèm. Sakrifis la, jeneralman te dwe boule tou vivan, se te premye nan pitit bèt moun k ap fè sakrifis la.

Te genyen lotèl kanpe toupatou epi sa te fè ke nan yon ti tan pita izrayelit yo te tonbe nan vye kalite adorasyon sa (Jij 2:11; 3:7; 6:31; 8:33;10:6-10). Menm si anba dominasyon Samyèl la, pèp la te abandone vye kalite adorasyon sa; sepandan, lè wayòm nan te vin divize, Akab te reetabli adorasyon pou Baal (1 Wa 16:32). Sa a se te youn nan rezon ki fè Eli te detwi pwofèt Baal yo.

Malgre tout bagay sa a yo, idolatri a te kontinye rive jouk nan tan Jeou, lè yo te touye tout adoratè epi detwi tanp ak imaj yo (2 Wa 10:18-28).

Nan twou wòch nan Gezè nan ane 1904 ak 1909, Dr. Macalister, manm Fon pou eksplorasyon nan Palestin, te jwenn yon bon kontite vèso ak rès timoun yo te konn sakrifye devan Baal. Nan Gezè, Megido ak Jeriko yo te jwenn tras lòt koutim grav, "sakrifis ti bebe". Lè yo te konn ap bati kay, yo te toujou konn sakrifye yon timoun pou antere anba sòl kay la yon fason pou rès fanmi an ka gen chans.

Temwayaj Nan Menm Plas Mechanste Nou Yo

Pandan yon jèn gason t ap konvèti, li te mande pastè a:

— Depi demen maten m ap koumanse yon lavi tounèf. Kou m rive nan biwo m nan, m pral pale avèk chèf la pou m mande li transfere mwen nan lòt etaj la. Kòm pa genyen moun ki konnen mwen la, m pral kòmanse viv diferan de fason m t ap viv anvan. Pandan m ap tan otorizasyon transfè a, m ap rete lwen gwoup zanmi m yo.

Pastè a di konsa: -- Frèm, si w vin jwenn Kris, ale nan travay ou a demen epi di tout zanmi w yo sa. Ou pap bezwen chanje plas pou w koumanse viv diferan. Ou dwe fè sa devan pil moun ki te konnen w depi anpil ane pou yo kapab wè gwo chanjman ki fèt nan lavi w.

Yo dwe wè diferans lan nan lavi w. Mwen konnen ke kòmansman an ap difisil. W ap bezwen sipòte presyon gwoup la, men tou w ap triyonfe si w kontinye nan Jezi. Plis pase sa, pandan setan li posib pou kèk nan zanmi w yo aksepte Kris akoz de temwayaj ou a.

Leson 48
Fidelite ak Obeyisans Jozafa

Pou aprann: "Fè sa ki dwat. Pa nan patipri. Sa fè Seyè a plezi pi plis pase bèt ou ta touye pou li" (Pwovèb 21:3).

Objektif: Demontre, pa mwayen etid Jozafa, nan enpòtans pou bati lavi nou sou fondman moral ak espirityèl ki solid.

Entwodiksyon

Lè Aza te mouri, papa li Jozafa te moute twòn nan, li te vin youn nan wa ki te plis jis nan tout wa Wayòm Sid la (Jida). Kontribisyon enpòtan Jozafa nan istwa Wayòm Sid la te twouve li nan 2 Kwonik ki mete kat chapit apa pou li (17-20).

I. Yon Nonm Ki Gen Lafwa
2 Kwonik 17:1-6

Dekrive kèk fòm reziyasyon ki nan sosyete ki bò kote w la. Eske yo se yon menas pou lavi espirityèl pou kwayan an? Poukisa?

A. "Li Te Vin Pwisan" (17:1)

Jozafa te pataje, menm jan avèk papa li, krentif yon anvayisman Izrayèl (2 Kwonik 16:1-6). Se konsa, byen vit, li te kòmanse konplete solidite pèp ki te rete nan fwontyè yo epi fè lòm brav tribi Jida yo vin pifò. Anplis de sa, li te mete solda nan vil papa l te bati yo (2 Kwonik 17:2).

Jozafa te bay prèv yon lidè ki saj lè li te fòtifye nasyon l lan epi prepare li pou nenpòt atak ki ta kapab soti nan Nò. Preparasyon militè li yo te reveye yon krent bò kote nasyon ki t ap viv nan vwazinay li yo, ki te fè yo te voye anpil bèl kado bay Jozafa (2 Kwonik 17:10-11).

B. "Seyè A Te Ansanm Avèk Jozafa" (17:3)

Jozafa te konnen ke esperans pou byennèt fiti Jida pat base sèlman sou avantaj ak pouvwa militè yo. Se poutèt sa li te kondwi pèp la vè yon revèy espirityèl. Li te evalye eritaj lafwa epi òganize lavi li pa mwayen egzanp papa li yo. Elijyon se pat yon koze pou regle zafè enterè pèsonèl, jan sa te ye pou Jewoboram. Se pito, yon konviksyon relijye li te genyen pou l te mache avèk imilite nan Bondye, nan jistis ak sentete moral (v.4).

C. Yon Nonm Ki Gen Valè

Jozafa te bezwen valè pou pran pozisyon li bò kote Bondye ak jistis li nan epòk gouvènman l lan. Se pat yon chemen popilè, pliske pèp la te déjà vire do bay Bondye sa fè byen lontan.

Li te refize adorasyon fo dye moun lòt nasyon yo epi chwazi adore vrè dye a. Desizyon Jozafa te parèt aklè se lè li te deside "retire plas wo yo avèk imaj taye Asera ki te nan mitan Jida" (v.6). Plas wo sa yo avèk imaj taye yo ki te temwayaj fawouch de pratik imoral pèp payen yo, malerezman pèp Bondye a te adopte yo tou.

Jozafa pat pran desizyon sa ke pèp la pat renmen an sèlman pou fè tèt li plezi. Apre tout bagay, pa genyen bonte pou w diferan paske w diferan. Kèk fwa gen regleman gwoup ki bon. Men anpil fwa gen valè ki pran plas yo nan mitan sikonstans. Kretyen an dwe disène ak detèmine, nan limyè Pawòl Bondye a, lè li dwe konfòme li oswa non avèk regleman gwoup la. Li pa dwe janm doute pou l pa refize regleman say o ki kapab yon danje pou lavi espirityèl yo oswa ki kapab elwaye yo de volonte Bondye. Pòl te egzòte Women yo: "Piga nou viv menm jan ak moun k ap viv kounye yo" (Women 12:2).

II. "Pou Yo Anseye Nan...Jida"
2 Kwonik 17:9

Nan ki faz antrenè yo kapab fòtifye fondman espirityèl yon pèp?

A. "Epi Yo Te Anseye Nan Jida" (17:9)

Jozafa te rekonèt enpòtans yon pèp ki enstwi. Moun yo te tèlman pase anpil tan nan sèvi zidòl ak adorasyon payen ki te deja pa rekonèt lalwa Bondye a.

Nan twazyèm ane gouvènman li a, li te chwazi senk prens (lidè sivil), nèf levit (travayè nan sanntyè a) ak de sakrifikatè (lidè relijye) pou anseye pèp la lalwa (vv.7-8). Jozafa te konprann ke revèy relijye a ta rete dirab nan mezi moun yo ta konprann lafwa yo. Li te dwe anseye klèman ak sentete valè moral ak espirityèl yo.

190 | Page

Ni nan Ansyen, ni nan Nouvo Testaman, Bondye te toujou mande pou yo anseye pèp ak legliz li a Pawòl li a. Moyiz te moutre ansyen nan mitan moun pèp Izrayèl yo kouman pou yo te enstwi pitit yo disiplin espirityèl yo (Detewonòm 6:1-9; Danyèl 12:3).

Nan Efezyen 4:11-16 Pòl fè referans ak menm bagay la. Moun sa yo ki tap patisipe nan ministè ansèyman –paran ki responsab yo, antrenè lekòl dominikal yo, lidè klas antrvnman yo—yo fè yon kontribisyon ki san parèy nan zèv delivrans Bondye a nan lavi moun yo avèk legliz la.

B. "Liv Lalwa A" (17:9)

Pou menm bagay la, wa Jozafa te pase prens li yo lòd pou pwomennen tout Jida, pou anseye lalwa Bondye a nan tout lavil yo. Epi Bib la di konsa: "Avèk liv lalwa Seyè a nan men yo, yo mache nan tout peyi a, yo ale nan tout lavil yo pou moutre pèp la sa pou li fè".

Se sèlman Pawòl Bondye a, ta retabli valè moral ak espirityèl pèp Izrayèl la. Jida pa ta kapab vin yon nasyon ki fò ak entelijan san konesans Pawòl Bondye a.

III. Jistis Pou Tout Moun
2 Kwonik 19:2

Ki plas jistis la okipe nan lòd priyorite nou yo? Ki enfliyans kretyen nou kote enjistis la ap vale teren ?

A. "Kolè Kont Ou" (19:2)

Bon wa Jozafa te fè de erè grav pandan gouvènman l lan. Premye a se te alyans militè ak gouvènman Akab la avèk vye batay kont siryen nan Ramòt Galaad la, ki te bay rezilta ak lanmò Akab epi si se pat Bondye, menm lanmò pa Jozafa tou (2 Kwonik 20 :35-37).

B. Jozafa Te Prepare Kè Li Pou L Chèche Seyè A (19:3)

Pwofèt Jeou fè nou sonje ke Jozafa, malgre erè li yo, li te detwi idolatri ki te nan Jida yo (v.3). Li te voye lidè ki pou vwayaje al anseye moun yo lalwa Bondye a; epi, anplis de sa, li te vwayaje nan tout peyi a –depi beèseba nan pwent sid, rive jouk nan mòn efrayin nan dènye pwent nò—eseye ede pèp la antre nan yon kominyon ki plis entim avèk Bondye.

C. "Li Te Mete Wa" (19:5)

Anplis de ke li te yon lidè espirityèl modèl, Jozafa te fòtifye moral pèp li a pandan li t ap etabli yon sistèm jij ak chèf nan tout peyi a.

Wa te resevwa twa enstriksyon:
1. Yo te dwe reprezante Bondye nan jijman yo;
2. Yo te dwe san patipri ; epi
3. Yo pa t dwe resevwa kòb anba.

D. "Nan Jerizalèm Tou" (19:8)

Wa Jozafa te etabli yon gwoup eklezyastik ak sivil nan Jerizalèm tou. Gwoup sa te aji tankou yon gwo gwoup chèf siprèm pou lajistis oswa gwoup pou fè manda epi deside dosye ke lòt gwoup pat kapab deside.

Nan fason sa, dosye relijye ak sivil yo te resevwa anpil atansyon ki apwopriye.

E. "Mete Gason Sou Nou" (19:11)

Dènye lòd Jozafa te pase jij li yo bon pou konsidere: "Mete gason sou nou. Fe travay nou. Se pou Seyè a toujou kanpe la ak moun ki mache dwat yo". Emil Brunner te di konsa ke "Pa gen okenn laj ki moutre jouskaprezan yon mezi enjistis menm jan ak pa nou an". Reyèlman, kretyen an toujou dwe vote anfavè jistis. Ann pa bliye repwòch la pou sonje: "Fè sa ki dwat. Pa nan patipri. Sa fè Seyè a plezi pi plis pase bèt ou ta touye pou li" (Pwovèb 21:3).

Konklizyon

Jeozafa kòm wa te komèt kèk erè politik serye. Sepandan, li te fè siksè nan sa ki plis enpòtan yo: Li te mete li nan sèvis Seyè a epi rive fè Izrayèl retounen vin jwenn Bondye. Li te retabli ansèyman lalwa Seyè a.

Menm jan Jozafa te obeyi ak fv Bondye plezi a, nou menm tou nou kapab fè menm bagay la. Li te prepare kè li pou l obeyi Bondye, fè l plezi nan tout bagay epi vin yon enfliyans pozitif pou tout moun ki alantou li.

Resous
Jozafa

"Seyè a jije", se sa non Jozafa a pitit Aza vle di. Li te genyen 35 ane lè li te kòmanse gouvène; li te gouvène pandan 25 ane lè nou konsidere senk ke li te rete bò kote papa li gouvène a. Manman l te rele Azuba.

Jozafa se yon wa ki te mache dwat. Li te adore Seyè a malgre ke baal yo te byen pwòch. Li te santre adorasyon an nan

Jerizalèm, men li te kite plas wo yo. Li te ankouraje pou anseye pèp la lalwa Bondye a, envante yon sisitèm enstriksyon piblik pou tout lavil Jida yo. Wa sa te fòtifye vil yo epi fonde gwoup militè pou jistis nan tout peyi a, avèk yon gwoup ki kapab fè jijman nan Jerizalèm. Li te konsève yon gwo lame epi Bondye te fè yo bay bon rezilta epi te genyen lapè ant Izrayèl ak Jida.

Nasyon ki te nan alantou yo te krent pou wayòm li an epi arab ak filisten yo te vin rann tèt yo.

Ansanm avèk Akab, li te batay kont Lasiri pou pran vil Ramòt Galaad, ki te izrayelit. Akab te mouri nan batay sa. Pwofèt Jeou te repwoche li pou alyans li yo. Bondye te fè li gras, li te detwi yon inyon li te genyen ak moun peyi Amon yo kòm pwovizyon, amonit ak edomit ki te leve kanpe kont Jozafa (2 Kwonik 20).

Li pat kapab rete nan wayòm nan san li pat mete tèt li ansanm ak yon moun. Fwa sa a, li te chèche Okozyas, men Bondye te te bloke plan ak marin ke l te prepare nan Ezyon Gebè yo, yo te koule nan yon tanpèt anvan yo te rive nan pò a (2 Kwonik 20:35-37).

Li te mouri toupre ane 850 av.K. alaj de 60 ane epi antere nan lavil David la. Jewoboram, pitit li a, ki te marye avèk Atalya, pitit Akab ak Jezabèl. Malerezman, inyon sa te pwodwi konsekans ki vrèman grav (2 Wa 8:18).

Kondisyon Relijye Ak Politik Nan Epòk Jozafa

Yo di ke Jozafa te "fè sa ki dwat devan Bondye" (1 Wa 22:43). Li te evite antre nan sèvi zidòl epi fè efò pou anseye Pawòl verite a. Se te yon wa ki te fè bon retablisman ni adorasyon anvè Seyè a, ni tou lalwa epi rive fè bon siksè. Pandan tan li t ap gouvène a, Izrayèl te eksperimante yon vrè revèy relijye.

Levit yo te genyen plis responsablite nan sa ki gen pou wè ak lalwa Bondye a. Se poutèt sa, yo te dwe dirije ak kè yo san tach. Amaryas te pou responsablite li dosye relijye yo epi Zebadyas te genyen branch ekonomik ak administratif la.

Jozafa te travay byen nan koze relijye a, men nan koze politik la li te fè erè akoz de alyans li yo ki te mal. Li te jwenn repwòch pou de nasyon epi Bondye te oblije travay piplis pou pwoteje li. Petèt se paske li te genyen twòp konfyans nan tèt li epi/oswa pou viktwa li te déjà genyen yo. Li posib pou li te genyen entansyon pou fè tout wayòm yo vin fè yon sèl, menm konsa, moun nan dwe konnen ak kilès li dwe fè alyans.

2 Wa 3:4 rakonte nou alyans li avèk Joram pou ale kont Mesa, wa peyi Mowab la. Koz la se paske Mesa te pwofite lanmò Akab avèk feblès ti gouvènman Okozyas la epi li te refize peye kontribisyon, ki te koute yon valè de 100 mil mouton ak lèn nan ki se 100 mil riminan.

Alyans ki etabli ant Akab a k Jozafa te modèn epi Joram te oblije Jozafa pou l te ede li nan batay kont Mesa. Alyans kont Mowab la te genyen ladan li tou wa peyi Edom nan, tribi Jozafa. Apre sèt jou mache nan dezè a, yo te swaf dlo toupre Edom nan.

Sous oswa pi yo te panse yo ta pral bwè ladan l lan te sèch. Elize, gwo pwofèt Bondye a te toupre zòn nan, se asire se Bondye ki te voye li epi yo te deside mande li konsèy (2 Wa 3:14). Elize, lè li te prezante devan wa yo, li te moutre kijan li te fache kont Jowam, akoz de tolerans pwofèt Baal yo ak paske li pat genyen lafwa nan Bondye. Li te moutre l ap chèche èd Bondye sèlman pou konsiderasyon Jozafa, wa peyi Jida.

Nan akò estriman yo, pou moun ki jwe a, sa ke pafwa moun itilize pou konsilte Bondye, Bondye te pran kontak avèk Elize. Mesaj la se pou Bondye te bay dlo nan yon fason ki pa komen epi ba yo laviktwa. Nan demen maten, dapre sa ki te pwomèt la, nan lè sakrifis yo, Bondye te ranpli latè avèk dlo (v.20). Yon fwa ankò nou jwenn Bondye k ap satisfè bezwen pèp li, pandan li reponn lapriyè pwofèt la epi ogmante lafwa Jozafa.

Mowabit yo te wè dlo ki pat nan pi yo epi avèk solèy la ki parèt tankou san. Yo manse ke melanj yo tap goumen ant yo epi lage yo nan batay, Izrayelit yo te soti ak sipriz epi moun Mowab yo te pete kouri. Pandan izrayelit yo t ap kouri dèyè Mesa, yo te piye rejyon an.

Mesa, dezesepere pou atak la, antoure epi pa kapab fè fas, li te ofri pi gran pitit li a kòm sakrifis sou miray la bay fo dye Kemòs. Izrayelit yo te fè yo santi kolè Bondye sou yo, se pat poutèt Kemòs, men se paske yo te sakrifye yon moun. Dapre Mesa, sakrifis ak pitit li a se te yon bon bagay, donk Izrayèl te ale.

Se Touswit

Se yon ijans pou ke nou anseye ak mete nan dispozisyon pèp la verite biblik yo. Sa fè 20 ane kote ke evèk Nouyòk la, presidan Sosyete Biblik Ini yo, te fv yon apèl ijan pou lanse yon pwogram pou ogmante distribisyon Bib epi di konsa: "Gen yon revolisyon sekrè k ap dewoule nan tout mond lan, limenm ki pral kontamine fiti limanite…

Chak ane, popilasyon mondyal ogmante ak 60 milyon. Nan menm tan, alfabetis la ogmante. Nan kèk ane anplis, plizyè milyon mou nap kapab li epi dekouvri sa k ap pase nan rès mond lan. Pral genyen yon gwo swaf pou fè lekti tankou yon dife enpòtan ki san kontwòl. Ase avèk yon kantite pwopagann, anpil nan yo kont lafwa kretyen epi totalman dezagreyab, y ap tonbe nan twou syèk modèn sa. Li enposib pou sa pa fè enpak nan fòm lavi pèp sa a avèk gouvènman yo, pou anpil ane nan tan fiti".

Èske déjà, sa se yon reyalite nan sosyete kote w ap viv la? èske w genyen menm yon ti tan pou temwaye epi fè konnen Pawòl Bondye a? Si se konsa, pwofite okazyon an!

Leson 49 — Ezekyas Ankouraje Yon Revèy

Pou aprann: "Li te mache dwat devan Seyè a, li te fè menm jan ak David, zansèt li a" (2 Wa 18:3)

Objektif: Pa mwayen etid revèy Ezekyas la, konprann enpòtans ki genyen pou nou bay Bondye premye plas nan lavi nou.

Entwodiksyon

Nan leson jodi a nou retounen nan istwa wayòm Sid la pou etidye revèy relijye ki te fèt sou gouvènman Ezekyas la. Revèy espirityèl sa se te faktè prensipal ke li te evite pwosesis dezentegrasyon Jida epi pèmèt li viv 130 ane piplis pase Izrayèl.

Apre Jowas, moun Joyada te mete sou twòn Jida a, kat wa te gouvène sou Jida: Amazyas, Ouzyas (Azaryas), Jotam ak Akaz.

Apre li te fin okipe twòn Jida pandan 16 lane, Akaz te mouri kite wayòm nan tou mal òganize nan men pitit li Ezekyas. Erezman pou Jida, Ezekyas pat menm jan ak papa li.

Bib la moutre twa istwa sou gouvènman Ezekyas la (2 Wa 18:1-20:21; 2 Kwonik 29:1-32:33; Ezayi 36-39). Leson sa a pral baze prensipalman nan rejis 2 Kwonik epi pral santre piplis sou premye pati gouvènman Ezekyas la, pandan tan sa te genyen yon revèy relijye ki te eklate nan peyi Jida.

I. Konsakrasyon Ezekyas La
2 Kwonik 29:1-2

Kisa ki te fè Ezekyas te youn nan pi bon wa nan peyi Izrayèl?

A. "Li Te Mache Dwat" (29:2)

Gouvènman Akaz la te prèske fin detwi wayòm Sid la. Lènmi ki te nan vwazinay yo te reprezante yon veritab menas pou sekirite nasyon an. Pèp la te prèske bliye lafwa.

Sepandan, nan mitan fènwa, te genyen kout zèklè esperans. Pwofèt Ezayi avèk Miche te preche lanmou ak jistis Bondye nan lavil Jida, menm jan ak nesesite repantans bò kot pèp la. Fanm tankou Abyas, manman Ezekyas, te anseye pitit yo mete konfyans yo nan Bondye.

B. Bondye Gen Kontwòl Tout Bagay

Li bon pou nou konnen ke Bondye pa retire men l sou kontwòl istwa. Nan mitan moman difisil yo, li chwazi pwofèt tankou Ezayi ak Miche; li te sèvi ak manman tankou Abyas; li te chwazi sèvitè tankou Ezekyas pou dirije lèzòm. Bondye kapab voye revèy nan moman gran nesesite espirityèl ak nan moman kriz nasyonal ki byen grav. Li kapab toujou fè l jodi a.

II. Kontra Renouvle
(2 Kwonik 29:3-11)

Kisa ki te desizyon enpòtan ke Ezekyas te pran pou ke revèy la te pase nan Jida?

A. "Li Te Ouvri Pòt Kay Seyè A" (29:3)

Ezekyas te chèche premyèman wayòm Bondye ak jistis li epi "li te ouvri pòt kay Seyè a, epi li te repare yo". Li te konnen byen ke se te anven pou l te eseye kontwole desten yon nasyon san repantans ni konsekrasyon devan Bondye.

Nan premye ane gouvènman l lan, wa a te lanse yon pwogram refòm relijye pandan li te reouvri pòt kay Seyè a epi netwaye fatra ak pousyè ki te fè pil andedan an.

Li te detwi lotèl payen yo tou ke Akaz te voye bati; li te tounen limen lanp sakre yo ankò. Li te retabli lotèl ak zouti yo epi retounen restore adorasyon Seyè a.

B. Li Rele Pèp La Vin Viv Nan Sentete (29:5)

Siyifikasyon prensipal demann sa te gen pou wè ak netwayaj seremonyèl. Levit yo te dwe obsève seremoni lavman yo (Egzòd 19:20, 14; Levitik 11:44). Sa a se te ensistans wa a, paske li pat konnen lòt fòm sanntifikasyon. Moun ki t ap antre nan lye sen an, espesyalman avèk entansyon pou netwaye li, te dwe genyen "men l avèk kè li san tach". Menm jan Jezi re rale igwaz li epi mete machann yo deyò tan plan pou restore tan plan kòm yon lye adorasyon an lapriyè, se nan menm fòm nan, lavi nou dwe restore pou premye objektif ki soti nan Bondye yo.

C. Li Siyen Konytra Avèk Seyè A (29:10)

Wa Jida te koumanse kote revèy yo te dwe toujou koumanse a—nan obeyi volonte Bondye. Li te mande sakrifikatè ak levit yo pou yo te renouvle, ansanm avèk li, kontra David la.

III. Ezekyèl Retabli Adorasyon Seyè A (2 Kwonik 29:12-36)

Kouman levit ak sakrifikatè yo te reponn defi Ezekyas la ? Nan moman sa yo, kisa ki defi pou noue pi kouman nou reponn?

A. "Nou Netwaye Tout Kay La" (29:18)

Menm kote a, levit yo (ki te konn konsève tanp lan) ak sakrifikatè yo te reponn defi Ezekyas la (vv.15-19). Sakrifikatè yo te netwaye pati ki anndan tan plan epi levit yo te retire fatra ki te nan lye sen yo (v.16). Levit yo te pase 8 jou pou retire tout kantite fatra yo, ata woulo sedwon (v.16). Antotal, yo te bezwen 16 jou pou yo te rive reyalize seremoni sanntifikasyon ak preparasyon tan plan (v.17).

Nan netwayaj tan plan, nou genyen yon senbòl pou sanntifikasyon ak pouvwa ke Bondye vle pataje avèk legliz li (Efezyen 5:25-27).

B. Adorasyon Nan Tanp La

Apre netwayaj tan plan, Ezekyas mennen pèp li a nan adorasyon. Prezantasyon ofann yo pou Seyè a dekrive nan vèsè 20-30.

Premye a se te ofrann ekspyasyon pou peche moun peyi Jida yo.

Dezyèm nan se te ofrann sakrifis, kote Edesheir dekrive kòm "sakrifis devosyon ak sèvis".

Òganizasyon ofrann etap pa etap yo lojik. Repantans ak padon an dwe vini anvan konsekrasyon lavi nou devan Bondye. Nou dwe rekònèt Kris kòm ekspyasyon pou peche nou yo, anvan ke nou prè pou nou prezante nou kòm "yon sakrifis vivan" pou sèvis li a (Women 12:1).

C. Kontantman Pèp La (29:31-36)

Poukisa lajwa se yon rezilta natirèl revèy espirityèl?

1. Paske pèp la te prezante sakrifis ak adorasyon (v.31). Dènye etap nan restorasyon lafwa Jida te genyen ladan li, ofri sakrifis ak lwanj pou di Bondye mèsi pou benediksyon li yo. Revèy ke pèp sa te eksperimante a te soti nan Bondye: "Epi Ezekyas ak tout pèp la te kontan anpil" (v.36).

2 Lè fado peche a disparèt, lespri a rejwi nan lanmou Bondye a. Lè kè lòm nan netwaye, nanm nan anpli avèk lajwa. Lè laviktwa espirityèl antre nan yon legliz, moun yo eksprime lwanj yo. Nou pap sezi lè salmis la ta pi ye konsa: èske ou pap retounen bannou lavi ankò, pou pèp ou kapab rejwi nan ou? (Sòm 85:6).

D. Konfyans Nan Bondye (Ezayi 30:15; 31:1-3)

Poukisa anpil fwa li plis fasil pou nou mete konfyans nou nan lòm ?

1. Miray twonpe (30:15). Ezekyas te chwazi fè yon miray militè pa mwayen yon alyans ansekrè avèk Lejip. Sepandan, Ezayi te vin konn sa epi li te repwoche wa peyi Jida paske l pat depann de resous ki soti nan Bondye. Resous pwisan Jida te dwe nan Bondye li epi se pa nan alyans li kapab rive fè ak vwazen li yo. "Nan repo w ap sove; nan kè poze epi nan konfyans w ap jwenn fòs. Epi ou pat vle" (30:15).

2 "Limenm tou, li gen bon konprann" (31:2). Bondye te tann pou Ezekyas ak pèp la te fè pwovizyon avèk fòs li pou defann tèt yo kont atak moun peyi Lasiri yo. Men sitou, pou yo te depann de li. Avèk li, laviktwa ta asire; san li, li tap enposib pou pa gen echèk. Ala fasil sa fasil pou mete konfyans nan sekou lòm olye nan gwo ponyèt Seyè ki gen tout pouvwa a.

Konklizyon

Nan plizyè okazyon Ezekyas te prefere mete konfyans li nan èd lòm olye de pa Bondye a. Malgre tout echèk li yo, Ezekyas te yon gran refòmatè pou Wayòm Sid epi, "tout Jida ak Jerizalèm", yo te onore li lè l te mouri (2 Kwonik 32:33).

Desizyon ke Ezekyas te pran yo te sanble ak pa Jozafa yo. Sepoutèt sa, lavi ak fidelite li dwe ankouraje nou kontinye swiv Bondye ak fidelite, toujou mache nan obeyisans malgre tout erè ke nou kapab komèt.

Resous Ezekyas

Non "Ezekyas" vle di "Seyè a bay fòs". Se pitit Akaz epi wa peyi Jida. Apre li te fin sèvi yon èd pou papa li nan gouvènman an, li te jwenn eritaj yon wayòm ki dezòganize epi avèk yon gwo chay kontribisyon nan Lazi.

Yo rekonèt li kòm yon sèvitè fidèl devan Seyè a. Nan koumansman rèy li a, li te repare tan plan epi restore adorasyon Seyè a; reòganize sèvis relijye yo avèk fonksyonè li yo epi prepare fèt pak la. Li te envite tribi Jida ak Bejamen sèlman. Pandan tout gouvènman l lal, pwofèt Ezayi te te konseye li epi yon nonm konfyab.

Li te repran lavil filisten yo epi te rive separe avèk Lasiri. Li te retire plas wo Akaz te leve yo. Li te kraze tout imaj yo epi fè koulèv metal ke Moyiz te leve a tounen pousyè, li menm ke izrayelit yo te konvèti kòm yon objè adorasyon.

Sou katriyèm ane gouvènman l lan, Salmanaza wa peyi Lasiri a, pitit Sagon, te kòmanse anbago sou Samari a. Ezekyas te oblije peye kontribisyon epi Izrayèl te tonbe anba esklavaj (2 Wa 18:9).

Ezekyas te malad byen grav epi li te lapriyè nan pye Seyè a, li menm ki te ba li yon sinyal, men Ezekyas te fè rebèl epi li pat koresponn ak sa Seyè a te mande l la. Pita, lè li te santi kolè Bondye, li te imilye li epi Bondye te fè l kado 15 ane anplis pou l te viv.

Mirak restorasyon l lan te eklate yon gwo enterè nan lavil Babilòn, sa ki sanble pèmèt anvayisman Sanakerib la. Dizan apre anbago Salmanaza, sanakerib, wa peyi Lasiri a, te kòmanse yon seri de anvayisman, avèk anpil move rezilta.

Ezekyas te ranfòse miray la epi fè gwo preparasyon militè. Apre sa li te jwenn liberasyon gras ak zanj Bondye a (2 Wa 19:35). Sa te bay Ezekyas anpil valè (2 Wa 18-19; 2 Kwonik 32; Ezayi 37). Li te mouri nan lane 691 av.K.

Amazyas

Amazyas vle di "Seyè a gen pouvwa". Li te vina pre papa li Jowas (796-767 av.K.). Li te koumanse byen, li te batay kont moun peyi Edom yo, li te detwi yo, men li te pran pil zouti fo dye pitit Seyi yo epi adore yo. Seyè a te fache anpil pou zak sa.

Apre sa, Amazyas te pwovoke lagè kont Izrayèl epi li te pèdi. Kòm rezilta, Jerizalèm te pran nan mera epi yon pati ladan l te detwi. Li te mouri nan lavil Lakis, kote l te kouri al kache pou pwoteje tèt li de yon konplo.

Ozyas

"Seyè a se fòs", se sa non "Ozyas" la vle di. Yo rekonèt w asa tou sou non Azaryas, se li menm ki te vini apre Amazyas, papa li. Li te moute twòn nan lè li te genyen laj 16 ane. Li te ranfòse pouvwa lagè a ak endepandans wayòm Jida. Li te reòganize lame a; li te restore miray Jerizalèm yo; li te bat filisten ak Arab yo; Li te detwi miray Gat, Jabnya, Asdòd epi soumèt lòt nasyon yo. Li te devlope agrikilti; li te bati gwo miray defans epi fouye sitèn dlo nan dezè.

Ozyas te adore Seyè a, men li pat fè anyen kont plas wo yo. Viktwa te kouri kite tèt li, li te menm vle pran plas sakrifikatè epi menm kote a, tout kò li te plen avèk lèp. Te genyen yon gwo tranblemanntè ki te kraze vil la epi pèp la te lage chay la sou Ozyas. Li te pase 52 ane ap dirije.

Jotam

Jotam, ki te gen non li ki vle di "Seyè a san tach oswa sensè", li te pataje twòn Jida avèk papa Ozyas, lè l te tonbe malad anba lèp. Jotam te obeyi Seyè a, men li te kite lotèl kote pèp la te konn adore fo dye yo. Li te fè anpil zèv nan tan plan, li te bati plizyè vil ak miray, li te detwi moun peyi Amon yo epi fè yo peye kontribisyon. Li te pase 16 ane ap gouvène. Prèske lè manda l la ap fini, sa nan nò ak Siri yo te anvayi Jida. Li te mouri sou 14 ane. Akaz te ranplase li.

Akaz

Wa Akaz, li menm ki te gen non li ki vle di "soutni", li te distenge pou idolatri li epi rayiman li te genyen anvè Bondye. Li te menm konn ofri pwòp pitit li bay zidòl. Li te sispann koute konsèy Ezayi epi li te pèsiste pou al chèche ranfò nan Tiglat-pilesè, wa peyi Lasiri a, li menm ki te peye l kontribisyon pa li. Pwòp nasyon li pat vle wè l tèlman yo te refize antere li.

Epòtans Mizik Nan Lwanj Ak Adorasyon Nan Peyi Izrayèl

Lwaj pou Bondye pa mwayen kantik te egziste depi nan tan lontan. Nan Bib la nou jwenn ke Moyiz te chante ak anseye pèp la adorasyon pou Seyè a. Pandan pèp la t ap vwayaje pou ale nan tè pwomès la, yo t ap chante pou Bondye. Debora avèk Barak tou te konn chante pou Seyè a epi David te kite yon bon kontite de bèl sòm lwanj, repantans ak laglwa pou Seyè a.

Ezekyas te genyen yon gwoup moun ki te tou prepare pou chante lwanj pou Seyè a lè twonpèt la te sonnen. Chantè Neyemi yo te leve vwa yo devan Seyè a lè yo te prezante miray ki te bati a.

Yo te sèvi ak enstriman mizik tou. Nou konnen ke David te genyen yon òkès ki te genyen 4 mil mizisyen (1 Kwonik 23:5). Samyèl te bay lwanj anpil enpòtans epi yo te konn sèvi ak panndelèt, gita, bandjo. Nan gran jou ekspyasyon pèp la netwaye peche yo, chante lwanj pou Bondye, nan sèvi ak sòm yo kòm kantik.

Lè Bondye Onore

Nan kèk legliz yo t ap fè yon reyinyon pou biznis. Pandan noumenm granmoun yo nou t ap diskite, timoun nou yo t ap jwe nan lòt salón legliz la. Epi menm jan majorite timoun fè li, sa a yo tou t ap imite paran yo. Yo tout te chita atè a, pandan ke youn nan yo te kanpe, li t ap fè jès yon predikatè. Timoun sa "te preche" sou ofrann vèv la.

Nou te ri pou sa nou te wè ki tap pase ak timoun yo; sepandan, nou reflechi osijè de aksyon vè sa epi petèt te wont paske li pat gen anpil pou bay, men li te bay tout sa li te posede. Epi Bondye te onore li. Atravè anpil syèk yo preche sou bèl jès sa li te fè. Se te menm bagay la pou yon moun ki te bay Bondye tout bagay, menm si tout sa a te piti.

Leson 50

Manase: Imilye, Pini Ak Padone

Pou aprann: "Manase te nan gwo laflipksyon, li rele Seyè a, Bondye li a, li rekonèt tout fòt li yo devan Seyè a, Bondye zansèt li yo" (2 Kwonik 33:12).

Objektif: Konprann ke kòm pitit Bondye, nou dwe sèvi egzanp pou lòt moun vin swiv Seyè a epi grandi bò kote li.

Entwodiksyon

Nan leson sa a nou pral etidye osijè de Manase ke kèk moun rele "lanfan pwodig Ansyen Testaman". Ala wont li pat kapab swiv bon chemen papa l yo epi vin yon wa ki mache dwat devan Bondye.

Manase te moute twòn nan alaj de 12 ane. Malgre li te dirije nan chemen Bondye pandan papa l te vivan, byen vita pre li te tonbe nan enfliyans movo konsèy ki se abominasyon pou disiplin lalwa Moyiz la epi yo te renmen kalite adorasyon moun lòt nasyon yo. Akoz de ansèyman yo a, Manase te lanse yon kanpay pou detwi tout byen ke papa l te fè.

I. Gouvènman Manase A
2 Wa 21:1-9

Kisa egzanp Manase a anseye nou osijè de enfliyans ke nou egzèse sou lòt yo nan sosyete nou an?

A. Manase Te Fè Sa Ki Mal Devan Je Bondye (21:2)

Harvey E. Finley di konsa ke "se te pratik ki sou non relijyon te pwovoke jijman Bondye sou lòt nasyon yo".

Nan okenn moman "viktwa pou byen ak pou Bondye dwe konsidere otomatikman. Batay kont peche ak mechanste a dwe kontinye chak jou epi bezwen viktwa ki tounèf. Nan yon lòt fason, moun nan ap tounen tonbe nan kondisyon peche a pi mal pase anvan" (Kòmantè biblik Beacon). Se sa menm ki te pase nan peyi Jida nan epòk gouvènman Manase a.

B. Manase Te Bati Lotèl Pou Baal (21:3)

Manase te reetabli plas wo yo, li te bati yon lotèl pou Baal, li te fè yon imaj taye Asera epi li te restore adorasyon pou zetwal ke siriyen yo te konn adore (v.3). Li te anvayi tanp Jerizalèm nan avèk idolatri li (vv.4-5). "li te pase pitit li nan dife" epi li te bay tèt li djòb fè divinò ak maji (v.6). Li pat kakap rann li kont ke pou l te kontinye rete nan tè pwomès la fòk li te mache nan obeyisans devan Bondye.

C. "Manase Te Kondwi Yo Fè Plis Mal" (21:9)

Nan vèsè sa a, nou genyen yon rezime de tout peche Manase yo avèk mank de konsiderasyon li pou tradisyon relijye pèp li a.

Jida te vin pi mal pase payen kananeyen yo ke Seyè a te mete deyò nan peyi Palestin nan. Lè Manase te abandone lafwa konsa, li te fè nasyon an abandone lafwa tou.

II. Avètisman Bondye A
2 Wa 21:10-16

Kisa ki se avètisman biblik fas ak enfidelite nou devan Bondye?

A. "Seyè A Te Pale" (21:10)

Mechanste Manase ak Jida pat pase konsa konsa. Mesaje Bondye yo te denonse peche Jida yo epi anonse li jijman ki te gen pou vini an. Ezayi, gwo chanpyo jistis la, san dout li te nan gwoup sèvitè sa yo ki te kanpe kont kouran malè sa a ki t ap trennen ak koule Jida nan peche a.

B. Jijman Sevè

Koup peche Jida te gentan plen jouktan li t ap vide atè epi mezi jijman Bondye a te fèt pou yo. Bondye te bay Jida de egzanp sou gwòsè jijman ki ta vini sou li a. Nan premye lye, Jerizalèm ta pini kòm Samari. Kapital Wayòm Nò ki te ansèkle epi abitan li yo te ale nan esklavaj. Nan dezyèm lye, kòm branch fanmi Akab te detwi totalman, se konsa tou fanmi wa Jida ta rive nan fen li.

C. Yo Te Fè Seyè A Fache Kont Yo (21:15)

Sepandan, jijman Bondye yo pa janm nan patipri. Wayòm nò a (Izrayèl) te déjà abandone anba konsekans peche li yo. "Ti rès la", wayòm Sid la (Jida) yon titan apre ta soufri menm pwoblèm nan, paske menm jan avèk Izrayèl, li te bliye Bondye. Jida te chwazi swiv Manase nan mechanste li yo.

D. "Li Te Fè San Inosan Koule" (21:16)

Manase te reyaji avèk vyolans fas ak avètisman pwofèt yo. Li te lanse yon pèsekisyon kriyèl, pandan li t ap eseye touye yo ansanm ak moun ki pat dakò ansanm avèk li yo. Dapre tradisyon jidais la, pandan peryòd pèsekisyon san pitye sa, Ezayi te siye. Petèt Ebre 11:37 pale de masak sa. Sepandan, silans pwofèt yo pat efase konsekans peche Jida a.

III. Manase, Lanfan Pwodig Ansyen Testaman
2 Kwonik 33:11

Kisa nou aprann de prizon Manase a? Ki manti Satan itilize lè li envite nou fè peche kont Bondye?

A. "Yo Te Mete Manase Nan Prizon" (33:11)

Moral ak espirityèlman Manase t ap viv nan peyi peche a ki byen lwen. Kounye a kwonis la fè nou konnen ke reyèlman yo te trennen li ale nan yon peyi byen lwen vre. Lame Lasiri a te atake Jida epi pote ale Manase anchene ak chèn ak fè rive jouk nan lavil Babilòn, ki sitye nan yon distans de 400 kilomèt nòdwès Jerizalèm.

B. Detere Epi Abandone

Yo te mete wa peyi jida anba chèn tankou animal epi maltrete tankou yon kriminèl komen. Nan mitan sitiyasyon sa, li te sèlman ap tan pou yo te egzekite li. Se te klè ke fo dye l yo pat ede li.

Sitiyasyon dezespwa Manase sa tounen moutre nou ke chemen mechan an di anpil (Pwovèb 11:27). Konsekans peche delibere sa pa janm mete Satan nan manti l yo lè li envite nou dezobeyi Bondye.

C. Manase Repanti Epi Tounen Vin Jwenn Bondye (33:12-13)

Èske Bondye dwe padone yon moun tankou Manase?

1. "Li te lapriyè nan pye Seyè a" (v.12). nan prizon nan peyi Babilòn nan, Manase te genyen anpil tan pou l te reflechi sou move chemen li t ap mache. Sa te sèlman te moutre li dezilizyon ak esklavaj. Li te retounen konsa epi li te imilye li "byen ba nan prezans Bondye paran li yo". Repantans pou peche l yo te fèt ak tout kè li. Manase te lapriyè epi sonje ke Bondye te pi gwo pase tout sa ki te kreye. Bondye te padone li epi restore twòn Jida a.

2. Mizèrikòd Bondye a. Manase fè nou sonje avèk eksperyans li ke Bondye konn padone pechè ki pi mal la. Bondye koute kri kè ki nan detrès paske li gen kv sansib.

D. Refòm Lanfan Pwodig La (33:14-17)

Nan ki fason nou rekonèt repantans sense yon moun?

1. "Apre sa a" (v.14). Manase te soti nan prizon lavil Babilòn nan tou transfòme. Lè li te tounen vin okipe twòn nan, li te pran pozisyon li pou repare tout bagay li te fè mal yo. Li te retabli miray ranpa nan kapital la epi bati gwo mi nan lòt vil yo ki nan peyi a (v.14). Li te detwi zidòl yo an anpil lotèl payen yo, li te restore lotèl Seyè a epi ofri sakrifis (vv.15-16). Li te bay pèp la lòd tou pou yo adore Seyè a.

2. "Nan plas wo yo" (v.17). Pèp Jida a te swiv repantans wa a nan efò refòm nan. Sepandan, olye pou l detwi tout "plas wo yo", pèp la te konsève kèk nan yo pou ofri sakrifis ak ofrann bay Bondye. Malgre Manase te repanti de tout peche li yo, li pat genyen kouraj pou l te detwi tout sa li te kreye.

Konklizyon

San dout la a, nou jwenn yon leson enpòtan. Lavi a bay pi bon rannman epi gen plis rejwisans lè nou remèt Bondye li pi bonè epi viv li pou li antyèman. Konsa nou kapab evite viv yon lavi ki plen ak peche. Nou di Bondye mèsi paske Manase te repanti epi li te chanje lavi ;l ak pa wayòm li an.

Lè m t ap etidye nan inivèsite, mwen te nan yon eyinyon priyè ak temwayaj ansanm ak yon gwoup zanmi ki kretyen. Yon jèn te leve kanpe pou temwaye de move lavi li te konn mennen, li te konn pran dwòg, gen anpil fi pou mennaj, li te eseye tout kalite vis nan mond sa. Anfen, li te di Bondye mèsi paske l te sove l epi fè l soti anba kalite lavi sa. Yon ti tan ankò pita, te gen yon lòt jèn ki te kanpe pou temwaye epi di konsa: "Mwen di Bondye mèsi paske mwen te fenk genyen senk ane laj epi m pat janm goute move lavi ni abitid vis yo". Mèsi pou Bondye ki kapab sove pechè ki mal la. Li kapab sove ak pwoteje tou de tout peche, moun sa yo ki te déjà remèt li lavi li depi byen bonè nan lavi.

Resous
Manase

Manase se te pitit epi vini apre wa Ezekyas. Li te moute twòn nan nan ane 693 av.K., anviwon, lè li te genyen sèlman 12 lana sou tèt li. Li te detwi travay restorasyon papa l te fè a, epi li te bati lotèl pou zidòl yo nan plas ki wo yo, espesyalman pou Baal epi anplis de sa, lin te sakrifye pitit li bay fo dye Molòk.

Li pat vle tande pawòl pwofèt yo epi fè san inosan koule nan tout lavil Jerizalèm. Li te pèsike moun ki te konn sèvi Seyè a fidèl yo avèk ensistans. Tradisyon ebe a sinyale li kòm koupab lanmò Ezayi.

Bondye te lage l bay lènmi li yo epi lè wayòm li an te tounen dèyè, Manase te repanti ak tout kè li paske l te pale mal kont non Bondye ak kòmandman Bondye yo. Se poutèt sa, li te detwi tout zidòl yo, li te restore sèvis lakay Bondye a epi ranfòse lavil Jerizalèm.

Wayòm li an vin pi long pase tout lòt yo, paske se 55 ane. Lè Manase te mouri (639 av.K.), pitit li, amon te moute nan plans li.

Ezayi

Ezayi, li menm ki te gen nonm li ki vle di "Seyè a sove", li te konnen Bondye byen pwofon, li te fidèl nan obeyi li epi pwoklame pawòl Seyè a avèk kouraj. Se te yon prens, patriyòt, powèt, refòmatè ak kontab. Yo konnen li sou non, "malfini ki nan mitan pwofèt yo".

Li te fèt nan lane 765 a.K., se te pitit Amoz, (se pat pwofèt Amós), kouzen Amazyas, papa Ozyas. Konsa se te ti nive ak kouzen wa yo, se poutèt sa li te genyen aksè nan twoup wayal la.

Ezayi te yon pwofèt nan Sid epi ministè li, pandan wayòm ozyas, Jotam, Akaz ak Ezekyas, li te déjà prezante Jerizalèm ak Jida bay Bondye prensipalman.

Ezayi te marye avèk yon pwofèt fanm, ke nou kapab jwenn non an nan (ezayi 8 :3). Premye pitit li te rele Seya-jasib, ki vle di "yon ti gwoup pral retounen". Li te rele non lòt pitit la Maher-salal-hasbaz, ki vle di "piyay la prese" oswa " konkèt la rapid".

Premye ane Ezayi yo nan tan Ozyas la (792-740 av.K.), akoz de chanjman yon peryòd richès san parèy. Te genyen yon gwo diferans ant sa jida te ye nan kòmansman ak Jida sou tan Ezayi.

Nan sa ke li ekri yo nou ka dekouvri ke l te gen karaktè enb ak konpasif. Se te yon gwo predikatè. Pandan twa lane li te mache toutouni epi pye atè pou senbolize imilyasyon moun ki te nan esklavaj yo. San dout, li te pwofetize nan youn nan peryòd pi difisil nan istwa peyi li.

Tradisyon an di ke Manase te bay lòd pou touye Ezayi, paske li te di ke li te wè Bondye epi konpare Jerizalèm ak Sodòm ak Gomò. Ezayi te kouri pou al chèche refij nan tou bwa yon pye sèd. Ebyen, lè Manase te pran nouvèl ke Ezayi te kache nan tou bwa a, li te bay lòd pou yo te fèmen tou bwa a avèk Ezayi anndan li.

2 Kwonik 33:1-20

Pasaj sa moutre yon istwa nwa ak tris osijè de pèp Seyè a te chwazi a. Tout moun, oswa prèske tout moun di ke Manase te yon wa ki te mechan epi afimasyon sa pa gen dout. Sepandan, gen anpil kesyon ki tonbe.

Pa egzanp, Ezekyas, papa li, te yon bon wa. Menm si li te fè peche, li te chèche Bondye, li te repanti de peche li yo, li te konfese li epi jwenn padon, mizèrikòd epi jwenn restorasyon. Men, kòm Manase, pitit Ezekyas te gouvène ak entansyon pou detwi tout sa papa l te fè yo.

Vin gen anpil kesyon ki poze epi petèt pral genyen anpil repons tou, men sa ki enpòtan se ke li te retounen nan chemen Bondye. La a nou jwenn pwovèb 22:6 ki akonpli lè li di: "Entwi timoun nan nan chemen li, menm si li vin vye, li pap janm tounen dèyè". Frèm, èske w konnen kote timoun ou an ye nan moman sa? A, li te soti, men, èske w konnen avèk kimoun?

Genyen lòt leson enpòtan. Moun ki repanti epi tounen vin jwenn Bondye, l ap gen pitye epi padone peche li yo. Men li nesesè pou sonje ke, menm si Bondye restore, konsekas peche yo ap kontinye. Ansèyman an se ke Bondye padone peche nou yo, men nou dwe fè fas ak konsekans peche sa yo.

Prè Oswa Lwen

Gen yon jèn demwazèl ki te toujou ap plenyen di paran li yo ke fanmi li pat renmen li, epi se ti sè ki pi piti a ki te resevwa plis lanmou.

"Papa a te di li, --se pa konsa sa ye pitit mwen". Se konsa ou wè li, men se menm bagay la nou ta fè pou ou si w te kole sou nou. Angajman ke nou pran ansanm avèk pitit nou yo se tankou yon alyans kote nou toude dwe akonpli li konplètman. Si youn nan de yo echwe, relasyon an ap tou deranje.

"Gade… m pral ilistre li pou ou, èske w wè pye bwa sa? Awome sa mouye tankou yon lawouze lapli nenpòt moun ki bezwen lafrèch ap antre anba branch li yo. men, kijan pye bwa ta kapab rafrechi yon moun ki bezwen si li pa prè pou vin antre anba branch li? Se sa ki pase ant oumenm avèk nou. Nou vle ba w atansyon ak afeksyon, men ou pa pèmèt nou.. Ou vle mennen yon lavi ki apa. Se menm bagay la kip ase anpil moun nan relasyon yo avèk Bondye, yo vle mete tèt yo apa; kèk fwa yo apwoche bò kote li epi yon lòt fwa, yo bliye li".

Sa A Se Te Rekòmandasyon Li

Te gen yon jou, yon timoun ki te gen yon andikap mantal, avèk yon grangou ki te parèt nan figi li, te rive nan pòt yon ofelina epi mande pou yo kite l viv la. Responsab la te di l ke desizyon an pat tèlman fasil, sa te mande pou yon moun ki rekonèt li te mande sa pou li. Timoun nan te reponn.

— Padon mesye, mwen pa gen pèsòn ki pou mande sa pou mwen. Mwen te panse lè w wè m sèlman, ou te ka konprann bezwen mwen.

Responsab la te reflechi osijè de pawòl ke ti gason an te di l yo epi li te resevwa li.

Ann ouvri je nou pou nou mond lan ki nan nesesite bò kote nou, ki lonje men l bannou ap sipriye nou pou mande nou èd.

Leson 51

Jozyas Renouvle Kontra Epi Refòme Nasyon An

Pou aprann: "Mwen p'ap janm bliye lòd ou bay yo paske se gremesi yo ou ban m' lavi ankò" (Sòm 119:93).

Objektif: Konprann pouvwa Pawòl Bondye a ki transfòme nan tout sikonstans nan lavi.

Entwodiksyon

Jozyas te kòmanse gouvène apre yon peryòd pwoblèm espirityèl byen long nan peyi Jida. Manase, granpapa li, ke nou te pale de li semèn pase a, te kòmanse yon refòm byen fèb nan dènye ane rèy li a pou l te repare erè li te komvt yo. Amon, piti epi moun ki te vini apre Manase a, te "ki Seyè a tou, limenm ki te Bondye zansèt li yo, epi li pat mache nan chemen Seyè a" (2 Wa 21:22). Sèvitè li yo te sasinen li epi, jozyas, pitit li, te gouvène nan plas li, konsa kontinye ras David la.

I. "Sonje Seyè Bondye W La (2 Wa 22:1-2)

Kisa ki te antre nan Jozyas pou li te onore Bondye? Kouman atmosfè a patisipe nan fè nou chèche oswa elwaye nou de Bondye ?

A. "Li Te Genyen Witan" (2 Wa 22:1).

Kòman li fè posib pou yon timoun ki genyen witan sove anba move enfliyans gran papa li Manase ak Amon, papa li ? Li pwobab pou manman li Jedidya te moutre l kèk Sòm David, espesyalman kèk ki pale sou avètisman sou sèvi zidòl (Sòm 115 :4-8 ; 135 :15-18). San dout ke ilsiyas, gran sakrifikatè a, li te gen dwèt li tranpe nan enstriksyon byen bonè Jozyas la. Li pwobab pou Jeremi, pwofèt la tou te kontribye nan ane fòmasyon wa a.

B. "Li Te Fè Sa Ki Dwat" (22:2)

Menm si antrenè espirityèl yo te gen anpil kapasite nan ansèyman ak èd ke yo te pataje ba li, moman an te rive kote ke Jozyas te sipoze koute Bondye pèsonèlman: "Jozyas t'ap mache sou witan depi li te wa lè li konmanse chache konnen volonte Bondye David, zansèt li a. Lè sa a li te yon jenn gason toujou. Li t'ap mache sou douzan depi li te wa lè li konmanse fè detwi tout tanp zidòl, tout pòtre Achera, tout lòt estati an bwa ak an bwonz nan peyi Jida ak nan lavil Jerizalèm" (2 Kwonik 34 :3) Jozyas te mache avèk Seyè a epi te rive reyalize yon zèv ki pi gwo pase pa moun ki te vini avan ki te vin anvan yo (2 Wa 23 :1-23).

II. Reparasyon Kay Bondye A (2 Wa 22 :3-7)

Ki enpòtans nou bay kay Bondye a ?

A. "Alaj Dizwitan" (22:3)

Alaj 26 ane (apre li te fin pase 18 ane ap gouvène) Jozyas te kòmanse repare tan plan. Manase ak Amon ki te vini anvan li yo, pat pran swen li, yo te kite sant adorasyon sa degrade konplètman. Jozyas te konnen ke refòm li a pa ta pote fwi nan kay Bondye a ki abandone ak fin kraze.

B. "Pou Gran Sakrifikatè Ilsiyas" (22:4)

Travay pou restore tanp lan te byen òganize. Ilsiyas, gran sakrifikatè a, te jwe yon wòl enpòtan nan travay sa: Li te obsève travayè yo, li te peye pou materyèl yo epi distribye lajan "ke yo te pote nan kay Seyè a, ke lòt levit yo ki te konn fè gad nan pòt yo te pran nan men Manase ak Efrayim ak tout rès moun Izrayèl yo, nan tout, jida ak Bejamen, epi nan men tout abitan lavil Jerizalèm yo (2 Kwonik 34:9).

III. Dekouvèt Liv Lalwa A (2 Wa 22:8-20)

Nan ki fason Bib la kapab transfòme kòm yon motè pou gwo revèy?

A. "Mwen jwenn liv la" (22:8)

Gwo dekouvèt Ilsiyas te fè sou "liv lalwa a nan kay Seyè a" se youn nan epizòd ki pi bèl nan istwa Jida. Woulo ki te dekouvri a te genyen "dezyèm lwa" nan Detewonòm epi, san dout, li te déjà depoze nan tan plan dapre enstriksyon Moyiz (detewonòm 31:24-26).

Menm kote a Jozyas te pote woulo a nan tan plan. Lè jèn wa a te tande pawòl Bondye yo, li te tonbe anba konviksyon. Peche ak echèk pèp la te fatige li. Pawòl la te pale li tankou sa pat janm fèt anvan.

B. "Mande Seyè A" (22:13)

Konpòtman Jozyas fas ak Pawòl Bondye yo endike pwofondè espirityèl eksperyans relijye. Li pat reziste ak verite ki soti nan Bondye yo, okontrè, li te vle konprann mesaj Bondye a pi byen pou li ak Jida. Poutèt sa li te voye yon delegasyon ofisyèl bò kote Ilda pwofèt Jerizalèm nan (v.14). Repons lan te nòb. Nan premye pozisyon, Jida ta soufri kolè Bondye pou idolatri li (vv.14-17). Nan dezyèm pozisyon, Jozyas pata viv pou l wè jijman sa, paske li te mache dwat devan Bondye epi li te kòmanse resrorasyon lafwa Jida a (vv.19-20).

C. Enpòtans Bib La

Nan sèvis kouwònman Elizabeth, nan Katedral Westminster, responsab nan legliz Ekòs te prezante rèn nan egzanp Bib la, lè li di konsa: "Sa a se bagay ki gen plis valè ke mond lan posede".

Jan Wesley te di ke li se yon nonm yon sèl liv –Bib la". Se pou nou sansib nan sans sa – nou anvi konnen ak viv konfòm ak Pawòl Bondye a.

I. Renouvèlman Kontra A
(2 Wa 23 :1-3)

Kijan lekti nan liv lalwa a te afekte Jida ?

A. "Li Te Di... Tout Pawòl Yo" (23:2)

Dekouvèt liv lalwa a te touche lavi Jozyas byen fò. Wa a te obeyi presèp li yo, li te rasanble pèp Jida epi li Pawòl la pou yo tande. Jozyas te akonpli sa Moyiz te di ansyen yo ki nan mitan pèp Izrayèl la: "N'a sanble tout moun, fanm kou gason, timoun kou granmoun, ansanm ak moun lòt nasyon k'ap viv nan lavil nou yo, pou yo ka tande l', pou yo ka aprann gen krentif pou Seyè a, Bondye nou an, pou yo kenbe lalwa a, epi pou yo fè tou sa ki ladan l" (detewonòm 31:12). . plizyè syèk pita, Jak ta preche: "Se pou nou fè tou sa pawòl la mande nou fè. Pa rete ap koute ase. Lè sa a, se pwòp tèt nou n'ap twonpe" (Jak 1:22).

B. "Li Te Fè Yon Kontra" (23:3)

Devan pèp li a, jozyas te pwomèt Bondye pou swiv li ak senserite; "tout pèp la te dakò contra a" avèk li (v.3)

C. Refòm Nasyon An (23:4-30)

Ki longè refòm Jozyas la te genyen konsa? Kijan nou kapab refòme konpòtman nou avèk devosyon nou anvè Bondye?

1. "Lòd wa a" (v.4). Apre wa a ansanm ak Jida rekòmanse kontra li te pase yo, yo te mete nan aksyon. Jozyas kontinye ak renouvle ekstèminasyon nan esplikasyon vye zidòl degoutan payen nan peyi Jida valè. Premyèman, ko Menzo wa peyi Jida boule netwaye istansil ki te itilize nan adorasyon Baal la, estati Achera ak divinité selès la. Apre sa, li pwolonje kwazad l 'kont idolatri, ki se dekri yo an detay nan verite sículos 4-20 ki gen ladan yo destriksyon nan imaj la nan molòk (v. 10), "lotèl la ki nan Betèl, nan plas Jewoboram te fè a"(vv. 15-20).

2 Li po t 'ko selebre Pak pou anpil ane (v. 22).

Jèn wa peyi Jida a pat sèlman elimine idolatri a, men tou li te restore vrè adorasyon pou Seyè a, ki te genyen ladan l to usa ki rele selebrasyon pak la, youn nan obsvvasyon relijye pi enpòtan pou pèp Izrayèl (Pak la te fete liberasyon pèp Bondye a anba esklavaj Lejip la). Jozyas te planifye epi obsève fèt sa, jan sa pat janm selebre avan...depi nan epòk Samyèl" (2 Kwonik 35:18).

3. Jozyas mouri nan batay (vv. 29-30). Jozyas te gentan obsève nasyon l lan anba jouk moun lòt nasyon yo tankou, Lejip al Lasiri. Netralite a ta sanble enposib epi Jozyas te jwe chans li anfavè Siryen yo. Wa a te soti pou al koupe chemen Farawon Nekao, li menm ki te sou wout pou Lefrat pou fè fas kare ak Siryen yo. Jozyas te frape nan zòn Megido epi prèske mouri, yon titan apre yo te pote l ale nan lavil Jerizalèm epi antere li ak anpil onè. Menm si li te genyen 39 lane sèlman lè li te mouri, lanmò li se te akoz de anpil soufrans ki te nan peyi jida, li genyen Jeremi landan l tou.

Konklizyon

Lanmò wa ak refòmatè Jida te sanble fèt twò bonè, men Bondye pa echwe nan konsvve pwomès li de ke Jozyas patap wè soufrans pèp li a (2 Wa 22:20). Jerizalèm te detwi 22 ane apre lanmò li.

Chemen Bondye yo pa toujou fasil pou konprann, sepandan, gen yon bagay ki verite: Pwomès li pa janm manke. Nou kapab viv avèk konfyans ke Bondye akonpli pwomès li yo epi Pawòl li sifi pou gide lavi nou.

Resous

Jozyas

Non Jozyas la vle di "Seyè a konn geri". Se te pitit epi moun ki te vini apre Amon, wa peyi Jida. Li te moute kòm wa lè li te genyen witan nan ane 38 av.K, anviwon. Sakrifikatè Ilsiyas se te konseye li.

Sou wityèm ane gouvènman li, li te deside gouvène konfòm ak lalwa Bondye yo epi refòme kalite lavi ekip la. Li te detwi idolatri ak tout bagay ki te kontrè ak lalwa Bpondye a. Li te fè gwo efò epi konsekans refòm li yo pat svlman nan Jerizalèm ak Jida, men tou nan Wayòm Nò a (2 Wa 22:1).

Sou dizwit lane gouvènman li, li te pran bèl mezi pou l te fè tanp lan. Lè yo te jwenn liv lalwa a, jèn wa te sezi anpil pou pwofesi ki nan detewonòm 28-30 lan, ki te anonse konsekans terib yo paske yo te abandone Seyè a. Li te dechire rad sou li epi imilye li devan Bondye pou mande li mizèrikòd li, li te asire li ke jiman patap vini pandan ke li vivan (2 Wa 22:20). Epi li di l konsa: "Ou pral nan tonbo w avèk kè poze".

Lekti liv la te bay fòs ki tounèf pou refòm nan te kòmanse ak Jozyas. Li te tounen angaje li ak fidelite l devan Bondye epi boule tout batri ak objè yo te konn sèvi pou fè sèvis pou Baal ak Astate epi voye sann yo nan larivyè Sedwon.

Li te kòmanse yo gwo kanpay kont moun lavil Sodòm yo epi yo te detwi tout plas kote yo te konn pale kont Seyè a, se pat sèlman nan Jida, men to unan tout dis tribi yo te okipe oparavan yo.

Nan Betèl li te detwi tonm prèt idolat yo pou bay akonplisman ak pwofesi sèvitè Bondye a nan epòk Jewoboram (1 Wa 13:2). Li te fè mò nan menm lotèl yo kote sakrifikatè yo te konn fè sakrifis pou fo dye yo.

Yon fwa li te fin pirifye peyi a, li te fè yo obsève pak la nan yon fason ki sevè, menm jan ak nan tan Samyèl. Trèz ane pita Naseo te touye li nan batay Megido a epi yo te pote l ale Jerizalèm. Li te gouvène pandan 31 ane.

Ilsiyas

Ilsiyas, ki gen non li ki vle di "Seyè a pòsyon pam nan", se te gran prèt, ki te alamòd nan tan Jozyas, li menm ki te ede li nan fòmasyon relijye li. Li te premye nan resevwa liv lalwa ke yo te jwenn nan tanp lan (2 kwonik 34:13). Li pa di nou kilè tanp lan te repare, prèt Ilsiyas te peye materyèl yo kòrèkteman epi salè travayè yo te soti nan men moun Jida ak Jerizalèm yo.

Se pa anpil bagay yo konnen sou sakrifikatè sa, men pa genyen okenn dout ke ministè ak enfliyans li sou wa Jozyas te pote anpil benefis ak benediksyon. Jodi a nou manke sakrifikatè kòm ilsiyas, pou ede jèn nou yo, pèp nou yo epi noumenm nou pou nou kapab fè rankont avèk Bondye epi viv konfòm ak volonte li.

Liv Ki Te Transfòme Yon Nasyon An (2 Wa 22:3-23:3)

Pandan pwosesis reparasyon yo nan tanp lan, yo te jwenn yon woulo ki te genyen lalwa Moyiz la, prèske tout panntakek la. Gen kèk kritik ki di se sèlman yon sispèk, ke sakrifikatè yo te fè kòmsi yo te jwenn li pou yo te kapab bay yo plis valè epi tou se te menm yon kopi lalwa Moyiz. Verite a se ke yo ta kapab kache li pandan apostazi ak pèsekisyon ki te kòmanse pa mwayen Manase. Li te kapab devlope pandan konstriksyon an tou, deja sa te yon koutim ansyen.

Sa ki enpòtan se ke dekouvèt la te lakòz yon vrè revolisyon. Travayè ki te jwenn li yo te pote l bay Ilsiyas, limenm ki te moutre Safan li, li ekri epi yo toude a te pote liv la bay wa a menm kote a.

Lè Jozyas te fin koute lekti ki te fèt nan liv la, li te dechire rad ki sou li akoz de dezobeyisans pèp la fas ak presèp seyè a. Li pase yo lòd: Ale, "mande pou mwen, epi pou pèp la, epi pou tout peyi Jida" (v.13). Konsa yo t al konsilte pwofèt Ilda (v.14), epi li te bay yo mesaj la de ke Jozyas t ap echape anba Jijman, paske li te imilye li devan Bondye.

Wa a te fè yon gwo rasanbleman, li bay lòd li liv la devan tout pèp la (2 Kwonik 34:31). Moun akeyi l 'fwa sa, kòm kè yo ak lespri nou fèmen nan sèvi zidòl totalman. Men, Jozyas repran fòs, te kapab wè men Bondye nan tout aktivite sa yo. Te kapab gen pitye

Bondye a dwe wè. Li te vle obeyi lwa a Seyè a; pou yon bagay li te lapriyè epi Bondye te reponn li.

Pwomès Bondye te fè Jozyas la se ke li ta mouri ak kè poze. Men li patap kapab mouri ak kè poze pandan pèp li a ta kontinye mache nan idolatri. Bondye te dwe glorifye ak sanntifye. Desten nasyon an te dwe chanje. Yo tout te dwe rann kont ke Bondye te ansanm avèk yo pou pwoteje yo. Kounye a Pawòl li ki te fin li a te egzòte yo pou yo te vin obeyisan devan Seyè a epi, nan menm tan an, li te moutre yo konpasyon ak lanmou. Pèp la te genyen posiblite pou l sove si li te repanti de tout peche yo epi, sitou, de idolatri ki t ap ki te domine kè yo.

Lekti nan liv Seyè a te chanje lavi pèp Bondye te chwazi a. Tout pèp Izrayèl la te imilye li, yo te mande padon Seyè a epi li te padone ak restore yo.

Pawòl Bondye A Chanje Lòm

Pandan bato a t ap chaje ak dechaje nan youn nan pò yo ko te li te kanpe a, de maren te deklannche yon gwo diskisyon devan tout lòt kòlèg travay ki te la yo. Kòm diskisyon an pat ka fini akoz de ke sa t ap vin pi grav chak moman, yo te mennen toude mesye yo devan kapitèn nan. Li te fin koute eksplikasyon yo toude a, san li pat kapab rive bay yon konklizyon. Li klè ke youn nan yo de a t'ap fè manti, sa ki te fè sa difisil pou l konnen verite a.

Kapitèn nan te al kote yon lòt moun ki te bò la yo, ki t ap travay avèk gwoup la tou. Maren sa te di li konsa:

— Ou kapab dim verite sou sa ki te pase a!

— Youn nan yo tonbe plede : kouman poum di w verite a?

— Kapitèn nan reponn: --Pa di mwen ou pa konnen--. Petèt mwen pa vle pale poum pa antre nan pwoblèm nou. Men, èske nou pa wè li kouvri nan li Bib la? Dapre opinyon pam, mwen konnen ke depi m ap li liv sa, se yon nonm moun kapab fè konfyans. Se klè ke w'ap dim verite!

Leson 52

Jou Seyè A

Pou aprann: "Lè sa a, tout moun ki va rele nan pye Seyè a va sove. Paske sou mòn Siyon ak nan lavil Jerizalèm va gen moun ki va chape, jan Seyè a te di l' la. Wi, tout moun Seyè a va chwazi, se yo ki va chape" (Joèl 2:32).

Objektif: Konprann ke sèl fason pou chape anba jijman Bondye, se aksepte Kris kòm Seyè ak Sovè.

Entwodiksyon

Pou Joèl Jou jijman Bondye a te prèske rive. Li te prezante pawòl reyèl ki te pwovoke malè krikèt yo.

Kalite malè sa te komen anpil nan oryan, men, sa Joèl te itilize a te toutafè diferan. Nan fwa sa li te vin konvèti kòm yon trajedi nasyonal epi, pwofèt la te itilize li kòm egzanp pou dekrive move jijman jou Seyè a sou latè.

I. Vèsman Pouvwa Bondye A (Joèl 2:1-11)

A. "Sonnen Twonpèt Nan Siyon" (2:1)

Se va yon jou ki pral fè nwa kou lank, ak syèl la plen nwaj nwa, yon jou kote nwaj nwa ak pousyè pral kouvri latè. Yon lame krikèt ap vanse. Yo gwonèg anpil! "Tankou solèy la lè l'ap leve, y'ap kouvri mòn yo. Se bagay nou poko janm wè, bagay nou p'ap janm wè ankò, jouk sa kaba" (2:2; Malachi 4:1). Genyen anpil moun ki konfonn evènman sa sèlman avèk anlèvman sen yo pou moute nan syèl la, men mesaj sa pi pwofon.

Jou Seyè a soti nan eskatoloji (eskatoloji a se etid ak doktrin bagay ki gen pou vini epi ki genyen plan Bondye yo ladan li ak desten ki pap janm fini lòm), kisa k ap pase lè Kris pran posesyon twòn li ak viktwa final nan mitan pèp li te sove a avèk san li.

Jou sa va yon jou terib pou moun sa yo ki pa t mache dapre volonte Bondye, men se va kè kontan pou sèvitè fidèl Bondye yo.

B. Se Pral "Yon Jou Fènwa" (2:2)

Menm nan vèsè 11 lan pwofèt la rakonte ki gwo dezas ensèk yo te kite, yomenm ki te repwodwi ankantite, e menm byen klè nou wè ke li te fè nwa konplètman. Pwofèt la te konpare fènwa krikèt migrasyon sa yo te pwovoke tankou yon lame ki vin anvayi epi ki te prezan tout kote.

Adam Clark te site deskripsyon Dr. Shaw la, konsènan destriksyon ki te pwovoke anvayisman lame krikèt yo. Dr. Shaw te wè nan Bèberi a, ant 1724 ak 1725, youn nan malè sa yo epi ki di konsa: "Yo te pi gwo pase krikèt komen nou yo; yo te genyen zèl yo ki tache ak koulè mawon, pat avèk kò yo avèk koulè jòn klere. Premye parèt li se te nan fen mwa Mas, apre kèk van te fin soufle nan Sid.

"Nan mitan Avril, kantite a te ogmante tèlman ke, nan chalè jounen an, yo te fòme yon gwo foul; yo vole anlè tankou yon kolòn vapè epi, menm jan pwofèt Joèl di l la (2:10), yo te fè solèy la te vin tounwa.

"Lè ògán ki pou repwodwi nan ensèk sa a yo te prè nan mwa Me, chak ti foul sa yo te kòmanse ap disparèt tikras pa tikras epi deplas kite vale a, kote yo te ponn ze yo. Menm nan mwa Jen sa yo pat fè manifestasyon, lè chak ti bann sa yo te rasanble nan yon objè ki pwès nan yon espas ki kare epi, menm kote a pran direksyon pou ale nan lanmè, pou pa kite anyen chape; yo te manje tout sa ki vèt epi ki gen ji, se pa sèlman vejetal ki pa gen enptans, men tou pye bwa a, pyen fig la, sikren, palmis ak pye pòm epi menm tout pye bwa ki nan forè yo (Joèl 1:12); epi yo te fè l konsève liy li tankou yon lame; yo te konn moute anmezi yo t ap avanse, nenpòt pyebwa oswa mi ke yo te jwenn sou wout yo. Anplis, yo te antre lakay nou epi kote nou dòmi yo, menm jan ak anpil vòlè yo.

"Bann yo, pou bloke avansman yo, yo te fè yon bann twou ak pil tè nan chan ak jaden yo, ki te ranpli ak dlo; oswa tou yo ranmase move zèb, boule tankou pay chèch ak lòt materyèl ki ka pran dife, ki mete dife lè y ap avanse toupre lame krikèt yo. Men, li pa t kapab sèvi anyen ankò, paske miray tè yo te plen yon ti kadè, epi dife yo te etenn".

C. Gran Jou Seyè A (2:11)

Nan lagè ant Iran ak Irak yo te wè kijan kan yo te rete apre tou de lame yo te fin goumen youn ak lòt. Men, si nou mansyone lagè nan "degradasyon popilè" nan rejyon nan Bosni ak kwowasi, se sèlman lanmò ak dezolasyon.

Tout sa yo pap kapab konpare avèk jou kolè Seyè a, lè pap rete "wòch sou wòch".

II. "Vèsman Mizèrikòd Li (Joèl 2:12-19)

A. "Tounen Vin Jwenn Mwen" (2:12)

Apre gwo eksperyans terib sa, pwofèt la di konsa: "Seyè a pale, li di: -Menm koulye a, tounen vin jwenn mwen ak tout kè nou! Fè jèn, kriye kont kò nou, plenn sò nou! Se pa rad sou nou pou nou chire, se kè nou menm pou nou chire pou fè wè jan nou nan lapenn. Tounen vin jwenn Seyè a, Bondye nou an. Li gen bon kè anpil, li gen pitye pou moun. Li pa fache fasil, li p'ap janm sispann renmen nou. Li toujou pare pou padonnen nou" (vv.12-13).

Nan vèsè sa yo gen yon apèl pou repantans ki akonpanye ak lapèn, jenn, rèl, doulè nan kè. Yon repantans reyèl, yon doulè pwofon pou peche kont Bondye. Yon repantans avèk dlo nan je ki soti nan nanm (v.15).

B. "Rasanble Pèp La, Sanntifye Reyinyon An" (2:16-19)

Joèl te rele yo pou sonnen twonpèt epi pou yo pat pèdi tan pou fè sonnen alam, pou ke pèp la te reyini ak fè gwo rèl, lapriyè ak plenyen pou mande padon Bondye. Li te rele yo pou yo sanntifye reyinyon an; sa vle di, separe li de tout monden yo epi rezève li sèlman pou Bondye.

Joel rele tout timoun, jèn moun ak granmoun pou resevwa padon Seyè a ak tout pèp la menm jan ak eritye yo, yo pa dwe lage nan lawont. Pwofèt la te deklare ke Seyè a ap reponn ak padone peche tout pèp li a, voye pen pou yo, diven, lwil jouk tan yo satisfè (vv. 16-19).

Sa a se Bondye nou genyen an, plena k lanmou epi ki vide mizèrikòd li sou pèp la ki gen tèt di.

C. Izrayèl, Yon Pèp Ki Te Kote Lanmou Bondye A

Pèp Izrayèl te deklannche yon gwo batay kont Bondye, li menm ki pat konprann ke plan Bondye se te Sali a epi se pat destriksyon. Li pat konprann ke se pat kolè Bondye ki t ap pèsekite pèp la, men se te lanmou li. Pita, gras ak mesaj Joèl la, pèp la te rann li kont ke sa sèlman ki te rete pou yo te fè se te aksepte Seyè a epi adore li nan lespri ak verite a.

Pèp la te konnen anpil bagay sou mizèrikòd Bondye; pa egzanp, lè gran zansèt yo te adore tibèf an lò a, Bondye te padone yo epi renouvle kontra avèk yo (Egzòd 34:6-7). Epi Moyiz te di konsa: "Seyè a fò, gen bon kè epi chaje ak konpasyon; li pa fè kolè fasil, epi li plen ak mizèrikòd". Chak fwa pèp la te fè peche, men Bondye pat detwi yo, pa mwayen mizèrikòd li, li te mennen yo nan repantans pou apre padone yo.

D. "N Ap Jwenn Satisfaksyon" (2:19)

Atmosfè vin diferan totalman; nan kri doulè ak lapenn, li te swiv kri lajwa ak remèsiman pou benediksyon yo te resevwa epi, avèk figi yo kole atè, yo t ap louwe Kreyatè yo a. Pwofvt la te mete fen ak travay li epi, mesaj li te kite pou nou an, konfime ke Bondye pral tande kri pèp li a; krikèt yo pral detwi; lapli pral tonbe sou tè sèch ki ta anvi bay nouriti epi tout bagay ta kòmanse bay fèy vèt. Mizèrikòd Bondye te manifeste yon lòt fwa ankò.

III. Vèsman Lespri Li (Joèl 2:20-32)

A. "Seyè A Pral Fè Mèvèy" (2:21)

Joèl te genyen yon mesaj esperans ak lafwa nan moman kalamite terib yo. Toujou gen yon maten. Toujou gen yon limyè nan soti tinèl la. Repantans lana p pote liberasyon anba esklavaj peche. Malè lame krikèt yo avèk moman difisil ta la nan kè pèp la. Sechrès la ta fini epi lapli ta vini byen bonè, moun sa yo ki moulen ak prepare tè a epi, fè plas, moun ki wouze ti semans lan pou li jèmen byen. Epi pita vèsman Lespri li ta vini, pi gwo benediksyon espirityèy ke yon pitit Bondye kapab konnen. Pwomès sa gen konsolasyon ladan li, fòs pou temwaye ak sentete pou viv.

B. M Ap Vide Lespri Mwen (2:28)

Pwofèt la pa pale nou de Sovè ak sanntifikatè, men te koumanse gwo travay ak ministè li. Wayòm Bondye a, prezan ak fiti yo te kòmanse distenge. Lespri Bondye avèk don li yo ta manifeste san gade sou zafè ras; yo ta dwe mete kondisyon sou moun sa yo ki kwè nan Kris la epi deside viv konfòm ak volonte li. Yo pral pwofetize, pral preche, pral egzòte, anseye ak fòme legliz la. "Lè sa a, tout moun ki va rele nan pye Seyè a va sove" (v. 32)

Moun ki kwè epi remèt lavi li se li ki va sove, sa ki sove a, se limenm ki va kontinye bay mesaj la de pitit anpitit jouskaske li vini.

Konklizyon

Responsablite nou se prepare nou pou tande vwa li, depann de li epi prè pou swiv li, malgre tout advèsite kip ase oswa nou rankontre pi devan.

Resous

KONTÈKS ISTORIK
Lame Nan Nò A

Entelektyèl Biblik y opa t dapre entèpretasyon vèsè a. Si li refere sèlman nan krikèt yo, pwofèt la ap pale de sa yo ki te soti nan nò a, tankou epidemi nan ane 1915.

Nan lespri kèk entèlektyèl (lame a) ki soti nan nò a konsidere kòm yon lame moun, pliske lènmi pèp Izrayèl yo te soti nan nò. Pwofesè Archer ak Elicott kwè ke vokab "lame nan nò a" yo kapab fè referans ak lame peyi Lasiri a ki pita ta pral detwi Izrayèl (Jeremi 1:13 pale sou lame Kaldeyen an ki soti nan Sid depi nan fas Nò).

KÒMANTÈ BIBLIK
Joèl 2:12-14

Pasaj Joèl 2:12-19 la se yon apèl pou repantans nasyonal. Izrayèl kapab evite jijman an si li repanti epi tounen vin jwenn Bondye ak tout kè yo.

Anons jou Seyè a (v.11) te dwe pwodwi repantans anvan gwo jijman an. Nasyon an ted we tounen vin jwenn Bondye, tout eleman pou yon repantans ki vrè deja la: konfesyon peche ak jèn, kriye ak lapenn.

Pwofèt la te refize sa ki rele repantans sou po a, se poutèt sa li di nan v.13: "Se pa rad sou nou pou nou chire, se kè nou menm pou nou chire pou fè wè jan nou nan lapenn".

Premye kondisyon ke Bondye mete pou yon moun jwenn padon, se ak yon kè ki enb ak nan repanti" (Sòm 51:17). Fas ak konpòtman sa, li toujou reponn avèk lanmou, "Seyè a gen kè sansib, li gen bon kè. Li pa fè kòlè fasil, li p'ap janm sispann renmen nou".

Ekspresyon nan v.14, "Kimoun ki konnen?", nou kapab konprann nan sans ke Bondye ta kapab repanti de jijman li. Si yo te pale avèk plis konfyans sou chanjman konpòtman Bondye, li posib pou se yon mank respè pou otorite Bondye. Yon benediksyon sou fòm yon ofrann (souti nan vyann pou rive nan ble) epi yon ekspyasyon se te sinyal padon ak restorasyon li. Restorasyon an, nan menm tan, se ta yon sinyal renouvèlman kontra avèk pèp li a tou.

Vini Sentespri
Joèl 2: 28-32

Nou wè kounye a pi gwo benediksyon ki prezante devan pèp Bondye a kòm: (1) Vèsman Lespri Bondye a sou tout chè; (2) jijman sou nasyon yo epi, (3) glorifikasyon pèp Bondye a. Si karakteristik sa yo pa rete separe byen sevè, yo endike byen klè epi gen relasyon ki byen sere ant yo.
Epi apre sa (nan kèk tan fiti), m pral vide Lespri mwen sou tout chè (v.28). Si Seyè a te ba yo lapli premye sezon epi li te mize pou bay benediksyon materyèl yo, li te prè pou l te fè vèsman tou (Ezayi 32:5; Ezekyèl 39:29) benediksyon espirityèl sou kado Lespri li. Nan sans sa a, pawòl Pyè yo se kòmantè Joèl.

Si premye gran ansèyman Joèl la se repantans nan tribilasyon, dezyèm nan se vèsman Lespri Bondye a sou tout chè. Pwomès sa se yon aplikasyon ansèyman ki nan Nonb 11:29, ki te akonpli, jan nou sot sinyale sa nan jou Lapannkòt la (Travay 2).

Tout pwomès la gen pou wè ak eskatoloji, men li bay oryantasyon pou "konsole pèp la nan menm jou pwofèt la".

Pwomès Lespri a make nivo ki pi wo nan pwofesi Joèl la. (1) yon pwomès inivèsèl, 29-29. (2) Se yon pwomès nouvo kontra, 32. (3) Se yon pwomès pou tout moun ki kwè, 32.

Ekspresyon "gran jou tèt chaje Seyè a" (31; Malachi 4:5) li gen yon gwo relasyon ak pwomès Lespri a. Fenomèn ki mansyone nan v.31, se deskripsyon jijman ki dekrive ni nan Ansyen Testaman tankou Nouvo Testaman (Ezayi 12:10; Mak 13:24; Revelasyon 6:12).

Pyè ak Pòl (Women 10:13) site Joèl pou aplike prensip Sali a atravè lafwa lèzòm nan tout jenerasyon. Lè sa a, tout moun ki va rele nan pye Seyè a va sove (v.32).

Dvnye fraz nan vèsè 32 enplike ke tigwoup la, moun sa yo ki mete konfyans yo nan Seyè a tout bon, yo va sove. Eleman lafwa pou Sali a byen sinyale pa mwayen pwofèt Joèl.

Kòmantè

Lè sa a, tout moun ki va rele nan pye Seyè a va sove. Paske sou mòn Siyon ak nan lavil Jerizalèm va gen moun ki va chape, jan Seyè a te di l' la. Wi, tout moun Seyè a va chwazi, se yo ki va chape (Joèl 2:32).

Akonplisman pwofesi sa te fèt nan jou Lapannkòt la, lè Bondye te vide Sentespri, pirifye lavi disip li yo epi ba yo pouvwa ak otorite pou al anonse foul moun yo mesaj repantans ak delivrans lan.

Gras avèk vèsman Sentespri a, moun sa yo ki te tande mesaj repantans yo te aksepte ke yo te fè peche kont Jezikris epi yo t ap mache dozado ak Bondye. Se poutèt sa, yo te rele nan pye Bondye pou l te padone peche yo.

Eksperyans jou Lapannkòt la rete vivan toujou nan legliz jodi a. Seyè a kontinye ap vide Sentespri a sou moun ak legliz yo, gras ak lapriyè sèvitè fidèl yo pou yon revèy pou onè ak glwa Bondye.

Pwomès pasaj se pral sa yo:

Premye, tout moun ki va rele nan pye Seyè a va sove:

1. Anba kondannasyon lanmò.

2 Anba krent sa ki pral pase nan jou k ap vini yo.

Dezyèm, libète a ap vini pa mwayen lafwa nan Kris krisifye a.

Twazyèm, libète a pral vini apre nou fin konfese peche nou yo.

Twa Zòrye

Gen yon ti granmoun ki ta pral mouri ki te chita byen trankil. Pastè legliz li a te dil konsa:

— Mwen note ak admire trankilite w ki moutre anpil fason ki diferan.

Li te reponn li konsa:

— Lè mwen te timoun, yon sèvitè Bondye te dim li te dòmi byen paske li te repoze tèt li sou zòrye: gras la, pouvwa ak sajès Bondye.

Pa gen okenn dout ke repoze nan gras, pouvwa ak sajès Bondye, pral viv nan kè poze epi mouri nan triyonf yon lafwa ki vivan.